Ökonomische Analyse des Rechts | Economic Analysis of Law

Reihe herausgegeben von

Stefan Voigt, Hamburg, Deutschland

Luigi Franzoni, Bologna, Italien

Georg Ringe, Hamburg, Deutschland

Elena Reznichenko, Rotterdam, Niederlande

Michael Faure, Zuid-Holland, Niederlande

Die ökonomische Analyse des Rechts untersucht Rechtsnormen auf ihre gesellschaftlichen Folgewirkungen und bedient sich dabei des methodischen Instrumentariums der Wirtschaftswissenschaften. Sie ist ein interdisziplinäres Forschungsgebiet, in dem sowohl Rechtswissenschaftler als auch Wirtschaftswissenschaftler tätig sind und das zu wesentlichen neuen Erkenntnissen über Funktion und Wirkungen von Rechtsnormen geführt hat. Die Schriftenreihe enthält Monographien zu verschiedenen Rechtsgebieten und Rechtsentwicklungen.
Die Buchreihe wird als Fortsetzung der Reihe „Ökonomische Analyse des Rechts" geführt.

The economic analysis of law examines legal norms drawing on the economic approach. The analysis does not only include the consequences of legal norms but also the determinants of their emergence. It is an interdisciplinary research program in which both lawyers as well as economists are active. Over the last half century, some of its contributions have lead to important insights regarding the emergence, the functioning, as well as the effects of legal norms. This series is a forum for contributions to the economic analysis of law broadly conceived.
The book series is a continuation of the series Economic Analysis of Law.

Weitere Bände in der Reihe http://www.springer.com/series/16196

Lukas Böker

Nudge im Spiegel des allgemeinen Persönlichkeitsrechts

Eine grundrechtliche Untersuchung des Regelungskonzeptes Nudge aus der Verhaltensökonomik

Springer Gabler

Lukas Böker
Hamburg, Deutschland

zur Erlangung des Doktorgrades an der Fakultät Rechtswissenschaft der Universität Hamburg vorgelegt von Lukas Böker Hamburg, 2020

ISSN 2524-7360 ISSN 2524-7379 (electronic)
Ökonomische Analyse des Rechts | Economic Analysis of Law
ISBN 978-3-658-33471-0 ISBN 978-3-658-33472-7 (eBook)
https://doi.org/10.1007/978-3-658-33472-7

Die Deutsche Nationalbibliothek verzeichnet diese Publikation in der Deutschen Nationalbibliografie; detaillierte bibliografische Daten sind im Internet über http://dnb.d-nb.de abrufbar.

Planung/Lektorat: Anna Pietras
Springer Gabler ist ein Imprint der eingetragenen Gesellschaft Springer Fachmedien Wiesbaden GmbH und ist ein Teil von Springer Nature.
Die Anschrift der Gesellschaft ist: Abraham-Lincoln-Str. 46, 65189 Wiesbaden, Germany

Nudge im Spiegel des allgemeinen Persönlichkeitsrechts

Eine grundrechtliche Untersuchung am Beispiel der postmortalen Organspende, der Energiegrundversorgung, der Warnhinweise auf Tabakprodukten und des Umgangs mit Trinkwasser

Dissertation

unter der Betreuung von Prof. Dr. Franziska Weber

vorgelegt von Lukas Böker am 16. Oktober 2019

an der Fakultät für Rechtswissenschaften der Universität Hamburg

Inhalt

A. Einleitung 1

I. Ziel der Untersuchung 1

II. Problemaufriss 2

III. Gang der Untersuchung 4

IV. Eingrenzung der Untersuchung 6

B. Nudge – Ökonomische Grundlagen und Definition 7

I. Ökonomische Grundlagen 7

1. Das ökonomische Modell menschlichen Verhaltens 7

a) Die Grundannahmen des Homo Oeconomicus – Das rational eigeninteressierte Individuum 8

aa) Die Präferenzen und die Anordnung der Entscheidungsalternativen 8

bb) Die Restriktionen als Rahmen der Präferenzverwirklichung 10

cc) Nutzenmaximierung als rationales Element des Homo Oeconomicus 10

b) Die Beeinflussbarkeit menschlichen Verhaltens durch Rechtsnormen 11

c) Das Effizienzkriterium 11

d) Marktversagen als Anlass 13

e) Erweiterungen des Entscheidungsmodells 14

aa) Entscheidungen unter Risiko 14

bb) Zeitversetzte Entscheidungen 15

cc) Die Verfügbarkeit von Informationen 16

2. Die Verhaltensökonomik 17

a) Die Trias der Verhaltensökonomik 18

aa) Begrenztes Selbstinteresse 19

(1) Fairness 19

(2) Öffentliche Güter 20

bb) Begrenzte Rationalität 21

(1) Urteilsverzerrungen 22

(a) Verfügbarkeitsheuristik 22

(b) Repräsentativitätsheuristik 22

(c) Anchoring 23

(d) Hindsight Bias 24

(e) Overconfidence und Self-Serving Bias 24

(2) Entscheidungsverzerrungen 26

(a) Framing und Loss Aversion ... 26
(b) Endowment Effect und Status Quo Bias ... 27
(c) Prospect Theory ... 28
(d) Mental Accounting und Sunk Costs ... 29
(e) Soziale Normen ... 29
(3) Zusammenfassung ... 30
cc) Begrenzte Willenskraft und present bias ... 30
b) Der Ursprung der Verzerrungen und die Konstruktion von Präferenzen ... 31
aa) Der Ursprung der kognitiven Verzerrungen ... 32
bb) Die Konstruktion von Präferenzen ... 35
3. Kritik an der Verhaltensökonomik ... 37
a) Kritik der neoklassischen Schule ... 37
b) Ökologische Rationalität statt Optimierung ... 38
4. Zusammenfassung ... 39
II. Die Theorie des Libertarian Paternalism und das Nudging ... 41
1. Entscheidungsarchitektur ... 42
2. Libertarian Paternalism ... 43
3. Nudges ... 43
4. Die praktische Umsetzung ... 45
a) Konkret umgesetzte Maßnahmen ... 46
aa) Private Verschuldung und die Anpassung der Informationsbereitstellung ... 46
bb) Die Veränderung der Voreinstellung im Bereich der privaten Altersvorsorge ... 47
b) Abstrakte Eingrenzung der Maßnahmen ... 49
aa) Informationsbereitstellung ... 50
bb) Standardregeln ... 51
5. Zusammenfassung ... 52
III. Der Nudge als eigenständiges Instrument ... 54
1. Evolution der Definition ... 54
a) Probleme der Ursprungsdefinition ... 54
b) Versuche einer neuen Definition ... 56
aa) Definition des House of Lords ... 56
bb) Definition von Luc Bovens ... 57
cc) Definition von Adam Oliver ... 57
dd) Definition von Daniel Hausman und Brynn Welch ... 58
ee) Definition von Riccardo Rebonato ... 58

ff) Definition von Pelle Hansen ... 59
gg) Definition von Yashar Saghai ... 60
c) Entwicklung einer Arbeitsdefinition ... 60
aa) Systematisierung der Definitionsmerkmale ... 60
bb) Eine Arbeitsdefinition von Nudge ... 62
cc) Die zentrale Bedeutung der kognitiven Verzerrungen für Nudges ... 64
2. Das Verhältnis zum Libertarian Paternalism ... 65
a) Verhältnis zum Libertarismus ... 65
b) Verhältnis zum Paternalismus ... 67
aa) Die Präferenzidentifikation ... 67
bb) Widerstreitende Präferenzen ... 69
c) Ein neues Verhältnis von Nudge und Libertarian Paternalism ... 70
3. Zusammenfassung ... 70
C. Nudge in Deutschland – Die Einordnung des Konzepts und seine rechtliche Bewertung ... 72
I. Einordnung von Nudges im deutschen Recht ... 72
1. Begrenzung des Untersuchungsgegenstandes ... 72
2. Rechtliche Umsetzung in Deutschland ... 74
a) Nudge als Fortsetzung des steuerungstheoretischen Ansatzes ... 74
b) Indirekte Verhaltenssteuerung ... 77
aa) Anreize ... 77
bb) Informationen ... 78
cc) Parallelen zwischen Nudges und den Instrumenten indirekter Steuerung ... 80
3. Zusammenfassung ... 81
II. Autonomie, Paternalismus, Manipulation und Nudges ... 83
1. Paternalismus und Manipulation ... 83
a) Paternalismus ... 83
b) Manipulation ... 86
2. Personale Autonomie ... 89
a) Autonomie als philosophischer Begriff ... 90
b) Joel Feinbergs Konzeption ... 91
aa) Kompetenz ... 91
bb) Authentizität ... 92
(1) Das Modell der idealen Entscheidung nach Feinberg ... 94
(a) Kompetenz des Entscheiders ... 95
(b) Offene Beeinflussung des Entscheiders ... 95

(c) Subtile Manipulation des Entscheiders ... 95
(d) Unkenntnis der Faktenlage oder fehlerhafte Überzeugung ... 96
(e) Verzerrende Entscheidungsumstände ... 96
(2) Die konkrete Anwendung des Modells ... 96
c) Die Verhaltensökonomik als Herausforderung für das Autonomieverständnis Joel Feinbergs ... 98
aa) Im Angesicht des System 1 ... 98
bb) Im Angesicht der Präferenzinstabilität ... 99
3. Autonomie im Recht ... 101
a) Kompetenz und Authentizität im Recht ... 102
aa) Die Einsichtsfähigkeit als Schwelle der Kompetenz ... 102
bb) Die konkrete Einsicht als Schwelle der Authentizität ... 104
b) Autonomie als staatliches Ideal ... 105
c) Materiellrechtlicher Schutz der Autonomie ... 106
aa) Autonomie und Freiheit ... 106
bb) Autonomie als Schutzgehalt des allgemeinen Persönlichkeitsrechts ... 108
cc) Ein rechtlicher Umgang mit Paternalismus und Manipulation ... 109
(1) Paternalismus ... 109
(2) Manipulation ... 109
(a) Kategorisierung von Maßnahmen nach Manipulationsintensität ... 110
(b) Transparenz durch Informationen ... 111
4. Zusammenfassung ... 112
D. Rechtliche Bewertung von Nudge – Die praktische Anwendung im Verwaltungsrecht ... 114
I. Informationsbereitstellung ... 114
1. Systematisierung der Anknüpfungspunkte ... 115
2. Tabakwarnhinweise und Appelle zu sparsamem Ressourcenumgang – Das Potenzial der Informationsbereitstellung ... 116
a) Tabakwarnhinweise und die Nutzung der Verfügbarkeitsheuristik ... 117
aa) Die kombinierten gesundheitsbezogenen Warnhinweise als Nudge ... 117
bb) Die Einführung der kombinierten gesundheitsbezogenen Warnhinweise in Deutschland ... 117
cc) Eingrenzungen der Untersuchung der Tabakwarnhinweise ... 119
b) Appelle für sparsamen Umgang mit Trinkwasser – Die Nutzung von sozialen Normen. 120
aa) Der Rückgriff auf soziale Normen beim Wassersparen ... 120
bb) Die Interaktion mit sozialen Normen als verwaltungsrechtliche Maßnahme ... 121

3. Die verfassungsrechtliche Würdigung der Informationsbereitstellung 122
a) Das allgemeine Persönlichkeitsrecht 123
aa) Die Eröffnung des Schutzbereichs des allgemeinen Persönlichkeitsrechts 123
(1) Die Autonomie des Rauchens 123
(2) Die Autonomie des Wasserverbrauchs 125
bb) Die Informationsbereitstellung als Eingriff in den Schutzbereich 126
(1) Die Beeinträchtigung im Fall des Rauchens 126
(a) Die Beeinträchtigung der Autonomie durch die Bild-Text Warnhinweise 126
(b) Die Intensität der Beeinträchtigung 129
(2) Die Beeinträchtigung im Fall des Wassersparens 131
b) Eingriffsqualität der Informationsbereitstellung im Hinblick auf das allgemeine Persönlichkeitsrecht 132
c) Betroffenheit der negativen Informationsfreiheit durch Nudges 132
4. Zusammenfassung 134
II. Standardregeln – Default Rules 135
1. Die Grundversorgung mit Energie und die postmortale Organspende – zwei Anwendungsgebiete für Standardregeln 136
a) Die Festlegung eines Standards in der privaten Energieversorgung – eine Maßnahme des Umweltschutzes 136
aa) Die Grundversorgung mit Elektrizität in Deutschland 137
(1) Die rechtliche Struktur 137
(2) Ein ökonomischer Erklärungsversuch 139
bb) Die Änderung der Grundversorgung aus verhaltensökonomischer Perspektive – die Anpassung der allgemeinen Bedingungen 141
b) Die Festlegung eines Standards im Bereich der postmortalen Organspende – ein bioethisches Problem 142
aa) Die Organspende in Deutschland 142
(1) Die rechtliche Struktur 142
(2) Ein ökonomischer Erklärungsversuch 144
bb) Die Einführung einer Widerspruchslösung in Deutschland 146
2. Die verfassungsrechtliche Würdigung der Standardregelsetzung 148
a) Die Eröffnung des Schutzbereichs des allgemeinen Persönlichkeitsrechts 149
aa) Die Autonomie des Verbleibens in der Elektrizitätsgrundversorgung 150
bb) Die Autonomie der Nichtteilnahme an der Organspende 152
b) Die Standardregel als Eingriff in den Schutzbereich 154
aa) Die Beeinträchtigung im Fall der Stromgrundversorgung 154

bb) Die Beeinträchtigung im Fall der Organspende ... 157
c) Die Rechtfertigung des Eingriffs durch die Standardregeln ... 158
aa) Die Verhältnismäßigkeit der Standardregel in der Energiegrundversorgung ... 159
(1) Der legitime Eingriffszweck ... 159
(2) Die Geeignetheit der Maßnahme zur Verfolgung dieses Ziels ... 160
(3) Die Erforderlichkeit der Maßnahme im Verhältnis zu anderen Steuerungsinstrumenten ... 161
(a) Monetäre Anreize ... 161
(b) Imperative Maßnahmen ... 162
(c) Informationsbereitstellung ... 163
(d) Die Einforderung einer Auswahlentscheidung – prompted choice ... 164
(4) Angemessenheit der Maßnahme ... 165
(a) Die grundrechtsbeeinträchtigenden Aspekte ... 165
(b) Die positiven Aspekte der Standardregel ... 166
(c) Transparenz ... 167
(d) Abwägung und Entscheidung ... 169
bb) Die Verhältnismäßigkeit der Widerspruchslösung bei der Organspende ... 170
(1) Legitimer Zweck ... 170
(2) Geeignetheit ... 170
(3) Erforderlichkeit ... 172
(a) Anreize ... 173
(aa) Finanzielle Anreize ... 173
(bb) Sonstige Anreize ... 174
(b) Imperative Maßnahmen ... 175
(c) Informationsbereitstellung ... 175
(d) Einforderung einer Wahl ... 176
(4) Angemessenheit ... 177
(a) Die grundrechtsbeeinträchtigenden Aspekte ... 177
(b) Die schützenswerten Interessen der Organempfänger ... 179
(c) Transparenz ... 180
(aa) Inhaltliche Transparenz ... 180
(bb) Prozessuale Transparenz ... 181
(d) Abwägung und Entscheidung ... 184
3. Zusammenfassung ... 184
E. Schluss ... 188

I. Zusammenfassung der Erkenntnisse ... 188
1. Nudges und ihre ökonomischen Grundlagen ... 188
2. Die rechtliche Einordnung und abstrakte Bewertung von Nudge ... 190
3. Die konkrete rechtliche Bewertung von Nudge anhand von Beispielen ... 192
II. Ausblick ... 196
Literaturverzeichnis ... 200

A. Einleitung

Man stelle sich eine Situation vor, in der ein Arzt einem Patienten die Möglichkeiten der Behandlung seiner Erkrankung beschreibt. Bei dem betroffenen Patienten muss ein operativer Eingriff durchgeführt werden und der Arzt muss den Patienten über damit verbundene Risiken aufklären, damit der Patient eine informierte Einwilligungserklärung abgeben kann. Der Arzt kann den Patienten aufklären, indem er ihn darauf hinweist, dass statistisch neunzig Prozent aller Patienten, bei denen dieser Eingriff vorgenommen wurde, nach fünf Jahren noch am Leben sind. Anders gewendet sind fünf Jahre nach dem Eingriff zehn Prozent der Patienten tot. Ob die Situation nun dadurch beschrieben wird, dass auf die neunzig Prozent, die überleben, oder auf die zehn Prozent, die tot sind, hingewiesen wird, macht für den inhaltlichen Gehalt der Aussage keinen Unterschied. Beide Beschreibungen klären in gleicher Weise über dasselbe Risiko auf. Welche der Beschreibungen gewählt wird, hat typischerweise jedoch einen Einfluss darauf, ob der Patient sich für die Operation entscheidet. Wird die Operation mithilfe des Verlustszenarios beschrieben, also unter Verweis auf die zehn Prozent Patienten, die sterben, so entscheiden sich systematisch weniger Patienten für die Operation, als bei Hinweis auf die neunzig Prozent, die überleben.[1] Die Patienten zeigen das Phänomen der Verlustaversion. Das Szenario, das ihnen den möglichen Verlust ihres Lebens vergegenwärtigt, schreckt sie ab.

Ähnliche Verhaltenstendenzen finden sich in vielen Bereichen. Menschen orientieren sich blindlings am Verhalten der Mehrheit, sie behalten voreingestellte Optionen bei und richten ihr Verhalten an willkürlich gesetzten Referenzpunkten aus. Der rechtliche Umgang mit diesen Verhaltenstendenzen steht im Zentrum dieser Arbeit. Sie befasst sich mit einem aus der verhaltensökonomischen Analyse des Rechts stammenden Regelungskonzept, dem *Nudging*.

I. Ziel der Untersuchung

Ziel der Arbeit ist die Beantwortung der Frage, ob *Nudges* mit der personalen Autonomie ihrer Adressaten vereinbar sind. Zu diesem Zweck wird die Anwendung von *Nudges* am Maßstab der Grundrechte ihrer Adressaten untersucht.

Die Forschungsfrage untergliedert sich in zwei wesentliche Teilfragen. Einerseits in die Frage, ob *Nudges* überhaupt mit der personalen Autonomie ihrer Adressaten interferieren. Andererseits in die Frage, wie ein respektvoller Umgang mit der personalen Autonomie durch *Nudges* aussehen könnte. Der Beantwortung dieser Fragen wird sich in den drei Teilen dieser Arbeit gewidmet. Der erste Teil dient der Ausarbeitung eines detaillierten Verständnisses des *Nudging* als Rechtsetzungskonzept. Der zweite Teil knüpft an dieses Verständnis an und untersucht, ob ein grundrechtliches Autonomieverständnis in Konflikt mit dem *Nudging* gerät. Im dritten Teil wird das Verhältnis von *Nudging* und Autonomie anhand von konkreten Beispielen begutachtet. Hier werden konkrete Maßnahmen, die als *Nudges* qualifiziert werden können, einer verfassungsrechtlichen Prüfung unterzogen. Untersuchungsobjekte sind die Einführung einer Widerspruchslösung bei der postmortalen Organspende, die gesundheitsbezogenen Text-Bild Warnhinweise auf Tabakprodukten, die Energiegrundversorgung mit ‚Ökostrom' und staatliche Informationskampagnen zum Trinkwasserverbrauch.

---

[1] *Sunstein/Thaler*, Nudge, S. 36.

L. Böker, *Nudge im Spiegel des allgemeinen Persönlichkeitsrechts*,
Ökonomische Analyse des Rechts | Economic Analysis of Law,
https://doi.org/10.1007/978-3-658-33472-7_1

II. Problemaufriss

Die verfassungsrechtliche Untersuchung des *Nudge*-Konzeptes bewegt sich in einem zwischen den drei Polen Autonomie, Paternalismus und Manipulation bestehenden Spannungsfeld.

Das Konzept der *Nudges* baut fundamental auf der verhaltensökonomischen Analyse des Rechts auf, die ihrerseits aus der Rezeption verhaltenspsychologischer Forschungsergebnisse in der Ökonomik entstanden ist. In der Verhaltenspsychologie sind in Experimenten verschiedene, systematische Tendenzen der menschlichen Psyche identifiziert worden, die einen prognostizierbaren Einfluss auf das Entscheidungsverhalten haben. Weil diese Tendenzen auch in ökonomischen und rechtlichen Zusammenhängen einen erheblichen Einfluss ausüben, sind sie zu einem wichtigen Thema der ökonomischen Analyse des Rechts geworden. Viele Situationen, die durch Recht geregelt werden, hängen von Referenzpunkten, Voreinstellungen und der Präsentation von Informationen ab. In diesen Situationen entfalten die psychologischen Verhaltenstendenzen ihre Wirkung. Als kognitive Verzerrungen und Heuristiken (*heuristics and biases*) sind sie zu einem zentralen Begriff der Verhaltensökonomik geworden.[2]

Eine der wichtigsten Fragen, die sich der verhaltensökonomischen Analyse des Rechts stellt, ist die nach dem Umgang mit diesen Verhaltenstendenzen durch den Gesetzgeber. Der einflussreichste Lösungsansatz, der sich in diesem Zusammenhang herausgebildet hat, ist das *Nudging*. Es sieht vor, dass die in einer bestimmten Entscheidungssituation zu erwartenden Verhaltenstendenzen für eine Verhaltenssteuerung durch Recht genutzt werden. Sie sollen so kanalisiert werden, dass in der Regel ein *ex ante* als gewünscht identifiziertes Entscheidungsergebnis herbeigeführt wird. Im eingangs beschriebenen Fall der ärztlichen Aufklärung vor einer Operation gilt es aus Sicht eines *Nudge*-Architekten also zu fragen, ob der Patient die fragliche Operation vornehmen lassen soll oder nicht. Will man ihn zur Einwilligung in die Operation bewegen, so sollte man auf die Zahl der Überlebenden hinweisen. Will man das Gegenteil erreichen, weist man auf die Zahl der Verstorbenen hin. So lässt sich sein Verhalten gezielt beeinflussen, ohne den Betroffenen zu einem bestimmten Verhalten zu zwingen. Der Betroffene wird *genudged*. Diese Art und Weise menschliches Verhalten zu beeinflussen wird von den Autoren des Konzeptes als freiheitsschonender Königsweg der Regulierung angesehen. Ihr Ziel ist es, Menschen mithilfe von *Nudges* zu dem Verhalten zu bewegen, dass diese (vermeintlich) selbst wollen, aber aufgrund mannigfaltiger Gründe nicht zeigen.[3]

Das Ziel, Menschen zwanglos zu Entscheidungen zu verhelfen, die sie selbst wollen, ist lobenswert. Der Anspruch der Konzeptentwickler steht allerdings vor unzähligen Fragen. Wie soll dieses Ziel erreicht werden? Woher soll man wissen, was die Menschen wollen? Genauer: Wieso sollte man *besser* wissen als die Betroffenen selbst, was sie wollen? Kann man objektiv gute Entscheidungen identifizieren und *Nudges* auf diese guten Entscheidungen ausrichten? Wie groß ist der Entscheidungsspielraum des *Nudge*-Adressaten tatsächlich noch? Belässt der *Nudge* ihm echte Wahlfreiheit oder besteht diese Freiheit bloß noch nominell? Dann wäre die vermeintlich freie Entscheidung durch die Ausrichtung des *Nudge* bereits determiniert worden. In dem eingangs formulierten Beispiel der ärztlichen Aufklärung gewinnen diese Fragen konkret an Gestalt. Welche Entscheidung will der aufzuklärende Patient denn selbst treffen? Bleibt ihm noch die Möglichkeit, eine eigene Entscheidung zu treffen, wenn er mithilfe

---

[2] *Kahneman/Tversky*, Judgment under Uncertainty: Heuristics and Biases, S. 1124 ff.; *Kelman*, The Heuristics Debate, S. 19.

[3] *Sunstein/Thaler*, Nudge, S. 5; *Sunstein*, The Ethics of Nudging, S. 429 ff.

der bei ihm wirksamen Verlustaversion beeinflusst wird? Schließlich wird sie gerade deshalb genutzt, weil sie einen prognostizierbaren Einfluss auf das Entscheidungsverhalten hat.

Die Klärung dieser Fragen ist zum normativen Kernproblem des *Nudging* geworden. Als zentraler Kritikpunkt des Konzeptes wird dabei der Umgang mit der personalen Autonomie der *Nudge*-Adressaten gerügt.[4] *Nudges*, so die Kritiker, arbeiteten mit einem paternalistischen, manipulativen Wirkungsmechanismus und seien mit der personalen Autonomie nicht vereinbar. Der Staat versuche durch *Nudges* eine bestimmte Vorstellung eines guten Lebens durchzusetzen und nutze dafür psychisch veranlagte Entscheidungstendenzen. Diese Kritik ist eng mit einer grundlegenden Skepsis gegenüber der Verhaltensökonomik und dem damit verwandten *heuristics and biases* Forschungsprogramm verbunden. Die Kritiker sehen es als Fehler an, menschliches Verhalten anhand eines Vergleichs mit dem idealisierten Modellverhalten eines rationalen Akteurs zu bewerten. Indem man Abweichungen von dem modellierten Verhalten rationaler Nutzenmaximierer identifiziere, stelle man nicht menschliche Entscheidungsfehler fest, sondern die Schwäche des angelegten Modells.[5] Es sei vielmehr angezeigt, menschliches Verhalten prinzipiell als selbstbestimmt anzusehen, selbst wenn es nicht dem Postulat rationaler Nutzenmaximierung entspreche. Folgt man dieser Aufforderung, so werden *Nudges* zu einem potenziellen Problem individueller Selbstbestimmung. Indem sie gezielt das Ergebnis selbstbestimmter Entscheidungen zu beeinflussen versuchen, können sie die Ausübung der personalen Autonomie ihrer Adressaten beeinträchtigen.

Diese Wahrnehmung der *Nudges* als mögliche Gefahr ist zum Teil auch im Rahmen der rechtswissenschaftlichen Rezeption des Konzeptes in Deutschland aufgegriffen worden. Als exemplarisch kann insoweit die Reaktion von *Karen Horn* angesehen werden, die die Entscheidungsarchitekten des *Nudging* polemisch als „Sklavenhalter der Zukunft" bezeichnete.[6] Weniger überspitzt, aber mit ähnlicher Stoßrichtung äußerte sich der ehemalige Bundesverfassungsrichter *Udo di Fabio,* der forderte, die Regierung solle nicht „herumpsychologisieren, sondern sagen, was Sache ist", schließlich seien die Bürger „keine Labormäuse".[7] In ähnlicher Weise haben *Seckelmann* und *Lamping* Vorbehalte gegenüber der unterbewussten Wirkungsweise des *Nudging* geäußert,[8] die *von Randow* und *Ulrich* zur Bezeichnung des Konzeptes als manipulativ veranlassten.[9] *Horst Eidenmüller,* ausgewiesener Experte der ökonomischen Analyse, ist dem Konzept gegenüber ebenfalls kritisch, nimmt aber eher dessen Anspruch ins Visier, individuelle Entscheidungen „verbessern" zu können.[10] Insgesamt kann konstatiert werden, dass eine gewisse Skepsis gegenüber dem Anspruch des *Nudging* besteht, durch sanfte Beeinflussung Verhaltensänderungen herbeiführen zu können.

---

[4] Etwa von *White*, The Manipulation of Choice; *Rebonato*, Taking Liberties.

[5] vgl. *Gigerenzer/Selten*, Rethinking Rationality, S. 6.

[6] *Horn*, Sklavenhalter der Zukunft, S. 14.

[7] *Amann/Neubacher*, „Wir sind keine Labormäuse", S. 38.

[8] *Seckelmann/Lamping*, Verhaltensökonomischer Experimentalismus im Politik-Labor, S. 193.

[9] *Von Randow/Ulrich*, Lässt sich der Mensch ändern?, S. 3.

[10] *Eidenmüller*, Effizienz als Rechtsprinzip, S. VII: „Vielmehr wird [...] geradezu naiv dem Gesetzgeber empfohlen, wie dieser Menschen - unter Berücksichtigung der identifizierten Abweichungen - zu "besseren" Entscheidungen anleiten bzw. dazu einen kleinen Anstoß (nudge) geben könne. Regierungen in der ganzen Welt folgen diesen Empfehlungen eines "liberalen Paternalismus" bereitwillig und haben Stäbe für bessere Gesetzgebung unter Berücksichtigung neuester psychologischer Erkenntnisse eingerichtet. Aber was sind "bessere" Entscheidungen, und was ist ein "besseres" Leben? Warum sind etwa Langzeitpräferenzen von Menschen (z.B. Gesundheit, Altersvorsorge) wertvoller als kurzfristige Wünsche (z.B. genussvoller Konsum)?"

Diese Skepsis ist vor allem durch einen Rückgriff auf philosophische Autonomieargumente begründet worden.[11] Bislang ist aber unklar, inwieweit die gegenüber dem *Nudging* geäußerten ethischen Vorbehalte auch als rechtliche Vorbehalte Bestand haben können. In dieser Arbeit werden die ethischen Vorbehalte, denen im Rahmen der rechtswissenschaftlichen Rezeption des Konzeptes in Deutschland Ausdruck verliehen worden ist, rechtlich systematisch verarbeitet. Wenige Arbeiten haben sich dezidiert mit der Frage der verfassungsrechtlichen Legitimität des *Nudging* auseinandergesetzt.[12] In dieser Arbeit wird ein Beitrag zur Schließung dieser Lücke geleistet.

III. Gang der Untersuchung

Die verfassungsrechtliche Untersuchung des *Nudging* beginnt mit einer Darstellung und Definition des *Nudging* als Rechtsetzungskonzept. Dabei wird zunächst auf die Grundlagen des Konzeptes in der Ökonomik und der Verhaltenspsychologie eingegangen. Der Teil beginnt mit einer Beschreibung des traditionellen Verhaltensmodells der Ökonomik, dem *Homo Oeconomicus*. Daran anknüpfend wird die Entwicklung der Verhaltensökonomik beschrieben, die entscheidend auf dem traditionellen ökonomischen Verhaltensmodell aufbaut, indem sie Abweichungen von dessen Prognosen identifiziert. In bestimmten, identifizierbaren Szenarien verhalten Menschen sich systematisch anders, als das klassische Verhaltensmodell prognostiziert. Im Sinne der klassischen Theorie unwichtige Elemente der Entscheidungsumgebung spielen tatsächlich eine wesentliche Rolle für die Entscheidung. Diese Abweichungen und Besonderheiten menschlichen Entscheidungsverhaltens waren Anlass für die Entstehung des *Nudging*, das als Reaktion auf die Erkenntnisse der Verhaltensökonomik entwickelt wurde.

Das *Nudging* baut ursprünglich auf drei zusammenhängenden Elementen auf, die im Anschluss vorgestellt werden. Diese Elemente sind die Entscheidungsarchitektur, der *Libertarian Paternalism* und die *Nudges* selbst. Der Begriff Entscheidungsarchitektur beschreibt die Veränderlichkeit von Entscheidungsumgebungen und die Möglichkeit, auf individuelle Entscheidungen durch die Gestaltung der Entscheidungsumgebungen Einfluss zu nehmen. Der *Libertarian Paternalism* ist die normative Theorie, die vorgibt, wie die Entscheidungsumgebung gestaltet werden sollte, Werkzeug der Umsetzung dieser Theorie sind die *Nudges*. Sie sollen im Sinne des *Libertarian Paternalism* dazu eingesetzt werden, Menschen zu Entscheidungen zu verhelfen, die diese selbst wollen, bislang aber nicht getroffen haben. Dabei sollen die Menschen weder durch Anreize noch durch Zwang zu ihrer Entscheidung gebracht werden, ihnen soll lediglich durch die Gestaltung der Entscheidungsumgebung auf die Sprünge geholfen werden.

Das *Nudging* kann in seiner ursprünglichen Ausprägung, mit der engen Verwobenheit von *Libertarian Paternalism* und *Nudges*, für eine uneindeutige Grenzziehung kritisiert werden. Es ist nicht immer einfach zu erkennen, ob eine Maßnahme noch als *Nudge* angesehen werden kann oder ob sie dessen definitionsgemäßen Grenzen überschreitet. Überhaupt kann in Frage gestellt werden, inwiefern es

[11] So z.B. von *White*, The Manipulation of Choice, S. 81 ff.; *Grüne-Yanoff*, Old Wine in New Casks, S. 635 ff.; *Hacker*, Nudging and Autonomy, S. 77 ff.

[12] Hervorzuheben sind insoweit die Arbeiten von *Weber/Schäfer*, „Nudging", Ein Spross der Verhaltensökonomie, S. 561 ff.; *van Aaken*, Constitutional Limits to Paternalistic Nudging, S. 161 ff.; *van Aaken*, Judge the Nudge, S. 83 ff., *Lübbe-Wolff*, Constitutional Limits to Health-Related Nudging, S. 247 ff. und *Purnhagen/Reisch*, „Nudging Germany"?, S. 645 ff.. Ebenfalls mit einer verfassungsrechtlichen Perspektive, aber aus einem etwas anderen Blickwinkel *Schweizer*, Nudging and the Principle of Proportionality, S. 93 ff. *Hacker*, Verhaltensökonomik und Normativität, befasst sich grundlegend mit rechtlichen Implikationen der Verhaltensökonomik, allerdings nicht mit verfassungsrechtlichem Schwerpunkt.

sinnvoll ist, zwei Begriffe für sich überschneidende, teilweise deckungsgleiche Ideen zu verwenden.[13] Diese Problematik wird im dritten Abschnitt des ersten Teils aufgegriffen. Dabei wird untersucht, inwieweit die Begrifflichkeiten geschärft und womöglich voneinander gelöst werden können.

Der zweite Teil greift die Vorarbeiten aus dem ersten Teil auf und ordnet das gewonnene Verständnis des *Nudging* in rechtswissenschaftliche Kategorien ein. Dabei wird zunächst die Anschlussfähigkeit des *Nudging* an Kategorien der Neuen Verwaltungsrechtswissenschaft untersucht. Diese einflussreiche Strömung der Verwaltungsrechtswissenschaft hat eine Öffnung der Disziplin für sozialwissenschaftliche Einflüsse bewirkt und das Instrumentarium der verwaltungsrechtlichen Rechtsetzung erweitert, das nunmehr in Instrumente der direkten und indirekten Verhaltenssteuerung eingeteilt werden kann.

Daraufhin werden, im Anschluss an die Definition des *Nudging* aus dem ersten Teil, die potenziell problematischen Aspekte des *Nudging* herausgearbeitet. Das sind zum einen die inhaltliche Entscheidungsbeeinflussung durch *Nudges*, zum anderen der dabei genutzte Wirkungsmechanismus. Diese Aspekte liegen den Vorwürfen des Paternalismus und der Manipulation zugrunde. Um ihre Vereinbarkeit mit der personalen Autonomie der Adressaten eines *Nudge* zu untersuchen, wird das philosophische Autonomiemodell *Joel Feinbergs* vorgestellt. Mit seiner Hilfe soll eine Überprüfung der *Nudges* auf eine mögliche Autonomiebeeinträchtigung hin vorgenommen werden. *Feinbergs* Autonomiemodell zeichnet sich durch eine Aufteilung in Kompetenz und Authentizität als wesentliche Teilaspekte der personalen Autonomie aus. Er formuliert sein Modell spezifisch als Gegenstück für paternalistische Maßnahmen des Staates und berücksichtigt in seinem Modell bereits ‚menschliche' Entscheidungsphänomene. Dadurch bietet es sich für eine Überprüfung von *Nudges* an. Allerdings liegt das *Feinbergsche* Autonomiemodell nicht dem deutschen Grundgesetz zugrunde. Das Grundgesetz sieht keinen ausdrücklichen grundrechtlichen Autonomieschutz vor. Deshalb wird am Ende des zweiten Teils überprüft, inwieweit das *Feinbergsche* Modell verfassungsrechtlich anschlussfähig ist und für eine grundrechtliche Überprüfung von *Nudges* genutzt werden kann.

Der dritte Teil befasst sich mit der grundrechtlichen Analyse konkreter Maßnahmen, die als *Nudges* qualifiziert werden können. Als große Kategorien des *Nudging* werden die staatliche Informationsbereitstellung und die Standardregeln jeweils anhand von zwei Beispielen analysiert. Die Analyse beginnt mit der Begutachtung von staatlicher Informationsbereitstellung durch Text-Bild Warnhinweise auf Tabakprodukten und Informationskampagnen zum Trinkwasserverbrauch. Die Maßnahmen greifen unterschiedliche kognitive Verzerrungen des menschlichen Entscheidungsverhaltens auf und zeigen so die Flexibilität des Instruments Informationsbereitstellung. Anschließend wird die zweite Kategorie der Standardregeln am Beispiel der Widerspruchslösung bei der postmortalen Organspende und der Energiegrundversorgung mit ‚Ökostrom' untersucht. Die konkrete Analyse baut dabei maßgeblich auf den Vorarbeiten des ersten und zweiten Teils der Arbeit auf. Aus dem ersten Teil werden die einzelnen kognitiven Verzerrungen und ihre empirisch nachgewiesene Wirksamkeit entnommen. Sie werden mit dem Autonomiemodell *Feinbergs* zusammengeführt, um festzustellen, ob die kognitiven Verzerrungen oder ihre Nutzung durch *Nudges* einen nachteiligen Effekt auf die personale Autonomie haben.

[13] *Hansen*, The Definition of Nudge and Libertarian Paternalism, S. 1.

Zum Schluss werden die Erkenntnisse zu dem in den drei Teilen gewonnenen Verständnis der Wechselbeziehung von *Nudges* und personaler Autonomie zusammengefasst. Darauf aufbauend werden allgemeine Schlussfolgerungen für die staatliche Nutzung des *Nudging* gezogen.

IV. Eingrenzung der Untersuchung

Diese Arbeit baut auf Forschung aus unterschiedlichen Disziplinen auf. Erkenntnisse aus der Ökonomik, der Psychologie, der Philosophie und den Rechtswissenschaften spielen für die Untersuchung des *Nudging* eine Rolle. Dieses weite Feld macht es notwendig, die Untersuchung zu begrenzen.

Eine erste Begrenzung ergibt sich aus der Beschränkung der Untersuchung auf die Anwendung von *Nudges* im Verwaltungsrecht. Das Konzept des *Nudging* ist darauf ausgelegt, die Rechtsetzung von staatlicher Seite umfassend zu beeinflussen. Ein Einsatz von *Nudges* ist grundsätzlich auch in allen anderen Rechtsbereichen denkbar.[14] Neben dem öffentlichen Recht bestehen Anwendungsmöglichkeiten im Zivil- und Strafrecht. Der Einsatz von *Nudges* wird sich in den drei Rechtsgebieten zum Teil jedoch stark voneinander unterscheiden. Im Strafrecht ergibt sich von vornherein ein eher geringer Anwendungsbereich. Strafrecht dient als staatliches Sanktionsregime, das von imperativen Eingriffen geprägt ist. Zwanglose Verhaltensempfehlungen finden hier nur wenig Platz. Im Zivilrecht hat das *Nudging* durchaus großes Potenzial, gerade zwischen Privaten spielt es in Marketing und Werbung bereits eine große Rolle. Private Akteure sind den Grundrechten, die hier Untersuchungsmaßstab sind, aber nur mittelbar unterworfen. Der Staat wird im Zivilrecht tendenziell weniger auf *Nudges* zurückgreifen und spielt eine weit weniger aktive Rolle in der Rechtsgestaltung als im Verwaltungsrecht, wo er durch die Verwaltung als handelnder Akteur vertreten ist und der unmittelbaren Geltung der Grundrechte unterworfen ist.

Eine weitere Begrenzung folgt aus der rechtswissenschaftlichen Perspektive der Arbeit. Gegenstand der Untersuchung ist die grundrechtliche Legitimität des *Nudging*. Diese Legitimität wird aus rechtlicher Warte beurteilt. Die Grundlagen, die von den Konzeptentwicklern *Sunstein* und *Thaler* dem *Nudging* zugrunde gelegt wurden, werden hier im Wesentlichen übernommen. Das Konzept soll so bewertet werden, wie es erdacht worden ist. Das bedeutet, dass die kognitiven Verzerrungen der Verhaltensökonomik in Wesen und Ausmaß so verstanden werden, wie *Sunstein* und *Thaler* dies auch in *Nudge* tun. Die kognitiven Verzerrungen sind danach systematische Verhaltenstendenzen die verlässlich in identifizierbaren Entscheidungsszenarien auftreten. Sie sind im menschlichen Unterbewusstsein, dem System 1 der psychologischen *Dual-Process*-Modelle, verwurzelt. Daraus folgt, dass sie ohne vorhergehende Reflexion der Betroffenen Einfluss auf deren Entscheidungen haben. Es wird anerkannt, dass in den jeweiligen Fachdisziplinen teils erhebliche Diskussionen darüber stattfinden, inwieweit diese Annahmen zutreffend sind. Diesen Diskussionen wird aber nicht vertieft nachgegangen. Die dem *Nudging* zugrundeliegenden Erkenntnisse der Ökonomik und der Psychologie werden nicht selbständig in Frage gestellt. Die ökonomischen und psychologischen Annahmen, die *Sunstein* und *Thaler* dem *Nudging* zugrunde gelegt haben, sind auch Grundlage für seine rechtliche Bewertung.

---

[14] *Nudges* werden als Instrumente in den unterschiedlichsten Bereichen erörtert, vgl. *House of Lords*, Behaviour Change; *OECD*, Behavioural Insights and Public Policy; *Weltbank*, Mind, Society, and Behavior; *Reisch/Sandrini*, Nudging in der Verbraucherpolitik.

B. Nudge – Ökonomische Grundlagen und Definition

Im Folgenden soll zunächst der Grundstein für die weitergehenden Fragen der rechtlichen Zulässigkeit der Anwendung von *Nudges* als Rechtsetzungsinstrument gelegt werden. Dazu sind mehrere Schritte zu vollziehen. Ziel dieses Teils ist es, *Nudges* und das dazugehörige normative Konzept des *Libertarian Paternalism* vorzustellen. Um die Entwicklung dieser Begriffe nachvollziehen und analysieren zu können, ist zunächst eine Beschäftigung mit den Wurzeln des Konzeptes in der Ökonomik erforderlich. Die Einnahme dieser entwicklungsgeschichtlichen Perspektive ermöglicht es, eine klare Einteilung von *Nudges* in den Maßnahmenkatalog des Gesetzgebers vorzunehmen und ihr Verhältnis zum übergeordneten normativen Konzept zu klären. Zu diesem Zweck soll in diesem Teil, im Anschluss an die Darstellung der ökonomischen Grundlagen, eine Definition von *Nudge* erfolgen, anhand derer die Identifikation etwaiger verfassungsrechtlicher Probleme erfolgen kann.

I. Ökonomische Grundlagen

Der *Libertarian Paternalism* hat seine Wurzeln in der ökonomischen Analyse des Rechts. Dieser Forschungszweig wendet ökonomische Methoden an, um die Auswirkungen von Rechtsnormen auf das Verhalten von Menschen zu analysieren. Dazu bedient er sich methodisch des ökonomischen Verhaltensmodells und prognostiziert oder analysiert auf dessen Grundlage die Reaktionen der Menschen, die mit einer Rechtsnorm potenziell in Berührung kommen.

Die Anwendung ökonomischer Methoden ist nicht nur für wirtschaftliche Vorgänge relevant, sondern wird bereits seit Jahrzehnten erfolgreich auf nahezu alle Bereiche menschlichen Zusammenlebens erstreckt. Die Methoden der Ökonomik sind ein Instrumentarium, das menschliches Verhalten systematisch zu erklären versucht. Es wurde für die Analyse von Wirtschaftsprozessen entwickelt, die Anwendung ist jedoch auf beinahe jeden Gesellschaftsbereich ausgedehnt worden.[15] Die Methoden der Ökonomik und hier besonders das ökonomische Modell individuellen Verhaltens, der *Homo Oeconomicus*, bieten Erklärungsansätze für das menschliche Verhalten in sämtlichen gesellschaftlichen Zusammenhängen, unabhängig davon ob sie wirtschaftlicher, politischer oder rechtlicher Art sind. Teilweise wird die Ökonomik aufgrund dieser Ausweitung, durchaus mit negativer Konnotation, als imperialistische Wissenschaft bezeichnet.[16] Durch die Anwendung ökonomischer Methoden auf rechtliche Problemstellungen ist die ökonomische Analyse des Rechts begründet worden, wodurch die Ökonomik Eingang in die Rechtswissenschaft gefunden hat.[17] Um die Vorgehensweise der ökonomischen Analyse verständlich zu machen, wird nachfolgend das Entscheidungsmodell skizziert, mit dessen Hilfe sich das Verhalten von Menschen in Entscheidungssituationen prognostizieren lässt. Daraufhin wird die Entwicklung der Verhaltensökonomik und die dazugehörige Verhaltensforschung vorgestellt, auf deren Erkenntnissen die Entwicklung der *Nudges* und des *Libertarian Paternalism* fußt.

1. Das ökonomische Modell menschlichen Verhaltens

Ausgangspunkt von *Nudge* und *Libertarian Paternalism* ist das ökonomische Verhaltensmodell des *Homo Oeconomicus*. Mit Hilfe des *Homo Oeconomicus* modelliert die Ökonomik das typische Verhalten von Menschen in Entscheidungssituationen, das Modell stammt aus der mikroökonomischen

---

[15] Exemplarisch dafür *Becker*, The economic approach to human behavior, S. 14: "I am saying that the economic approach provides a valuable unified framework for understanding *all* human behavior, [...]."

[16] *Kirchgässner*, Homo Oeconomicus, S. 152f., S. 324.

[17] Vgl. zum Einfluss der ökonomischen Methodik in der Rechtswissenschaft *Ash et al.*, Ideas have Consequences, S. 1 ff., der den Einfluss auf die Rechtsprechung amerikanischer Bundesgerichte aufzeigt.

L. Böker, *Nudge im Spiegel des allgemeinen Persönlichkeitsrechts*,
Ökonomische Analyse des Rechts | Economic Analysis of Law,
https://doi.org/10.1007/978-3-658-33472-7_2

Preistheorie.[18] Ursprünglich bezog es sich primär auf menschliches Verhalten bei Markttransaktionen, deshalb wurden Verhaltensannahmen im Hinblick auf Konsumenten und Produzenten getroffen, die auf einem Markt interagieren.[19] Um Vorhersagen über die Entwicklung von Angebot, Nachfrage und Preisbildung auf diesem Markt treffen zu können, wurden einfache Annahmen im Hinblick auf das Verhalten der auf dem Markt aktiven Akteure getroffen. Diese Verhaltensannahmen haben sich aber, wie angesprochen, auch bei der Anwendung auf andere Gegenstandsbereiche als fruchtbar erwiesen. Sie sollen nachfolgend kurz vorgestellt werden.

a) Die Grundannahmen des Homo Oeconomicus – Das rational eigeninteressierte Individuum

Das Verhaltensmodell des *Homo Oeconomicus* geht von zentralen Annahmen aus. Das Entscheidungsverhalten von Individuen wird demnach maßgeblich durch stabile Präferenzen geprägt, die im Rahmen der bestehenden Restriktionen bestmöglich verfolgt werden sollen. Die Präferenzen bestimmen eine Rangfolge der Entscheidungsalternativen, wobei die favorisierte Alternative diejenige ist, mit der das Individuum den größten persönlichen Nutzengewinn verbindet. Im Rahmen der bestehenden Restriktionen strebt das Individuum stets danach, seine Präferenzen bestmöglich zu verwirklichen und entscheidet sich dementsprechend für die nutzenmaximierende Entscheidungsalternative.[20]

Die Konzentration auf die Entscheidung von Individuen ist der methodisch kennzeichnende Ansatz der Ökonomik. Sie konzentriert sich auf das Verhalten des Individuums als maßgebliche Erklärung für soziale Phänomene, die demnach auf die Summe der ihnen zugrundeliegenden, individuellen Entscheidungen zurückzuführen sind.[21] Dieser Fokus auf das individuelle Verhalten wird als methodologischer Individualismus bezeichnet, er entspricht dem Ansatzpunkt liberaler Tradition, die das Individuum ins Zentrum der Analyse gestellt hat.[22]

aa) Die Präferenzen und die Anordnung der Entscheidungsalternativen

Die Ökonomik nimmt an, dass Menschen wissen, was sie mögen und was sie nicht mögen. Sie haben grundsätzliche Werte und Ziele im Leben, die sie anstreben.[23] Das führt dazu, dass Menschen als fähig angesehen werden, in jeder Entscheidungssituation die einzelnen Entscheidungsalternativen in einem Ranking danach anzuordnen, was der Verfolgung ihrer definierten Ziele mehr oder weniger dient.[24] Diese individuellen Zielvorstellungen werden als Präferenzen bezeichnet. Die Reihenfolge der Entscheidungsalternativen bestimmt sich nach dem Nutzen, den der einzelne aus einer Entscheidungsalternative ziehen kann. Umso besser eine Alternative die Präferenzen verwirklicht, umso mehr Nutzen kann aus ihr gezogen werden. Weil die Präferenzen von Individuum zu Individuum

---

[18] *Kirchgässner*, Homo Oeconomicus, S. 8, 66 ff.; *Kirchgässner*, Das ökonomische Verhaltensmodell, S. 3.

[19] *Kirchgässner*, Homo Oeconomicus, S. 66 f.

[20] *Ebenda*, S. 32 f.: „[Dies sind] diejenigen Elemente, die für das ökonomische Verhaltensmodell entscheidend sind: Die Trennung zwischen Präferenzen und Restriktionen, die Bewertung (eines Teils) der Alternativen, unter den bewerteten Alternativen die Entscheidung gemäss dem relativen Vorteil und damit die Beeinflussbarkeit dieses Verhaltens durch veränderte Umweltbedingungen (Anreize)."

[21] *Kelman*, Law and Behavioral Science, S. 1388 f.

[22] *Kirchgässner*, Homo Oeconomicus, S. 12.

[23] *Ebenda*, S. 14: "Die Präferenzen ergeben sich aus den Intentionen des handelnden Individuums, sie [...] sind prinzipiell unabhängig von den aktuellen Handlungsmöglichkeiten."; *Becker,* The Economic Approach to Human Behavior, S. 5: "The preferences that are assumed to be stable do not refer to market goods and services, [...], but to underlying objects of choice [...]. These underlying preferences are defined over fundamental aspects of life, such as health, prestige, sensual pleasure, benevolence, or envy, [...]."

[24] *Cooter/Ulen*, Law & Economics, S. 18.

unterschiedlich sind, ist auch der aus einer Entscheidung gezogene Nutzen und damit die Rangfolge der Entscheidungsalternativen stets subjektiv verschieden.[25]

Die Präferenzen werden im Entscheidungsmodell als unbeeinflussbare, feste Größe dargestellt. Das hat vor allem methodische Gründe. Nur mithilfe eines Modelles, bei der lediglich eine Größe, die sogleich zu besprechenden Restriktionen, veränderlich ist, lassen sich aussagekräftige Ergebnisse erzielen.[26] Würde man die Veränderlichkeit von Präferenzen als Möglichkeit in das Modell einführen, so ließe sich jedes beobachtete Verhalten im Nachhinein mit Präferenzwandel erklären. Da dieser intern stattfinden würde, und damit, anders als die sich extern verändernden Restriktionen, nicht beobachtet werden könnte, könnte er niemals belegt werden. Das Verhaltensmodell könnte völlig widersprüchliches Verhalten damit erklären, dass der Akteur seine Präferenzen eben verändert habe, sodass die von ihm getroffene Entscheidung trotz allem nutzenmaximierend sei. Diese Erklärung wäre unwiderlegbar, sie würde dem Entscheidungsmodell aber auch jede Aussagekraft nehmen.[27] Um die Aussagekraft des Modells zu erhalten, werden die Präferenzen weiter als eigennützige Interessen modelliert.[28] Das Individuum zieht selbst keinen Nutzen daraus, dass andere Akteure Nutzen gewinnen oder verlieren. Die Akteure werden nicht als neidisch, missgünstig oder altruistisch modelliert, sondern als autarke Individuen, die sich nur für die eigene Bedürfnisbefriedigung interessieren. Diese Annahme stärkt die Aussagekraft des Modells, weil sie die Erklärung von Verhalten durch soziale Interessen ausschließt.[29] Indem das Modell vorgibt, die Präferenzen seien feststehende, von der Präferenzverwirklichung anderer Akteure unabhängige Größen, erlaubt es die Erklärung individuellen Verhaltens allein anhand der Umweltbedingungen. Weil das Modell klar vorgibt, was die Interessen des einzelnen Individuums ausmacht, kann sein Verhalten eindeutig erklärt und prognostiziert werden.

Darüber hinaus zeichnet sich die Anordnung der Entscheidungsalternativen anhand der Präferenzen durch besondere Eigenschaften aus. Von diesen sind besonders die Axiome der Vollständigkeit und Transitivität bedeutsam.[30] Dabei beschreibt Vollständigkeit den Umstand, dass das Individuum jede der Entscheidungsalternativen bewerten kann. Die Alternativen können miteinander verglichen werden, sodass das Individuum in der Lage ist, festzulegen welche Alternative es bevorzugt. Eine Situation, in der der Entscheider nicht weiß, welche Alternative Vorrang genießen soll, kann es nicht geben. Unter Transitivität wird die Folgerichtigkeit der Rangfolge verstanden. Wenn jemand Entscheidungsalternative A der Entscheidungsalternative B vorzieht, und Entscheidungsalternative B Entscheidungsalternative C vorzieht, dann zieht er auch Entscheidungsalternative A Entscheidungsalternative C vor. Eine zirkuläre Anordnung der Rangfolge, also A>B, B>C und C>A, ist dadurch ausgeschlossen.[31]

---

[25] *Cooter/Ulen*, Law & Economics, S. 19.

[26] *Diekmann/Voss*, Die Theorie rationalen Handelns, S. 16: „Jede Verhaltensänderung (z.B. ein höheres Ausmaß and Umweltaktivitäten) kann im Nachhinein durch eine Änderung des Nutzens der Aktivität „erklärt" werden."

[27] Zur Beschaffenheit der Präferenzen und der Annahme ihrer Stabilität *Kirchgässner*, Homo Oeconomicus, S. 40 ff.; *Eidenmüller*, Effizienz als Rechtsprinzip, S. 32 f.; *Diekmann/Voss*, Die Theorie rationalen Handelns, S. 16.

[28] Das sogenannte Eigennutzaxiom, *Kirchgässner*, Homo Oeconomicus, S. 16, 47 ff.; *Rawls*, A Theory of Justice, S. 125, bezeichnet das als „gegenseitig desinteressierte Vernünftigkeit".

[29] *Eidenmüller*, Effizienz als Rechtsprinzip, S. 31 f.; Kirchgässner, Homo Oeconomicus, S. 58 ff., 65; *Korobkin/Ulen*, Law and Behavioral Science, S. 1065.

[30] *Schäfer/Ott*, Lehrbuch der ökonomischen Analyse des Zivilrechts, S. 59 f., die auch noch die Axiome der Unabhängigkeit und Konsistenz nennen.

[31] Von einigen Autoren werden, und das wird insbesondere im Kontext der Verhaltensökonomik bedeutsam, auch die Invarianz und die Dominanz als Charakteristika der Anordnung der Entscheidungsalternativen anhand der Präferenzen benannt. Die Anordnung ist invariant, weil sie unabhängig von der Auswahlsituation erfolgt,

bb) Die Restriktionen als Rahmen der Präferenzverwirklichung

Die soeben beschriebenen, stabilen Präferenzen erlauben es, eine individuelle Rangliste der Entscheidungsalternativen zu bilden, die danach ausgerichtet ist, welche der Alternativen vom Individuum als nützlichste im Hinblick auf die Verwirklichung der eigenen Präferenzen angesehen wird. Die Rangfolge der Entscheidungsalternativen wird umfassend für alle Entscheidungsalternativen gebildet, der *Homo Oeconomicus* ist über die bestehenden Restriktionen und die verfügbaren Entscheidungsalternativen vollständig informiert. Er ist aber nur innerhalb des durch die Restriktionen vorgegebenen Rahmens in der Lage, eine Entscheidungsoption auszuwählen. Die Restriktionen sind die Begrenzungen, denen das Individuum in einer Entscheidungssituation ausgesetzt ist. Das sind etwa das nur begrenzt verfügbare Einkommen des Individuums und die Marktpreise oder die nur begrenzt vorhandene Zeit.[32] Auf eine Veränderung der Restriktionen reagiert das Individuum, indem es seine Entscheidung an die veränderten Umstände anpasst. Wenn sich beispielsweise der Preis eines Gutes verändert, dann wird das Individuum bewerten, inwiefern die Veränderung des Preises dieses Gutes die Befriedigung seiner Präferenzen betrifft und gegebenenfalls eine andere Handlungsoption bevorzugen als noch vor der Preisänderung. Die Erhöhung des Preises führt dann dazu, dass das Einkommen auf ein anderes Gut, von dem nun relativ mehr Einheiten erworben werden können, aufgewandt wird.

cc) Nutzenmaximierung als rationales Element des Homo Oeconomicus

Kennzeichnendes Merkmal der Anordnung der Entscheidungsalternativen anhand der Präferenzen und der Entscheidung zugunsten der bevorzugten Option ist ihre Rationalität. Rationalität meint in diesem Zusammenhang den optimalen Einsatz der verfügbaren Ressourcen zur Verfolgung der Präferenzen.[33] Das lässt sich ökonomisch auch als Maximierung des Grenznutzens bezeichnen. Wenn das Individuum sein Einkommen vollständig für eine bestimmte Kombination aus den Gütern x und y verbraucht, dann gibt es eine Kombination aus Gütern, die den Präferenzen des Individuums am ehesten entspricht. Es wird diese Kombination auswählen, um seinen Nutzen aus dem Einkommen zu maximieren. Nehmen wir an diese Kombination sind 5x und 5y, wobei eine Einheit von x und y den gleichen Preis hat. Wenn das Individuum nun stattdessen 6x und 4y einkauft, wird es weniger Nutzen aus der Kombination ziehen. Der Grenznutzen einer weiteren Einheit x unterschreitet dann die Grenzkosten (=den Nutzenverlust) der Aufgabe einer Einheit y. Jede schrittweise Veränderung der Güterzusammensetzung vom Maximum aus verringert den Nutzen des Individuums. Sobald die Grenzkosten gleich dem Grenznutzen sind, wird das rationale Individuum deshalb keine Veränderungen der Güterkombination mehr vornehmen. Indem das Individuum stets die nutzenreichste Entscheidungsalternative identifiziert und auswählt, lässt es innerhalb des bestehenden Handlungsraums keinen Raum für Verbesserung. Es schöpft die gegebenen

---

und insbesondere durch Präsentation und Struktur der Situation nicht verändert wird. Sie ist dominant, weil ein Entscheider niemals eine Option wählen wird, die in allen Eigenschaften maximal genauso gut wie eine andere Option ist, und in mindestens einer Eigenschaft nicht so gut wie eben jene andere Option, vgl. dazu *Korobkin/Ulen*, Law and Behavioral Science, S. 1064; *Kahneman/Tversky*, Rational Choice and the Framing of Decisions, S. 211. *Arrow*, Risk perception in psychology and economics, S. 12, verwendet statt *invariance* den Begriff *extensionality*, beschreibt aber dasselbe Phänomen.

[32] *Becker*, The Economic Way of Looking at Behavior, S. 2: "Different constraints are decisive for different situations, but the most fundamental constraint is limited time."

[33] *Schäfer/Ott*, Lehrbuch der ökonomischen Analyse des Zivilrechts, S. 59.

Möglichkeiten vollständig aus. Diese maximale Ausnutzung der Ressourcen macht das Verhalten rational.[34]

b) *Die Beeinflussbarkeit menschlichen Verhaltens durch Rechtsnormen*

Nach dem dargestellten, klassischen Verhaltensmodell hängt das individuelle Entscheidungsverhalten maßgeblich von den Handlungsrestriktionen ab. Verändern sich diese, so wird das Individuum die veränderten Umstände in seine Entscheidung einbeziehen, und auf Grundlage der neuen Gegebenheiten unter Umständen eine andere Entscheidung treffen, wenn sich daraus nun ein größerer individueller Nutzen ergibt. Dies eröffnet die Möglichkeit, durch die gezielte Veränderung der Restriktionen auch Veränderungen menschlichen Verhaltens herbeizuführen.[35] Die gezielte Veränderung der Restriktionen ist als das Setzen von Anreizen bekannt, sie ist im Besonderen für die staatliche Rechtssetzung interessant. Durch Rechtsakt geschaffene Regeln können das Verhalten von Menschen demnach steuern, weil sie die mit den Entscheidungsalternativen assoziierten Nutzenzuwächse beeinflusst. Indem der Staat beispielsweise bestimmte Verhaltensweisen durch Besteuerung verteuert oder durch Subventionen vergünstigt, reduziert bzw. erhöht er den Nutzen der dazugehörigen Handlungsoptionen. Die Berücksichtigung dieser rechtlichen Eingriffe führt beim Individuum dann gegebenenfalls zu einer Neuanordnung der verfügbaren Handlungsoptionen, sodass im besten Fall die vom staatlichen Eingriff angestrebte Entscheidungsalternative anstatt der ursprünglich bevorzugten gewählt wird.

c) *Das Effizienzkriterium*

Das Verhaltensmodell des *Homo Oeconomicus*, das vom Menschen als Nutzenoptimierer ausgeht, ist für sich genommen lediglich ein deskriptives Modell. Es beschreibt das typische Verhalten von Menschen in Entscheidungssituationen als nutzenmaximierend.[36] Auf die Veränderung von Restriktionen reagiert der *Homo Oeconomicus*, indem er sein Verhalten adaptiert. Wenn die Restriktionen nun bewusst verändert werden sollen, stellt sich die Frage, wie diese Veränderung erfolgen soll. Es lässt sich prognostizieren, wie rationale Individuen auf eine Veränderung reagieren würden. Welches Verhalten soll durch die Veränderung der Restriktionen also herbeigeführt werden?

Um diese Frage zu beantworten bedarf es eines Bewertungsmaßstabs. Die ökonomische Analyse entnimmt diesen Maßstab der Wohlfahrtsökonomik, die zum Ziel hat, die gesamtgesellschaftliche Wohlfahrt zu erhöhen. Die gesamtgesellschaftliche Wohlfahrt ist eine Funktion der individuellen Nutzenniveaus, umso mehr Nutzen Individuen aus ihren Entscheidungen ziehen können, umso größer ist die Wohlfahrt der Gesellschaft.[37] Nutzen wird hier im utilitaristischen Sinne als persönliche Zufriedenheit angesehen.[38] Die individuellen Nutzenniveaus sind somit der entscheidende Faktor um

---

[34] *Cooter/Ulen*, Law & Economics, S. 12 „rationality requires maximization", am Beispiel der Konsumentenentscheidung auch S. 23.

[35] Entsprechend lautet die vierte volkswirtschaftliche Regel von *Nicholas Gregory Mankiw*: „Menschen reagieren auf Anreize"; *Mankiw/Taylor*, Grundzüge der Volkswirtschaftslehre, S. 7.

[36] *Kirchgässner*, Homo Oeconomicus, S. 3, 323; *Eidenmüller*, Effizienz als Rechtsprinzip, S. 30: „Nutzenmaximierung heißt lediglich [...], daß der Konsument das Güterbündel wählt, das er unter den gegebenen Handlungsrestriktionen am meisten präferiert. Irgendwelche Aussagen über gefühlsmäßige Zustände im Sinne einer Vermeidung von Schmerz oder einem Gewinn von Freude sind damit nicht [...] verbunden."

[37] *Sen*, Personal Utilities and Public Judgments, S. 538; *Sen*, The Idea of Justice, S. 269 ff.

[38] *Sen*, The Idea of Justice, S. 272. Das grundsätzliche Ziel der Wohlfahrtsökonomik ist die Maximierung von Nutzen im Sinne persönlicher Zufriedenheit, vor allem im Anschluss an *Posner*, Utilitarianism, Economics, and Legal Theory, S. 103 ff., ist, besonders in der ökonomischen Analyse des Rechts, jedoch auch Reichtumsmaximierung anstelle von Zufriedenheitsmaximierung als Gradmesser für Nutzen gewählt worden. Vgl. dazu auch *Eidenmüller*, Effizienz als Rechtsprinzip, S. 184 f.

gesamtgesellschaftliche Verbesserungen herbeizuführen. Dementsprechend sollten politische Maßnahmen stets darauf ausgerichtet sein, die Nutzenniveaus zu erhöhen. Um beurteilen zu können, ob die Nutzenniveaus durch eine Maßnahme im Vergleich zum status quo ansteigen würden, stellt die Wohlfahrtsökonomik Vergleichskriterien zur Verfügung, mit deren Hilfe Wohlfahrtssteigerungen identifiziert werden können. Sofern sich nach diesen Kriterien kein Spielraum für eine Wohlfahrtssteigerung ergibt ist die Verwendung der Ressourcen effizient. Die Effizienzkriterien der Wohlfahrtsökonomik sind vor allem das *Pareto-* sowie das *Kaldor-Hicks*-Kriterium. Dabei unterscheiden sich die beiden Maßstäbe insbesondere durch ihren Umgang mit dem interpersonalen Vergleich von Nutzen.

Ein Zustand wird als Pareto-effizient bezeichnet, wenn der status quo nicht verändert werden kann, ohne dass mindestens ein Gesellschaftsmitglied im Vergleich zum status quo schlechter gestellt wird, also einen geringeren Nutzen generieren kann, als im status quo.[39] Ein solcher Zustand kann nach dem Pareto-Kriterium nicht eintreten, weil alle Gesellschaftsmitglieder ein Vetorecht erhalten, sodass Veränderungen des status quo der Einstimmigkeit bedürfen. Solange der Nutzen von Gesellschaftsmitgliedern erhöht werden kann, ohne dass andere Einbußen erleiden, sind Pareto-Verbesserungen möglich. Da dies jedoch nur selten der Fall ist, können viele Situationen bereits als Pareto-effizient bezeichnet werden. Bei fast jeder Veränderung des status quo gibt es Gewinner und Verlierer. Das Erfordernis der Einstimmigkeit macht das Pareto-Kriterium impraktikabel, es umgeht so aber das Problem des interpersonalen Nutzenvergleichs, der die Messbarkeit von Nutzen voraussetzen würde.[40]

Als leistungsfähigere Alternative zum Pareto-Kriterium hat sich das Kaldor-Hicks-Kriterium entwickelt, das auch potenzielle Pareto-Verbesserungen für eine Wohlfahrtssteigerung ausreichen lässt. Einstimmigkeit im Sinne des Pareto-Kriteriums lässt sich auch erreichen, wenn die Gewinner der Situation die Verlierer der Situation für deren Nutzeneinbußen kompensieren. Dann könnten schließlich auch die Verlierer der Veränderung der Situation zustimmen. Das Kaldor-Hicks-Kriterium lässt bereits die theoretische Möglichkeit einer solchen Kompensation ausreichen, um eine Erhöhung der Wohlfahrt zu bejahen. In vielen Situationen wird es nach einer Veränderung Gewinner und Verlierer geben. Wenn die Gewinner so viel Nutzen generieren, dass sie von ihrem Zuwachs den Verlust der Verlierer hypothetisch kompensieren könnten, dann kann die gesamtgesellschaftliche Wohlfahrt gesteigert werden. Erst wenn keine solche Steigerung bei hypothetischer Kompensation mehr möglich ist, ist eine Situation effizient im Sinne des Kaldor-Hicks-Kriteriums. Das Kaldor-Hicks-Kriterium ist durch die Einführung der hypothetischen Kompensation deutlich praktikabler als das Pareto-Kriterium. Es gibt viele Situationen, in denen so eine Verbesserung des gesellschaftlichen Wohlstands möglich erscheint.

Allerdings eröffnet sich durch die hypothetische Kompensation auch das Problem, den individuellen Nutzen verschiedener Personen vergleichen zu müssen.[41] Es lässt sich kaum bewerten, ob der Nutzengewinn eines Gesellschaftsmitglieds den -verlust eines anderen Gesellschaftsmitglieds überwiegt oder nicht. Aus diesem Grund wird, anstatt Nutzen, häufig der Zuwachs von Vermögen verglichen, sodass die Zustände im Hinblick auf ihren Geldwert verglichen werden. Das erleichtert den interpersonellen Vergleich enorm, der Begriff des Nutzens als Abbild persönlicher Zufriedenheit wird

---

[39] *Cooter/Ulen*, Law & Economics, S. 14, 42.

[40] Dazu *Eidenmüller*, Effizienz als Rechtsprinzip, S. 42 ff., insbesondere S. 48.

[41] *Pacces/Visscher*, The Methodology of Law and Economics, S. 91.

aber durch die Messung persönlichen Vermögens ersetzt. Das ist nicht unproblematisch, aus praktischen Gründen aber häufig unumgänglich.[42]

d) *Marktversagen als Anlass*

Im traditionellen ökonomischen Entscheidungsmodell geht es um die Interaktion der Akteure auf Märkten. Als Markt wird eine Gruppe von Käufern und Verkäufern bezeichnet, die durch ihre Interaktion den Preis der gehandelten Produkte beeinflussen.[43] Für das Modell wird der Markt als perfekt kompetitive Umgebung beschrieben, sodass keiner der beteiligten Akteure durch sein Verhalten den Preis, der für die Güter auf dem Markt aufgerufen wird, beeinflussen kann.[44] Ein solcher Markt sorgt, gepaart mit der Annahme der vollständigen Informiertheit der Akteure, für effiziente Ergebnisse. Alle Akteure werden ihre Ressourcen in optimaler Weise für die Produktion oder den Konsum der Güter verwenden. Besteht ein solcher, perfekt kompetitiver Markt, so bedarf es keines staatlichen Eingriffs, um die gesellschaftliche Wohlfahrt zu befördern. Das Marktgleichgewicht, das sich durch die Nutzenmaximierung der Akteure einstellt, ist effizient.[45]

Dabei sind Märkte nicht nur beim Güteraustausch aufzufinden, sie lassen sich vielmehr auch in vielen anderen Bereichen des Lebens identifizieren oder zumindest denklogisch konstruieren. Theoretisch ist jede Situation als Markt anzusehen, in denen ein Gegenstand durch Tauschhandel den Rechteinhaber wechseln kann. So wird beispielsweise das Adoptionsrecht als Bereich diskutiert, in dem durch die Einführung einer Marktstruktur bessere Ergebnisse erzielt werden könnten, als durch die klassische, staatlich vermittelte Adoption.[46] In diesem Sinne können viele rechtlich relevante Handlungen als Handlungen wie auf einem Markt aufgefasst, und dementsprechend behandelt werden. Deswegen passt die Anwendung der Theorie des *Homo Oeconomicus* auch auf rechtliche Zusammenhänge. Rechtliche Regeln verändern die Preise der verschiedenen Verhaltensoptionen und können deshalb die Bewertung des Nutzens der Verhaltensoptionen durch die Individuen beeinflussen.[47] Aus diesem Grund erscheint es beispielsweise sinnvoll, das Verhalten von Straftätern als rationale Nutzenmaximierung im Angesicht von Restriktionen zu modellieren.[48] Die angedrohte Strafe für das strafbare Verhalten ist der Preis dieses Verhaltens, den der Straftäter in seine Nutzenbewertung einbezieht. Ist der Nutzen des strafbaren Verhaltens dennoch höher als der Nutzen der alternativen, legalen Verhaltensoptionen, wird ein rationaler Straftäter zur Tat schreiten.

Nur wenn der Markt versagt und es zu Wohlfahrtsverlusten kommt, besteht Verbesserungspotenzial durch staatliche Eingriffe, weil sich aus dem Markt heraus nicht automatisch eine effiziente Verteilung

---

[42] *Parisi*, The Language of Law and Economics, S. 309; zum Streit über die Substitution von Zufriedenheit durch Reichtum als Maßstab für Nutzen: *Posner*, Utilitarianism, Economics, and Legal Theory, S. 103 ff.; *Dworkin*, Is wealth a value?, S. 191 ff.; *Calabresi*, About Law and Economics, S. 553 ff; *Dworkin*, Why Efficiency?, S. 563 ff.
[43] *Pindyck/Rubinfeld*, Microeconomics, S. 31.
[44] *Cooter/Ulen*, Law & Economics, S. 28.
[45] *Pacces/Visscher*, The Methodology of Law and Economics, S. 89; *Cooter/Ulen*, Law & Economics, S. 38; *Pindyck/Rubinfeld*, Microeconomics, S. 331.
[46] *Landes/Posner*, The Economics of the Baby Shortage, S. 323 ff.
[47] *Ulen*, Rational Choice Theory in Law and Economics, S. 797: "[...] many legal decisions are indeed market-like choices. They may be said to be so on the ground that legal rules create implicit prices on different behaviors and that legal decision makers conform their behavior to those prices in much the same way as they conform their market behavior to the relative prices there."
[48] *Becker*, Crime and Punishment, S. 169 ff. Die Modellierung des Straftäters als rationalen Nutzenmaximierer ist auch von *Claus Roxin* bei der Bewertung der Freiwilligkeit des Rücktritts nach § 24 I StGB gefordert worden. Seine „Lehre von der Verbrechervernunft" hat sich in diesem Zusammenhang allerdings nicht durchsetzen können, vgl. *Roxin*, Strafrecht Allgemeiner Teil Band II, § 30, Rn. 383.

der Ressourcen ergibt. Entsprechend dieser Logik sieht die ökonomische Analyse des Rechts das Marktversagen als einzig legitimen Grund für Eingriffe in den Markt an, die dann darauf ausgerichtet werden, das Marktversagen zu korrigieren. Fälle des Marktversagens sind das Auftreten von Externalitäten, Marktmacht, asymmetrische Informationen und das Vorliegen von öffentlichen Gütern.[49] In diesen Fällen schafft es der Marktmechanismus nicht, durch Angebot und Nachfrage den optimalen Preis der gehandelten Güter festzulegen, durch den ein effizientes Marktergebnis hergestellt wird.[50]

e) Erweiterungen des Entscheidungsmodells

Das Modell des *Homo Oeconomicus* geht in seiner Grundfassung von sehr einfachen Situationen aus. Menschen haben alle Informationen und die Konsequenzen der Entscheidungsalternativen sind klar bestimmt und treten unmittelbar nach Auswahl einer Entscheidungsalternative ein. Das Modell bedarf der Erweiterung, wenn Ungewissheit über den Eintritt der Konsequenzen der Entscheidungsalternativen eingeführt wird, oder wenn die Konsequenzen erst nach einer bestimmten Zeit eintreten. Außerdem erfordert die Einführung der Annahme unvollständiger Informiertheit der Akteure einen eigenständigen Umgang.

aa) Entscheidungen unter Risiko

Für die individuelle Nutzenbewertung der Entscheidungsalternativen sind Besonderheiten zu berücksichtigen, wenn eine Entscheidung getroffen wird, bei denen der Eintritt verschiedener Konsequenzen möglich erscheint.

In der ökonomischen Theorie werden unter Unsicherheit zwei Zustände zusammengefasst, einerseits das Risiko, andererseits die wahre Unsicherheit.[51] Sie unterscheiden sich dadurch, dass das Risiko mit bezifferbaren Wahrscheinlichkeiten verbunden ist, also eingeschätzt werden kann, während die wahre Unsicherheit nicht mit Wahrscheinlichkeitswerten beziffert werden kann. Für Entscheidungen unter Risiko haben *von Neumann/Morgenstern* die Erwartungsnutzentheorie entwickelt, die Nutzenmaximierung bei Entscheidungen unter Risiko mathematisch modelliert.[52] Sie ist integraler Bestandteil des *Homo Oeconomicus*.

Bei Entscheidungen unter Risiko nehmen Menschen in die Bewertung der Entscheidungsalternativen die Wahrscheinlichkeit auf, mit der die Situation den gewünschten (oder nicht gewünschten) Ausgang nimmt. Menschen multiplizieren den positiven Wert, den sie einem Ausgang beimessen, mit der Wahrscheinlichkeit, dass dieser Ausgang auch tatsächlich eintritt. Das ist der Erwartungswert.[53] Spielt man also eine Wette, bei der man zu 50% einen Euro verliert, zu 50% aber zwei Euro gewinnt, dann beträgt der Erwartungswert der Wette 50 Cent. Dieser Wert wird mit der Risikofreudigkeit des Entscheiders kombiniert, die unterschiedlich stark ausgeprägt ist. Menschen können risikoscheu, -neutral oder -freudig sein. Die Kombination des Erwartungswerts mit der Risikopräferenz ergibt den

---

[49] *Cooter/Ulen*, Law & Economics, S. 38.

[50] Als weiterer Fall des Marktversagens werden vereinzelt die, im Rahmen der Verhaltensökonomik zu besprechenden, kognitiven Verzerrungen bezeichnet, die Abweichungen vom Paradigma der rationalen Wahl konstituieren. Dieser Ansatz soll in dieser Arbeit aber nicht weiterverfolgt werden. Vgl. dazu *Bar-Gill*, The Behavioural Economics of Consumer Contracts, S. 792; *Sunstein*, The Storrs Lectures, S. 1842; *Sunstein*, Why Nudge?, S. 16; *Bubb/Pildes*, How Behavioral Economics Trims its Sails and Why, S. 1603. Kritisch zu der Kategorisierung kognitiver Verzerrungen als Fall des Marktversagens *Lunn*, Are Consumer Decision-Making Phenomena a Fourth Market Failure, S. 316.

[51] Anknüpfend an *Knight*, Risk, Uncertainty, and Profit, S. 20.

[52] *Von Neumann/Morgenstern*, Theory of Games and Economic Behavior.

[53] *Cooter/Ulen*, Law & Economics, S. 43 f.

erwarteten Nutzen der Entscheidung. Dieser ist bei risikofreudigen Menschen höher als bei risikoneutralen oder risikoscheuen Menschen.[54]

Die Wahrscheinlichkeit, mit der gewisse Ereignisse eintreten, ist oft aber kein objektiv feststellbarer Wert, nur in diesen Fällen kann die Erwartungsnutzentheorie aber weiterhelfen. Für diese Fälle wird, als Erweiterung der klassischen Erwartungsnutzentheorie um ein subjektives Element, davon ausgegangen,[55] dass das Individuum subjektive Wahrscheinlichkeitsschätzungen zugrunde legt.[56] Die zur Verfügung stehenden Informationen mit Bezug zur Wahrscheinlichkeit des Eintritts einer der möglichen Konsequenzen werden demnach optimal ausgewertet,[57] und im Einklang mit der Bayesschen Regel in die Wahrscheinlichkeitsschätzung integriert. Die Bayessche Regel besagt, dass die Ausgangswahrscheinlichkeit (*base rate*) im Lichte neuer Informationen aktualisiert wird.[58] Diese aktualisierte Wahrscheinlichkeit wird dann für Anordnung der Entscheidungsalternativen nach Nutzen berücksichtigt.[59]

Als Beispiel für eine Entscheidung unter Unsicherheit lässt sich strafbares Verhalten heranziehen, wo die Bedeutung der Realisierbarkeit des Strafrisikos berücksichtigt werden muss. Hier ist Unsicherheit ein maßgeblicher Faktor in der Entscheidungsfindung des Täters.[60] Weiß der Täter, dass die gesetzlich angedrohte Strafe niemals durchgesetzt wird, so stellt die Strafnorm auch keinen Kostenfaktor dar, der die Nutzenbewertung einer Entscheidungsalternative verringern könnte. Nur wenn die Möglichkeit besteht, dass er von den staatlichen Strafverfolgungsbehörden gefasst wird, wird die angedrohte Strafe als Kostenfaktor in die Nutzenbewertung einbezogen. Wenn beispielsweise das Einleiten von Abwässern in einen Fluss mit einer Geldstrafe von 1000€ geahndet wird und die (subjektiv wahrgenommene) Entdeckungswahrscheinlichkeit bei 10% liegt,[61] dann wird der (risikoneutrale) rationale Straftäter die Straftat nur begehen, wenn der resultierende Nutzen des Einleitens den Nutzenverlust der Entdeckung überwiegt. Das Einleiten müsste also einen Nutzengewinn einbringen, der höher ist als der mit dem erwarteten Verlust von 100€ verbundene Nutzenverlust. Ist das nicht der Fall, so wird der Betroffene sich an die Norm halten, und das Abwasser ordnungsgemäß entsorgen.

bb) Zeitversetzte Entscheidungen

In einer Entscheidungssituation muss der Betroffene sich zwischen mehreren verfügbaren Optionen entscheiden. Häufig werden die Konsequenzen aus der Auswahl einer Option aber erst zeitlich versetzt

---

[54] *Cooter/Ulen*, Law & Economics, S. 44.

[55] Die Erweiterung um ein subjektives Element führt zur *Subjective-Expected-Utility*-Theorie, die von *Savage*, The Foundations of Statistics, entwickelt wurde.

[56] *Camerer/Loewenstein*, Behavioral Economics, S. 21.

[57] *Diekmann/Voss*, Die Theorie rationalen Handelns, S. 17.

[58] *Häcker et al.*, Tatsachenfeststellung vor Gericht, S. 174: „Mit dem Theorem von Bayes lässt sich errechnen, wie sich die Anfangswahrscheinlichkeit nach Berücksichtigung von neuen Informationen erhöht hat".

[59] Für die erstmalige Einschätzung einer Wahrscheinlichkeit kann die Bayessche Regel allerdings keine Hilfestellung geben. Sie bedarf einer Anfangswahrscheinlichkeit, die im Lichte neuer Information aktualisiert wird, vgl. *Camerer/Loewenstein*, Behavioral Economics, S. 9.

[60] *Eidenmüller*, Effizienz als Rechtsprinzip, S. 34 f.; *Cooter/Ulen*, Law & Economics, S. 465: "A rational decision maker takes the probability of punishment into account when contemplating the commission of any crime."; *Becker*, Crime and Punishment, S. 176 f.; *Ulen*, Rational Choice and the Economic Analysis of Law, S. 487; *Kirchgässner*, Homo Oeconomicus, S. 135: "[Der Ökonom] fragt danach, ob bzw. unter welchen Bedingungen sich ein rationales Individuum an [das] Gesetz hält. Dieses Individuum wird Nutzen und Kosten der Strafrechtsverletzung gegeneinander abwägen: Auf der Nutzenseite steht z.B. die Kosteneinsparung, die dadurch erzielt wird, dass bestimmte Abwässer nicht gereinigt werden. Auf der Kostenseite steht die erwartete Strafe: Die Höhe der Geldstrafe und die mit der Bestrafung verbundenen Unannehmlichkeiten, multipliziert mit der Wahrscheinlichkeit, dass die Strafe verhängt wird."

[61] Bsp. nach *Kirchgässner*, Homo Oeconomicus, S. 135.

eintreten. Die Berechnung der individuellen Nutzenbewertung erfolgt dann anhand des *Discounted Utility Model*, dessen Entwicklung auf *Paul Samuelson* zurückgeführt werden kann.[62] Es hat sich als maßgebliches Modell für die Berechnung von zeitversetztem Nutzen etablieren können. Wenn sich der aus einer Entscheidungsoption zu gewinnende Nutzen nicht sofort, sondern zeitversetzt realisiert, so wird nach dem *Discounted Utility Model* eine Diskontierung des Nutzens über die Zeit vorgenommen. Dies geschieht, um abzubilden, dass der sofortige Nutzen dem Individuum mehr wert ist als der sich erst zeitlich verzögert realisierende Nutzen. Die Diskontierung über Zeit ist, vergleichbar mit der eben angesprochenen Risikoneigung, von Individuum zu Individuum unterschiedlich, und hängt von der jeweiligen Zeitpräferenz ab. Diese ist interpersonell verschieden, intrapersonell jedoch konstant. Jemand der es heute vorzieht, einen Euro zu erhalten, statt in einem Jahr zwei Euro zu erhalten, zieht es auch vor, in fünf Jahren einen Euro zu erhalten, statt in sechs Jahren zwei.[63]

cc) Die Verfügbarkeit von Informationen

Das soeben beschriebene Grundmodell der Entscheidungsfindung des *Homo Oeconomicus* hängt nur von den im Rahmen der Restriktionen realisierbaren Präferenzen ab. Dabei wird unterstellt, dass das Individuum über seine Handlungsmöglichkeiten und deren mögliche Konsequenzen vollständig informiert ist. Ändert sich an den bestehenden Restriktionen etwas und verändert sich dementsprechend also der Handlungsspielraum, so wird das Individuum diese Veränderung sofort in seine Bewertung der Entscheidungsalternativen aufnehmen und diese entsprechend anpassen. Dem Individuum stehen im Modell also erhebliche, computerähnliche kognitive Kapazitäten sowie sämtliche situationsrelevanten Informationen zur Verfügung. Beide Annahmen sind unrealistisch. In Wahrheit sind die kognitiven Fähigkeiten der Menschen begrenzt und sie verfügen nur über einen kleinen Ausschnitt der situationsrelevanten Informationen.

Beide Faktoren sind von *Herbert A. Simon* in seiner Theorie der begrenzten Rationalität, der *bounded rationality*, aufgegriffen worden. *Simon* versucht darzustellen, wie Individuen damit umgehen, dass sie Informationen nur in begrenztem Umfang besitzen und auch verarbeiten können. Sein erklärtes Ziel ist es, die umfassende Rationalitätsannahme durch eine empirisch belastbare Annahme zu ersetzen.[64] So ergibt sich ein Entscheidungsmodell, das von dem des *Homo Oeconomicus* abweicht. Der begrenzt rationale Mensch nach *Simon* maximiert nicht. Begrenzt rationale Menschen haben nicht alle Informationen in einer Entscheidungssituation zur Verfügung, deshalb bringen sie die Entscheidungsoptionen nicht nach Nutzenreichtum in eine Rangfolge, sondern legen ein bestimmtes Befriedigungsniveau fest, das minimal erfüllt werden soll. Sobald sie eine Entscheidungsalternative gefunden haben, die dieses Niveau erfüllt, endet die Informationssuche und sie begnügen sich mit der gefundenen Alternative. Menschen maximieren demnach nicht ihren Nutzen, sondern befriedigen, *satisfice*, nur ein selbst definiertes Anspruchsniveau.[65]

Die Entscheidung nach *Simon* wird also nach anderen Regeln getroffen als die Entscheidung des *Homo Oeconomicus*. Das hat seinerseits Kritik hervorgerufen, insbesondere *Stigler* sah den Umgang des

---

[62] *Samuelson*, A Note on Measurement of Utility, S. 155 ff.

[63] *Korobkin/Ulen*, Law and Behavioral Science, S. 1119.

[64] *Simon*, A Behavioral Model of Rational Choice, S. 99: "Broadly stated, the task is to replace the global rationality of economic man with a kind of rational behavior that is compatible with the access to information and the computational capacities that are actually possessed by organisms, including man, in the kinds of environments in which such organisms exist."

[65] *Simon*, Rational Choice and the Structure of the Environment, S. 129: "Evidently, organisms adapt well enough to "satisfice"; they do not, in general, "optimize.""

Individuums mit Informationen grundsätzlich anders als *Simon*.[66] Demnach sollten auch für die Suche nach Informationen die Entscheidungsregeln der Nutzenmaximierung gelten, die soeben beschrieben worden sind. Das bedeutet insbesondere, dass die Suche nach weiteren Informationen eingestellt wird, sobald die erwarteten marginalen Kosten weiterer Informationen den erwarteten marginalen Nutzen der Informationen überwiegen würde.[67] Diese Ansicht *Stiglers*, der die Informationssuche als Teil des Maximierungsprozesses bezeichnet, lässt sich heute als herrschend bezeichnen. Ein modernes Modell des *Homo Oeconomicus* geht davon aus, dass Individuen nicht vollständig informiert sind,[68] sondern dass Informationssuche eine eigenständige Verhaltensoption darstellt. Wenn sie als die nutzenreichste Option erscheint, so wird das Individuum zunächst Informationen sammeln, und die Situation dann mithilfe der erlangten Informationen neu bewerten.[69]

2. Die Verhaltensökonomik

Mit der Modellfigur des *Homo Oeconomicus* prognostiziert die Ökonomik die Auswirkungen von veränderten Restriktionen auf das Verhalten der betroffenen Akteure. Diese Prognosen sind allerdings nur dann brauchbar, wenn sie zu systematisch korrekten Vorhersagen führen. Das ist wegen der wenig menschlichen Eigenschaften des *Homo Oeconomicus* oft in Frage gestellt worden.[70] Wie soll ein Modell, dass dem Menschen nicht ähnlich ist, Aussagen über menschliches Verhalten ermöglichen?

Dieser Kritik ist begegnet worden, indem auf den Modellcharakter der zugrundeliegenden Annahmen hingewiesen wurde.[71] Das ökonomische Verhaltensmodell soll demnach eben nicht das Verhalten jedes Einzelnen nachvollziehbar und vorhersagbar machen, sondern die typische Reaktion von Menschen auf ihre Umwelt beschreiben. Es gehe darum, generalisierbare Aussagen über menschliches Verhalten zu gewinnen, die durchschnittliche Reaktion von Menschen auf die Umweltbedingungen solle nach- und auch vorgezeichnet werden.[72] Einzelne Abweichungen von dem vorhergesagten Verhalten werde es stets geben. Dementsprechend mache die Natur des *Homo Oeconomicus* den Versuch, anhand des Modells individuelles Verhalten erklären zu wollen, aussichtslos.[73] Forderungen nach einer Korrektur des Modells und einer Anpassung an reale menschliche Eigenschaften wird von Verteidigern des Modells eine Absage erteilt. Das Modell solle nicht an seinen Annahmen gemessen werden, sondern an seinen Ergebnissen. Seien diese brauchbar, so bedürfe es auch keiner Korrektur.[74] Die Verteidigung des Modells fußt insoweit maßgeblich darauf, dass die Ergebnisse des Modells zutreffende Beschreibungen dessen sind, was in der Realität als Reaktion auf die Veränderung von Umweltbedingungen eintritt. Sofern das nicht der Fall ist, und die prognostizierten Reaktionen nicht

---

[66] *Stigler*, The Economics of Information, S. 213 ff.

[67] *Stigler*, Information in the Labor Market, S. 94: "Complete knowledge, however, is seldom possessed, simply because it costs more to learn of alternative prices than (at the margin) this information yields."

[68] *Kirchgässner*, Homo Oeconomicus, S. 29, 70 f.

[69] *Ebenda*, S. 74.

[70] Eine kurzweilige Zusammenfassung findet sich bei *Tietzel*, Die Rationalitätsannahme in den Wirtschaftswissenschaften, S. 115-117.

[71] *Friedman*, The Methodology of Positive Economics, S. 15: "To put this point less paradoxically, the relevant question to ask about the "assumptions" of a theory is not whether they are descriptively "realistic," for they never are, but whether they are sufficiently good approximations for the purpose in hand. And this question can be answered only by seeing whether the theory works, which means whether it yields sufficiently accurate predictions."

[72] *Kirchgässner*, Homo Oeconomicus, S. 319.

[73] *Diekmann/Voss*, Die Theorie rationalen Handelns, S. 21: „Sozialwissenschaftler sind [...] im Allgemeinen nicht an der Erklärung des Verhaltens einzelner Personen [...] interessiert."

[74] *Friedman*, The Methodology of Positive Economics, S. 31; genauso *Becker*, Irrational Behavior and Economic Theory, S. 1.

eintreten, verliert das Modell seine Brauchbarkeit und lässt sich auch nicht mehr mit dem Realismus seiner Ergebnisse verteidigen. Will man belastbare Vorhersagen für das Verhalten von Menschen in Entscheidungssituationen liefern, bedarf es dann eines anderen Modells.

Einige Fälle, in denen das Modell fehlerhafte Prognosen anbietet, werden nun vorgestellt. Sie lassen sich darauf zurückführen, dass sich Menschen aus verschiedenen Gründen nicht so verhalten wie angenommen.[75] Sie sind im Zuge der Entwicklung der Verhaltensökonomik identifiziert worden, die grundlegend von den Arbeiten der Verhaltenspsychologie profitiert hat. Dort sind die Annahmen, die dem *Homo Oeconomicus* zugrunde liegen, durch Experimente erschüttert worden. Das ist vor allem durch die Arbeiten von *Daniel Kahneman* und *Amos Tversky* geschehen.[76] Allerdings bedient sich die Verhaltensökonomik weiterhin der Grundannahmen des *Homo Oeconomicus* und justiert sie lediglich neu. Ein umfassendes eigenes Verhaltensmodell, das über die Feststellung von Anomalien und Abweichungen von der ökonomischen Prognose hinausgeht, hat die Verhaltensökonomik noch nicht entwickeln können.[77] Daher ist auch eine abschließende Darstellung der Erkenntnisse, die zu der Forderung nach einem neuen Verhaltensmodell geführt haben, nicht möglich.[78] Die bisherige Forschung beschränkt sich darauf, einzelne Fehler im Modell der klassischen Ökonomie auszumachen, und Anpassungen an diese zu fordern.

Ein Ziel der ökonomischen Analyse des Rechts ist es, Politikempfehlungen auf Grundlage von wissenschaftlich gesicherten Erkenntnissen zu geben.[79] Allerdings lässt sich dieses Ziel nur verwirklichen, wenn die Vorhersagen, die aus dem zugrunde gelegten Verhaltensmodell gewonnen werden, auch zutreffend sind. Anderenfalls sind die Ergebnisse unbrauchbar und sogar, sofern sie trotz ihrer Fehlerhaftigkeit zur Gesetzgebung herangezogen werden, schädlich. Insofern ist es gerade für die ökonomische Analyse des Rechts erstrebenswert, ein möglichst genaues Abbild menschlichen Verhaltens zu gewinnen, das genauere und zuverlässigere Prognosen bezüglich der Reaktion der Menschen auf eine staatliche Maßnahme erlaubt. Ein solches Abbild versucht die Verhaltensökonomik herzustellen, indem sie Verhaltensabweichungen beschreibt, die nicht mit der traditionellen Annahme rationalen Verhaltens konsistent sind.

a) Die Trias der Verhaltensökonomik

In einem grundlegenden Artikel zur Verhaltensökonomik im Recht ist die Unterteilung dieser Verhaltensabweichungen in drei Bereiche vorgenommen worden, in denen menschliches Verhalten systematisch von den Vorhersagen des traditionellen Modells abweicht.[80] Dies sind das *begrenzte*

---

[75] Das veranlasst *Kahneman*, A Perspective on Judgment and Choice, S. 706, zu der Frage: "Why has a transparently incorrect model been retained for so long as the dominant theory of choice in economics and in other social sciences?"

[76] Schriftensammlungen, die die Erkenntnisse der Verhaltenspsychologie mit Bezug zur Ökonomik gebündelt darstellen sind: *Kahneman/Tversky*, Choices, Values and Frames; sowie *Kahneman et al.*, Judgment under uncertainty.

[77] *Camerer/Loewenstein*, Behavioral Economics, S. 41. *Kahneman/Tversky*, Prospect Theory, S. 263 ff., haben versucht, eine an die festgestellten Verzerrungen angepasste Theorie zu entwickeln, insbesondere haben sie dabei die Verlustaversion berücksichtigt.

[78] *Korobkin/Ulen*, Law and Behavioral Science, S. 1059, beschreiben Behavioral Economics als deutlich weniger geradlinig und sauber als die klassische Rational Choice Theorie: „[...] considerably less tidy [...] than [...] articulated in rational choice theory."

[79] Vgl. *Cooter/Ulen*, Law & Economics, S. 3: "Economics generally provides a behavioral theory to predict how people respond to laws. This theory surpasses intuition just like science surpasses common sense. The response of people is always relevant to making, revising, repealing, and interpreting laws."

[80] *Jolls et al.*, A Behavioral Approach to Law and Economics, S. 1476.

Selbstinteresse, das im Gegensatz zum ausschließlichen Eigeninteresse des rationalen Nutzenmaximierers steht, die *begrenzte Rationalität*, die die Annahme der ständigen Nutzenmaximierung in Frage stellt und die *begrenzte Willenskraft*, die das Vorliegen einer zeitkonsistenten Präferenzstruktur in Frage stellt. Die Darstellung orientiert sich im Folgenden an dieser Einteilung.

aa) Begrenztes Selbstinteresse

Das klassische Verhaltensmodell geht davon aus, dass Menschen lediglich eigeninteressiert ihren eigenen Nutzen maximieren, sie handeln nicht im Interesse des Nutzens Anderer. Anschauliche Beispiele für die Fehlerhaftigkeit dieser Prognostizierung sind das experimentelle Spielverhalten beim Ultimatumspiel und beim Diktatorspiel sowie die Mithilfe bei der Schaffung öffentlicher Güter .

(1) Fairness

Anders als die Annahme ausschließlichen Eigeninteresses vermuten lässt, haben Individuen nicht lediglich ein Interesse an ihrem eigenen Gewinn, sondern sorgen sich auch um die Fairness des Ausgangs einer Interaktion. Diese Fairnesspräferenz, also das Interesse am Nutzengewinn anderer Personen, ist im ökonomischen Modell klassischerweise nicht vorgesehen. Deshalb stellt die Fairnesspräferenz eine Verletzung der Annahme der Eigeninteressiertheit dar.

Die Präferenz für faire Ergebnisse zeigt sich etwa im Rahmen des Ultimatumspiels, bei dem die Spieler regelmäßig die Annahme von Geldbeträgen verweigern, wenn ihnen die angebotene Summe unangemessen gering erscheint.[81] Beim Ultimatumspiel teilen zwei Spieler, A und B, eine Geldsumme untereinander auf. Teilnehmer A wird anfangs die Geldsumme zugesprochen, er soll sie mit B teilen. Zu diesem Zweck unterbreitet A dem B ein Angebot, wie die Summe aufgeteilt werden soll. A darf den Rest der Summe nur behalten, wenn der B das von A vorgelegte Angebot, die Summe aufzuteilen, annimmt. Lehnt B ab, so erhalten beide Spieler überhaupt nichts, und das Spiel endet. Das wissen beide Spieler. Die Modellannahme des selbstinteressierten, nutzenmaximierenden *Homo Oeconomicus* legt die Annahme nahe, dass B jedes Angebot des A annehmen würde. Schließlich erhält B so wenigstens etwas Geld, was er stets der Situation vorziehen müsste, gar keines zu erhalten. Des Weiteren würde der rationale Spieler A dem B auch nur das absolute Mindestangebot machen. Schließlich behält er so das Gros der Geldsumme. Beide Verhaltensprognosen lassen sich in der Realität nicht bestätigen. Experimentell lässt sich belegen, dass die Akteure in der Position des B regelmäßig Angebote ablehnen, wenn die ihnen angebotene Summe zwanzig Prozent der Gesamtsumme unterschreitet.[82] Sie werden offenbar von Fairnesserwägungen motiviert und sind bereit, den Anbieter unter Inkaufnahme eines eigenen Nutzenverlustes zu bestrafen. Mit diesem Verhalten des B rechnen die Akteure in der Position des A regelmäßig, sie bieten deshalb meist eine gerechte, hälftige Aufteilung des Geldbetrages an.[83] Dieses Verhalten ist aus Sicht des A rational, da er sonst Gefahr liefe, gar nichts zu erhalten.[84] Dass die Akteure in der Position des B niedrige Angebote ablehnen, passt mit der Annahme des eigennützigen *Homo Oeconomicus* aber nicht zusammen. Offenbar spielt für den B auch der Nutzenzuwachs des A

---

[81] *Güth et al.*, An Experimental Analysis of Ultimatum Bargaining, S. 365 ff., 384; *Fehr/Fischbacher*, The Nature of Human Altruism, S. 785.

[82] *Camerer/Thaler*, Anomalies: Ultimatums, Dictators and Manners, S. 210;

[83] *Thaler*, The Winner's Curse, S. 22 ff., *Thaler*, Anomalies: The Ultimatum Game, S. 197, *Camerer/Thaler*, Anomalies: Ultimatums, Dictators and Manners, S. 210.

[84] *Henrich et al.*, In Search of Homo Economicus, S. 75: "In experiments with university subjects, offers are generally consistent with income-maximization, given the distribution of rejections."; *Camerer/Thaler*, Anomalies: Ultimatums, Dictators, and Manners, S. 214.

eine Rolle.[85] Diese Abweichungen von der Eigeninteressiertheitsannahme lassen sich in unterschiedlichen kulturellen Umgebungen robust bestätigen, auch wenn hier eine erhebliche Varianz besteht.[86]

Ein ähnliches Ergebnis ergibt sich beim Diktatorspiel. Hier ist der Anbieter A noch nicht einmal auf die Annahme seines Angebotes durch B angewiesen, sondern er kann selbständig entscheiden, wie der anfangs zugeteilte Geldbetrag aufgeteilt wird. Auch hier überschreitet das Angebot des A regelmäßig die Mindestsumme.[87] Allerdings sind die Resultate hier stark vom Kontext abhängig.[88] Das Alter des Diktators, seine Anonymität und die Frage, ob der Empfänger einen Anteil verdient oder bedürftig erscheint, beeinflussen die Entscheidung des Diktators stark. Insgesamt zeigt sich jedoch der generelle Trend, dass der Anbieter auch beim Diktatorspiel mehr gewährt, als die Eigennutzannahme erwarten lässt.[89]

(2) Öffentliche Güter

Die Annahme des lediglich eigeninteressierten Handelns führt zum sogenannten *collective action problem*. Demnach werden Menschen an der Schaffung eines gemeinsamen, öffentlichen Gutes nicht mitwirken, wenn sie die Vorteile des Gutes auch genießen können, ohne an seiner Schaffung mitgewirkt zu haben. Ein Beispiel dafür ist der Genuss sauberer Luft.[90] Dieses Phänomen wird als Trittbrettfahren (*free-riding*) bezeichnet. Tatsächlich tritt es jedoch viel weniger häufig auf, als die ökonomische Theorie dies annimmt. Menschen arbeiten bei der Schaffung öffentlicher Güter durchaus mit, durchschnittlich tragen sie vierzig bis sechzig Prozent ihrer Ressourcen für die Bereitstellung des Gutes bei.[91] Diese Bereitschaft mitzuwirken sinkt jedoch, wenn andere offensichtlich nicht an der Schaffung mitwirken.[92]

Die dargestellten Beispiele zeigen auf, dass das beobachtete Verhalten von Menschen in identifizierbaren Situationen systematisch von der Eigennutzannahme des *Homo Oeconomicus* abweicht. Menschen sollten sich im Sinne der Eigennutzannahme neutral gegenüberstehen, ihre

---

[85] Diese Abweichungen von der Eigennutzannahme beim Ultimatumspiel bleiben auch im Angesicht einer Erhöhung der Einsätze relativ stabil bestehen. Bei *Cameron*, Raising the Stakes in the Ultimatum Game, sind die Einsätze massiv erhöht worden (S. 47: „The largest stakes used were approximately three times the average monthly expenditure of participants."), dennoch haben sich nur geringe Auswirkungen auf das Spielverhalten gezeigt. Die Anbieter verändern ihr Angebotsverhalten kaum, die Angebotsnehmer zeigen aber die Bereitschaft, auch geringere Angebote als sonst anzunehmen, vgl. *Cameron*, Raising the Stakes in the Ultimatum Game, S. 58. Änliche Ergebnisse ergaben sich bei einer Studie in der Slowakei, vgl. *Slonim/Roth*, Learning in High Stakes Ultimatum Games, S. 569, 590.

[86] *Henrich et al.*, In Search of Homo Economicus, S. 74. Die hier durchgeführten Feldexperimente zeigen erhebliche kulturelle Unterschiede in der Spielweise der Akteure aus den untersuchten Gemeinschaften. Teilweise werden etwa sämtliche Angebote akzeptiert, aber vom Anbieter regelmäßig sehr hohe Angebote gemacht, S. 75: „In the Tsimané [eine der untersuchten Gemeinschaften, der Verfasser] and Aché cases, for instance, there are no rejections of offers below 20 percent, although there were several low offers. The rejection rate for all other offers is also zero. Yet the modal offer in both groups is 50 percent, and the average offers are 37 percent and 51 percent, respectively." Obwohl die Anbieter nicht mit einer Zurückweisung rechnen müssen, bieten sie regelmäßig eine erhebliche Mindestsumme an, S. 75: „[...] the modal behavior of the proposers is not consistent with expected income maximization."

[87] *Camerer/Thaler*, Anomalies: Ultimatums, Dictators and Manners, S. 210, 213.

[88] *Engel,* Dictator Games, S. 606 ff.

[89] Etwa 64 Prozent der Spieler nehmen sich nicht den maximal möglichen Anteil, sondern geben durchschnittlich ca. 43 Prozent der zu verteilenden Summe ab; *Engel,* Dictator Games, S. 607.

[90] *Korobkin/Ulen*, Law and Behavioral Science, S. 1139.

[91] *Marwell/Ames*, Economists Free Ride, Does Anyone Else?, S. 307.

[92] *Thaler*, The Winner's Curse, S. 9 ff.; *Andreoni*, Why Free Ride?, S. 291 f.

Präferenzen von der Präferenzverwirklichung anderer Akteure unabhängig sein. Das ist in den dargestellten Beispielen aber regelmäßig nicht der Fall. Die Experimente zeigen, dass die Teilnehmer einen fairen Ausgang des Experiments herbeiführen wollen. Sie interessieren sich also für die Präferenzverwirklichung und den Nutzenzuwachs der anderen Teilnehmer.

bb) Begrenzte Rationalität

Wie oben dargelegt besagt die klassische ökonomische Theorie, dass Menschen sich voll rational verhalten. Darunter ist zu verstehen, dass sie (eine optimale Menge) Informationen aus ihrer Umwelt aufnehmen, verarbeiten und sich mit ihrer Hilfe für die nutzenmaximierende Verhaltensoption entscheiden.[93] Dabei erfolgt die Aufnahme und Verarbeitung der Informationen fehlerfrei, sodass die Informationen in nutzenmaximierende Entscheidungen umgemünzt werden können.

Diese computerähnlichen Eigenschaften entsprechen nicht den nur begrenzt vorhandenen, kognitiven Kapazitäten des Menschen. Das ist erstmals von *Herbert Simon* bei seiner Theorie der *bounded rationality* kritisiert worden,[94] und spiegelt sich in den durch die verhaltensökonomischen Experimente identifizierten Phänomenen wider. Sie knüpfen an die Kritik *Simons* an und unterfüttern sie mit empirischen Belegen. Dies lässt sich am Beispiel des rationalen Entscheidungsverhaltens aufzeigen. Menschen nehmen zwar eine gewisse Menge an Informationen aus ihrer Umwelt auf, sie haben aber Schwierigkeiten dabei, diese Informationen auch immer richtig einzuordnen, zu beurteilen und sie der nutzenmaximierenden Entscheidung zuzuführen. Große Informationsmengen können das Individuum überfordern, sodass es zur Verarbeitung aller Informationen gar nicht mehr in der Lage ist.[95]

Die verzerrenden Einflüsse auf die menschliche Entscheidungsfindung lassen sich dabei, im Anschluss die psychologische Forschung, in Urteilsverzerrungen (*judgment biases*) und Entscheidungsverzerrungen (*decision-making* oder *choice biases*) einteilen.[96] Verzerrungen bei der Urteilsbildung sind Fehler bei der Bewertung von Informationen. Sie treten vor allem bei der Einschätzung von Wahrscheinlichkeiten auf. Verzerrungen bei der Entscheidungsfindung sind systematische Abweichungen von den Vorhersagen der Erwartungsnutzentheorie. Menschen maximieren nicht immer ihren erwarteten Nutzen, ihr Verhalten kann eher als Reaktion auf die Umgebung interpretiert werden, in der sie eine Entscheidung treffen.[97]

Die auftretenden Verzerrungen können, insbesondere bei der Einschätzung von Wahrscheinlichkeiten, durch die Anwendung von Heuristiken entstehen. Heuristiken sind vereinfachte Bewertungsverfahren, die die Komplexität einer Aufgabe reduzieren. Sie zeichnen sich dadurch aus, dass ein gesuchtes Attribut, beispielsweise die Wahrscheinlichkeit eines Ereignisses, durch die Heranziehung eines anderen Attributs, das einfacher zugänglich ist, wie etwa die Erinnerung an ein vergleichbares Ereignis, ersetzt wird.[98] Die Wahrscheinlichkeit eines Ereignisses hängt aber in keiner Weise von der Erinnerung an ein solches Ereignis ab. Daher kann die Anwendung von Heuristiken falsche Informationen zur Entscheidungsgrundlage machen.

---

[93] *Cooter/Ulen*, Law & Economics, S. 12 ff.; *Kirchgässner*, Homo Oeconomicus, S. 12 ff.
[94] *Simon*, Rational Choice and the Structure of the Environment, S. 136; *Simon*, A Behavioral Model of Rational Choice, S. 110 f., 114.
[95] *Kardes et al.*, Consumer Behavior, S. 72.
[96] *Camerer/Loewenstein*, Behavioral Economics, S. 9.
[97] *Kelman*, The Heuristics Debate, S. 25 ff.
[98] *Kahneman*, A Perspective on Judgment and Choice, S. 707; *Kahneman*, Thinking, Fast and Slow, S. 97 ff.

(1) Urteilsverzerrungen

Urteilsverzerrungen sind solche, die die Einschätzung von Informationen im Hinblick auf zukünftige Ereignisse betreffen. Das sind regelmäßig, zumindest implizit, Urteile über die Wahrscheinlichkeit, mit der ein bestimmtes Ereignis eintritt.[99] Der *Homo Oeconomicus* des Modells ist ein ausgezeichneter Statistiker, der mit Wahrscheinlichkeiten sehr gut umgehen kann. Entsprechend dem Theorem von Bayes aktualisiert er seine Wahrscheinlichkeitsvorstellung durch die Inkorporation neuer Informationen akkurat.[100] Verschiedene empirisch belegte Phänomene widersprechen dieser Vorstellung.

(a) Verfügbarkeitsheuristik

Ein Beispiel dafür ist die Verfügbarkeitsheuristik. Bei der Verfügbarkeitsheuristik beurteilen Menschen die Wahrscheinlichkeit des Eintritts eines Ereignisses danach, ob ihnen ein vergleichbares Ereignis präsent im Gedächtnis ist. Die Wahrnehmung, wie wahrscheinlich der Eintritt eines Ereignisses ist, wird durch die Einschätzung ersetzt, wie leicht es fällt, an ein vergleichbares Ereignis in der Vergangenheit zu denken.[101] Das führt dazu, dass kleine Wahrscheinlichkeiten, insbesondere in Bezug auf medienwirksame Ereignisse, überbewertet werden, weil das verfügbare Ereignis in der Erinnerung der Menschen aktuell ist. Menschen schließen kurz nach dem Eintritt einer Naturkatastrophe gehäuft Katastrophenversicherungen ab, weil ihnen der Eintritt einer solchen wahrscheinlicher scheint, als sie es tatsächlich ist.[102] Ihre Vorstellung wird von der Verfügbarkeitsheuristik verzerrt. Je eher etwas mit Bekanntem verbunden werden kann, umso mehr scheint sein Eintritt wahrscheinlich.

Ein Beispiel für dieses Vorgehen, das grundlegende Regeln der Wahrscheinlichkeitsrechnung verletzt, wird von *Tversky* und *Kahneman* präsentiert. Probanden eines Experiments wurden gefragt, wieviele Worte eines Texts mit zweitausend Worten ein „n" als vorletzten Buchstaben haben (Versuchsgruppe 1), bzw. wieviele Worte mit „ing" enden (Versuchsgruppe 2).[103] Die Schätzungen der zweiten Gruppe waren deutlich höher als die der ersten, obwohl das erste Kriterium notwendige Voraussetzung des zweiten ist.[104] *Sunstein* führt als Beispiel für die Heuristik aus der politischen Sphäre Amerikas die *Superfund* Gesetzgebung an,[105] aus Deutschland kann der Atomausstieg im Jahr 2011 als Reaktion auf die Fukushima-Katastrophe als Beispiel für die Verfügbarkeitsheuristik angesehen werden. Obwohl sich keine neuen Informationen im Hinblick auf die Gefährlichkeit der Atomenergie ergeben hatten, wurde im Anschluss an die Atomkatastrophe in Japan der Atomausstieg beschlossen. Die Wahrscheinlichkeit einer solchen Katastrophe wurde aufgrund der Verfügbarkeit des Beispiels Fukushima höher eingeschätzt.

(b) Repräsentativitätsheuristik

Bei der Repräsentativitätsheuristik ordnen Menschen die Wahrscheinlichkeit des Eintritts eines Ereignisses danach ein, wie ähnlich es bekannten Ereignissen ist, wie einfach es sich also in eine bekannte Kategorie einordnen lässt. Dies führt dazu, dass Menschen die Berücksichtigung von prozentualen Wahrscheinlichkeiten durch ihre Ähnlichkeit mit bekannten Kategorien ersetzen, sie also

---

[99] *Tor*, The Methodology of the Behavioral Analysis of Law, S. 245.
[100] Dazu bereits oben, unter B. I. 1. e) aa).
[101] *Kahneman/Tversky*, Judgment under Uncertainty: Heuristics and Biases, S. 1124.
[102] *Kunreuther et al.*, Insurance and Behavioral Economics, S. 115.
[103] *Tversky/Kahneman*, Extensional vs. Intuitive Reasoning, S. 293 ff.
[104] Die Medianschätzung betrug 13,4 für „ing" und 4,7 für „n", vgl. *Tversky/Kahneman*, Extensional vs. Intuitive Reasoning, S. 295.
[105] *Jolls et al.*, A Behavioral Approach to Law and Economics, S. 1518 ff., 1520.

für wahrscheinlicher halten, je ähnlicher sie einer bestimmten Kategorie sind. Das kann zu einer drastischen Falschbewertung von Wahrscheinlichkeiten führen. Berühmtes Beispiel für diesen Effekt ist die von *Kahneman* und *Tversky* erfundene Bankangestellte Linda.[106] Probanden eines Experimentes wurde eine Personenbeschreibung der fiktiven Person Linda vorgelegt. Linda wurde mit Eigenschaften beschrieben, die als charakteristisch für eine der feministischen Bewegung zugehörigen Person gelten. Daraufhin wurden die Probanden gefragt, welche von zwei Optionen ihnen wahrscheinlicher erscheine. Nach Option eins war Linda eine einfache Bankangestellte, nach Option zwei eine einfache Bankangestellte, die in der feministischen Bewegung aktiv ist. Knapp 90% der Probanden hielten die zweite Option für wahrscheinlicher, obwohl es logisch ausgeschlossen ist, dass Linda feministische Bankangestellte ist, ohne einfache Bankangestellte zu sein.[107] Die zweite Option kann nicht wahrscheinlicher sein als die erste. Die zweite Option wurde jedoch gewählt, da sie mehr der Kategorie entsprach, in der die Probanden Linda eingeordnet hatten. Linda repräsentierte die feministische Bankangestellte mehr als die einfache Bankangestellte. Dies widerspricht jedoch klar den Gesetzen der Wahrscheinlichkeit, die der *Homo Oeconomicus* bei seinen Entscheidungen vermeintlich berücksichtigt. Bei Experimenten wie diesem wird auch deutlich, dass die tatsächlichen Wahrscheinlichkeitswerte bei der Entscheidung vernachlässigt werden. Obwohl es logisch ausgeschlossen ist, eher feministische Bankangestellte als bloß Bankangestellte zu sein, verknüpfen Menschen die Aktivität in der feministischen Bewegung mit der Wahrscheinlichkeitsbewertung und wählen so die unlogische Option (sog. *conjunction fallacy*). In einem ähnlichen Experiment, in dem ein Universitätsabsolvent Tom von den Probanden einem Studienfach zugeordnet werden sollte, hat sich die Vernachlässigung der Ausgangswahrscheinlichkeiten (sog. *base-rate neglect*) zugunsten der Überbewertung von unzuverlässigen Beschreibungen gezeigt.[108] Im Umgang mit Wahrscheinlichkeiten schneidet der Mensch deutlich schlechter ab als der *Homo Oeconomicus*.

(c) Anchoring

Das *Anchoring* zeigt Wirkung, wenn Menschen nach ihrer Einschätzung einer Situation gefragt werden, und zuvor mit Informationen versorgt wurden. Sie werden sich dann an dem „Ankerpunkt" der vorherigen Information orientieren.[109] Dies gilt, wenn die Menschen überhaupt keine Kenntnisse über die Materie haben, aber auch, wenn sie nach ihrer fachlichen Meinung gefragt werden. In einem Experiment sind zwei Gruppen, bestehend aus insgesamt fünfzig professionellen Wirtschaftsprüfern, je zwei Fragen gestellt worden. Zunächst wurde die erste Gruppe gefragt, ob es ihrer Erfahrung nach in mehr oder weniger als zehn von eintausend geprüften Fällen zu Betrug oder Bilanzfälschung auf Managementebene in den geprüften Unternehmen komme. Daraufhin sollten die Befragten eine genaue Schätzung der Anzahl von Fällen aus eintausend geben, in denen es dazu kommt.[110] Der zweiten Gruppe wurden dieselben Fragen gestellt, allerdings wurden sie in der ersten Frage danach gefragt, ob es ihrer Erfahrung nach in mehr oder weniger als zweihundert aus eintausend Fällen zu Betrug komme. Die Schätzung der genauen Anzahl von Fällen war daraufhin bei der zweiten Gruppe signifikant höher als bei der ersten.[111] Diese Tatsache lässt sich darauf zurückführen, dass sich die Befragten am Anker von zweihundert orientierten und ihn nur unzureichend anpassten. Dieser

---

[106] *Kahneman/Tversky*, Judgments Of and By Representativeness, S. 91 ff.
[107] *Ebenda*, S. 92 f.
[108] *Kahneman*, A Perspective on Judgment and Choice, S. 709.
[109] *Kahneman/Tversky*, Judgment under Uncertainty: Heuristics and Biases, S. 1128; *Korobkin/Ulen*, Law and Behavioral Science, S. 1100.
[110] *Joyce/Biddle*, Anchoring and Adjustment in Probabilistic Inference in Auditing, S. 123.
[111] *Ebenda*, S. 125. Die erste Gruppe gab durchschnittlich 16,52/1000 Fälle an, die zweite 43,11/1000 Fälle.

Ankereffekt bleibt sogar bestehen, wenn der Anker in Gegenwart derjenigen willkürlich gesetzt wird, die ihm ausgesetzt sind.[112] Befragte, in deren Beisein eine Zahl durch Drehen an einem Glücksrad bestimmt wurde, sollten im Anschluss die Anzahl der afrikanischen Länder schätzen, die Mitglied in den Vereinten Nationen sind. Die Befragten orientierten sich bei ihren Antworten an der willkürlichen Glücksradzahl.[113] Durch das Setzen eines solchen kognitiven Ankers kann daher die Einschätzung einer Situation drastisch beeinflusst werden. Die ökonomische Theorie geht jedoch davon aus, dass ein solcher Anker keinerlei Einfluss auf die Einschätzung entwickelt.

(d) Hindsight Bias

Die ökonomische Theorie nimmt an, dass die Bewertung der Wahrscheinlichkeit eines Ereignisses unabhängig von der Perspektive konsistent gleich erfolgt. Unabhängig davon, ob im Vorhinein oder im Nachhinein die Wahrscheinlichkeit beurteilt werden muss, ob ein Ereignis X eintreten wird, wird die Bewertung demnach anhand derselben Kategorien gleich vorgenommen werden. Tatsächlich verändert sich die Einschätzung der Wahrscheinlichkeit in der *ex post* Perspektive im Vergleich zur Einschätzung *ex ante* jedoch. *Ex post* wird der Eintritt eines Ereignisses für wahrscheinlicher gehalten, wenn es tatsächlich zuvor eingetreten ist. Menschen unterliegen einer Rückschauverzerrung (sog. *Hindsight Bias*). Das ist mithilfe eines Experiments, in dem die Probanden als Juroren an einer Gerichtsverhandlung teilnahmen, anschaulich gemacht worden.[114] Die Probanden wurden in zwei Gruppen aufgeteilt, der ersten Gruppe wurde der tatsächliche Geschehenshergang mitgeteilt, der Kontrollgruppe nicht. Die Kontrollgruppe nahm also die *ex ante* Perspektive ein, die erste Gruppe die *ex post* Perspektive. Aufgabe der Probanden war es, die Wahrscheinlichkeit des Schadeneintritts zu bestimmen und anhand dieses Werts die Notwendigkeit präventiver Maßnahmen zu bestimmen. 57% der ersten Gruppe hielten im Nachhinein den Eintritt des Schadensfalles für vorhersehbar und mithin präventive Maßnahmen für erforderlich, bei der zweiten Gruppe, die den Ausgang des Geschehens nicht kannte, waren dies nur 24%.[115] Die Kenntnis des tatsächlichen Eintritts des Schadensfalls hat also die Bewertung der Vorhersehbarkeit desselben verzerrt.[116]

(e) Overconfidence und Self-Serving Bias

Ein ähnliches Bild wie beim *Hindsight Bias* ergibt sich, wenn Menschen Wahrscheinlichkeiten bezüglich eines Ereignisses auf ihr eigenes Leben beziehen müssen, sie sind dann *overconfident* (überoptimistisch). Anders als vom Modell des *Homo Oeconomicus* angenommen schaffen sie es regelmäßig nicht, die Wahrscheinlichkeit, dass ein bestimmtes Ereignis sie betreffen wird, korrekt einzuordnen. Dass sie von positiven Ereignissen betroffen sein werden, halten die meisten für überdurchschnittlich wahrscheinlich, den Eintritt von negativen Ereignissen halten sie für unterdurchschnittlich wahrscheinlich.[117] Das zeigt sich in den unterschiedlichsten Bereichen: Obwohl bekannt ist, dass 50% der Ehen scheitern, halten die meisten Paare die eigene Ehe für scheidungsfest.[118] Über 90% amerikanischer Autofahrer halten sich für überdurchschnittliche Autofahrer.[119] Kunden von Fitnessstudios schließen finanziell nachteilige Verträge ab, weil sie

---

[112] *Kahneman/Tversky*, Judgment under Uncertainty: Heuristics and Biases, S. 1128.
[113] *Ebenda*.
[114] *Kamin/Rachlinski*, Ex Post =/= Ex Ante, S. 93 ff.
[115] *Ebenda*, S. 98.
[116] Vgl. *Jolls et al.*, A Behavioral Approach to Law and Economics, S. 1523 ff.
[117] *Weinstein*, Unrealistic Optimism About Future Life Events, S. 810 f.
[118] *Baker/Emery*, When Every Relationship Is Above Average, S. 443: "[...], the *median* response [...] was 0% when assessing the likelihood that they personally would divorce."
[119] *Svenson*, Are We All Less Risky and More Skillful Than Our Fellow Drivers?, S. 146.

überschätzen, wie oft sie das Studio nutzen.[120] Ähnliches lässt sich für die Neugründungen von Restaurants feststellen, trotz der Tatsache, dass 75% der Restaurantneugründungen scheitern, eröffnen Menschen immer wieder neue Restaurants.[121] Diese verzerrte Wahrscheinlichkeitswahrnehmung wird auf den menschlichen Überoptimismus zurückgeführt. Die Möglichkeit, selbst zu der großen Gruppe zu gehören, die scheitert, wird ausgeblendet.

Verwandt mit dem Überoptimismus ist der *Self-Serving Bias* (manchmal auch *Confirmation Bias*).[122] Er führt dazu, dass Menschen Informationen so einordnen, wie es ihren eigenen Interessen günstig und dienlich ist, das führt zu deutlich verschiedenen Wahrnehmungen dessen, was eine gerechte Lösung eines Problems darstellen würde.[123] Abhängig von der eigenen Perspektive werden Informationen unterschiedlich wahrgenommen und gewichtet.
Auch dieses Phänomen ist experimentell erforscht worden.[124] Die Probanden wurden in diesem Fall in Kläger und Beklagte in einem Zivilprozess aufgeteilt. Der Kläger verklagte den Beklagten wegen eines Unfalls auf Schadensersatz. Beiden Parteien wurden dieselben Informationen mitgeteilt, und die Parteien sollten versuchen, einen Vergleich abzuschließen, ohne dass es zur Gerichtsverhandlung kommt. Dabei sollten die Probanden jeweils vor Beginn der Vergleichsverhandlungen ihre Einschätzung dazu abgeben, was eine faire Vergleichssumme wäre, und was ein mögliches gerichtliches Urteil wohl dem Kläger zusprechen würde. Das Experiment wurde mit zwei Gruppen unterschiedlich durchgeführt. In der ersten Variante kannten die Probanden von vornherein ihre Rollen (ihnen war also bekannt ob sie Kläger oder Beklagter sind), in der zweiten Variante wurden die Rollen erst kurz vor der Vergleichsverhandlung bekanntgegeben. Bei der zweiten Variante hatten die Probanden also bereits ihre Einschätzungen bezüglich der Vergleichssumme und des Richterspruches abgegeben, bevor sie Kenntnis von ihrer Rolle erhielten.

Probanden der zweiten Gruppe, die ohne Rollenbewusstsein die Informationen aufnahmen, schlossen signifikant schneller und häufiger einen Vergleich ab als die Vergleichsgruppe, die von Anfang an ihre Rolle kannte. Dies lässt sich darauf zurückführen, dass die Probanden, die von vornherein ihre Rolle kannten, deutlich unterschiedlichere Vorstellungen darüber hatten, was eine faire Vergleichssumme wäre und was sie von einem Richterspruch zu erwarten hätten, als die Probanden in der zweiten Vergleichsgruppe.[125] Sie legten die Informationen, die sie zuvor erhalten hatten, in ihrem Sinne aus. Nach der Vergleichsverhandlung sollten die Probanden zudem eine Einschätzung darüber abgeben, welche Argumente der Richter für wichtig halten würde. Auch hier zeigte sich deutlich, dass die Gruppe mit Rollenbewusstsein die Informationen eigennützig interpretierte und nicht neutral verarbeiten konnte. Kläger sahen für sich günstigere Argumente als bedeutsamer an. Beklagte zeigten die gleiche Neigung, sie gewichteten die Argumente für die Beklagtenseite höher.[126]

---

[120] *DellaVigna/Malmendier*, Paying Not to Go to the Gym, S. 694 ff.
[121] *Rachlinski*, The Uncertain Psychological Case for Paternalism, S. 1211.
[122] *Reisch/Sandrini*, Nudging in der Verbraucherpolitik, S. 26 nennen ihn Confirmation Bias, *Korobkin/Ulen*, Law and Behavioral Science, S. 1093, sprechen vom: „[...] "confirmatory" or "self-serving" bias [...]". Ebenso *Gigerenzer*, On the Supposed Evidence for Libertarian Paternalism, S. 366, 370.
[123] *Korobkin/Ulen*, Law and Behavioral Science, S. 1093.
[124] *Loewenstein et al.*, Self-Serving Assessments of Fairness and Pretrial Bargaining, S. 151-155, *Babcock et al.*, Biased Judgments of Fairness in Bargaining, S. 1339 ff.
[125] *Babcock et al.*, Biased Judgments of Fairness in Bargaining, S. 1340.
[126] *Ebenda*. Zu einem ähnlichen Ergebnis kamen *Babcock et al.*, Choosing the Wrong Pond, S. 1 ff., bei der Analyse von Gehaltsverhandlungen zwischen Lehrern und Schulen in Pennsylvania, bei denen beide Seiten

(2) Entscheidungsverzerrungen

Verschiedene Faktoren beeinflussen das Entscheidungsverhalten von Menschen, obwohl dies nach dem ökonomischen Modell des *Homo Oeconomicus* nicht der Fall sein sollte. Entscheidungsverzerrungen betreffen die Entscheidungen selbst direkt, sie sind nicht notwendigerweise auf Grundlage fehlerhafter Informationen entstanden sondern hängen von bestimmten Faktoren der Entscheidungsumgebung ab. Sie stellen Abweichungen von den Vorhersagen der Erwartungsnutzentheorie dar, während Urteilsverzerrungen auch unabhängig von dieser Theorie als Fehler bezeichnet werden können.[127]

(a) Framing und Loss Aversion

Besonders bedeutsame Entscheidungsverzerrungen stellen das *Framing* sowie die Verlustaversion dar, deren Zusammenspiel vor allem die klassische Annahme von stabilen, exogenen Präferenzen erschüttert.[128] *Framing* beschreibt in diesem Zusammenhang das Phänomen, dass die Entscheidungen von Menschen enorm davon abhängen, wie ihnen Informationen präsentiert werden. Speziell ob die Informationen eine Situation als Gewinn- oder als Verlustszenario darstellen, entfaltet erheblichen Einfluss.[129] Im Entscheidungsmodell des *Homo Oeconomicus* wird davon ausgegangen, dass sich das Ranking der Entscheidungsalternativen anhand der Präferenzen rational zusammensetzt, weil es die verfügbaren Optionen nach Nutzengewinn anordnet. Allerdings hat sich experimentell zeigen lassen, dass Menschen widersprüchliche Präferenzen äußern, je nachdem, wie ihnen eine Entscheidung präsentiert wird. Dies lässt sich anhand eines Lotterieexperiments verdeutlichen.[130] In diesem Experiment haben die Probanden an einer Lotterie mit zwei Varianten teilgenommen, die in zwei Runden gespielt wird. Die Probanden mussten sich vor jeder Runde entscheiden, an welcher Variante sie teilnehmen wollten. Die Lotterie erfolgte durch die Ziehung von farbigen Murmeln, dabei gab es in der ersten Runde fünf, in der zweiten Runde vier Farben, die mit unterschiedlicher Wahrscheinlichkeit gezogen werden konnten. In der ersten Runde war deutlich erkennbar, dass die erste Option (Option A) einen geringeren Erwartungswert (Gewinn von $2,55) als die zweite Option (Option B, Gewinn von $2,75) aufwies. Entsprechend bevorzugten alle Probanden Option B. In der zweiten Runde wurde die Lotterie von fünf auf vier Farben reduziert. Dabei wurden in der ersten Option (Option C) zwei Ziehungsmöglichkeiten als Gewinne ausgewiesen, in der zweiten Option (Option D) zwei Ziehungsmöglichkeiten als Verluste. Die Wahrscheinlichkeit, zu gewinnen oder zu verlieren, war in beiden Runden der Lotterie jedoch exakt gleich. Erneut hatte die erste Option (nun Option C, weiterhin $2,55) einen geringeren Erwartungswert als die zweite (nun Option D, weiterhin $2,75). Es wäre also zu erwarten gewesen, dass die Probanden erneut die Option mit dem höheren Erwartungswert, nunmehr Option D, bevorzugen würden. Allerdings war das nicht der Fall. 58% der Teilnehmer bevorzugten nun Option C über Option D. Dabei war die Problemstellung die exakt gleiche, lediglich die Darstellung erfolgte unterschiedlich. Insbesondere die Darstellung der Ziehungsmöglichkeiten als Gewinn oder als Verlust entfaltete eine enorme Bedeutung und führte dazu, dass die Teilnehmer ihre Präferenzen umkehrten, obwohl für die Präferenzen eigentlich zwei Annahmen gelten: Invarianz der Präferenzen gegenüber der Präsentation und Struktur der Auswahl, sowie Dominanz der geäußerten

---

Vergleichsbezirke als Referenzpunkte für ein angemessenes Gehalt der Lehrer auswählen. Die Lehrer wählten systematisch Bezirke mit höheren Gehältern als angemessenen Referenzpunkt als die Schulen.

[127] *Jolls/Sunstein*, Debiasing through law, S. 219.

[128] Speziell die diesbezüglichen Annahmen der Invarianz und Dominanz der Präferenzen, vgl. dazu *Korobkin/Ulen*, Law and Behavioral Science, S. 1064; *Kahneman/Tversky*, Rational Choice and the Framing of Decisions, S. 211.

[129] *Kahneman/Tversky*, The Framing of Decisions and the Psychology of Choice, S. 453-458; *Kahneman/Tversky*, Rational Choice and the Framing of Decisions, S. 209-223.

[130] *Kahneman/Tversky*, Rational Choice and the Framing of Decisions, S. 213 f.

Präferenz für Spielvariante B (und damit auch für Variante D) in der Auswahl zwischen C und D.[131] Beide Annahmen konnten in diesem Experiment nicht bestätigt werden. Dabei bleiben die *Framing*-Effekte unabhängig davon bestehen, ob die Informationen Menschen präsentiert werden die in der Sachmaterie erfahren sind. Auch sie unterliegen der Verzerrung.[132]

(b) Endowment Effect und Status Quo Bias

Die klassische Theorie geht davon aus, dass Menschen, wenn sie Entscheidungen zwischen zwei oder mehr Optionen treffen müssen, jeder Option einen Nutzenwert zuschreiben und sich dann für die Option entscheiden, die ihnen den größten Nutzengewinn einbringt. Dabei spielt eigentlich keine Rolle, welche Option den *status quo* verkörpert, und ob dieser *status quo* verändert wird. Tatsächlich spielt es jedoch eine bedeutende Rolle, welche Option als *status quo* wahrgenommen wird. Menschen tendieren dazu, diesen beizubehalten, ihm einen höheren Wert beizumessen als anderen Optionen und sich nicht von ihm zu lösen.[133] In diesem Zusammenhang wird die Bedeutung von *Default Rules* deutlich, die in der Konzeption des *Nudging* als ein Instrument zur Durchsetzung der Ziele identifiziert worden sind. Weil Menschen häufig dem *status quo* verhaftet bleiben, hat es einen starken Effekt auf ihre Entscheidungen welche Option als *status quo* festgelegt wird. Der *status quo bias* kann dabei als Überbegriff für verschiedene kognitive Verzerrungen verstanden werden, die zur Bevorzugung des *status quo* führen, dabei spielen die bereits angesprochene Verlustaversion und der *Endowment Effect* eine zentrale Rolle.[134]

Der *Endowment Effect* wirkt im Bereich der Eigentumsrechte. Ein Gut, dass ein Mensch in seinem Besitz hat bewertet er höher, als er das Gut bewerten würde, wenn es nicht in seinem Besitz wäre. Der *Endowment Effect* stellt die Annahme in Frage, dass Menschen unabhängig davon, ob sie ein Gut in Besitz haben oder nicht, für Güter eine konsistente, stabile Wertzuordnung vornehmen. Das wird an der Differenz zwischen der individuellen Zahlungs- und Verkaufsbereitschaft deutlich. Der Preis, den das Individuum für ein Gut zu zahlen bereit wäre ist deutlich geringer als der Preis, den es für den Verkauf desselben Gutes aus seinem Besitz verlangen würde.[135] Diese Diskrepanz ist unter anderem in einem berühmt gewordenen Experiment mit Kaffeebechern festgestellt worden.[136] Anfangs wurden zufällig Kaffeebecher an einige der Probanden verteilt. Die anderen Teilnehmer bekamen im Gegenzug einen Geldbetrag (6$). Daraufhin wurden diejenigen mit Kaffeebecher danach gefragt, zu welchem Betrag sie zur Veräußerung bereit wären, und diejenigen ohne Becher, was sie für den Erwerb eines Bechers zu zahlen bereit wären. Anhand dieser Angaben wurden von den Experimentleitern dann Kauf- und Verkaufsangebote zusammengeführt, der Marktpreis berechnet, und die Transaktionen durchgeführt, die zum Marktpreis möglich waren. Dabei bewerteten diejenigen, die im Besitz eines

---

131 Ähnliche Effekte ergeben sich, wenn man Lotterien einerseits mit einer Option auf einen sicheren Gewinn, andererseits mit nur prozentualer Gewinnchance spielt, wobei der Erwartungswert jeweils ebenfalls gleich ist. Der sichere Gewinn wird dem höheren, aber unsicheren Gewinn vorgezogen. Sind beide Optionen unsicher, so wird der höhere erwartete Wert vorgezogen, vgl. dazu *Kahneman/Tversky*, Rational Choice and the Framing of Decisions, S. 215 und Probleme 6 und 7 in: *Kahneman/Tversky*, The Framing of Decisions and the Psychology of Choice, S. 455. Zum Ganzen: *Slovic/Lichtenstein*, Preference Reversals: A Broader Perspective.

132 *McNeill et al.*, On the Elicitation of Preference for Alternative Therapies, S. 1261 f., haben die Wirkung von Framing Effekten bei medizinischen Entscheidungen auf Ärzte und Patienten gleichermaßen festgestellt.

133 *Samuelson/Zeckhauser*, Status Quo Bias in Decision Making, S. 8.

134 *Willis*, When Nudges Fail, S. 1166.

135 Sogenannte *Willingness to Accept/Willingness to Pay gap*, vgl. *Hoffmann/Spitzer*, Willingness to Pay vs. Willingness to Accept, S. 59.

136 *Kahneman et al.*, Experimental Tests of the Endowment Effect and the Coase Theorem, S. 1325 ff.

Kaffeebechers waren, diesen etwa als doppelt so wertvoll wie die potenziellen Käufer. Es kam zu viel weniger Tauschvorgängen als theoretisch erwartet.

Der *Endowment Effect* zieht die Annahme des, für die ökonomische Analyse des Rechts zentralen, Coase-Theorems in Zweifel. Demnach spielt die Ausgangsverteilung der Güter in einer Gesellschaft keine Rolle, wenn die Transaktionskosten für den Güteraustausch gering sind. Dann werde sich durch Tauschgeschäfte nämlich automatisch ein effizienter Zustand ergeben, weil jeder, der ein Gut höher bewertet als der derzeitige Inhaber das Gut von diesem erwerben wird. Wenn Menschen aber, anders als erwartet, den Gütern einen besonderen Wert beimessen, die sie im Besitz haben, so muss dieses Theorem neu bewertet werden.[137]

(c) Prospect Theory

Die Forschungsarbeiten zu Verlustaversion und *Framing* haben *Daniel Kahneman* und *Amos Tversky* zur Entwicklung der *Prospect Theory* als alternativer Entscheidungstheorie veranlasst. Die *Prospect Theory* trifft aufgrund der Präsentation von Verhaltensoptionen als Gewinn oder als Verlust eine Aussage über die Risikobereitschaft der mit der Entscheidung befassten Individuen.[138] Sie modelliert die Entscheidung, anders als die klassische Entscheidungstheorie, von einem Referenzpunkt aus und ermöglicht so Verhaltensprognosen im Angesicht von Entscheidungssituationen unter Risiko.[139] Im Angesicht eines sicheren Verlustes sind Menschen bereit, eine andere, mit dem Risiko eines noch größeren Verlustes behaftete Option auszuwählen, die aber eben auch die Aussicht auf ein besseres Ergebnis bietet. Sie sind risikobereit. Im Angesicht eines sicheren Gewinnes sind sie hingegen risikoscheu, und ziehen ihn einer riskanten Option, die einen noch höheren Gewinn ermöglichen würde, vor. Dabei wiegen Verluste in der Wahrnehmung schwerer als Gewinne.[140] Abhängig vom Referenzpunkt, also davon ob die Optionen sich relativ zur derzeitigen Position als Gewinn oder Verlust präsentieren, verändert sich die Risikopräferenz. Allerdings gilt diese Regel nicht, sofern es sich um sehr geringe Wahrscheinlichkeiten handelt, bei denen ein Gewinn oder Verlust sich realisiert.[141] Hier zeigen Menschen umgekehrte Risikopräferenzen, sind also risikoscheu bei Verlusten mit geringer Wahrscheinlichkeit, und risikobereit bei Gewinnen mit geringer Wahrscheinlichkeit. Dies wird in der Theorie dadurch erklärt, dass gerade der Übergang von Sicherheit zu Unsicherheit einen prägenden psychologischen Eindruck hinterlässt, der Übergang von 100% Sicherheit zu 99% Sicherheit erhalte ein viel größeres Gewicht, als der Übergang von 22% zu 23%.[142] Damit lassen sich die Teilnahme an Lotterien und viele Versicherungspolicen erklären.[143] Die *Prospect Theory* inkorporiert all diese Aspekte in ihre Verhaltensprognostizierung, und schafft es so, für bestimmte Szenarien dem Ziel der Verhaltensökonomik näherzukommen, Verhalten genauer zu erklären und zu prognostizieren, als mithilfe des *Homo Oeconomicus*. Sie hat sich in der Ökonomik aber nicht umfassend als Entscheidungstheorie durchsetzen können.

---

[137] *Ebenda*, S. 1339 ff.

[138] *Kahneman/Tversky*, Prospect Theory, S. 263 ff.

[139] *Kahneman*, Thinking, Fast and Slow, S. 293.

[140] *Ebenda*, S. 279.

[141] *Ebenda*, S. 281.

[142] *Kahneman/Tversky*, Prospect Theory, S. 265, die Autoren bezeichnen dies als *Certainty Effect*.

[143] *Oliver*, Nudging, Shoving, and Budging, S. 701.

(d) *Mental Accounting und Sunk Costs*

Wird eine die Zukunft betreffende Entscheidung getroffen, so sollten *Sunk Costs* (in juristischer Sprache bereits erbrachte Aufwendungen) eigentlich keine Rolle für die Entscheidung spielen.[144] Was in der Vergangenheit verbraucht wurde nimmt keinen Einfluss mehr auf die Nutzengenerierung in der Zukunft. Ob man also beispielsweise für ein Theaterticket bezahlt hat oder es als Geschenk erhalten hat, sollte keinerlei Einfluss auf die Entscheidung haben, ob man das Stück besucht. Diese theoretische Annahme wird in der Realität widerlegt. Wer selbst für das Ticket bezahlt, wird auch eher die Veranstaltung besuchen.[145]

Mental Accounting beschreibt das Phänomen, dass Menschen gedanklich monetäre Zuordnungen vornehmen. Verliert jemand sein bereits erworbenes Ticket (10€) zu einer Veranstaltung, so ist er weniger geneigt, das Ticket erneut anzuschaffen, als jemand der einen 10€ Schein verloren hat, und vorhatte, damit das Ticket zu kaufen. Aus der Sicht ökonomischer Theorie dürfte es keinen Unterschied machen, ob das Ticket zuvor gekauft wurde. Da der Geldwert derselbe ist müssten beide Ereignisse den gleichen Einfluss auf die Entscheidung haben. Das ist nicht der Fall. Wurde schon eine Zuordnung durch Kauf des Tickets vorgenommen, so verändert die die Entscheidung. Die gedankliche Zuordnung von Geld zu gewissen Zwecken hat einen gewichtigeren Einfluss auf Entscheidungen als traditionell angenommen.[146]

(e) *Soziale Normen*

Menschen lassen sich massiv dadurch beeinflussen, wie ihre Mitmenschen sich verhalten, sie haben einen Herdentrieb.[147] Verhaltensweisen, die als den Gepflogenheiten entsprechend wahrgenommen werden, werden imitiert, umso mehr Menschen eine Verhaltensweise an den Tag legen, umso stärker wirkt auch die Anziehungskraft, dieses Verhalten zu imitieren.[148] Soziale Normen beeinflussen das Verhalten in einer Weise, dass sich dieses oft nicht mehr als rational eigeninteressiertes Nutzenmaximieren beschreiben lässt. Das als Norm wahrgenommene Verhalten wird verstärkt, unabhängig davon, ob es in der konkreten Situation nutzenmaximierend ist oder nicht,[149] kaum anders lässt es sich erklären, weshalb Trinkgeld in Autobahnraststätten gegeben wird, die voraussichtlich niemals wieder aufgesucht werden,[150] und wieso nur 1-2% aller Fahrten im Personennahverkehr Schwarzfahrten sind, obwohl das Schwarzfahren sich bei konsequenter Kosten-Nutzen-Abwägung wohl mehrheitlich rentieren würde.[151] Die Befolgung der sozialen Normen wird häufig mit sozialem Lernen durch Beobachtung erklärt,[152] das Verhalten des Mitmenschen wird nach Beobachtung imitiert, obwohl die privat verfügbaren Informationen vielleicht sogar ein anderes Verhalten nahelegen

---

[144] *Korobkin/Ulen*, Law and Behavioral Science, S. 1073, 1124; *Thaler*, Toward a Positive Theory of Consumer Choice, S. 47.

[145] Ein weiteres anschauliches Beispiel für dieses Phänomen ist das folgende: Menschen, die für ein *All-You-Can-Eat* Buffet zahlen mussten, essen dort mehr, als Menschen, die nichts bezahlen mussten. Bsp. aus *Thaler*, Toward a Positive Theory of Consumer Choice, S. 48 (Fn. 8).

[146] *Korobkin/Ulen*, Law and Behavioral Science, S. 1103; *Kahneman/Tversky*, The Framing of Decisions and the Psychology of Choice, S. 457.

[147] *Bikhchandani et al.*, Learning from the Behavior of Others, S. 152.

[148] *Burke/Young*, Social Norms, S. 311 ff.; *Cialdini et al.*, Managing Social Norms For Persuasive Impact, S. 3 ff.; *Clapp/McDonnell*, The relationship of perceptions of alcohol promotion and peer drinking norms to alcohol problems reported by college students, S. 19 ff.

[149] *Bikhchandani et al.*, Learning from the Behavior of Others, S. 167.

[150] Beispiel aus *Jolls et al.*, A Behavioral Approach to Law and Economics, S. 1492 f. Ebenso zu finden bei *Korobkin/Ulen*, Law and Behavioral Science, S. 1128.

[151] *Diekmann/Voss*, Die Theorie rationalen Handelns, S. 19.

[152] *Bikhchandani et al.*, Learning from the Behavior of Others, S. 152 f.

würden.[153] Dieses Lernen durch Beobachtung wird als Informationskaskade bezeichnet, das Verhalten anderer Menschen wird übernommen und imitiert und dieser Vorgang setzt sich über mehrere Stationen fort, ohne dass eine der Zwischenpersonen ihre eigenen Informationen nutzt, um eine Entscheidung zu treffen.[154] Sie maximiert also nicht ihren eigenen Nutzen, sondern vertraut auf das (informierte) Verhalten der imitierten Person. Diese Verhaltenstendenz der Menschen ist evolutionär tief verwurzelt.[155] Wird eine Verhaltensweise als durch eine soziale Norm vorgegeben wahrgenommen, so passen Menschen ihr Verhalten an die Norm an, ohne das bewusst zu reflektieren.[156]

(3) Zusammenfassung

Die soeben dargestellten Besonderheiten betreffen die Fähigkeit des Menschen, Situationen zu beurteilen und Entscheidungen zu treffen. Sie stehen im Widerspruch zu den Annahmen des traditionellen Verhaltensmodells des *Homo Oeconomicus*. Das betrifft im Rahmen der Situationsbeurteilung insbesondere den Umgang mit statistischen Wahrscheinlichkeiten. Menschen gehen bei der Einschätzung von Wahrscheinlichkeiten ganz anders vor, als das traditionelle Verhaltensmodell dies modelliert. Sie bewerten die Wahrscheinlichkeit des Eintritts einer Situation aufgrund ihrer Ähnlichkeit mit Bekanntem oder ihrer Erinnerung an Vergleichbares. Sie schätzen Wahrscheinlichkeiten im Nachhinein höher ein als im Vorhinein und setzen unterschiedliche Werte fest, je nachdem ob ein Ereignis sie selbst oder andere Personen betrifft. Die so entstehenden Schätzungen sind verzerrt und wirken sich auch auf die darauf basierenden Entscheidungen aus. Entscheidungen sind aber nicht nur von fehlerhaften Situationsbeurteilungen abhängig, sondern werden von weiteren Faktoren beeinflusst, die nach dem traditionellen Verhaltensmodell keine Rolle spielen sollten. Vor allem der Ausgangspunkt einer Entscheidung entwickelt als Referenzpunkt große Bedeutung für die Entscheidung selbst. Die Präsentation einer Option als Gewinn oder Verlust oder die im Ausgangspunkt besessenen Güter beeinflussen die zu fällende Entscheidung, obwohl sie es eigentlich nicht sollten. Weil diese Faktoren Einfluss auf individuelle Entscheidungen nehmen, konstituieren sie Abweichungen vom Rationalitätspostulat des *Homo Oeconomicus*.

cc) Begrenzte Willenskraft und present bias

Das klassische Verhaltensmodell geht von willensstarken Menschen aus. Sie treffen Entscheidungen allein aufgrund der anhand ihrer Präferenzen vorgenommenen Bewertung der verfügbaren Entscheidungsalternativen. Bei Entscheidungen zwischen Nutzengewinnen zu verschiedenen Zeitpunkten wird der zeitlich später eintretende Nutzengewinn gegen den zeitlich früheren Nutzengewinn abgewogen. Dabei wird die individuelle, aber konstante, Diskontierungsrate, die den erst zu einem späteren Zeitpunkt verfügbaren Nutzen abwertet, mit in die Rechnung einbezogen. Ob sich ein erwarteter Nutzen in einem Monat oder in zwei Jahren realisiert, ist demnach insoweit unerheblich, als dass der Zeitunterschied mithilfe der individuellen Diskontierungsrate über die Zeit

---

[153] *Banerjee*, A Simple Model of Herd Behavior, S. 798.

[154] *Chamley*, Rational Herds, S. 58: "In a cascade, all agents herd on a sufficiently strong public belief and there is no learning. In a herd, all agents turn out to take the same decision."

[155] *Bikhchandani et al.*, Learning from the Behavior of Others, S. 152.

[156] *Chartrand/Bargh*, The Chameleon Effect, S. 893: "[...] imitation, [...], has generally been considered to be an intentional, goal-directed activity—for instance, mimicry helps one to learn vicariously from the experience of conspecifics or to ingratiate oneself to the other person [...]. Recently, however, several studies have documented a passive, direct effect of social perception on social behavior, an effect that is unintended and not in the service of any discernible purpose [...]." Ähnlich auch *Latané/Darley*, Group Inhibition of Bystander Intervention in Emergencies, S. 220.

berücksichtigt wird.[157] Die so vorgenommene Abwägung verhilft dem Entscheider dazu, die nutzenreichere Option zu wählen.[158] Wer es vorzieht, in einem Jahr elf Euro zu erhalten, statt heute zehn, zieht es auch vor, in sechs Jahren elf Euro zu erhalten, statt in fünf Jahren zehn. Die Diskontierungsrate über die Zeit wird konstant angelegt, und sorgt so für rationale, konsistente Entscheidungen.

In der Realität findet diese Annahme jedoch keinen Halt.[159] Menschen ziehen den zeitlich unmittelbar bevorstehenden Konsum (heute) dem zeitlich entfernteren vor, wählen also zehn Euro heute statt elf Euro in einem Jahr, bevorzugen wiederum jedoch elf Euro in sechs Jahren gegenüber zehn Euro in fünf,[160] eine konstante Diskontierungsrate wird nicht angelegt. Daraus lässt sich folgern, dass die Diskontierungsrate nicht, wie ursprünglich angenommen, exponentiell und konstant verläuft, sondern über die Zeit dynamisch inkonsistent ist.[161] Menschen haben *time-inconsistent preferences,* ihre Nutzendiskontierung erfolgt nicht exponentiell, sondern hyperbolisch, mit einer starken Gewichtung des Gegenwartskonsums.[162] Sie können, je nachdem wie sich der zeitliche Kontext verändert, ihre Präferenzen umkehren.[163] In diesem Zusammenhang wird davon gesprochen, dass sie *multiple selves* haben, eines mit kurzfristigen und eines mit langfristigen Präferenzen.[164] Demnach können Menschen widerstreitende Präferenzen haben, das kurzfristig orientierte Selbst kann sich durchsetzen, sodass den langfristigen Präferenzen widersprechende Entscheidungen getroffen werden oder umgekehrt. Menschen schaffen es nicht, mit dem Rauchen aufzuhören, mehr Sport zu treiben oder weniger zu essen. Vorausschauende Menschen können die Verwirklichung langfristiger Präferenzen aber durch entsprechende Strategien herbeiführen.[165] Von der Idee der *multiple selves* umfasst werden die Probleme von Versuchung, Trägheit und Kurzsichtigkeit (*myopia*), die durch das kurzfristig orientierte Selbst verursacht werden. Häufig wird die starke Gewichtung sofortigen Konsums gegenüber zeitlich versetzten Konsums auch als *present bias* bezeichnet.[166]

b) Der Ursprung der Verzerrungen und die Konstruktion von Präferenzen

Die beschriebenen Verzerrungen des rationalen Entscheidungsverhaltens stellen das ökonomische Verhaltensmodell in Frage. Dabei entstammen die Erkenntnisse ursprünglich aus dem Bereich der experimentellen Psychologie. Hier sind auch Überlegungen angestellt worden, die nach dem Ursprung der kognitiven Verzerrungen in der menschlichen Psyche suchen (aa). Unabhängig von der Verortung der Verzerrungen in der menschlichen Psyche stellen die Verzerrungen eine Herausforderung für die ökonomische Verhaltenstheorie dar. Das gilt insbesondere für die in der Ökonomik grundlegende Annahme der Verwirklichung stabiler Präferenzen durch individuelle Entscheidungen. Der

---

[157] Dazu bereits oben, unter B. I. 1. e) bb).
[158] *Korobkin/Ulen*, Law and Behavioral Science, S. 1119.
[159] *Strotz*, Myopia and Inconsistency in Dynamic Utility Maximization, S. 165 ff.
[160] *Thaler*, Some Empirical Evidence on Dynamic Inconsistency, S. 202 ff.
[161] *Ebenda*, S. 202, 205.
[162] *Frederick et al.*, Time Discounting and Time Preference, S. 360.
[163] *Korobkin/Ulen*, Law and Behavioral Science, S. 1120.
[164] *Posner*, Are We One Self or Multiple Selves, S. 24, 28; *Thaler/Shefrin*, An Economic Theory of Self-Control, S. 394: "[...] two-self economic man.".
[165] Ein vielzitiertes Beispiel ist Odysseus, der sich, um dem Gesang der Sirenen zu widerstehen, vorher an den Schiffsmast festbinden lässt. Herangezogen z. B. bei *Strotz*, Myopia and Inconsistency in Dynamic Utility Maximization, S. 165; *Thaler*, A Positive Theory Of Consumer Choice, S. 55; *van Aaken*, Constitutional Limits to Paternalistic Nudging, S. 178.
[166] *O'Donoghue/Rabin*, Doing it Now or Later, S. 103 ff.; *Oliver*, Nudging, Shoving, and Budging, S. 700 ff.

Präferenzbegriff der klassischen Ökonomik kann im Angesicht der Verhaltensökonomik nicht uneingeschränkt aufrechterhalten werden (bb).

aa) Der Ursprung der kognitiven Verzerrungen

Während die beschriebenen Verzerrungen des Entscheidungsverhaltens deutliche Abweichungen vom klassischen Entscheidungsmodell sind, ist durch ihre Feststellung noch nichts über ihre Ursachen gesagt. Diese Ursachen spielen für das *Nudging* aber eine erhebliche Rolle. *Sunstein* und *Thaler*, die Entwickler des *Nudging*, sehen die Ursache der Verzerrungen im menschlichen Unterbewusstsein.[167] Sie begründen ihre Ansicht mit dem *Dual-Process*-Modell nach *Daniel Kahneman*.[168]

Dieses Modell *Kahnemans* gehört zu den psychologischen *Dual-Process Cognitive Theories*, die versuchen, kognitive Prozesse im menschlichen Hirn zu beschreiben. Grundlegend für diese Theorien ist die Annahme, dass das menschliche Entscheidungsverhalten maßgeblich von zwei Systemen beeinflusst wird, einem schnell arbeitenden, automatischen System 1, und einem langsam vorgehenden, reflektierten System 2.[169] Die beiden Systeme sind dabei nicht als voneinander unabhängige Denkmodi zu verstehen, sondern als ineinandergreifende Mechanismen. Viele kognitive Prozesse können nicht klar dem einen oder dem anderen Extrem zugeordnet werden, sondern befinden sich auf einem Kontinuum zwischen den beiden Polen.[170] Die Einteilung in Systeme dient auch nicht der trennscharfen Unterscheidung klar identifizierbarer, neuronaler Vorgänge, sondern der vereinfachenden Illustration von kognitiven Prozessen.[171] Insofern existieren auch viele unterschiedliche Modelle, die das Zusammenwirken des unbewusst-automatisierten Denkens mit dem bewusst-reflektierten Denken beschreiben sollen. Dabei behält der Großteil der Theorien das Zwei-Systeme-Modell bei,[172] andere sehen die kognitiven Vorgänge aber besser durch einen einheitlichen Prozess beschrieben,[173] oder durch die Auffächerung in mehr als nur zwei Systeme.[174] Die Modelle

---

[167] Wo die kognitiven Verzerrungen letztlich zu verorten sind, ist in der verhaltenswissenschaftlichen Forschung umstritten. Tendenziell wird mehrheitlich wird davon ausgegangen, dass sie ihren Ursprung im unterbewussten System 1 haben. Vgl. *Kelman*, The Heuristics Debate, S. 33: „[...] there is a dominant general story about the place of heuristic thinking in overall cognition that goes something like this: Our brains have two "systems." Cognition that occurs in System One, including most of the rationality-distorting heuristics, is associative, effortless, unreflective, rapid, intuitive, and fairly automatic or tacit rather than conscious. System Two, on the other hand, is at core rule-based, analytical and explicit."

[168] *Sunstein/Thaler*, Nudge, S. 19 ff. Insgesamt zu *Dual-Process Theories*: *Chaiken/Trope*, Dual-Process Theories in Social Psychology; *Sherman et al.*, Dual-Process Theories of the Social Mind.

[169] Die ursprüngliche Unterscheidung in System 1 und 2 geht zurück auf *Stanovich/West*, Individual Differences in Reasoning, S. 645 ff. Die Systeme werden mit nuanciert unterschiedlichen Attributen beschrieben, sie gleichen sich im Kern aber alle, vgl. *Sherman et al.*, Dual-Process Theories of the Social Mind, S. xi: „The overarching assumption of these theories is that psychological processes can be divided into two distinct categories depending on whether they operate in an automatic or controlled fashion."

[170] *Payne/Bettman*, Walking with the Scarecrow, S. 125.

[171] *Kahneman*, Thinking, Fast and Slow, S. 29: "Systems 1 and 2 are not systems in the standard sense of entities with interacting aspects of parts. And there is no one part of the brain that either of the systems would call home." Ebenso *Sunstein*, The Storrs Lectures, S. 1838 f.

[172] Hier können grob *Correction*-Modelle und *Selection*-Modelle unterschieden werden. *Correction*-Modelle gehen von der grundsätzlichen Aktivität von System 1 aus, während System 2 als Korrekturinstanz fungiert. *Selection*-Modelle gehen hingegen davon aus, dass die Auswahl, welches System aktiv wird, von Umweltfaktoren abhängig ist, bei hoher kognitiver Belastung und Zeitdruck wird etwa das System 1 aktiv, fehlen diese Faktoren, so wird das System 2 aktiv, vgl. *Payne/Bettman*, Walking with the Scarecrow, S. 127 f.

[173] *Kruglanski et al.*, The Unimodel Unfolding, S. 514 ff.

[174] *Amodio*, Dual Experiences, Multiple Processes, S. 660 ff.

verfolgen aber alle das einheitliche Ziel, die kognitiven Prozesse möglichst akkurat zu beschreiben, die dem menschlichen Verhalten zugrunde liegen.[175]

Das hier entscheidende *Dual-Process*-Modell ist von *Daniel Kahneman* entwickelt worden,[176] der dezidiert auch auf den Zusammenhang zwischen dem unterbewussten Denken des System 1 und den kognitiven Verzerrungen hinweist, die aus ökonomischer Sicht so bemerkenswert sind. Dieses Modell *Kahnemans* ist von *Sunstein* und *Thaler* rezipiert worden und wird zur Rechtfertigung ihres *Nudge*-Ansatzes herangezogen. Es soll nun vorgestellt werden und wird im Laufe der Arbeit entscheidend wieder aufzugreifen sein.

Maßgeblich für die Auffassung *Kahnemans* ist, dass das System 1 enorm einflussreich ist, ohne dass dies ins Bewusstsein der Betroffenen gelangt.[177] Im Sinne Kahnemans arbeitet das System 1 konstant und verarbeitet die Informationen der Umwelt, während das System 2, das Reflexion erfordert, grundsätzlich heruntergefahren ist, und nur einen Bruchteil der für Reflexion nötigen kognitiven Kapazität in Anspruch nimmt. Das System 1 versorgt das System 2 kontinuierlich mit den gewonnenen Eindrücken und intuitiven Reaktionen auf die Umwelt,[178] es kreiert ein aktuelles Modell der persönlichen Umgebung.[179] Dabei spielt das individuelle Erfahrungswissen eine wichtige Rolle für die generierten Reaktionen, es ist für die Einordnung der gewonnen Informationen verantwortlich.[180] Zumeist nimmt das System 2 die Eindrücke des System 1 ohne Veränderung auf und macht sie zur Entscheidungsgrundlage. Entscheidungen werden dann durch das System 2 getroffen, ohne dass das System 2 die Entscheidung zuvor bewusst reflektiert. Weil die Eindrücke des System 1 die Informationen der Umwelt meist korrekt verarbeiten, stellt die dies in der Regel kein Problem dar.[181] Im Normalfall wird das System 2 voll aktiviert, wenn das System 1 Schwierigkeiten bei der Verarbeitung der Umweltinformationen hat, oder wenn eine überraschende Situation eintritt. Die bewusste Aufmerksamkeit wird dann auf das auftretende Entscheidungsproblem gelenkt, das geschieht etwa, wenn eine Rechenaufgabe gelöst werden muss.

Allerdings ist die ständige Verarbeitung von Informationen und die Bewertung der Umgebung durch das System 1 fehleranfällig. Das beruht im Wesentlichen darauf, dass das System 1 die kognitive Last der Verarbeitung so gering wie möglich hält. Es versucht aus den verfügbaren Informationen eine kohärente Geschichte zu spinnen,[182] es wendet heuristische Bewertungsregeln an und kann

---

[175] Wenn im Rahmen dieser Arbeit vom Unterbewusstsein die Rede ist, dann sind die automatischen, intuitiven Reaktionen des Menschen auf seine Umgebung gemeint, die nicht vollständig reflektiert worden sind. Es sind die kognitiven Vorgänge gemeint, die von *Saghai,* Salvaging the Concept of Nudge*,* S. 491, als „shallow cognitive processes" und von *Bovens* in *House of Lords*, Behaviour Change, S. 108, als „less than fully deliberative" bezeichnet werden. Maßgeblich ist also nicht, dass die Vorgänge vollständig unterbewusst stattfinden, sondern, dass sie nicht vollständig bewusst stattfinden.

[176] *Kahneman* beschreibt sein Modell ausführlich in Thinking, Fast and Slow. Kürzere Darstellungen finden sich auch in *Kahneman*, Maps of Bounded Rationality; *Kahneman*, A Perspective on Judgment and Choice und in *Kahneman/Frederick*, Representativeness Revisited.

[177] *Kahneman*, Thinking, Fast and Slow, S. 58: "You have now been introduced to that stranger [System 1] in you, which may be in control of much of what you do, although you rarely have a glimpse of it. System 1 provides the impressions that often turn into your beliefs, and is the source of the impulses that often become your choices and your actions." Insgesamt zur Verwurzelung der Verzerrungen in System 1 die Teile 2, 3 und 4 in *Kahneman*, Thinking, Fast and Slow.

[178] *Kahneman*, Thinking, Fast and Slow, S. 24.

[179] *Ebenda*, S. 71.

[180] *Kahneman*, Maps of Bounded Rationality, S. 1451.

[181] *Kahneman*, Thinking, Fast and Slow, S. 24.

[182] *Ebenda*, S. 85 ff.

probabilistische Informationen kaum verarbeiten.[183] Das kann dazu führen, dass Situationen verzerrt wahrgenommen werden,[184] oder dass die Bedeutung einzelner Faktoren des Entscheidungskontextes überbewertet wird. Das System 1 unterliegt kognitiven Verzerrungen.[185] Die überwiegende Mehrzahl der Einschätzungen und Bewertungen des System 1 sind zwar zutreffend, in einigen Fällen schlägt die automatische Verarbeitung aber auch fehl. Derartige Fehler werden wahrscheinlicher, wenn die automatischen Prozesse des System 1 einen bislang unbekannten Bereich erforschen und bewerten. In Bereichen, die dem Individuum bekannt sind, hat es Fähigkeiten entwickelt, die eine korrekte Verarbeitung und Bewertung der Umgebungsinformationen ermöglichen.[186] Bei fehlender Erfahrung steigt demgegenüber aber die Gefahr einer Fehlbewertung. Dann müsste das System 2 eingreifen, und die fehlerhafte Bewertung korrigieren. Das System 2 kann aufgrund begrenzter kognitiver Möglichkeiten aber nicht alle Bewertungen des System 1 überprüfen, und tut dies deshalb nur, wenn subjektiv Anhaltspunkte für eine fehlerhafte intuitive Bewertung vorliegen.[187] Wenn es an solchen Anhaltspunkten fehlt, dann wird die Fehlerhaftigkeit eines von System 1 generierten Eindrucks auch dem System 2 nicht auffallen.[188] In diesen Fällen wird der automatisch generierte Eindruck zur unmodifizierten Grundlage des Verhaltens.[189] Das ist beispielsweise der Fall, wenn verfügbare Erinnerungen als Beleg für die Wahrscheinlichkeit des Eintritts einer Situation herangezogen werden,[190] oder wenn die Beschreibung von Entscheidungskonsequenzen als Verlust einen profunderen Eindruck hinterlässt, als die inhaltlich gleiche Beschreibung als Gewinn.[191]

Zusammengefasst sieht *Kahneman* das System 1 als mitbestimmend für sämtliche Entscheidungen an.[192] Es nimmt im Verhältnis zu System 2 eine nachgeordnete Rolle ein, hat aber, aufgrund der Aufwendigkeit der Prozesse im System 2, einen ungleich breiteren Einfluss auf sämtliche Entscheidungen.[193] Dadurch können die Verzerrungen des System 1 auch Entscheidungen beeinflussen, ohne durch das System 2 korrigiert zu werden.[194] Entscheidend festzuhalten ist, dass das

---

183 *Ebenda*, S. 25.

184 *Ebenda*.

185 *Ebenda*: "System 1 has biases, [...], systematic errors that it is prone to make in specified circumstances." Den Ursprung der Verzerrungen im System 1 betonen auch *Dolan et al.*, Influencing Behaviour, S. 265.

186 *Kahneman*, Thinking, Fast and Slow, S. 416: "The acquisition of skills requires a regular environment, an adequate opportunity to practice, and rapid and unequivocal feedback about the correctness of thoughts and actions. When these conditions are fulfilled, skill eventually develops, and the intuitive judgments and choices that quickly come to mind will mostly be accurate."

187 *Kahneman*, A Perspective on Judgment and Choice, S. 709 f.

188 *Kahneman*, Thinking, Fast and Slow, S. 28: "Biases cannot always be avoided, because System 2 may have no clue to the error."

189 *Kahneman*, A Perspective on Judgment and Choice, S. 710: "The present treatment assumes that System 2 continuously monitors the tentative judgments and intentions that System 1 produces. This assumption implies that errors of intuitive judgment involve failures of both systems: System 1, which generates the error, and System 2, which fails to detect and correct it [...]." Vgl. auch *Kahneman*, Maps of Bounded Rationality, S. 1452.

190 *Kahneman*, Thinking, Fast and Slow, S. 135: "The conclusion is that the ease with which instances come to mind is a System 1 heuristic, [...]."

191 *Ebenda*, S. 296: "Loss aversion is built into the automatic evaluations of System 1."

192 *Ebenda*, S. 86: "[...] System 1 is expected to influence even the more careful decisions [of System 2]. Its input never ceases."

193 *Ebenda*, S. 415: "System 2 articulates judgments and makes choices, but it often endorses or rationalizes ideas and feelings that were generated by System 1."

194 *Stanovich/West*, Intelligence as a Predictor of Performance on Heuristics and Biases Tasks, S. 121, verweisen darauf, dass kognitive Verzerrungen tendenziell persistent bestehen bleiben, unabhängig davon, wie intelligent die Probanden sind: „Some well-known thinking biases are virtually independent of cognitive ability. Others do show modest associations."

unterbewusst arbeitende System 1 Ausgangspunkt der kognitiven Verzerrungen ist, die die Verhaltenswissenschaften identifiziert haben.

bb) Die Konstruktion von Präferenzen

Die Anerkennung des Einflusses kognitiver Verzerrungen stellt den, für das ökonomische Verhaltensmodell maßgeblichen, Grundsatz der Stabilität der Präferenzen in Frage. Das hat erhebliche Auswirkungen für das ökonomische Modell und die Prognostizierbarkeit von Verhalten. Klassischerweise wird davon ausgegangen, dass sich ein Ranking der Entscheidungsalternativen auf Grundlage der stabilen, langfristigen Präferenzen des Individuums bildet. Die Entscheidungsalternative mit dem höchsten Rang, die sich im Rahmen der Restriktionen verwirklichen lässt, wird durch das Individuum gewählt. Dass ein solches Ranking entsteht, hängt dabei davon ab, dass in der entscheidenden Person stabile Präferenzen veranlagt sind, eine Art System von grundsätzlichen Werten, aus denen die Rangfolge abgeleitet werden kann. Die Annahme, dass es diese stabilen Präferenzen gibt, ist allerdings eine dezidierte ökonomische Modellannahme,[195] den Ursprung dieser Präferenzen kann die Ökonomik nicht erklären.[196]

Die Verhaltensökonomik weist, auf Grundlage der experimentell gewonnen Erkenntnisse, die Annahme stabiler Präferenzen zurück. Ihre Vertreter betonen die Konstruierbarkeit von Präferenzen im Entscheidungsmoment.[197] Die Verwendung des Begriffs der Präferenzen scheint dabei nicht immer deckungsgleich mit dem zuvor gebrauchten Begriff im Zusammenhang der klassischen Ökonomik. Es ist schwer vorstellbar, und wohl auch nicht so gemeint, dass die Menschen aus Sicht der Verhaltensökonomen ihre grundlegenden Werte, die Präferenzen im Sinne der klassischen Ökonomik, je nach Entscheidungssituation verändern. Den Verhaltensökonomen geht es vielmehr darum, zu zeigen, dass die Rangfolge der Entscheidungsalternativen als flexible Reaktion auf die konkreten Entscheidungsumstände gebildet wird und sich an verschiedene Gegebenheiten anpasst. Sie ergibt sich nicht aus stabilen, intern vorliegenden Werteordnungen, sondern adaptiv aus der Umgebungssituation.[198] Die Formulierung einer Entscheidungsoption als Verlustszenario, die Betonung einer Option als soziale Norm, oder die Designation einer Option als Standard beeinflussen die Rangfolge der Entscheidungsalternativen. Das wird eindrucksvoll deutlich, wenn Menschen sich in

---

[195] *Cooter/Ulen*, Law & Economics, S. 19: "Economists leave to other disciplines, such as psychology and sociology, the study of the source of these preferences."

[196] *Becker*, The Economic Approach to Human Behavior, S. 5: "Since economists generally have had little to contribute [...] to the understanding of how preferences are formed, preferences are assumed not to change substantially over time, nor to be very different between wealthy and poor persons, or even between persons in different societies and cultures." *Kirchgässner*, Homo Oeconomicus, S. 14, beschreibt Präferenzen als stabile Ziele, die in einem Sozialisationsprozess entwickelt werden.

[197] *Lichtenstein/Slovic*, The Construction of Preference, S. 2: "The variability in the ways we construct and reconstruct our preferences yields preferences that are labile, inconsistent, subject to factors we are unaware of, and not always in our own best interests. Indeed, so pervasive is this lability that the very notion of a "true" preference must, in many situations, be rejected."

[198] Die Folgen der Annahme adaptiver Präferenzen für den Ansatz des Utilitarismus insgesamt wird von *Jon Elster* thematisiert, vgl. *Jon Elster*, Sour Grapes, Preface, S. VII: „If all that matters is satisfying one's desires, then changing the desire so that it fits the world should be just as good as changing the world so that it fits the desire." Der Ansatz wird von *Amartya Sen* und *Martha Nussbaum* aufgegriffen, und mit dem auf ökonomische Zusammenhänge zugeschnittenen *capabilities approach* weitergeführt, dazu z.B. *Sen*, The Idea of Justice, S. 231 ff. Aus Sicht der Wohlfahrtsökonomik stellt die Adaptivität von Präferenzen die Feststellung effizienter Gesellschaftszustände massiv in Frage, eine verhaltensökonomische Wohlfahrtsanalyse kann bislang noch nicht zufriedenstellend betrieben werden, vgl. dazu grundlegend *Bernheim/Rangel*, Behavioral Public Economics, S. 2 ff.

einem inhaltlich gleichbleibenden Szenario mal für die eine, mal für die andere Verhaltensoption entscheiden. Obwohl sich an dem Szenario selbst nichts verändert, wählen Menschen aufgrund der unterschiedlichen Art und Weise der Präsentation unterschiedliche Optionen aus. Obwohl sich die Restriktionen nicht verändern, ändert sich die Entscheidung.[199] Das lässt sich, aus klassisch ökonomischer Perspektive, nur mit einem Wandel der individuellen Präferenzen erklären. Weil die Beschreibung der Optionen sich verändert hat, wird nun eine andere Option präferiert.

Das gilt jedenfalls dann, wenn man das Verständnis der klassischen Ökonomik übernimmt, solange man also annimmt, dass Menschen durch ihre Entscheidungen stets ihre Präferenzen verwirklichen. Dann zeigt die gefällte Entscheidung *immer* die präferierte Option. Alternativ kann aber auch davon ausgegangen werden, dass Menschen bei der Verfolgung ihrer Präferenzen manchmal scheitern. Nach diesem Verständnis haben Menschen intern zwar rationale Präferenzen, sie schaffen es aber nicht, diese bei jeder Entscheidung zu verwirklichen. Das kann etwa daran liegen, dass sie wegen des Vorliegens von kognitiven Verzerrungen von der Präferenzverwirklichung abgehalten werden, und irgendeine Entscheidung treffen, die ihren Präferenzen gar nicht entspricht. Menschen verwirklichen durch ihre Entscheidungen dann *nur dann* ihre Präferenzen, wenn sie ohne Verzerrungen entscheiden.[200] Bleibt man jedoch beim klassisch-ökonomischen Verständnis, so liegt in diesen Fällen des adaptiven Rankings der Entscheidungsalternativen ein flexibler Präferenzwandel vor. Die Verhaltensökonomik zeigt insoweit, dass dieses Ranking sich nicht ‚automatisch' aus einer stabilen internen Werteordnung ergibt, sondern dass die Umgebung entscheidenden Einfluss auf die konkret bevorzugte Option hat.

Die Annahme einer solchen Flexibilität der Präferenzen hat enorme Auswirkungen auf die Vorstellung, wie Menschen sich in Entscheidungssituationen verhalten. Sie ist eng mit der Auffassung der *Dual-Process* Theorien verknüpft, dass kognitive Prozesse hauptsächlich im Unterbewusstsein stattfinden. In Extremform impliziert die Annahme völlig adaptiver Präferenzen, dass die Entscheidungen der Menschen vollkommen von der Entscheidungsumgebung gesteuert werden. Diese Steuerung wird dabei durch das Unterbewusstsein vermittelt, in dem die kognitiven Verzerrungen der Verhaltensökonomik wie Wegweiser die Entscheidungen determinieren. Die in den unterbewussten Prozessen des System 1 veranlagte Verlustaversion sorgt dann beispielsweise systematisch dafür, dass Optionen, die als sicherer Verlust wahrgenommen werden, tendenziell nicht gewählt werden, bzw. dass risikoreiche Optionen mit der Aussicht auf ein wünschenswerteres Ergebnis sicheren Verlusten gegenüber bevorzugt werden.[201] So beeinflussen die kognitiven Verzerrungen das Ranking der Entscheidungsalternativen aus dem Unterbewusstsein heraus. Die Verortung dieser Vorgänge außerhalb der bewussten Kontrolle des Menschen stellt dann zwangsläufig grundsätzliche Fragen im Hinblick auf den freien Willen und die Entscheidungsgewalt des Menschen über sein Leben.[202] Das Ranking der Entscheidungsalternativen scheint für den betroffenen Menschen nahezu unkontrollierbar. Einer solch beliebigen Steuerbarkeit menschlichen Verhaltens begegnen aber auch Zweifel. Menschen scheinen schließlich durchaus auch selbst Vorstellungen darüber zu haben, was ihnen gefällt und was sie tun wollen.[203] Die Annahme, dass sämtliche Präferenzen durch den situativen

---

[199] *Grether/Plott*, Economic Theory of Choice and the Preference Reversal Phenomenon, S. 623.

[200] Siehe dazu *Sugden*, On Nudging, S. 370; *Rebonato*, Taking Liberties, S. 188 ff.

[201] *Kahneman*, Thinking, Fast and Slow, S. 296: "Loss aversion is built into the automatic evaluations of System 1."

[202] Insofern prägnant *Baumeister/Bargh*, Conscious and Unconscious, S. 40: "What about Free Will?".

[203] *Simonson*, Will I like a "medium" pillow?, S. 155 ff.; *Baumeister/Bargh*, Conscious and Unconscious, S. 38: "It seems implausible that a person would walk to the store by entirely unconscious causation even while his or her conscious mind was screaming at the feet to turn around."

Kontext konstruiert werden, ist deshalb wohl übertrieben. Richtigerweise ist wohl davon auszugehen, dass ein Mittelweg zwischen den beiden Extrempolen besteht. Menschen haben nicht die vollständige Kontrolle über ihre Entscheidungen, die das ökonomische Verhaltensmodell ihnen zuschreibt, sie sind aber auch nicht willenlose Marionetten ihrer Umgebung. Ob Menschen ihre Präferenzen erst in einer konkreten Entscheidungssituation bilden oder bereits feststehende Präferenzen aufweisen scheint entscheidend davon abzuhängen, ob sie bereits Erfahrung mit der konkreten Entscheidungssituation haben.[204] Ist das der Fall, so haben sie regelmäßig bereits Präferenzen entwickelt und sind den Einflüssen der Entscheidungsumgebung gegenüber weniger anfällig. Hier kann das Bewusstsein die kognitiv verzerrte Analyse des Unterbewusstseins korrigieren.[205] Ist ihnen die Entscheidungssituation noch unbekannt, so hängt die Konstruktion der Präferenzen hingegen stark von den Eigenschaften der Umgebung ab. Insgesamt ist menschliches Verhalten wohl als Zusammenspiel aus bewussten, gesteuerten Prozessen und unbewussten, unbeherrschbaren Prozessen zu verstehen.[206] Insofern ist anerkannt, dass die verfolgten Verhaltensziele durch rein unterbewusste Vorgänge festgelegt werden können,[207] aber auch, dass sie teilweise bewusst beeinflusst werden können.[208] Es lässt sich nicht exakter präzisieren, wann genau die Präferenzen durch situative Kontexte geformt werden und wann sie Ausfluss der menschlichen Selbstständigkeit sind.

Aus diesem Grund bleibt die grundsätzliche Frage danach bestehen, wieviel Einfluss der Einzelne auf seine Entscheidungen hat und welcher Anteil durch die Umgebungseigenschaften determiniert wird. Diese Frage betrifft insbesondere auch das Verhältnis der Verhaltensökonomik zur individuellen Autonomie. Wenn die individuellen Entscheidungsziele durch die Entscheidungsumgebung determiniert werden, wieviel Raum bleibt dann noch für menschliche Selbstbestimmung und die Entwicklung selbstbestimmter Entscheidungen?

3. Kritik an der Verhaltensökonomik

Die Grundlagen für die Darstellung des *Nudge*-Konzeptes sind nun gelegt. *Nudging* baut auf den Erkenntnissen der Verhaltensökonomik auf und schlägt im Lichte ihrer Auswirkungen eine spezifische Art der Rechtsetzung vor. Bevor sich den Einzelheiten dieses Ansatzes gewidmet wird, soll noch auf Kritik an den zugrundeliegenden Erkenntnissen eingegangen werden.

a) Kritik der neoklassischen Schule

Es kann behauptet werden, dass die identifizierten Phänomene das Rationalitätsdogma der klassischen Ökonomik eigentlich nicht widerlegen. So können einerseits die verhaltensökonomischen Experimente und ihre Ergebnisse selbst umgedeutet werden, andererseits aber auch die Geltung der klassischen Annahmen zumindest in den traditionellen Anwendungsgebieten behauptet werden.[209] Das kann dadurch geschehen, dass die beobachteten Phänomene rationalisiert werden, dass also eine der Rationalwahltheorie entsprechende Erklärung für die Verhaltensweisen gesucht wird.[210] Alternativ kann geltend gemacht werden, in klassischen Marktzusammenhängen würden die Verzerrungen eliminiert.[211] Darüber hinaus kann die Möglichkeit der Beseitigung der kognitiven Verzerrungen durch

---

[204] *Hoeffler/Ariely*, Constructing Stable Preferences, S. 113 ff.
[205] *Kahneman*, A Perspective on Judgment and Choice, S. 710.
[206] *Baumeister/Bargh*, Conscious and Unconscious, S. 36 f.
[207] *Bargh/Gollwitzer*, Environmental control of goal-directed action, S. 71 ff.
[208] *Baumeister/Bargh*, Conscious and Unconscious, S. 37.
[209] Zum Ganzen *Hacker*, Verhaltensökonomik und Normativität, S. 125-142.
[210] So beispielsweise *Posner*, Rational Choice, Behavioral Economics, and the Law, S. 1551 ff.
[211] *Wright/Ginsburg*, Behavioral Law and Economics, S. 1044.

Erfahrungswissen betont,[212] und die Bedeutung des Lernens als Gegenmaßnahme hervorgehoben werden.[213] Letztlich vermag aber keiner dieser Ansätze die Wucht zu entkräften, mit der die Verhaltensökonomik die Prognosekraft des klassischen Entscheidungsmodells in Frage stellt. Auch auf klassischen Märkten kommen Verzerrungen zum Tragen,[214] und Erfahrungswissen kann Verzerrungen zwar reduzieren, aber nicht beseitigen. Auch Experten sind vor ihrem Vorliegen nicht gefeit.[215]

b) Ökologische Rationalität statt Optimierung

Für eine grundlegend andere Betrachtung der verhaltensökonomischen Phänomene wirbt insbesondere *Gerd Gigerenzer*, der, ebenfalls an *Herbert Simons* Konzept der beschränkten Rationalität anknüpfend, für eine Lösung von der Idee der vollständigen Rationalität eintritt.[216] Das Forschungsprogramm der *heuristics and biases* Schule, das die Verhaltensökonomik in Anknüpfung an *Tversky* und *Kahneman* verfolgt, sieht die Besonderheiten der menschlichen Entscheidungsfindung als Fehler an, die verbessert werden können.[217] Sie orientieren sich dabei aber weiterhin am Ideal vollständiger Rationalität im Sinne des klassischen Modells. Das führt dazu, dass im Vergleich zu diesem Rationalitätsideal eine schier unüberschaubare Anzahl von kognitiven Verzerrungen festgestellt werden kann, die systematische Abweichungen von dem Verhalten eines voll rationalen Individuums konstituieren.[218] *Gigerenzer* wirbt dafür, menschliches Entscheidungsverhalten als rationales Zusammenspiel von Umwelteigenschaften und den individuellen kognitiven Kapazitäten zu verstehen, anstatt es anhand seiner Defizite im Vergleich zu einem verfehlten Ideal vollständiger Rationalität zu charakterisieren.[219] Nicht das Individuum müsse kritisiert werden, sondern das Modell.[220] *Gigerenzer* fordert eine alternative Herangehensweise, menschliches Verhalten müsse nicht als rational im Sinne von logisch konsistent, sondern als ökologisch rational angesehen werden.[221] Menschen verhielten sich nicht rational im Sinne logischer Gesetze der Optimierung, sondern im Verhältnis zu ihrer Umgebung. Sie wenden demnach Heuristiken an, die schnell und sparsam zu guten Ergebnissen führen können: Schnell, weil sie Probleme in kurzer Zeit lösen, und sparsam, weil sie dies mit nur wenig Informationen

---

212 *DellaVigna*, Psychology and Economics, S. 361. Auch *Kahneman*, Thinking, Fast and Slow, S. 416, betont die Bedeutung der Erfahrung für das Auftreten von kognitiven Verzerrungen.

213 *Gigerenzer*, On the Supposed Evidence for Libertarian Paternalism, S. 374; *List*, Does Market Experience eliminate Market Anomalies?, S. 68; *Epstein*, Behavioral Economics, S. 111 ff.

214 *Hacker*, Verhaltensökonomik und Normativität, S. 141.

215 Insgesamt zu Experten und Biases *Perez*, Can Experts be Trusted and what can be done about it?, S. 115 ff. Speziell zu Verzerrungen bei Richtern siehe z.B. *Guthrie et al.*, Inside the judicial Mind, S. 819 ff., *Guthrie et al.*, Blinking on the Bench: How Judges Decide Cases, S. 1 ff.

216 Dazu insgesamt *Gigerenzer/Selten*, Bounded Rationality.

217 *Stanovich*, Dual-Process Theory and the Great Rationality Debate, S. 7 f.; *Camerer/Loewenstein*, Behavioral Economics, S. 11; *Kahneman/Tversky*, On the study of statistical intuitions, S. 124: "Although errors of judgment are but a method by which some cognitive processes are studied, the method has become a significant part of the message."

218 *Gigerenzer*, Rationality for Mortals, S. 6. Polemisch zu der langen Liste kognitiver Verzerrungen *McCloskey*, The Applied Theory of Bossing People Around.

219 *Gigerenzer/Selten*, Rethinking Rationality, S. 6: "Bounded rationality is, however, not simply a discrepancy between human reasoning and the laws of probability or some form of optimization. Bounded rationality dispenses with the notion of optimization and, usually, with probabilities and utilities as well. It provides an alternative to current norms, not an account that accepts current norms and studies when humans deviate from these norms. Bounded rationality means rethinking the norms as well as studying the actual behavior of minds and institutions."

220 *Gigerenzer*, On the Supposed Evidence for Libertarian Paternalism, S. 365: "[...], they rather uncritically accept the rules of axiomatic decision theory as the norm for all rational behavior, and blame mortals for not living up to this ideal."

221 *Gigerenzer/Selten*, Rethinking Rationality, S. 9.

tun.[222] Heuristiken werden in diesem Sinne nicht als problematische Abkürzungen angesehen, sondern als rationale Werkzeuge zur Lösung der Probleme, die sich aus der Umwelt ergeben. Dass sie dabei nicht dem Optimierungsgrundsatz folgen, spielt keine Rolle.

Gigerenzers Ansatz trifft einen wunden Punkt der Verhaltensökonomik. Weil es an einem eigenen, umfassenden Verhaltensmodell fehlt, beschränkt sich die Disziplin auf die Darstellung einzelner Abweichungen vom Rationalwahlmodell. In der Ökonomik ist die Lehre von der ökologischen Rationalität jedoch kaum auf fruchtbaren Boden gefallen, hier hat sich das *heuristics and biases* Programm durchgesetzt, auf dessen Grundlage auch das *Nudging* entstanden ist.

4. Zusammenfassung

In diesem Kapitel ist das ökonomische Verhaltensmodell und seine Modifikationen durch die *heuristics and biases* Schule vorgestellt worden. Zentrale Errungenschaft dieser Schule ist die Hervorhebung der Bedeutung des konkreten Entscheidungskontextes für das Entscheidungsergebnis. Der Kontext einer Entscheidung kann mit menschlichen Verhaltensbesonderheiten, den sogenannten kognitiven Verzerrungen, interagieren und so maßgeblichen Einfluss auf das Entscheidungsergebnis nehmen. Das ist überraschend, weil aus der Perspektive des traditionellen ökonomischen Verhaltensmodells des *Homo Oeconomicus* die Beschaffenheit des konkreten Entscheidungskontextes keine Rolle spielt.

Zunächst ist das traditionelle Verhaltensmodell des *Homo Oeconomicus* vorgestellt worden. Für das Verhalten eines *Homo Oeconomicus* sind die sich wandelnden Restriktionen der allein maßgebliche Faktor. Seine Zielvorstellungen hat er als fest verfasste Präferenzen klar vor Augen, er reagiert allein auf eine Änderung der externen Umstände. Dass ein solches Bild von menschlichem Entscheidungsverhalten wenig menschliche Züge aufweist, ist seit jeher kritisiert worden. Die im Anschluss dargestellte Verhaltensökonomik hat durch die Rezeption psychologischer Forschungsexperimente Beweise für die systematische Fehlerhaftigkeit des Entscheidungsmodells geliefert. In identifizierbaren Situationen entscheiden Menschen systematisch nicht wie ein *Homo Oeconomicus*. Sie legen fehlerhafte Informationen zugrunde, weil sie Fehler bei ihrer Verarbeitung gemacht haben. Sie lassen sich von Eigenschaften der Entscheidungsumgebung wie der Formulierung von Entscheidungsoptionen beeinflussen, obwohl sie sich allein von deren Inhalt beeinflussen lassen sollten. Welche Informationen in welcher Weise wann verfügbar werden spielt insofern eine weit größere Rolle als traditionell angenommen. Viele Faktoren spielen bei Entscheidungen eine Rolle obwohl ein *Homo Oeconomicus* sich von ihnen nicht beeinflussen lassen sollte.

Die in den Experimenten festgestellten Abweichungen von den Prognosen des ökonomischen Verhaltensmodells werden als kognitive Verzerrungen und Heuristiken bezeichnet. Sie werden als Abweichungen bezeichnet, weil sie den unrealistischen Rationalitätserwartungen des *Homo Oeconomicus* nicht entsprechen. Der Ursprung der kognitiven Verzerrungen und Heuristiken liegt nach dem im Anschluss an die Verhaltensökonomik dargestellten *Dual-Process* Modell *Daniel Kahnemans* im sogenannten System 1. Das ist der Teil des menschlichen Kognitionsapparates, der seine Arbeit automatisch, intuitiv und größtenteils unbewusst verrichtet. Das bewusste Denken, das sogenannte System 2, wird nur in wenigen Fällen auf die Vorgänge des System 1 aufmerksam. Das sorgt dafür, dass die kognitiven Verzerrungen und Heuristiken Einfluss auf das menschliche Entscheidungsverhalten nehmen können, ohne dass dies von den Betroffenen überhaupt bemerkt wird.

---

[222] *Gigerenzer*, Rationality for Mortals, S. 7.

Insgesamt gibt die Verhaltensökonomik mit der Rezeption der psychologischen Forschung die Übersichtlichkeit und Klarheit der Annahmen des *Homo Oeconomicus* zugunsten einer empirisch genaueren Abbildung menschlichen Verhaltens auf. Dies geschieht, um die festgestellten, systematisch fehlerhaften Vorhersagen des *Homo Oeconomicus* Modells zu überwinden. Zu diesem Zweck werden pragmatisch die identifizierten kognitiven Verzerrungen in das klassische Verhaltensmodell eingearbeitet, ein eigenes Verhaltensmodell, dass die Verzerrungen und Heuristiken in systematischer und konsistenter Weise berücksichtigt, hat die Verhaltensökonomik bislang jedoch noch nicht erarbeiten können. Jede Verzerrung macht eine eigenständige Modifizierung des *Homo Oeconomicus* erforderlich, eine gleichzeitige Berücksichtigung aller Verzerrungen ist (noch) nicht möglich.

II. Die Theorie des Libertarian Paternalism und das Nudging

Die Forschungen der Verhaltenswissenschaften haben das traditionelle ökonomische Verhaltensmodell durch die Feststellung der dargestellten Abweichungen erschüttert. Allerdings enthält die bloße positive Feststellung, dass es bestimmte Faktoren gibt, die das menschliche Entscheidungsverhalten maßgeblich beeinflussen, noch keine Handlungsanweisung, wie mit ihnen umzugehen ist.

Aus der zentralen Erkenntnis der Verhaltensökonomik, dass Menschen in vielen Situationen nicht ihren Nutzen maximieren, haben *Cass Sunstein* und *Richard Thaler* den Schluss gezogen, dass ihnen dazu verholfen werden sollte. Im Geiste der Wohlfahrtsökonomik gehen sie davon aus, dass Nutzenmaximierung als Maximierung von Wohlfahrt etwas Erstrebenswertes ist. Deshalb sollten Menschen, wo möglich, in die Lage versetzt werden, ihren Nutzen entsprechend ihrer eigenen Präferenzen zu maximieren. Zu diesem Zweck haben sie den *Libertarian Paternalism* und die dazugehörigen *Nudges* entwickelt,[223] die auf den Erkenntnissen der Verhaltensökonomik aufbauen und der staatlichen Gesetzgebung und Verwaltung das programmatische Ziel vorgeben, Menschen durch Überwindung der verhaltenswissenschaftlich festgestellten Irrationalitäten zur Nutzenmaximierung zu verhelfen.

Erste Schritte in diese Richtung unternehmen *Christine Jolls*, *Cass Sunstein* und *Richard H. Thaler* schon 1998.[224] Vor dem Hintergrund der verhaltensökonomischen Forschung erklären sie die antipaternalistische Grundhaltung der klassischen Ökonomik, die eine möglichst geringe Einmischung des Staates und Bevormundung des Einzelnen durch ihn präferiert und von der Fähigkeit des Einzelnen ausgeht, seine eigene Wohlfahrt am besten selbst maximieren zu können, weil er selbst weiß was er will, für überholt. Sie fordern dazu auf, eine neue Haltung zum Paternalismus zu entwickeln. Diese Idee nimmt Anfang des neuen Jahrtausends weiter Fahrt auf. Im Zentrum steht nun die Frage, ob und wie das menschliche Verhalten paternalistisch beeinflusst werden kann. Verschiedene Wege, die Erkenntnisse über das menschliche Verhalten für paternalistische Beeinflussung auszunutzen, werden angedacht.[225] *Cass Sunstein* und *Richard Thaler* entwickeln 2003 ihre bereits 1998 formulierte anti-antipaternalistische Position zum *Libertarian Paternalism* weiter. Dieser wird von der Erkenntnis dominiert, dass die Beeinflussung der individuellen Entscheidungen vielfach unumgänglich ist. Wurde vorher noch die Frage gestellt, ob der Mensch bei Entscheidungen paternalistisch beeinflusst werden sollte, wird nun die Unvermeidbarkeit einer solchen Beeinflussung herausgestellt, insbesondere im Zusammenhang mit dem Setzen von sogenannten *default rules*.[226] Egal welche Gestaltung der Entscheidungsumgebung gewählt wird, die standardmäßig geltende Voreinstellung wird einen verhaltensbeeinflussenden Effekt haben. Über die insofern unvermeidbare Festlegung von

---

[223] *Sunstein/Thaler*, Nudge.

[224] *Jolls et al.*, A Behavioral Approach to Law and Economics, S. 1541 ff.

[225] *Sunstein/Thaler*, Libertarian Paternalism, S. 175 ff.; *Sunstein/Thaler*, Libertarian Paternalism is not an oxymoron, S. 1159 ff.; *Camerer et al.*, Regulation for conservatives, S. 1211 ff.; *O'Donoghue/Rabin*, Procrastination in Preparing for Retirement, S. 25: "Because our policy prescriptions suggest ways to help people overcome errors, they are inherently paternalistic, and we realize this may bother some readers. We would like to emphasize, however, that we focus on policy prescriptions satisfying a notion of "cautious paternalism": They can be extremely valuable if people are making errors, but they have relatively small costs if people are fully rational."

[226] *Sunstein/Thaler*, Libertarian Paternalism is not an oxymoron, S. 1174, 1182.

Standardregeln hinaus, die den Entscheider paternalistisch beeinflussen, fordern *Sunstein* und *Thaler* aber auch für sonstige Regulierung eine libertär paternalistische Orientierung ein.[227]

Ihre Arbeiten zum *Libertarian Paternalism* fassen *Sunstein* und *Thaler* in *Nudge* zusammen. Ihre Theorie besteht im Wesentlichen aus drei Bausteinen, die an die Erkenntnisse der Verhaltensökonomik anknüpfen. *Choice Architecture (Entscheidungsarchitektur), Libertarian Paternalism (libertärer Paternalismus)* und *Nudge (Stupser).* Dabei beschreibt der Terminus Entscheidungsarchitektur die Tatsache, dass die Umgebung, in der Menschen ihre Entscheidungen treffen, beeinflusst werden kann und veränderlich ist. Der Begriff Entscheidungsarchitektur beschreibt also zunächst einmal nur ein Phänomen und ist damit deskriptiv. Libertärer Paternalismus ist *Sunstein* und *Thalers* normative Antwort auf die zwangsläufig darauffolgende Frage, wie der Staat, der in unzähligen Situationen als Entscheidungsarchitekt auftritt, Entscheidungsumgebungen gestalten sollte. Das Werkzeug, mit dessen Hilfe der Staat Entscheidungsumgebungen gestalten soll ist der namensgebende *Nudge*, ein Rechtsetzungsinstrument, das auf die Verwirklichung des *Libertarian Paternalism* ausgelegt ist.

1. Entscheidungsarchitektur

Die Entscheidungsarchitektur ist das erste zentrale Element des Rechtsetzungskonzeptes von *Cass Sunstein* und *Richard Thaler*. Der Terminus beschreibt das verhaltenswissenschaftlich erforschte Phänomen, dass Entscheidungen stark von der Umgebung beeinflusst werden, in der sie getroffen werden. Die Umgebung gibt beispielsweise Referenzpunkte für den Ankereffekt, die Verlustaversion oder den Status Quo Bias vor, die die zu fällende Entscheidung prägen. Manche Faktoren der Entscheidungsumgebung wie die Tageszeit, das Wetter oder körperliche Instinkte sind unbeeinflussbar, andere lassen sich aber verändern. Die veränderlichen Faktoren können durch bewusste Gestaltung so beeinflusst werden, dass die Entscheidungsumgebung eine bestimmte Entscheidungsoption den anderen Optionen gegenüber hervorhebt, sodass die Auswahl der vom Planer avisierten Option wahrscheinlicher wird. Die Beeinflussung der Faktoren der Entscheidungsumgebung wird von *Sunstein* und *Thaler* als Entscheidungsarchitektur bezeichnet. Entscheidungsarchitektur soll Menschen dabei unterstützen, die für sich beste Entscheidung zu treffen, indem die vorteilhafteste Entscheidungsoption in einer Entscheidungssituation als solche hervorgehoben wird. *Sunstein* und *Thaler* machen dies am Beispiel einer Kantine deutlich,[228] in der die Anordnung der Speisen erheblichen Einfluss darauf hat, welche Speisen gegessen werden. Die Speisen können zufällig angeordnet werden, sie können so angerichtet werden, dass die Kantine ihren Profit maximiert, oder sie können so angerichtet werden, dass viele Menschen eher gesunde als ungesunde Speisen auswählen. Letzteres bezeichnen *Sunstein* und *Thaler* als die optimale Anordnung, und folgen daraus, dass die Kantine so gestaltet werden sollte, dass die Entscheidung zugunsten einer der gesunden Speisen wahrscheinlicher wird. Das Kantinenbeispiel dient den Autoren ebenfalls dazu, die Unausweichlichkeit der Gestaltung von Entscheidungsumgebungen hervorzuheben, schließlich müssen die Speisen in der Kantine auf die eine oder andere Weise angeordnet werden.[229] Akzeptiert

---

[227] *Ebenda*, S. 1184: „Beyond the Inevitable (But Still Libertarian)".

[228] *Sunstein/Thaler*, Nudge, S. 1 ff.

[229] In einem früheren Aufsatz aus dem Jahr 2003 wurde dies noch als Allgegenwärtigkeit von Paternalismus präsentiert, vgl. *Sunstein/Thaler*, Libertarian Paternalism is not an oxymoron, S. 1174: "[...] our emphasis has been on the inevitability of paternalism, [...]" sowie *Sunstein/Thaler*, Libertarian Paternalism, S. 175: "[...] some organizational decisions are inevitable, [...] a form of paternalism cannot be avoided, and [...] the alternatives to paternalism [...] are unattractive, [...]." Im Jahr 2008 wird aus der Allgegenwärtigkeit von Paternalismus die Allgegenwärtigkeit von Entscheidungsarchitektur, vgl. *Sunstein/Thaler*, Nudge, S. 10: "[...] it is [not] possible to avoid influencing people's choices. In many situations, some organization or agent *must* make a choice that will

man die wohl zutreffende Prämisse, dass die Gestaltung von Entscheidungsumgebungen unausweichlich ist, so drängt sich die Frage auf, wie die Gestaltung erfolgen sollte. Auf diese Frage gibt der *Libertarian Paternalism* die Antwort, dass dem Bürger zu besseren, im Sinne von ökonomisch rationalen, Entscheidungen verholfen werden sollte. Die Gestaltung von Entscheidungsumgebungen sollte auf die Nutzenmaximierung der Betroffenen ausgerichtet sein, indem sie diese bei der Verwirklichung ihrer Präferenzen unterstützt, was aggregiert zu einer gesamtgesellschaftlichen Wohlfahrtssteigerung führt.

2. Libertarian Paternalism

Der *Libertarian Paternalism* beschreibt das Ideal des Rechtsetzungskonzeptes, dass von Sunstein und Thaler entwickelt wurde. Individuen soll von staatlicher Seite dabei geholfen werden, Entscheidungen zu treffen, die sie selbst gerne treffen möchten, indem Entscheidungshilfen konstruiert werden, die ihnen bei der Verwirklichung ihres eigenen Willens helfen und sie im optimalen Fall automatisch zu der von ihnen präferierten Entscheidung führen. Die Konstruktion der Entscheidungshilfen erfolgt dabei unter Berücksichtigung der (vermuteten) Präferenzen der Betroffenen, sowie unter Berücksichtigung der Besonderheiten der Entscheidungssituation, speziell im Hinblick auf die Gefahr des Eingreifens einer verhaltenswissenschaftlich erforschten Verzerrung. Die Entscheidungshilfen, die auf Hilfe bei der Präferenzverfolgung ausgerichtet sind, sind die sogenannten *Nudges*. *Nudges* sind das Umsetzungswerkzeug des *Libertarian Paternalism*, aus dem zentrale Vorgaben für ihre Gestaltung abgeleitet werden können. Einerseits soll den Menschen durch Hilfe von außen zu ihren präferierten Entscheidungen verholfen werden, andererseits sollen die Entscheidungshilfen jedoch niemals imperativ wirken. Den Betroffenen soll stets die Möglichkeit bleiben, sich anders zu verhalten als die Entscheidungshilfe empfiehlt. Diese beiden Elemente der Entscheidungshilfe sind letztlich namensgebend für den *Libertarian Paternalism*, die Konstruktion einer Entscheidungshilfe von staatlicher Seite gilt als das paternalistische, das Verzichten auf die Anwendung von Zwang als das libertäre Element des *Libertarian Paternalism*.[230]

3. Nudges

Ein *Nudge* ist, laut Ausgangsdefinition, ein Teil der Entscheidungsarchitektur, der das Verhalten von Menschen in einer vorhersagbaren Weise beeinflusst, ohne dabei Entscheidungsalternativen zu verbieten oder ökonomische Anreize zu setzen:

> *"A nudge, as we will use the term, is any aspect of the choice architecture that alters people's behavior in a predictable way without forbidding any options or significantly changing their economic incentives. To count as a mere nudge, the intervention must be easy and cheap to avoid. Nudges are not mandates. Putting fruit at eye level counts as a nudge. Banning junk food does not."*[231]

Mit dieser Definition lassen sich, anhand ihrer einzelnen Bestandteile, bereits einige Abgrenzungen vornehmen. Die einzelnen Definitionsbestandteile sind: Any aspect of choice architecture (1) that

affect the behavior of some other people." Argumentationen gegen die Unausweichlichkeit der Entscheidungsarchitektur bezeichnen Sunstein und Thaler hier als „a literal nonstarter", vgl. *Sunstein/Thaler*, Nudge, S. 11.

[230] *Sunstein/Thaler*, Nudge, S. 5.

[231] *Ebenda*, S. 6.

alters people's behavior in a predictable way (2) without forbidding any options or (3) significantly changing their economic incentives (4).

1. Any aspect of choice architecture

Nudges sind Veränderungen der Entscheidungsarchitektur, die im Geiste des *Libertarian Paternalism* erfolgen. Sie sollen Menschen dabei helfen, ihren Präferenzen entsprechende Entscheidungen zu treffen, indem die Entscheidungsarchitektur verändert wird.

2. That alters people's behavior in a predictable way

Nudges beeinflussen menschliches Verhalten in einer vorhersagbaren Weise. Die Vorhersagbarkeit der Beeinflussung entstammt der empirischen Fundierung, jeder *Nudge* wird anhand von Forschungsergebnissen entwickelt, die eine gewisse Prognostizierbarkeit seiner Auswirkungen gewährleisten.[232] Dieses Definitionsmerkmal ist sehr weit, und erfasst bei wörtlicher Auslegung jede empirisch begründete Maßnahme. Es ist äußerst zweifelhaft, ob das von den Entwicklern der Definition so intendiert ist.

Nudge ist als Reaktion auf die Erkenntnisse der Verhaltenswissenschaften entwickelt worden und setzt eine Theorie um, die einen Umgang mit diesen Erkenntnissen vorgibt. Dabei verweisen die Entwickler selbst auf die Unzulänglichkeiten des neoklassischen *Homo Oeconomicus* Modells und präsentieren verschiedene Situationen, in denen menschliches Verhalten beispielsweise durch die bewusste Präsentation von Informationen beeinflusst werden kann, obwohl dies menschliches Verhalten nach neoklassischer Modellierung nicht beeinflussen würde. Genau an diese Erkenntnisse wollen die Autoren anknüpfen. Das wird insbesondere deutlich, wenn man die Vorhersagbarkeit der Verhaltensbeeinflussung in Zusammenhang mit dem definitionsgemäßen Ausschluss von ökonomischen Anreizen sieht. Ökonomische Anreize würden das Verhalten eines *Homo Oeconomicus* beeinflussen, das streben *Nudges* aber gerade nicht an. Die erforschten Heuristiken und Verzerrungen sowie das Denken in Systemen sind Grundlage und Anknüpfungspunkt des *Nudging, Nudges* sollen gerade nicht nach neoklassischem Muster Restriktionen verändern, sondern Verhalten bei unveränderten Restriktionen beeinflussen, indem sie an kognitive, interne Phänomene anknüpfen. Das Definitionsmerkmal der vorhersagbaren Verhaltensbeeinflussung durch *Nudges* ist als Rückgriff auf die Verhaltensökonomik zu verstehen, Bestandteil von *Nudges* ist stets die Interaktion mit Faktoren, die menschliches Verhalten beeinflussen, obwohl dies nach dem neoklassischen Verhaltensmodell nicht der Fall sein sollte.[233]

3. Without forbidding any options

Dieses Merkmal legt fest, dass ein *Nudge* niemals ein Ge- oder Verbot sein kann. *Nudges* sollen stets „easy and cheap to avoid" sein.[234] Diese Vorgabe steht in direkten Zusammenhang mit dem Ursprung des Konzepts in der Verhaltensökonomik. Der Ausschluss von Verhaltensoptionen durch Zwang würde auch das Verhalten eines *Homo Oeconomicus* beeinflussen, da die Restriktionen beeinflusst werden. Das ist aber gerade nicht der Ansatzpunkt der *Nudges*. Darüber hinaus ist der Ausschluss von Zwang Ergebnis der Ausrichtung des normativen Überbaus des *Nudging*, die Wahlfreiheit muss in jeder durch

---

[232] *Nudge* ist damit Teil sogenannter evidenzbasierter Rechtssetzung, vgl. hierzu *Sunstein*, Empirically Informed Regulation, S. 1349 ff.; *House Of Lords*, Behaviour Change, S. 20 ff.

[233] *Sunstein/Thaler*, Nudge, S. 8.

[234] *Ebenda*, S. 6.

Entscheidungsarchitektur konstruierten Situation bei den Betroffenen belassen werden, um dem Anspruch zu genügen, ein libertäres Konzept zu sein.

4. Or significantly changing their economic incentives

Nudges arbeiten nicht mit der Veränderung von ökonomischen Anreizen. Auf den ersten Blick weist dieses Kriterium eine deutliche Unschärfe auf. Schließlich kann als ökonomischer Anreiz jede Eigenschaft der Umwelt verstanden werden, die Menschen zu einem bestimmten Verhalten bewegt. Folgt man diesem Verständnis, so grenzt das Merkmal alles aus, was menschliches Verhalten beeinflussen kann. Das kann jedoch nicht gemeint sein. Vielmehr ist auch dieses Merkmal im Zusammenhang mit dem übergeordneten Konzept zu verstehen. Der *Libertarian Paternalism* ist aus der Verhaltensökonomik entstanden, die das traditionelle ökonomische Verhaltensmodell kritisiert. Ökonomische Anreize sind im Rahmen der Diskussion daher als solche Anreize zu verstehen, die nach traditionellem Verständnis das Verhalten von Menschen beeinflussen würden:

> *„In Accordance with our definition, a nudge is any factor that significantly alters the behavior of Humans, even though it would be ignored by Econs."*[235]

Dabei bezeichnet der Begriff *Econs* Menschen nach traditionellem ökonomischen Modell. Anreize die nach traditionellem Verständnis menschliches Verhalten beeinflussen sind sämtliche Veränderungen der Restriktionen.[236] *Nudges* sollen Menschen beeinflussen, indem an die Abweichungen angeknüpft wird, die vom traditionellen Verhaltensmodell nicht erfasst werden. Sie sollen gerade einen alternativen Weg der effektiven Beeinflussung eröffnen.[237]

4. Die praktische Umsetzung

Die Entwicklung des *Nudging* hat hohe Wellen geschlagen, das Konzept ist mit großem Interesse weltweit rezipiert worden. Regierungen vieler Staaten, allen voran die USA und das Vereinigte Königreich, aber beispielsweise auch Dänemark und Neuseeland, haben das Konzept als regulatorisches Leitbild übernommen und entsprechende Maßnahmen konzipiert. Die Regierungen der betroffenen Staaten versprechen sich durch *Nudges* einen kostengünstigen und effektiven Weg, politische Ziele zu verwirklichen.[238] In den USA hat diese Entwicklung zur Ernennung *Cass Sunsteins* zum *Administrator of the White House Office of Information and Regulatory Affairs* geführt. Diese Position hatte der Wissenschaftler von 2009 bis 2012 inne. Entsprechend wurde daraufhin auch die Gesetzgebungs- und besonders die Verwaltungsarbeit an den neuen Stil der Verhaltensbeeinflussung angepasst. Exemplarisch dafür kann der folgende Auszug aus einer Direktive des damaligen Präsidenten der USA, Barack Obama, aus dem Jahr 2011 gesehen werden:

> "**Sec. 4.** *Flexible Approaches. Where relevant, feasible, and consistent with regulatory objectives, and to the extent permitted by law, each agency shall identify and consider regulatory approaches that reduce burdens and maintain*

---

[235] *Ebenda*, S. 8.

[236] Dies ist im Sinne der vierten volkswirtschaftlichen Regel nach Mankiw zu verstehen: „Die Menschen reagieren auf Anreize", vgl. *Mankiw/Taylor*, Grundzüge der Volkswirtschaftslehre, S. 7.

[237] *Sunstein/Thaler*, Nudge, S. 8, betonen, dass nicht "material costs" erhöht werden sollen, sondern, wenn überhaupt, "cognitive costs". Insgesamt zeichne sich ein *Nudge* aber dadurch aus, dass er die Kosten für keine der Verhaltensoptionen erheblich erhöhe.

[238] *House of Lords*, Behaviour Change, S. 33: "Mr Letwin gave four reasons for emphasising a non-regulatory approach: effectiveness, cost-effectiveness, less rigid imposition on individuals and reduced burden on business.".

flexibility and freedom of choice for the public. These approaches include warnings, appropriate default rules, and disclosure requirements as well as provision of information to the public in a form that is clear and intelligible."[239]

Dieser Trend der Implementierung verhaltensökonomischer Erkenntnisse in den Gesetzgebungsprozess und die Verwaltungsarbeit hat sich weiter fortgesetzt und zur Gründung des *Social and Behavioral Sciences Team* geführt.[240]

Auch im Vereinigten Königreich ist das *Nudging* überaus wohlwollend aufgenommen worden, bereits 2010 wurde das *Behavioural Insights Team (BIT)* geschaffen, das für die Transformation der Forschung in Politikempfehlungen zuständig ist. Das BIT hat, unter der Führung von *David Halpern* und in Zusammenarbeit mit *Richard Thaler*, im Vereinigten Königreich eine Vielzahl von Maßnahmen initiiert, die sich dezidiert auf das Konzept des *Nudging* berufen und tut dies auch weiter.[241] Mit einiger Verzögerung ist 2013 auch in Deutschland eine ähnliche, jedoch deutlich kleinere, Einheit gegründet worden. Eine dreiköpfige Gruppe von Wissenschaftlern ist mit der Entwicklung und Bewertung verhaltensökonomisch inspirierter Maßnahmen im Bundeskanzleramt betraut worden.[242] Regulatorische Maßnahmen, die sich dezidiert auf die dort geleistete Arbeit berufen, hat es bislang nicht gegeben. Das ist in den USA und dem Vereinigten Königreich anders. Hier sind bereits einige Maßnahmen entwickelt worden, die sich auf verhaltensökonomische Erkenntnisse gründen.

a) Konkret umgesetzte Maßnahmen

Maßnahmen, die von Beginn an als Paradebeispiele für die Umsetzung des *Nudging* in die Politik galten, haben den Bereich der privaten Altersvorsorge sowie den Kreditanbietermarkt betroffen. Hier sind in den USA und im Vereinigten Königreich Maßnahmen ergriffen worden, die systematischen Fehlern der Betroffenen bei ihren Entscheidungen entgegenwirken sollten. Diese Maßnahmen haben auch Erfolge gezeitigt.

aa) Private Verschuldung und die Anpassung der Informationsbereitstellung

Um Verbraucher vor Täuschungen auf dem Kreditmarkt zu schützen ist, im Angesicht der Finanzkrise von 2007, 2009 in den USA der Credit CARD Act of 2009 verabschiedet worden, der, unter anderem, durch eine Umstrukturierung der Kreditkartenrechnungen für Privatpersonen auf eine geringere Kreditaufnahme und zeitigere Kreditrückzahlung hinwirken soll. Der CARD Act stellt eine Mischform aus zwingendem Gebotsgesetz und *Nudge* dar. Er zwingt die Kreditkartenanbieter, ihre Kartengebühren auf eine bestimmte Maximalgebühr zu begrenzen. Darüber hinaus zwingt er sie, die Informationen auf Kreditkartenrechnungen auf eine bestimmte Weise darzustellen. Namentlich muss auf der Rechnung für den Kunden erkennbar sein, welche Zinsersparnis eine Rückzahlung des aufgenommenen Kredits innerhalb von sechsunddreißig Monaten im Vergleich zur Zahlung lediglich der vertraglich vereinbarten Minimalzahlung einbrächte.[243] Aufgrund höherer Zinserträge haben die Kreditgeber Interesse daran, lediglich die Minimalzahlung zu erhalten, da der Kredit dann über einen längeren Zeitraum abbezahlt wird. Durch die plastische Darstellung der Ersparnismöglichkeit sollen

---

[239] Executive Order 13563, S. 3822.

[240] Executive Order 13707, S. 56365: Using Behavioral Science Insights To Better Serve the American People.

[241] Für einen Überblick über verhaltensökonomisch inspirierte Maßnahmen im Vereinigten Königreich vgl. *Halpern*, Inside the Nudge Unit. Für aktuelle Studien des *Behavioural Insights Team* siehe http://www.behaviouralinsights.co.uk/publications/.

[242] *Steinbeis*, „Nudging" kommt nach Deutschland.

[243] Section 201 des Credit CARD Act of 2009.

Kunden aber zu einer schnelleren Rückzahlung veranlasst werden. Einer Studie zufolge hat die Informationsumstrukturierung zu einem geringen Anstieg des Anteils der Kunden geführt, die ihre Schulden innerhalb von sechsunddreißig Monaten zurückzahlen.[244]

Auch im Vereinigten Königreich ist 2011 ein *Nudge* implementiert worden, der die Informationsangaben auf Kreditkartenabrechnungen restrukturiert hat.[245] Nachdem ursprünglich lediglich monatliche Rechnungen von den Kreditgebern zur Verfügung gestellt wurden, die unter anderem die Vergleichbarkeit der verschiedenen Anbieter erschwerten, ist ein *Annual Credit Card Statement* eingeführt worden, welches es Verbrauchern erlaubt, die Nutzung und die angefallenen Kosten des letzten Jahres einzusehen.

Maßnahmen wie die Einführung einer gleichförmigen Darstellung der jährlichen Kosten bei allen Kreditkartenanbietern erleichtern die Zugänglichkeit und Verständlichkeit von Informationen. Sie wirken damit der Trägheit und dem *status quo bias* entgegen, weil sie die Auswahl vereinfachen. Darüber hinaus wirken sie dem *present bias* entgegen, weil sie die tatsächlichen Kosten greifbar darstellen.[246] Vergleichbare Maßnahmen sind mannigfaltig, sie finden sich in vielen Gesellschaftsbereichen und haben zur Vereinfachung und besseren Handhabung von Informationen geführt.[247] Sie können speziell dazu genutzt werden, Informationsasymmetrien zwischen Verbrauchern und Unternehmern zu beseitigen.

bb) Die Veränderung der Voreinstellung im Bereich der privaten Altersvorsorge

Eines der frühesten und am meisten zitierten Beispiele für die Implementation des *Nudging* ist die Umstellung der Voreinstellung für die Teilnahme an geförderten privaten Altersvorsorgeprogrammen in den USA. Arbeitnehmer zahlen zum Zweck der Altersvorsorge monatlich einen Betrag in einen vom Arbeitgeber ausgewählten Pensionsfonds ein. Der eingezahlte Betrag wird durch einen Förderbeitrag des Arbeitgebers noch erhöht und überdies steuerlich subventioniert. Derartige private Pensionsprogramme mit staatlicher Förderung sind als sogenannte *401(k) plans* bekannt. Allerdings haben jahrelang nur wenig Menschen an diesen Vorsorgeprogrammen teilgenommen.[248] Insgesamt sorgen US-amerikanische Staatsbürger systematisch unzureichend für ihr Alter vor.[249] Die verhaltensökonomische Erklärung für dieses Phänomen findet sich im bereits angesprochenen *present bias*, der dazu führt, dass gegenwärtiger Nutzen disproportional höher gewichtet wird als zukünftiger Nutzen. Um die geringen Teilnehmerzahlen an diesen Plänen zu erhöhen ist, auf Grundlage verhaltensökonomischer Forschungen,[250] anknüpfend an das erfolgreiche *Save More Tomorrow* Programm die Teilnahme von einem Einwilligungssystem hin zu einem Widerspruchssystem

---

[244] *Agarwal et al.*, Regulating Consumer Financial Products, S. 114. Aggregiert sind den Verbrauchern so 57 Millionen Dollar an Zinszahlungen erspart worden. Vergleicht man dies mit der zwangsweisen Deckelung von Kreditkartengebühren durch den CARD Act erscheint die Summe allerdings fast lächerlich. Die zwangsweise Deckelung hat zu Einsparungen in Höhe von 11,9 Milliarden Dollar geführt.

[245] *Department for Business Innovation & Skills/BIT*, Better Choices: Better Deals, S. 21.

[246] *Agarwal et al.*, Regulating Consumer Financial Products, S. 112.

[247] Einen umfassenden Überblick im Bereich Verbraucherpolitik geben *Reisch/Sandrini*, Nudging in der Verbraucherpolitik.

[248] *Benartzi/Thaler*, Behavioral Economics and the Retirement Savings Crisis, S. 1152.

[249] *Munnell et al.*, The National Retirement Risk Index: An Update, S. 6. Kritisch dazu, insbesondere zur Frage, ob überhaupt "zu wenig" gespart werde: *Zywicki*, Do Americans Really Save Too Little And Should We Nudge Them To Save More?, S. 886 ff.

[250] Wegweisend insoweit *Madrian/Shea*, The Power of Suggestion, S. 1149 ff.

umgestaltet worden.[251] Diese Änderung wurde unter anderem durch den Pension Protection Act 2006 angeregt, der parallel auch eine stetige Erhöhung der Sparquote über Zeit vorsieht. Von 2003 bis 2011 ist die Zahl der Arbeitgeber, die ihre Arbeitnehmer automatisch in den privaten Pensionsfonds aufnehmen und diese nur auf Widerspruch hin herausnehmen, von 14% auf 56% angestiegen, was, in Verbindung mit einer stetigen Erhöhung der Sparquote über Zeit, zu einer geschätzten Vermehrung privat angesparten Kapitals von 7,4 Milliarden Dollar geführt hat.[252] Der Erfolg dieses Programmes hat 2010 Anlass gegeben, auch bei bundesstaatlichen Behörden die automatische Einschreibung in private Pensionsfonds standardmäßig einzuführen.[253] Eine solche Voreinstellung gilt seit 2018 auch für Angehörige des Militärs.[254]

Auch im Vereinigten Königreich ist, im Bemühen die private Altersvorsorge zu fördern, mit dem Pension Act 2008 ein *Nudge* aufgelegt worden. Ziel des Programms ist, neun Millionen neue Mitglieder für private Altersvorsorgeprogramme zu gewinnen und eine Vermehrung privat angesparten Kapitals um 11 Milliarden Pfund zu erreichen. Das Programm verpflichtet die Arbeitgeber, in der Übergangszeit von Oktober 2012 bis Februar 2018, alle programmteilnahmeberechtigten Arbeitnehmer ab dem 22. Lebensjahr automatisch in ein Altersvorsorgeprogramm einzuschreiben. Die Arbeitnehmer können sich jedoch durch Widerspruch von dem Programm lösen. Die größten Arbeitgeber haben 2012 mit der Einführung begonnen, kleinere Arbeitgeber folgten bis Februar 2018 nach. Die Implementierung des Programms ist genau beobachtet worden. Dies ist in zwei Phasen geschehen, die erste erstreckte sich von Oktober 2012 bis Februar 2013, die zweite von Januar 2014 bis Juli 2014.[255] In der ersten Testphase mit großen Arbeitgebern in den Jahren 2012/13 ist die Teilnahmequote der Altersvorsorgeprogramme trotz Widerspruchsmöglichkeit von 61% auf 83% gestiegen. Die Ausstiegsrate lag zwischen 5% und 15%.[256] Dieser Zuwachs an einzahlenden Mitgliedern in die Altersvorsorge hat sich mit der fortschreitenden Implementierung fortgesetzt, 2014 wurde, bei kleineren Arbeitgebern, eine Erhöhung der Teilnahmequote von 43% auf 73% festgestellt, wobei die Ausstiegsrate weiterhin zwischen 5% und 15% lag.[257]

Der Pension Act 2008 zeigt damit das Potenzial des Einsatzes von *Nudges* in der Form sogenannter Standardregeln auf. Allerdings muss hinzugefügt werden, dass der Pension Act in Kombination mit einem ökonomischen Anreiz eingesetzt worden ist. Arbeitnehmer werden automatisch in die private Altersvorsorge eingeschrieben, und können im ersten Monat der Teilnahme an dem Altersvorsorgeprogramm auch wieder kostenfrei aus diesem austreten. Nach Ablauf der Monatsfrist wird der Austritt aus dem Programm jedoch äußerst kostenintensiv, weil das bis zum Austritt Angesparte dann verfällt.[258] Damit wirkt nach Ablauf der Monatsfrist ein äußerst intensiver

---

[251] Das *Save More Tomorrow* Programm ist von einem der Entwickler des *Nudging*, Richard Thaler, mitentworfen worden, vgl. *Benartzi/Thaler*, Save More Tomorrow, S. 164 ff.

[252] *Benartzi/Thaler*, Behavioral Economics and the Retirement Savings Crisis, S. 1153.

[253] *Social and Behavioral Sciences Team*, Annual Report 2015, S. 6.

[254] *Social and Behavioral Sciences Team*, Annual Report 2016, S. 3.

[255] *Wood et al.*, Automatic Enrolment: Qualitative Research with large employers; *Wood et al.*, Automatic Enrolment: Qualitative Research with employers staging in 2014.

[256] Die Daten betreffen 1,9 Millionen Arbeitnehmer, die bei 42 unterschiedlichen Arbeitgebern von Oktober 2012 bis April 2013 beobachtet wurden, vgl. *Wood et al.*, Automatic Enrolment: Qualitative Research with large employers, S. 56.

[257] Die Daten betreffen 7900 Arbeitnehmer, die bei 50 unterschiedlichen Arbeitgebern von Januar bis Juli 2014 beobachtet wurden, vgl. *Wood et al.*, Automatic Enrolment: Qualitative Research with employers staging in 2014, S. 76.

[258] *Ebenda*, S. 76

ökonomischer Anreiz, der die meisten Teilnehmer mit zunehmender Zeit vom Austritt aus dem Programm abhalten wird. Der Pension Act 2008 illustriert insofern die Möglichkeiten, die durch den Einsatz von *Nudges* in Kombination mit klassischen direkten und indirekten Steuerungsinstrumenten eröffnet werden.[259] Gleichzeitig wird auch das Spannungsfeld deutlich, in dem sich die Verwirklichung des *Nudge*-Ansatzes bewegt, auf der einen Seite wird ein Gemeinwohlziel, die Bekämpfung der Altersarmut, verfolgt, auf der anderen Seite sollen aber die Präferenzen der Betroffenen respektiert werden, indem ihnen die Möglichkeit des Austritts zugestanden wird.

Als Beispiel für die Umsetzung verhaltensökonomischer Einsichten in Deutschland kann, ohne dass in der Gesetzesbegründung explizit darauf eingegangen worden ist, die Einführung der Rentenversicherungspflicht für geringfügig entlohnt Beschäftigte gelten. Mit dem Gesetz zur Änderung der geringfügigen Beschäftigung ist zum 1. Januar 2013 die Versicherungspflicht für geringfügig Beschäftigte gem. § 1 Nr. 1 SGB VI standardmäßig eingeführt worden. Gemäß § 6 Abs. 1b SGB VI können sich geringfügig entlohnt Beschäftigte jedoch von dieser Versicherungspflicht befreien lassen. Durch die Änderung der hier gültigen Voreinstellung von der Erforderlichkeit einer Einwilligung hin zur Erforderlichkeit eines Widerspruchs sollte sich, laut Begründung des Gesetzesentwurfs,[260] der prozentuale Anteil der geringfügig entlohnt Beschäftigten, die sich in der gesetzlichen Rentenversicherung versichern, von 5% auf 10% erhöhen.[261] Tatsächlich hat sich der prozentuale Anteil noch deutlicher erhöht, nämlich von 5% auf 17,9%.[262] Diese Erhöhung ist zu großen Teilen auf die Veränderung der Voreinstellung zurückzuführen. Die Begründung des Gesetzesentwurfes bezieht sich indessen nicht dezidiert auf die wissenschaftlichen Erkenntnisse zu den Auswirkungen des status quo, sondern spricht nur davon, dass „das Bewusstsein der geringfügig Beschäftigten für ihre Alterssicherung gestärkt werden" soll.[263] Allerdings entspricht die erwartete Erhöhung der prozentualen Teilnahme an der gesetzlichen Rentenversicherung durch die Änderung der Voreinstellung den verhaltenspsychologischen Erkenntnissen. Im Ergebnis ist diese gesetzgeberische Maßnahme ein lupenreiner *Nudge* in Form einer Standardregel. Sie implementiert verhaltensökonomische Erkenntnisse in die Gesetzgebung, indem sie Verzerrungen im menschlichen Entscheidungsverhalten ausnutzt. Sie zeigt gleichzeitig perspektivisch das Potenzial und die Effektivität der Veränderungen geltender Standards auf.

b) Abstrakte Eingrenzung der Maßnahmen

Im Anschluss an die klassische Definition von *Nudge,* und die bisherigen Umsetzungsbeispiele des *Nudging*, haben sich vor allem zwei Kategorien herausgebildet, in die *Nudges* eingeteilt werden können. Dabei handelt es sich um *Information Provision* (Informationsbereitstellung) und sogenannte *Default Rules* (Standardregeln). Grob lassen sich beinahe alle *Nudges* in diese beiden Kategorien einteilen, auch wenn eine völlig trennscharfe Einteilung nicht immer möglich ist.

---

[259] Der *Behaviour Change* Bericht aus Großbritannien betont die Notwendigkeit, *Nudge* in Zusammenhang mit bereits bestehenden Instrumenten einzusetzen, und nicht als isoliertes Instrument zu begreifen, vgl. *House of Lords*, Behaviour Change, S. 5, 33 f.

[260] BT-Drucksache 17/10773.

[261] *Ebenda*, S. 9f. Die Prozentangaben gelten für die, deutlich überwiegende, Beschäftigtengruppe bei gewerblichen Arbeitgebern.

[262] 17,9% im März 2016. Zahlen entnommen aus: *Minijob Zentrale*, Aktuelle Entwicklungen im Bereich der geringfügigen Beschäftigung, S. 7.

[263] BT-Drucksache 17/10773, S. 9. Hervorzuheben ist jedoch, dass die Erkenntnis, welch tragende Rolle der Auffälligkeit einer Information für eine Entscheidung zukommt, ein Resultat der verhaltenswissenschaftlichen Forschung ist, vgl. *Sunstein*, The Storrs Lectures, S. 1830.

In der Literatur ist teilweise versucht worden, *Nudges* durch Unterkategorien weiter auszudifferenzieren. Der *Behaviour Change* Bericht des *House of Lords* gruppiert *Nudges* in die vier Kategorien Informationsbereitstellung, Veränderung der physischen Umgebung, Veränderung der Standardregel und die Ausnutzung von sozialen Normen und Salienz.[264] Ähnlich ordnet *Neumann* *Nudges* in vier Gruppen ein, er nimmt jedoch anstatt von Veränderungen der physischen Umgebung die Neujustierung von Anreizsystemen als Kategorie auf.[265] Die Neujustierung von Anreizsystemen umfasst einerseits Abkühlungsperioden, andererseits die Neustrukturierung komplexer Entscheidungssequenzen. Letztere können getrost als Unterfall der Informationsbereitstellung angesehen werden, da zentrales Element der Neustrukturierung die verständliche Präsentation relevanter Informationen ist.[266] Abkühlungsperioden, etwa beim Widerrufsrecht, werden häufig im Zusammenhang mit *Nudges* aufgezählt. Sie können als Veränderung der Standardregel angesehen werden, die dem Verbraucher einseitig die Freiheit lässt, sich nachträglich vom Vertrag zu lösen, anstatt ihn ab Vertragsschluss zu binden. Insoweit ist allerdings problematisch, dass eine solche Gewährung eines einseitigen Rücktrittsrechtes auch als klassischer ökonomischer Anreiz angesehen werden kann, sodass das definitionsgemäße Verbot der Anreizsetzung umgangen wird. Schließlich eröffnet sich so die Möglichkeit, für einen gewissen Zeitraum ein Gut potenziell unentgeltlich zu nutzen, um es dann zurück zu senden. Das wird nach klassischer ökonomischer Lesart einige Menschen dazu verleiten, das Gut unentgeltlich zu nutzen. Insofern kann die Gewährung von Widerrufsrechten in Verbindung mit Abkühlungsperioden nicht als *Nudge* in Reinform bezeichnet werden. Auch der Kategorisierung des *House of Lords* Berichtes kann nicht ganz gefolgt werden, die Veränderung der physischen Umgebung sowie die Nutzung von sozialen Normen und Salienz sind letztlich Unterfälle der Informationsbereitstellung. Grundverschieden sind lediglich die Bereitstellung von Informationen und die Veränderung von Standardregeln. Sie unterscheiden sich maßgeblich dadurch, dass sie an unterschiedlichen Punkten ansetzen. Standardregeln wirken unabhängig davon, ob ihre Einstellung von den Betroffenen wahrgenommen wird oder nicht, die Wirkung von Informationen setzt voraus, dass sie von den Adressaten zumindest wahrgenommen werden.

aa) Informationsbereitstellung

Die erste große Kategorie von *Nudges* ist die Informationsbereitstellung. Durch die gezielte Darstellung von Informationen können verhaltensbeeinflussende Effekte erzielt werden, die über die rein rationale Aufnahme und Verarbeitung der Information hinausgehen. Menschen nehmen offenbar nicht lediglich den Informationsgehalt auf, sondern sind auch der Art und Weise der Informationsdarstellung gegenüber sensibel. Diese Faktoren üben einen weit stärkeren Einfluss auf das Verhalten aus, als die Rationalwahltheorie nahelegen würde. Die klassische ökonomische Theorie geht davon aus, dass Menschen die ihnen zur Verfügung stehenden Informationen verarbeiten, abwägen, und dann anhand der ihnen verfügbaren Informationen eine Entscheidung treffen. Diese Entscheidung berücksichtigt dabei die aus den vorhandenen Informationen gewonnenen Erkenntnisse. In der Realität schaffen Menschen es aber häufig nicht, Informationen hinreichend rational zu verarbeiten.

Individuen, die mit Informationen konfrontiert werden, können eine Vielzahl von Fehlern bei der Aufnahme und Verarbeitung dieser Informationen machen. Sie können Heuristiken der Verfügbarkeit

---

[264] *House of Lords*, Behaviour Change, S. 10.

[265] *Neumann*, Libertärer Paternalismus, S. 41. Die einzelnen Kategorien nach Neumann sind: Festlegung von Standard- und Rückfalloptionen, Framing und Informationsarchitektur, Neujustierung von Anreizsystemen, Soziale Beeinflussung („social nudges“).

[266] *Neumann*, Libertärer Paternalismus, S. 52 f.

und der Repräsentativität anwenden und dadurch zu willkürlichen Wahrscheinlichkeitseinschätzungen gelangen. Sie können auf soziale Normen aufmerksam werden, und ihr Verhalten übermäßig an diesen ausrichten, sie können Informationen rückblickend anders bewerten, als wenn diese für die Zukunft gelten, sie können ihre eigenen Fähigkeiten überschätzen und Informationen übermäßig zu eigenen Gunsten auslegen. Das Setzen willkürlicher Referenzpunkte beeinflusst ihre Entscheidungen und sie werden bei einer Überfrachtung mit Informationen überfordert. Kurzum, sie sind bei der Aufnahme und Bewertung von Informationen weitaus fehleranfälliger, als dies von der ökonomischen Theorie angenommen wurde.

Die Fehler, die Menschen bei der Aufnahme und Verarbeitung von Informationen machen, sind zum Teil empirisch erforscht und im ersten Teil dieser Arbeit genauer beschrieben worden.[267] Sie können durch *Nudges* aufgenommen werden, um verhaltensbeeinflussende Wirkungen zu erzielen. Hier kann vor allem an die Wirkungen des *Framing*,[268] den Einfluss durch soziale Normen,[269] oder den Ankereffekt angeknüpft werden.[270] Darüber hinaus erscheinen aber auch die Ansprache des *hindsight bias*, der Kennzeichen von Verfügbarkeit und Repräsentativität, der Selbstüberschätzung oder des *present bias* möglich. *Nudges* durch Informationsbereitstellung werden so zu einem flexiblen Instrument, sie nutzen den Vermittlungsweg der Information, um ihre verhaltensbeeinflussende Wirkung zu entfalten. Während die Informationsbereitstellung dem Individuum traditionell eine informierte Entscheidung ermöglichen sollte,[271] konstruiert ein *Nudge* die Information so um, dass eine bestimmte Entscheidung wahrscheinlicher wird, weil systematische Irrationalitäten der Informationsverarbeitung angesprochen werden. Dabei ist die Information selbst Vehikel des *Nudge*, der über ihre Darstellung Wirkung entfaltet.

bb) Standardregeln

Standardregeln (engl. *Default rules*) sind die Vorgaben, die festlegen was passieren soll, wenn die Entscheidungsberechtigten sich zu einer Frage überhaupt nicht äußern oder die Voreinstellung wählen. Sie sind der ursprüngliche Ansatz der Idee gewesen, Verhalten durch die Gestaltung der Entscheidungsumgebung zu beeinflussen.[272] Standardregeln beeinflussen die letztlich gefällte Entscheidung maßgeblich. In der Regel führen sie dazu, dass die voreingestellte Option anteilig viel häufiger gewählt wird als die anderen Entscheidungsoptionen. Sie stellen ein wirkungsvolles Instrument dar, das erwünschte Verhaltensweisen fördern und weniger gewollte Verhaltensweisen eindämmen kann.[273]

Die Wirkung von Standardregeln kann dabei an unterschiedlichen Faktoren festgemacht werden, die jeweils von den konkreten Entscheidungsumständen abhängen. Insofern können Faktoren, die auf einen rationalen Entscheidungsträger Einfluss ausüben würden, von solchen unterschieden werden,

[267] Siehe oben unter B. I. 2.

[268] Zu Framing siehe z.B. *Brown et al.*, Framing and Claiming, S. 139 ff.

[269] *Schultz et al.*, The Constructive, Destructive, and Reconstructive Power of Social Norms, S. 429; *Allcott/Rogers*, The Short-Run and Long-Run Effects of Behavioral Interventions, S. 3004 (insbes. Fn. 2). Der Hinweis auf soziale Normen kann allerdings auch dazu führen, dass Menschen sich entgegen der sozialen Norm verhalten, vgl. dazu *Beshears et al.*, The Effect of Providing Peer Information on Retirement Savings Decisions, S. 1163.

[270] Zum Ankereffekt siehe z.B. *Bertrand/Morse*, Information Disclosure, Cognitive Biases and Payday Borrowing, S. 1865 ff.

[271] *Hacker*, Verhaltensökonomik und Normativität, S. 395 ff.

[272] *Sunstein/Thaler*, Libertarian Paternalism is not an oxymoron, S. 1174, 1182; *Sunstein/Thaler*, Libertarian Paternalism, S. 176.

[273] Zur Wirkung von Defaults siehe grundsätzlich *Johnson/Goldstein*, Decisions by Default, S. 417 ff.

die ihren Ursprung in verhaltensökonomischen Besonderheiten haben. Die kognitiven Verzerrungen, die für die Wirkung der Standardregeln verantwortlich gemacht werden, werden unter dem Begriff des *Status Quo Bias* zusammengefasst. Er beschreibt die Tendenz, bei der voreingestellten Regelung zu verbleiben und kann maßgeblich auf die Verlustaversion und den mit ihr verwandten *Endowment Effect* zurückgeführt werden.[274] Aus Angst vor dem Verlust von bereits Erhaltenem verbleiben Menschen bei der Voreinstellung, die sie bereits „besitzen". Darüber hinaus werden Fehler, die aktiv begangen worden sind, mehr bedauert, als solche, die passiv geschehen. Aus Angst davor, einen Fehler zu begehen, bleiben Menschen beim *status quo*, weil der Fehler durch Unterlassen weniger Bedauern auslöst.[275] Diese Verzerrungen können maßgeblich für das Verbleiben beim *status quo* verantwortlich gemacht werden, wenn das Verändern des Standards nahezu kostenfrei möglich ist.

Außerdem können rationale Erwägungen das Verbleiben beim *status quo* befördern. Das ist insbesondere dann der Fall, wenn die Veränderung des Standards mit erheblichen Kosten verbunden wäre, also beispielsweise dann, wenn eine komplexe Entscheidung betroffen ist, die detaillierte Kenntnisse der Materie verlangt.[276] Gleiches gilt prinzipiell, wenn die Kosten der Abbedingung des Standards selbst hoch sind, der Prozess der Abänderung also aufwändig ist.[277] Darüber hinaus wird die Festlegung von Standards oftmals als Empfehlung interpretiert. Die Voreinstellung wird dann beibehalten, weil davon ausgegangen wird, dass sie nach reiflicher Überlegung von Experten festgelegt worden ist.[278] Die Beibehaltung des Standards kann in diesen Fällen als rationale Entscheidung angesehen werden, sodass es schwerfällt, derartige Standardregeln als *Nudges* zu qualifizieren, da sie mit ökonomischen Anreizen verbunden sind.

5. Zusammenfassung

In diesem Kapitel ist das Rechtsetzungskonzept vorgestellt worden, dass *Sunstein* und *Thaler* in ihrem Buch *Nudge* entwickeln. Es baut wesentlich auf drei Begriffen auf: Entscheidungsarchitektur, *Libertarian Paternalism* und dem namensgebenden *Nudge* als Rechtsetzungsinstrument.

Entscheidungsarchitektur beschreibt dabei zunächst nur die Tatsache, dass individuelle Entscheidungen, wie von der Verhaltensökonomik erkannt, stark von den konkreten Eigenschaften der Entscheidungsumgebung abhängen. Diese Entscheidungsumgebung kann modelliert und bearbeitet werden, sodass Entscheidungen in einer ganz bestimmten Weise beeinflusst werden. Dass das möglich ist, wird durch den Terminus Entscheidungsarchitektur beschrieben. Daran anknüpfend gibt das normative Konzept des *Libertarian Paternalism* vor, wie die Ausgestaltung der Entscheidungsumgebung erfolgen sollte, welche Entscheidungsarchitektur also gewählt werden sollte. Das soll nach der Vorstellung des *Libertarian Paternalism* an den Wünschen der entscheidenden Person selbst ausgerichtet werden. Die Entscheidungsarchitektur sollte so gestaltet werden, dass der Einzelne zu der Entscheidung geführt wird, die er selbst möchte. Libertärer Aspekt dieser Beeinflussung ist dabei der Verzicht auf Zwang, die Entscheidungsarchitektur soll stets alle Entscheidungsoptionen

---

[274] *Sunstein/Reisch*, Automatically Green, S. 143; *Willis*, When Nudges Fail, S. 1166.

[275] *Willis* bezeichnet das als *Omission Bias*; *Willis*, When Nudges Fail, S. 1167. Ähnlich auch *Samuelson/Zeckhauser*, Status Quo Bias in Decision Making, S. 38, die das Phänomen als *regret avoidance* beschreiben.

[276] *Tversky/Shafir*, Choice under Conflict, S. 358; *Shafir et al.*, Reason-based choice, S. 18: "At times, the conflict between available alternatives is hard to resolve, which may lead us to [...] maintain the status quo."

[277] Dazu *Ayres*, Regulating Opt-Out, S. 2032 ff.

[278] *Loewenstein et al.*, Warning: You are about to be nudged, S. 37; *McKenzie et al.*, Recommendations Implicit in Policy Defaults, S. 419.

aufrechterhalten. Paternalistischer Aspekt ist die gezielte Hinführung zu einer bestimmten, favorisierten Option. Die zielgerichtete Gestaltung einer solchen, auf eine bestimmte Option ausgerichteten Entscheidungsumgebung erfolgt durch *Nudges*. Als *Nudge* bezeichnen Sunstein und Thaler jeden Aspekt der Entscheidungsarchitektur, der das Entscheidungsverhalten in einer vorhersagbaren Weise beeinflusst, ohne dass dabei Verbote ausgesprochen oder ökonomische Anreize gesetzt werden. *Nudges* sind nach der ursprünglichen Konzeption also das Umsetzungswerkzeug des *Libertarian Paternalism*.

Im Anschluss an die theoretischen Grundlagen des Rechtsetzungskonzeptes sind Anwendungsbeispiele vorgestellt worden, bei denen die Ideen des *Nudging* praktisch umgesetzt worden sind. Hier sind Maßnahmen zur Förderung der Altersvorsorge und zur Bekämpfung privater Verschuldung aus den USA und dem Vereinigten Königreich vorgestellt worden. Auf ihrer Grundlage ist die abstrakte Unterteilung von *Nudges* in zwei große Kategorien vorgestellt worden, die Informationsbereitstellung einerseits, und die Standardregeln andererseits. Diese beiden Instrumente genügen der Vorgabe des *Libertarian Paternalism*, Einfluss auf Entscheidungen zu nehmen, ohne dabei Zwang auszuüben.

III. Der Nudge als eigenständiges Instrument

Das *Nudging* präsentiert eine Möglichkeit, menschliches Verhalten zu beeinflussen, ohne jemandem ein bestimmtes Verhalten aufzuzwingen. Auf den ersten Blick erscheint es damit als nützliches Konzept, das unbedingt in das staatliche Instrumentarium aufgenommen werden sollte. Allerdings stehen der Umsetzung einige Herausforderungen bevor, die nicht ganz einfach zu überwinden sind. Zunächst wird die von *Sunstein* und *Thaler* ursprünglich präsentierte *Nudge*-Definition in der Literatur in Frage gestellt, weil sie nicht in der Lage ist, *Nudges* als Rechtsetzungsinstrument befriedigend einzugrenzen. Manche Autoren schlagen deshalb vor, die Definition abzuändern (1.).

Darüber hinaus stellen sich dem *Nudging* Probleme im Verhältnis zum als normative Leitlinie ausgearbeiteten *Libertarian Paternalism*. Das hängt einerseits mit der Forderung zusammen, durch *Nudges* sollten die individuellen Präferenzen derjenigen befördert werden, die von ihnen betroffen sind. Zum anderen muss die Annahme, *Nudges* würden die Wahlfreiheit bei denen belassen, die von ihnen betroffen sind, erheblich in Frage gestellt werden. Diese Probleme werden genauer herausgearbeitet (2.).

1. Evolution der Definition

In der Theorie erscheint die ursprüngliche Definition von *Nudge* zunächst hinreichend stringent, sauber und zur Abgrenzung geeignet. Bei genauerer Begutachtung der Definition werden jedoch Probleme theoretischer sowie tatsächlicher Natur deutlich. Diese Probleme haben dazu geführt, dass in der Literatur verschiedene Versuche unternommen worden sind, eine passende Definition für *Nudge* zu entwickeln. Nachfolgend werden einige davon vorgestellt, um anhand der vorgeschlagenen Charakteristika eine passgenaue Definition von *Nudge* zu finden.

a) Probleme der Ursprungsdefinition

Die nähere Betrachtung von als *Nudge* titulierten praktischen Maßnahmen zeigt Diskrepanzen zwischen der theoretischen Konstruktion und der praktischen Umsetzung auf. Das betrifft den Ausschluss von Zwang, den Verzicht auf das Setzen von signifikanten ökonomischen Anreizen sowie die vorhersagbare Beeinflussung menschlichen Verhaltens.

So ist theoretisch vorgesehen, dass durch *Nudges* keine Ge- oder Verbote erteilt werden sollen, weil kein Zwang Anwendung finden soll. Tatsächlich ist Zwang aber häufig Bestandteil von *Nudges*. Insbesondere in Dreieckskonstellationen werden beinahe immer Ge- oder Verbote gegenüber einer der beteiligten Parteien ausgesprochen. Exemplarisch wird dies in Konstellationen deutlich, in denen der Staat als Entscheidungsarchitekt, Unternehmen als Anbieter und Individuen als Verbraucher beteiligt sind. In diesen Situationen wird durch einen *Nudge* häufig eine zwanglose Verhaltensempfehlung an den individuellen Verbraucher gerichtet, die beteiligten Unternehmer werden zur Umsetzung dieser Verhaltensempfehlung aber gezwungen.[279] Konkretisiert man das Merkmal der Zwanglosigkeit für Dreieckskonstellationen, so gilt der Ausschluss von Zwang also tatsächlich nur für diejenigen, die als Ziel des *Nudge* auserkoren worden sind.

Problematisch erscheint überdies das Kriterium, ökonomische Anreize dürften durch *Nudges* nicht signifikant verändert werden. Die Problematik gründet sich dabei einerseits in dem praktisch äußerst laxen Umgang mit dem Kriterium durch *Sunstein* und *Thaler*, andererseits in der Unschärfe des

---

[279] Etwa bei den Nährwertangaben auf Lebensmitteln oder den Energieverbrauchsaufklebern auf Kühlschränken, diese Angaben sind für die Hersteller der Produkte zwingend, vgl. *House of Lords*, Behaviour Change, S. 12.

Begriffes ‚signifikant'. Zunächst halten sich die Autoren bereits in *Nudge* selbst kaum an die zuvor gesteckten Definitionsgrenzen. So stellen sie Maßnahmen als *Nudge* vor, die explizit mit finanziellen Anreizen arbeiten.[280] Der Definition, die sie selbst zur Charakterisierung ihres Konzepts gewählt haben, gelingt es nicht, alle konkreten Beispiele seiner eigenen Umsetzung zu umfassen. Des Weiteren ist die Wertungsabhängigkeit des Definitionsmerkmals problematisch, zwar enthält die Definition die Einschränkung, es dürften nur keine ***signifikanten*** Anreize gesetzt werden, es fällt jedoch schwer, eine Grenze der Signifikanz festzustellen. Jedes Abweichen von einer Standardregel bedarf eines gewissen Aufwandes, weil er theoretisch bei einigen wenigen marginalen Akteuren das Verhalten beeinflusst.[281] Weshalb dies nicht als ökonomischer Anreiz bezeichnet werden sollte, aufwändigere Wechselprozesse jedoch schon, erscheint unverständlich. Die Signifikanz wird zwar nochmals aufgegriffen, wenn die Autoren davon sprechen, dass als *Nudge* nur Maßnahmen zählen, bei denen die dem Entscheider auferlegten Kosten gering sind.[282] Auch diese Einschränkung ist jedoch enorm von Wertungen abhängig, wann sind Kosten gering, wann nicht? Ein derartig wertungsabhängiges Definitionsmerkmal ist zur Abgrenzung nahezu unbrauchbar.

Zuletzt fehlen auch dem Kriterium der vorhersagbaren Verhaltensbeeinflussung die notwendigen Konturen. Dieses Merkmal ist für sich selbst genommen bereits äußerst weit und erfasst letztlich jede von theoretischen oder empirischen Erwägungen getragene Verhaltensprognose. Es erhält als Definitionsbestandteil erst durch eine Auslegung Konturen, die den Zusammenhang mit der verhaltensökonomischen Fundierung des Konzeptes herstellt. Erst durch diese Verknüpfung wird deutlich, dass *Nudges* auf die Überwindung oder Ausnutzung festgestellter Abweichungen vom Entscheidungsverhalten des *Homo Oeconomicus* ausgerichtet sind und deswegen vorhersagbar Verhalten beeinflussen.[283] Diese inhaltliche Auslegung des Definitionsmerkmals wird jedoch massiv in Frage gestellt, wenn Maßnahmen als *Nudge* bezeichnet werden die erkennbar nicht an verhaltensökonomische Einsichten anknüpfen, sondern auch im Kontext einer neoklassischen Analyse als verhaltensbeeinflussend anzusehen wären. Indem *Sunstein* auch Warnungen und die einfache Veröffentlichung von Informationen als *Nudges* bezeichnet,[284] wird die zunächst klare Verbindung zur Verhaltensökonomik verwischt. Schließlich beeinflussen Informationen durchaus auch nach klassisch ökonomischem Modell menschliches Verhalten. Damit stellt *Sunstein* selbst das Herzstück der Definition, nämlich den Ursprung des Konzeptes in der Verhaltensökonomik und das spezifische Anknüpfen an empirisch festgestellte Besonderheiten zur Verhaltensbeeinflussung, in Frage. Diese

---

[280] Vgl. das "*Dollar a Day*" Programm, *Sunstein/Thaler*, Nudge, S. 234. *Hausman/Welch*, Debate: To Nudge or Not To Nudge, S. 123 ff., weisen auf dieses und weitere Beispiele hin, in denen *Nudges* nicht unter die ursprüngliche Definition subsumiert werden können. Insoweit exemplarisch *Tor*, The Critical and Problematic Role of Bounded Rationality in Nudging, S. 7: "Many of the applications [the book] offers, in fact, end up transgressing its self-imposed boundaries for legitimate nudging.".

[281] *Weber/Schäfer*, „Nudging", Ein Spross der Verhaltensökonomie, S. 562.

[282] *Sunstein/Thaler*, Nudge, S. 8: „Some of our nudges do, in a sense, impose cognitive (rather than material) costs, and in that sense alter incentives. Nudges count as such, and qualify as *Libertarian Paternalism*, only if any costs are low." In *Sunstein*, The Storrs Lectures, S. 1860, versucht der Autor die Abgrenzung zwischen geringen und hohen Kosten konkret zu verdeutlichen: "For example, psychic costs, as produced by graphic warnings, could move an intervention along the continuum toward hard paternalism, as long as those costs turned out to be high. Nudges would count as soft paternalism because and insofar as they impose no or very small costs on choosers." Für die Beantwortung der Frage, welche Kosten hoch und welche gering sind, sind diese Ausführungen jedoch nur wenig hilfreich.

[283] Das betonen auch *Sunstein* und *Thaler* selbst, *Sunstein/Thaler*, Nudge, S. 8: „In Accordance with our definition, a nudge is any factor that significantly alters the behavior of Humans, even though it would be ignored by Econs."

[284] *Sunstein*, Nudging: A very short guide, S. 5; *Sunstein*, The Storrs Lectures, S. 1854 f.; *Sunstein*, Why Nudge?, S. 55: "Provision of information is certainly a nudge, [...]".

Verwurzelung in der Verhaltensökonomik begründet jedoch die Einzigartigkeit des *Nudging*, und kann deswegen nicht aufgegeben werden. Die einfache Vermittlung von Information kann aus diesem Grund nicht als *Nudge* gelten.[285]

Die dargestellte Unbekümmertheit im Umgang mit den definitorischen Begrenzungen hat schlussendlich zu ihrer völligen Nichtbeachtung geführt. Kaum eine Maßnahme, die in der wissenschaftlichen Diskussion unter dem Sammelbegriff *Nudge* geführt wird, kann allen Merkmalen der Ursprungsdefinition genügen.[286] Diese Problematik ist in der wissenschaftlichen Debatte bereits erkannt worden und hat zur Entwicklung neuer Definitionen von *Nudge* geführt. Auf einige dieser Versuche soll nun eingegangen werden.[287]

b) Versuche einer neuen Definition

Durch die unterschiedlichen Definitionen von *Nudge*, die in der Literatur entwickelt worden sind, werden unterschiedliche Charakteristika hervorgehoben. Das hat nicht zur Schaffung eines klaren und einheitlichen Verständnisses von *Nudges* beigetragen. Zugleich sind *Nudges* aber auch ein neues Konzept und die Entwicklung verschiedener Definitionen dient der Klärung unterschiedlicher, mit spezifischen Charakteristika verbundenen Fragen. In diesem Sinne soll auch vorliegend eine Definition entwickelt werden, die die spezifischen Merkmale der *Nudges* einfängt, die als verfassungsrechtlich problematisch eingestuft werden können.

aa) Definition des House of Lords

Eine der ersten eigenen Definitionen von *Nudge* hat das *House of Lords* vorgelegt. *Nudge* ist dort sehr technisch als Unterkategorie von *non-regulatory interventions* in den existierenden staatlichen Maßnahmenkatalog eingeordnet worden:

> *"Nudges prompt choices without getting people to consider their options consciously, and therefore do not include openly persuasive interventions such as media campaigns and the straightforward provision of information. Secondly, "nudges" themselves may be provided through regulatory means. For example, businesses may be required by regulation to provide a particular choice architecture in order to "nudge" individuals."*[288]

Im Verhältnis zu den existierenden *non-regulatory interventions* werden die Charakteristika von *Nudge* herausgearbeitet. Dabei betont das *House of Lords* insbesondere die Ansprache des unterbewussten Entscheidungsmechanismus als Kennzeichen von *Nudges*. Die Wirkung von *Nudges* basiert demnach

---

[285] Ebenfalls mit dieser Einordnung: *House of Lords*, Behaviour Change, S. 12; *Oliver*, From Nudging to Budging, S. 686.

[286] *Oliver*, Nudging, Shoving, and Budging, S. 707 fasst dies treffend zusammen: "By and large, self-proclaimed nudgers are often not, strictly speaking, nudging. This matters because it blurs the intellectual clarity of nudge policy." Ebenso *Oliver*, From Nudging to Budging, S. 694: "By claiming that so many things are nudges, the approach, it could be argued, is in danger of becoming theoretically empty."; *McCrudden/King*, The Dark Side of Nudging, S. 81: "Every other intervention – including the ones we have seen for decades, [...] are soft paternalism and thus nudges."; *Selinger/Whyte*, Is There a Right Way to Nudge, S. 926: "Although the concept of a nudge appears straightforward enough, designing and applying nudges in practice can be confusing."

[287] Erste Auseinandersetzungen mit der Unschärfe der konzeptionellen Begrifflichkeiten gab es z.B. bei *Yeung*, Nudge as Fudge, S. 122 ff. und bei *Hausman/Welch*, Debate: To Nudge or Not To Nudge, S. 123 ff. *Schlag*, Nudge, Choice Architecture, and Libertarian Paternalism, S. 913 ff. trifft als einer der Ersten eine klare Unterscheidung zwischen *Nudge* und *Libertarian Paternalism*.

[288] *House of Lords*, Behaviour Change, S. 12.

darauf, dass sie Menschen beeinflussen, ohne dass diese ihre Verhaltensoptionen bewusst wahrnehmen. Anders als traditionelle Überzeugungskampagnen versuchen *Nudges* nicht, durch rationale Argumentation zu überzeugen und somit einen bewussten Präferenzwechsel einzuleiten, sondern setzen auf der Ebene des Unterbewusstseins an. Über die Betonung der unterbewussten Beeinflussung hinaus zieht das *House of Lords* keine weiteren Grenzen, die *Nudges* als Instrument eingrenzen können. Allerdings ergeben sich Begrenzungen des Konzepts bereits aus der Kategorisierung als *non-regulatory intervention*, die von den Kategorien der Anreize und der imperativen Maßnahmen unterschieden werden.

bb) Definition von Luc Bovens

Eine weitere Definition lässt sich *Luc Bovens* zuschreiben, der bei seiner Berichterstattung an das *House of Lords* kennzeichnende Kriterien festgelegt hat, die er in ähnlicher Weise in eigenen Artikeln entwickelt hat.[289] Im Bericht an das *House of Lords* betont er vier Kriterien, die seines Erachtens einen *Nudge* auszeichnen: *Nudges* dürfen die Auswahlmöglichkeiten nicht begrenzen, sie müssen die Interessen der betroffenen Personen fördern, sie werden durch Veränderungen der Entscheidungsarchitektur oder -umgebung umgesetzt und sie nutzen einen Wirkungsmechanismus, der nicht vollständig bewusste und reflektierte Entscheidungen ausnutzt:

> *"[...] four criteria that [make] an intervention a nudge: the intervention must not restrict choice; it must be in the interests of the person being nudged; it should involve a change in the architecture or environment of the choice; it should exploit a mechanism of less than fully deliberative choice."*[290]

Dieses letzte Kriterium, also das Ausnutzen eines Mechanismus nicht vollständig bewusster Wahl, ist von *Bovens* in einem früheren Beitrag bereits betont worden. Dort wird der Entscheidungsmechanismus als psychologischer Mechanismus beschrieben, der Menschen dazu verleitet eine Entscheidungsoption anderen Optionen vorzuziehen.[291] Wie bereits das *House of Lords* betont *Bovens* in seiner Definition den unterbewussten Wirkungsmechanismus von *Nudges* als kennzeichnendes Kriterium. *Nudges* entfalten demnach Wirkung, weil sie Entscheidungen beeinflussen, die nicht in vollem Bewusstsein und nach sorgfältiger Abwägung getroffen werden. Im Unterschied zum *House of Lords* behält *Bovens* aber den Ausschluss von Verboten als Kennzeichen von *Nudges* in der Definition selbst bei.

cc) Definition von Adam Oliver

Eine weitere Definition von *Nudge* ist von *Adam Oliver* entwickelt worden. Wie bereits *Bovens* und das *House of Lords* betont auch *Oliver* die Bedeutung der Interaktion von *Nudges* mit unterbewussten, intuitiven Entscheidungsprozessen. Zentrales Kennzeichen von *Nudges* sei demnach die Zusammenführung der intuitiven Entscheidungen mit den bewusst entwickelten Präferenzen. Von der Annahme ausgehend, dass die bewusst entwickelten Präferenzen rational seien, würden *Nudges* auf die Reduzierung negativer Internalitäten ausgerichtet. Diese entstünden, weil intuitiv gefällte Entscheidungen und bewusste Präferenzen einander entgegenstehen:

---

[289] *House of Lords*, Behaviour Change, S. 108; *Bovens*, The Ethics of Nudge, S. 208.

[290] *House of Lords*, Behaviour Change, S. 108

[291] *Bovens*, The Ethics of Nudge, S. 208: "[...] some psychological mechanism leads people toward options thought to be in their best interest [...]".

"That is, a nudge is meant to bring the instantaneous decisions of those who think that their non-reflective actions are irrational into better alignment with their deliberative preferences, and therefore relies on the assumption that deliberative preference is necessarily rational. Thus, the focus is on reducing negative internalities – the longer term harms that people impose on themselves through their own ill-considered automatic decisions."[292]

Im weiteren Verlauf der Darstellung der Definition erläutert *Oliver*, dass *Nudges* für diejenigen, die sich bereits rational verhielten, keine weiteren Belastungen beinhalten sollten, weil diese Menschen sich ja bereits entsprechend ihrer Präferenzen verhielten. Ansonsten bleibt die Definition von *Oliver* nah an den Vorgaben des *Libertarian Paternalism*. Demnach bleibt der Ausschluss von Verboten als freiheitssicherndes Kennzeichen von *Nudge* bestehen,[293] außerdem hat seine Definition eine dezidiert paternalistische Ausrichtung.

dd) Definition von Daniel Hausman und Brynn Welch

Hausman und *Welch* entwickeln in ihrem Artikel eine stark an die ursprüngliche Definition angelehnte eigene Definition von *Nudge*, sie behalten den Ausschluss von Zwang und den Ausschluss von ökonomischen Anreizen in ihrer Definition bei und verknüpfen *Nudges* mit dem *Libertarian Paternalism*, stellen zugleich aber heraus, dass es sich um getrennte Begrifflichkeiten handelt. Anders als in der Ausgangsdefinition betonen sie die Verknüpfung von *Nudge* mit Mängeln bei der individuellen Entscheidungsfindung:

"Nudges are ways of influencing choice without limiting the choice set or making alternatives appreciably more costly in terms of time, trouble, social sanctions, and so forth. They are called for because of flaws in individual decision-making, and they work by making use of those flaws. When intended to benefit the person who is nudged, they constitute instances of what Thaler and Sunstein call "Libertarian Paternalism""[294]

Im Unterschied zu den zuvor vorgestellten Definitionen betonen sie nicht den Zusammenhang zu unbewussten, automatisch getroffenen Entscheidungen, sondern das Verhältnis von *Nudges* zu Mängeln der individuellen Entscheidungsfindung, den sogenannten kognitiven Verzerrungen. Insoweit besteht allerdings eine erhebliche Nähe zu den unbewusst-automatisch getroffenen Entscheidungen, die durch die anderen Definitionen hervorgehoben werden. Schließlich entfalten die kognitiven Verzerrungen nach *Kahneman* ihre Wirkung im System 1, also bei automatischen, unterbewusst getroffenen Entscheidungen.[295]

ee) Definition von Riccardo Rebonato

Rebonato definiert in seinen Beiträgen nicht direkt *Nudges*, sondern das übergeordnete Konzept des *Libertarian Paternalism:*

---

[292] *Oliver*, Nudging, Shoving, and Budging, S. 703. Zur Kritik, dass nicht ermittelbar sei, welche bewussten Präferenzen ein Individuum habe: *Oliver*, Nudging, Shoving, and Budging, S. 713 und *Sugden*, On Nudging, S. 370.

[293] *Oliver*, Nudging, Shoving, and Budging, S. 703.

[294] *Hausman/Welch*, Debate: To Nudge or Not to Nudge, S. 126.

[295] *Kahneman*, Thinking: Fast and Slow, S. 25: "System 1 has biases, however, systematic errors that it is prone to make in specified circumstances."; *Sunstein*, Foreword, S. VII: "[...] System 1 is distinctly associated with identifiable behavioural biases." Siehe dazu bereits oben, unter B. I. 2. b) aa).

„Libertarian paternalism is the set of interventions aimed at overcoming the unavoidable cognitive biases and decisional inadequacies of an individual by exploiting them in such a way as to influence her decisions (in an easily reversible manner) towards choices that she herself would make if she had at her disposal unlimited time and information, and the analytic abilities of a rational decision-maker (more precisely, of Homo Economicus)."[296]

Er definiert den *Libertarian Paternalism* jedoch über die Instrumente, die zu seiner Umsetzung dienen sollen, sodass seine Definition auf eine Definition von *Nudge* hinausläuft. *Rebonato* vermischt insoweit unglücklicherweise die eigentlich voneinander unterschiedlichen Begriffe *Libertarian Paternalism* und *Nudge*. Er betont die Bedeutung des *Homo Oeconomicus* als paternalistischen Maßstab für *Nudge*-Interventionen, die kognitiven Verzerrungen der Menschen sollten ausgebügelt werden, um ihr Verhalten dem des rationalen Modellmenschen anzugleichen. Dabei hebt auch *Rebonato* explizit die zentrale Bedeutung der kognitiven Verzerrungen für den *Libertarian Paternalism* hervor. Gleichzeitig verweist er auf die Notwendigkeit der Reversibilität, dass also unter geringen Kosten von der Verhaltensbeeinflussung durch *Nudges* abgewichen werden können muss. Dieses Kriterium überschneidet sich mit dem Ausschluss von Zwang, den die Ursprungsdefinition vorsieht.

ff) Definition von Pelle Hansen

Die Diskrepanz zwischen theoretischen *Nudges* und praktischen *Nudges* hat auch *Pelle Hansen* zum Anlass genommen, eine eigene Definition von *Nudge* zu entwickeln, die mit einem klareren Fokus auf die verhaltensökonomische Unterfütterung des Konzeptes zu überzeugen versucht. Seine Definition entwickelt er im Anschluss an die Definition von *Hausman* und *Welch*. Er schlägt vor, sämtliche Bestandteile der Ursprungsdefinition zu überarbeiten. Dabei rückt er von den ursprünglich aufgenommenen negativen Definitionsbestandteilen ab und konzentriert sich auf die Interaktion zwischen *Nudges* und kognitiven Verzerrungen und Heuristiken:

„A nudge is a function of […] any attempt at influencing people's judgment, choice or behaviour in a predictable way, that is (1) made possible because of cognitive boundaries, biases, routines, and habits in individual and social decision-making posing barriers for people to perform rationally in their own self-declared interests, and which (2) works by making use of those boundaries, biases, routines, and habits as integral parts of such attempts."[297]

Anschließend wird noch erläuternd hinzugefügt:

"Thus a nudge amongst other things works independently of: (i) forbidding or adding any rational relevant choice options, (ii) changing incentives, whether regarded in terms of time, trouble, social sanctions, economic and so forth, or (iii) the provision of factual information or rational argumentation."[298]

Hansen argumentiert, seine Definition bringe den Fokus auf die verhaltensökonomische Fundierung klarer zum Ausdruck. Außerdem sei es definitorisch hilfreicher, positive anstatt von negativen Konditionen als Definitionsbestandteile aufzunehmen. Darum würden die negativen Konditionen, der Ausschluss von Verboten wie auch der Ausschluss von Anreizveränderung, aus der Definition

[296] *Rebonato*, A Critical Assessment of Libertarian Paternalism, S. 359; *Rebonato*, Taking Liberties, S. 6.
[297] *Hansen*, The Definition of Nudge and Libertarian Paternalism, S. 20.
[298] *Ebenda*.

ausgeschlossen. Ein *Nudge* sei demnach jede Maßnahme, die durch Einbeziehung von Verzerrungen und Heuristiken prognostizierbare Verhaltensänderungen herbeiführt, unabhängig von Verboten oder Anreizveränderungen.

gg) Definition von Yashar Saghai

Saghai betont in seiner Definition die Interaktion von *Nudges* mit dem Unterbewusstsein. Aus seiner Sicht kann als *Nudge* nur eine Maßnahme gelten, die die individuelle Entscheidungsfindung nicht *substanziell* kontrolliert. Das unterscheidet *Nudges* aus seiner Sicht von *Behavioral Prods*, die, wie *Nudges*, nicht die verfügbaren Entscheidungsoptionen veränderten, sondern auf die Auswahl aus den Optionen Einfluss nähmen, dabei aber substanziell kontrollierend seien.

> *"Nudge. A nudges B when A makes it more likely that B will [act in the desired way], primarily by triggering B's shallow cognitive processes, while A's influence preserves B's choice-set and is substantially noncontrolling (ie, preserves B's freedom of choice)."*[299]

Die Unterscheidung, ob substanzielle Kontrolle vorliegt, wird danach getroffen, ob der Einflussnahme einfach widerstanden werden kann. Ob einfach widerstanden werden kann, wird wiederum dadurch bestimmt, ob es den Betroffenen leicht möglich ist, sich entgegen des durch den *Nudge* angestrebten Entscheidungsziels zu verhalten.

c) Entwicklung einer Arbeitsdefinition

Die vorgestellten Definitionen weichen teilweise nur in Nuancen, teilweise jedoch auch erheblich voneinander ab. Dass es überhaupt zur Entwicklung mehrerer Definitionen von *Nudge* kam, obwohl *Sunstein* und *Thaler* selbst bereits eine Definition vorgelegt hatten, bezeugt wiederum wie wenig befriedigend die Ursprungsdefinition die Charakteristika von *Nudges* einzugrenzen vermag.

aa) Systematisierung der Definitionsmerkmale

Anhand der wiederholten Versuche in der Literatur, eine befriedigende Definition zu entwickeln, lassen sich Merkmale identifizieren, die immer wieder Eingang in die Definitionen gefunden haben. Systematisiert man die Merkmale in einer Tabelle so ergibt sich folgendes Bild:

	Sunstein/ Thaler	**House of Lords**	**Bovens**	**Oliver**	**Hausman /Welch**	**Rebo-nato**	**Hansen**	**Saghai**
Veränderung der Entscheidungsarchitektur	+	-	+	-	-	-	-	-
Verhaltensbeeinflussung	+	-	-	+	+	+	+	+
Verzicht auf Zwang	+	-	+	-	+	-	-	+
Verzicht auf ökonomische Anreize	+	-	-	-	+	-	-	-
Bezug auf unbewusste Dimension	-	+	+	+	-	-	-	+
Bezug auf kognitive Verzerrungen	-	-	-	-	+	+	+	-
Bezug auf normative Zielsetzung	-*	-	+	+	+	+	-	-

* erst durch Kombination mit dem Libertarian Paternalism.

[299] *Saghai*, Salvaging the Concept of Nudge, S. 491.

Die Tabelle zeigt deutlich den unterschiedlichen Fokus der einzelnen Definitionen auf. Allerdings wird ebenso deutlich, dass alle Definitionen, die im Anschluss an die Ursprungsdefinition von *Sunstein* und *Thaler* entwickelt wurden, um das Verhältnis von *Nudges* zum Entscheidungsverhalten der Betroffenen ringen. Sämtliche Definitionen nehmen in irgendeiner Weise einen spezifischen Hinweis auf die Verknüpfung von *Nudge* mit dem Entscheidungsverhalten der Betroffenen auf. Teilweise geschieht dies, indem darauf verwiesen wird, *Nudge* ziele auf automatische, bzw. nicht auf bewusste, Entscheidungsprozesse ab (*House of Lords, Bovens, Oliver, Saghai*), teilweise indem explizit auf die Interaktion mit kognitiven Verzerrungen verwiesen wird, die das menschliche Entscheidungsverhalten beeinflussen (*Hausman/Welch, Rebonato, Hansen*). Dass das Verhältnis von *Nudge* zu den Besonderheiten menschlichen Entscheidungsverhaltens in der Ursprungsdefinition fehlt, ist eine zentrale Schwäche der Definition. Als erste Erkenntnis der Zusammenschau der verschiedenen Definitionen kann festgehalten werden, dass ein Definitionsmerkmal von *Nudge* die Interaktion mit den kognitiven Verzerrungen des menschlichen Entscheidungsverhaltens sein muss, die im Unterbewusstsein Wirkung entfalten.

Damit steht die Entwicklung des Begriffs *Nudge* auch der Auffassung Sunsteins entgegen, Verzerrungen seien keine notwendige Bedingung für *Nudges*.[300] Die Literatur, die sich mit dem Nudging auseinandersetzt, sieht das richtigerweise in weiten Teilen anders. Lässt man mit *Sunstein* die einfache Warnung, die nicht auf die Interaktion mit den Verzerrungen des System 1 ausgerichtet ist, als *Nudge* gelten, so wird *Nudge* als eigene Maßnahmenkategorie konturenlos. Eine selbständige Beurteilung von *Nudges* und ihre Einordnung in den staatlichen Maßnahmenkatalog machen eine solche Einordnung aber erforderlich. *Sunstein* selbst kritisiert die Diskussion des *Nudging* häufig aufgrund ihrer fehlenden Konkretheit und warnt vor den Gefahren einer Auseinandersetzung mit dem Konzept auf einer lediglich abstrakten Ebene.[301] Erste Voraussetzung einer konkreten Auseinandersetzung mit *Nudges* ist jedoch ihre klare Eingrenzbarkeit und Abgrenzbarkeit von anderen Konzepten. Nur anhand einer klaren Definition können eindeutige, konkrete *Nudges* identifiziert werden, deren rechtliche Zulässigkeit dann überprüft werden kann. Mit *Sunsteins* Konzeption verschwimmt die Grenze zwischen staatlichem Handeln, *Nudges* und Entscheidungsarchitektur.[302] Ein solch weites Verständnis verhindert eine konkrete Diskussion des Konzeptes, weil seine Grenzen unbekannt sind. Wann spricht man über *Nudges*, wann über staatliches Handeln generell?

Darüber hinaus ist die Identifikation der Bedeutung des Entscheidungskontextes für die menschliche Entscheidungsfindung ein zentraler Baustein des *Nudge*-Konzeptes. Sie lässt sich, wie auch die Bedeutung der kognitiven Verzerrungen, letztlich ebenfalls auf eine Erkenntnis der Verhaltensökonomik zurückführen. Während traditionell die Invarianz der Präferenzen angenommen wurde, hat sich gezeigt, dass die Präferenzen in Wirklichkeit sehr wohl von dem Kontext abhängen, in dem sie gebildet werden. Die Darstellung der Entscheidungsoptionen hat einen Einfluss darauf, welche gewählt wird.[303] Indem *Nudges* den Entscheidungskontext bewusst modifizieren, zielen sie auf

---

[300] *Sunstein*, The Ethics of Nudging, S. 425: "[...] a behavioral bias is *not* a necessary justification for a nudge,[footnote] and nudges need not target or exploit System 1 in any way."
[301] *Ebenda*, S. 416: "The third unifying theme is the need to bring ethical concerns in close contact with particular examples. A legitimate point about default rules may not apply to warnings or reminders. An ethical objection to the use of social norms may not apply to information disclosure. Here as elsewhere, abstraction can be a trap."
[302] *Ebenda*, S. 421: „Nor can the state avoid nudging. Suppose that a government is or purports to be firmly committed to free markets, private property, and laissez-faire. Even so, it cannot simply refrain from acting-or from nudging. It creates its own choice architecture."
[303] *Kahneman*, Maps of Bounded Rationality, S. 1458.

Verhaltensänderungen ab. Diese Vorgehensweise, das heißt die bewusste Gestaltung und Veränderung von Entscheidungskontexten, muss ebenfalls als Merkmal des *Nudging* mit in die Definition aufgenommen werden.

Demgegenüber werden die in der Originaldefinition enthaltenen Ausschlussmerkmale, der Verzicht sowohl auf Zwang als auch auf ökonomische Anreize, nicht beibehalten. Sie führen letztlich nur zu Konfusion und werden außerdem bereits durch den Wirkungsmechanismus ausgeschlossen, auf dem *Nudge* aufbaut. Dieser Wirkungsmechanismus von *Nudges* basiert auf der Interaktion mit kognitiven Verzerrungen bei den Adressaten, die das menschliche Entscheidungsverhalten tatsächlich beeinflussen, obwohl sie das nach der Modellannahme des *Homo Oeconomicus* eigentlich nicht tun sollten. Deshalb ist die Wirkung von *Nudges* auch prinzipiell unabhängig von Verboten oder Anreizen, da diese das Vorliegen von kognitiven Verzerrungen nicht in ihren Wirkungsradius einbeziehen, sondern auf der Verhaltensannahme des rationalen *Homo Oeconomicus* aufbauen. Indem *Nudges* mit den spezifischen Abweichungen vom ökonomischen Verhaltensmodell interagieren, unterscheiden sie sich von Zwangsmaßnahmen und ökonomischen Anreizen. Zwangsmaßnahmen und ökonomische Anreize sind an den rationalen Akteur gerichtet und versuchen dessen Verhalten durch die Veränderung der Restriktionen zu beeinflussen. Dieser Wirkungsmechanismus, der Zwangsmaßnahmen und ökonomischen Anreizen zugrunde liegt, berücksichtigt die kognitiven Verzerrungen der Verhaltensökonomik in keiner Weise. Die Einbindung von kognitiven Verzerrungen in den Wirkungsmechanismus ist deshalb das kennzeichnende Alleinstellungsmerkmal der *Nudges*. Weil die kognitiven Verzerrungen für den Wirkungsmechanismus von Zwangsmaßnahmen und Anreizen unerheblich sind, ist ihr ausdrücklicher Ausschluss aus der Definition von *Nudge* überflüssig. Schon aufgrund ihres auf dem rationalen Akteur aufbauenden Wirkungsmechanismus können sie gar keine *Nudges* sein.

Zuletzt soll über die Zielsetzung hinaus, dass *Nudges* auf die Beeinflussung menschlichen Verhaltens abzielen, keine normative Zielsetzung in die Definition aufgenommen werden. Der in anderen Definitionen teilweise enthaltene Verweis darauf, dass *Nudge* die Interessen der Betroffenen fördern soll,[304] diesen zur aus ihrer Sicht besten Entscheidung verhelfen soll (*as judged by themselves*),[305] oder eine Angleichung des tatsächlichen Verhaltens an das ökonomische Modellverhalten anstreben soll,[306] verengt ohne Not den Anwendungsbereich des Einsatzes von *Nudges*. Die mit derartigen Kriterien verbundene Ausrichtung von *Nudges* an Wohlfahrt und Nutzenmaximierung ist nicht erforderlich, vielmehr kann mit gleicher Berechtigung eine Ausrichtung von *Nudges* an Autonomiemaximierung,[307] oder die Förderung von, von individueller Nutzenmaximierung losgelösten, übergeordneten Gemeinwohlzielen gefordert werden.

bb) Eine Arbeitsdefinition von Nudge

Angesichts der soeben entwickelten Grundsätze erscheint insbesondere die in *Hansens* Beitrag entwickelte Minimaldefinition anschlussfähig.[308] In ihr finden sich die zentralen Gesichtspunkte

---

[304] So die Definition von *Bovens* (s.o. unter B. III. 1. b) bb)).
[305] So die Definition von *Sunstein/Thaler* (s.o. unter B. II. 3.).
[306] So die Definition von *Rebonato* (s.o. unter B. III. 1. b) ee)).
[307] *Fateh-Moghadam*, Grenzen des weichen Paternalismus, S. 34.
[308] *Hansen*, The Definition of Nudge and Libertarian Paternalism, S. 16: "A nudge is a function of the choice architecture that alters people's behaviour in a predictable way (1) that is called for because of cognitive boundaries, biases, routines, and habits in individual and social decision-making and which (2) works by making use of those boundaries, biases, routines, and habits as integral parts of the choice architecture.".

wieder, die einen *Nudge* charakterisieren. Insbesondere wird das zentrale Merkmal des Instruments hervorgehoben, indem die Interaktion von *Nudges* mit kognitiven Verzerrungen betont, wird.

Die hier gültige Arbeitsdefinition ist damit die folgende: Ein *Nudge* ist eine *Veränderung des Entscheidungskontextes* (1), die erfolgt, weil in einer Situation das Vorliegen von *kognitiven Grenzen, Verzerrungen, Routinen oder Gewohnheiten im individuellen und sozialen Entscheidungsverhalten*[309] (2) erkannt wird, die zur *prognostizierbaren Beeinflussung* (3) individuellen Verhaltens *in den Entscheidungskontext eingebunden* (4) werden.

Mit dieser Definition soll im Folgenden weitergearbeitet werden. Der von *Hansen* geltend gemachte Zusatz, der Wirkungsmechanismus von *Nudges* funktioniere prinzipiell unabhängig von anderen Maßnahmen, die auf Verhaltensbeeinflussung ausgerichtet seien, bleibt dabei gültig.[310] Mehr Entscheidungsoptionen, Kosten, und Tatsacheninformationen können Verhalten ebenfalls beeinflussen, tun dies aber anders als *Nudges*. Dies wird deutlich, wenn man sich die ausgeschlossenen Faktoren einzeln vergegenwärtigt. Das Hinzufügen oder Verbieten von Verhaltensoptionen hat keinen Einfluss auf die Wirkung des *Nudge*, dessen Verhaltensempfehlung wird weiterhin eigenständige Wirkung entfalten. Die Wirkung, die beispielsweise der *status quo bias* bei der Festlegung einer Standardregel entfaltet, wird möglicherweise noch verstärkt, wenn sie eine aus zweihundert Verhaltensoptionen vorbestimmt, anstatt eine aus zwei Verhaltensoptionen. Allerdings ist die Wirkung auch bei der Vorfestlegung zwischen nur zwei Verhaltensoptionen bereits erheblich. Der prinzipiell zugrundeliegende Mechanismus, die Einbindung des *status quo bias*, funktioniert unabhängig davon ob Optionen hinzugefügt oder verboten werden. Dasselbe gilt für die Opportunitätskosten, wie Zeit und Arbeitsaufwand, die mit einer Veränderung des Standards verbunden sein können. Zwar wird ein hoher Aufwand im Hinblick auf die Umstellung der Voreinstellung deren Wirkung noch verstärken, die Voreinstellung entfaltet aber auch bereits bei nur geringem Aufwand eine erhebliche, eigenständige Wirkung. Dasselbe gilt für finanzielle Anreize und für soziale Sanktionen. Voreinstellungen entfalten eine eigenständige und erhebliche Wirkung, auch wenn Verhaltensoptionen finanziell attraktiver sind,[311] *Nudges* durch Hinweise auf soziale Normen entfalten Wirkung, auch wenn keine sozialen Sanktionen zu befürchten sind.[312] Auch hier gilt aber, dass die Verknüpfung von *Nudges* mit Anreizinstrumenten eine stärkere Wirkung der Verhaltensbeeinflussung herbeiführen kann.

Des Weiteren entfalten *Nudges* unabhängig von Tatsacheninformationen oder rationaler Argumentation Wirkung. Hier gilt es, genaue Unterscheidungen vorzunehmen. Zunächst stehen *Nudges* und Informationsbereitstellung nicht in einem grundsätzlichen Konkurrenzverhältnis, Informationen können vielmehr ein Werkzeug zum Einsatz von *Nudges* sein. Die Bereitstellung von

---

[309] Wenn im Text dieser Arbeit von ‚kognitiven Verzerrungen' oder ‚Verzerrungen und Heuristiken' die Rede ist, dann sind stets die Abweichungen gemeint, die das *‚heuristics and biases'* Forschungsprogramm beim Abgleich tatsächlichen menschlichen Verhaltens mit den Modellannahmen des *Homo Oeconomicus* festgestellt hat. Genau diese Abweichungen sind auch hier mit der Beschreibung von ‚kognitiven Grenzen, Verzerrungen, Routinen oder Gewohnheiten im individuellen und sozialen Entscheidungsverhalten' gemeint.

[310] *Hansen*, The Definition of Nudge and Libertarian Paternalism, S. 16: "Thus a nudge amongst other things works independently of: (i) forbidding or adding any rational relevant choice options, (ii) changing incentives, whether regarded in terms of time, trouble, social sanctions, economic and so forth, or (iii) the provision of factual information or rational argumentation."

[311] Das zeigt sich eindrucksvoll bei der Energieversorgung, dazu unten D. I. 1. a) aa) (2).

[312] Vgl. die *Opower*-Studie, *Allcott/Rogers*, The Short-Run and Long-Run Effects of Behavioral Interventions, S. 3003 ff., die durch Einbindung des *Anchoring* und von *sozialen Normen* Wirkung entfaltet. Obwohl keinerlei soziale Sanktionen zu befürchten sind, entfaltet die Information über den Energieverbrauch der Nachbarschaft eine erhebliche verhaltensbeeinflussende Wirkung.

Tatsacheninformationen kann durch einen *Nudge* derart beeinflusst werden, dass die Darstellung einen gezielten verhaltensbeeinflussenden Effekt erhält, indem sie eine Situation beispielsweise als Verlustszenario einrahmt. Es kann insofern präziser gesagt werden, dass *Nudges* durch die Darstellung von Tatsacheninformationen Wirkung entfalten. Der *Nudge* ist nicht die Information selbst, sondern die Darstellung der Information. In diesem Verhältnis ist seine Wirkung nicht unabhängig von der Information, weil die Informationsbereitstellung Werkzeug des *Nudge* ist. Der Hinweis darauf, dass *Nudges* unabhängig von Tatsacheninformationen und rationaler Argumentation funktionieren, ist jedoch eher im Hinblick auf ein Konkurrenzverhältnis zwischen *Nudges* und „rationalen" Informationen zu verstehen. Ein solches Konkurrenzverhältnis ist denkbar, wenn gleichzeitig eine durch *Nudge* akzentuierte Information und eine nicht derart dargestellte Information präsentiert wird. Wie bereits bei der Gegenüberstellung von *Nudge* einerseits und Zwangsmaßnahmen und ökonomischen Anreizen andererseits gezeigt, ist auch der Anknüpfungspunkt von rationaler Argumentation und Tatsacheninformationen strukturell unterschiedlich von dem des *Nudge*. Rationale Argumentation und Tatsacheninformationen bauen auf der Annahme eines rationalen Empfängers der Informationen auf. *Nudge* hingegen spricht gerade die nicht rationalen Aspekte des Entscheidungsverhaltens an. Der spezifische Wirkungsmechanismus von *Nudges* ist die Einbindung kognitiver Verzerrungen in die Gestaltung der Entscheidungsarchitektur und somit unabhängig von Maßnahmen, die an das rationale Verhalten der angesprochenen Akteure anknüpfen. Das wird durch die oben entwickelte Definition abgebildet.

cc) Die zentrale Bedeutung der kognitiven Verzerrungen für Nudges

Die nun entwickelte Arbeitsdefinition charakterisiert *Nudges* als Instrument, das mit kognitiven Verzerrungen des menschlichen Unterbewusstseins interagiert. Damit steht die Definition im Widerspruch zur Ansicht *Sunsteins*, der betont, dass *Nudges* keiner Interaktion mit Verzerrungen bedürften. Seiner Ansicht nach geht es nicht darum, Irrationalitäten auszunutzen, sondern darum, das Leben einfacher und besser zu gestalten.[313] Vor allem aus zwei Gründen wird vorliegend nicht an einer solch weiten Auffassung festgehalten.

Zum einen ist eine solche Auffassung schwer haltbar, weil sie *Nudges* jegliche Konturen nimmt. Um über *Nudge* als Regelungskonzept sprechen zu können, bedarf es klarer Eingrenzungen, die bei der Konzeption von *Sunstein* nur schwer gezogen werden können. Dort scheint es inzwischen eher allgemein um die insgesamt sinnvolle Gestaltung von Regelungen zu gehen, denn um die Entwicklung eines eigenständigen Regelungskonzeptes. Das hilft für eine Beurteilung der *Nudges* als Instrument nicht weiter. Eine Definition von *Nudge* die sich auf die Interaktion mit verhaltensökonomischen Verzerrungen konzentriert, hebt hingegen das Alleinstellungsmerkmal des Ansatzes heraus, und gewinnt so Konturen.[314] Zum anderen setzt diese Arbeit sich mit den Grenzen der Legitimität des *Nudging* auseinander. Es geht darum, inwieweit sich der Staat dieser Regelungstechnik bedienen kann, ohne dass er Verfassungsregeln verletzt. Die Möglichkeit einer solchen Verletzung ist bei den auf kognitive Verzerrungen abzielenden *Nudges* am wahrscheinlichsten. Die Definition fängt insoweit gerade die Kritik ein, die aus ethischer Perspektive gegen die Anwendung von *Nudges* gerichtet wurde. Insofern liegt es auch aus einer pragmatischen Perspektive nahe, den Fokus der Definition auf die Interaktion mit kognitiven Verzerrungen zu setzen. Sie sind das charakteristische Kennzeichen eines *Nudge*, an dem sich eine wissenschaftliche Debatte entzündet hat.

---

[313] *Sunstein*, The Ethics of Nudging, S. 426.

[314] So auch *Rebonato*, Taking Liberties, S. 6: "[...] this is the *only* truly original part of the programme [...]".

2. Das Verhältnis zum Libertarian Paternalism

Die nun vorgelegte Definition von *Nudges* legt den Fokus auf die Veränderung des Entscheidungskontextes unter Berücksichtigung verhaltensökonomischer Einsichten. Damit entwickelt sich die ursprünglich normativ geprägte Definition zu einer technischen Definition weiter, die losgelöst vom übergeordneten Konzept des *Libertarian Paternalism* funktioniert. Dessen Verankerung in der Definition der *Nudges* bestand vornehmlich in dem Ausschluss von Zwang aus der Gestaltung von *Nudges*, ein Merkmal, das nun herausgestrichen wurde. Auf Grundlage des *Libertarian Paternalism* wurden jedoch verschiedene Vorgaben für das *Nudging* abgeleitet, die im Anschluss an die neue Definition überprüft werden müssen. Zunächst hat der libertäre Aspekt des Konzeptes vorgegeben, dass den Betroffenen stets Wahlfreiheit zugestanden werden muss. Niemals sollte ein Betroffener des *Nudging* durch Zwang zu einem Verhalten angehalten werden. Es wird zu prüfen sein, inwieweit sich das *Nudging* nach der neuen Definition von der Vorgabe entfernt, nur zwanglose Verhaltensempfehlungen auszusprechen, und, darauf aufbauend, inwiefern die Gewährung von Wahlfreiheit beim *Nudging* überhaupt eine wirklich selbstbestimmte Entscheidung der Betroffenen zulässt. Die erste dieser Fragen wird unter dem Aspekt des Libertarismus diskutiert (a), die zweite wird im Verlauf der Arbeit wiederaufgegriffen.[315] Die Entwickler des *Libertarian Paternalism* sahen es als notwendig an, den Zwangsverzicht in der Definition zu verankern, weil ihr Konzept eine paternalistische Komponente aufweist. Menschen, die in einer Entscheidungssituation von kognitiven Verzerrungen betroffen werden, sollen nach der ursprünglichen Konzeption von den Auswirkungen der Verzerrung in der Weise befreit werden, dass ihr Verhalten einem rationalen Ideal angeglichen wird. Das Ziel des *Libertarian Paternalism* ist individuelle Nutzenmaximierung. Inwieweit sich das *Nudging* von dieser paternalistischen Komponente als alleinstehendes Konzept ablösen kann, wird unter dem Aspekt des Paternalismus diskutiert (b).

a) Verhältnis zum Libertarismus

Nudges sollten, in ihrer ursprünglichen Fassung, den *Nudge*-Adressaten stets die Möglichkeit geben, den von ihnen selbst gewählten Weg zu gehen.[316] Aus diesem Grund sollten *Nudges* niemals mit Zwang arbeiten, stets sollte die Möglichkeit eröffnet bleiben, sich anders als vom *Nudge* empfohlen zu verhalten. Dieses liberale Element sollte die Bezeichnung des Konzeptes als *libertarian* rechtfertigen. Nach der neuen Definition von *Nudge* ist der Ausschluss von Zwang jedoch aus der Definition verschwunden. Die neue Definition bezeichnet *Nudges* lediglich noch als Veränderungen der Entscheidungsarchitektur, die kognitive Verzerrungen in den Entscheidungskontext einbinden, auf die negativen Ausschlusskriterien wird verzichtet. Dennoch kann *Nudge* weiterhin als ein Konzept angesehen werden, das nicht mit Hilfe von Zwang operiert.

Das liegt zunächst einmal daran, dass die Anknüpfung an Phänomene der Verhaltensökonomik integraler Bestandteil eines jeden *Nudge* ist. Es geht nicht darum, Verhalten durch die Beeinflussung von Restriktionen zu beeinflussen, sondern ohne Veränderung der Restriktionen einen Effekt zu erzielen. Nicht weil das per se verboten wäre, sondern weil sich eine Veränderung der Restriktionen an den rationalen Modellakteur richten würde. Bestandteil von *Nudges* ist stets die Interaktion mit Phänomenen, die menschliches Verhalten beeinflussen, obwohl dies nach dem neoklassischen Verhaltensmodell nicht der Fall sein sollte. Durch Zwang würden die Restriktionen jedoch erheblich

---

[315] Siehe dazu unten unter C. II. 1. b) aa).

[316] *Sunstein/Thaler*, Nudge, S. 5: „Libertarian paternalists want to make it easy for people to go their own way; they do not want to burden those who want to exercise their freedom."; *Sunstein*, Foreword, S. vi: "To count as such, a nudge must fully preserve freedom of choice."

verändert, sodass erwartbar auch das Verhalten eines *Homo Oeconomicus* beeinflusst würde. Das passt nicht mit dem Ursprung der *Nudges* in der Verhaltensökonomik zusammen, der gerade auf den Abweichungen vom rationalen Modell aufbaut. Aus diesem Grund ist der Verzicht auf Zwang schon strukturell im *Nudging* angelegt.

Darüber hinaus würde durch die Anwendung von Zwang bereits der Zugang zur Entscheidungssituation verschlossen, sodass eine Interaktion mit einer kognitiven Verzerrung gar nicht mehr möglich wäre. Die Einbindung kognitiver Verzerrungen in die Entscheidungsarchitektur erfolgt, um sich die Auswirkungen der Verzerrungen zunutze zu machen. Das setzt wiederum aber notwendigerweise voraus, dass eine Entscheidungssituation besteht, die von kognitiven Verzerrungen betroffen ist. Dies soll anhand eines einfachen Beispiels verdeutlicht werden. Ein Staat möchte die Organspende fördern. Er kann dies tun, indem er zwangsweise allen Bürgern vorschreibt, dass sie ihre Organe nach dem Tod zur Weiterverwendung zur Verfügung stellen müssen. Er kann dies aber auch tun, indem er die Einwilligung in die Organentnahme als standardmäßige Voreinstellung vorgibt, sodass Menschen die Einwilligung aktiv widerrufen müssen. Im zweiten Fall setzt der Staat einen klassischen *Nudge* ein, er bindet den *status quo bias* in die Entscheidungsarchitektur ein und macht sich dessen Auswirkungen zunutze. Würde er die Teilnahme an der Organspende zwangsweise vorschreiben, so wäre ein möglicherweise bestehender *status quo bias* unerheblich, weil bereits vorab die Entscheidungssituation aufgelöst wurde, sodass es keinen Raum mehr für die Auswirkungen kognitiver Verzerrungen gibt. Eine Verzerrung zugunsten des status quo kann keine Wirkung mehr entfalten, weil es überhaupt keine Alternativen zum status quo gibt. Deshalb kann auch keine Verzerrung aufgegriffen und in den Entscheidungskontext eingebunden werden.

Die Anwendung von Zwang ignoriert die Auswirkungen kognitiver Verzerrungen also und verbietet unabhängig von zugrundeliegenden Verhaltensannahmen ein bestimmtes Verhalten. Das bedeutet aber nicht, dass nicht auch durch imperative Maßnahmen Situationen geregelt werden können, in denen Entscheidungen regelmäßig von kognitiven Verzerrungen betroffen sind. Ein solches Verbot bindet dann jedoch nicht die Auswirkungen kognitiver Verzerrungen in den Wirkungsmechanismus ein, sondern erklärt von ihnen unabhängig bestimmte Verhaltensweisen für verboten. Eine solche imperative Maßnahme wäre daher definitionsgemäß nicht als *Nudge* zu bezeichnen, schon konzeptionell sind *Nudges* als nicht-imperative Maßnahmen angelegt.[317] *Nudges* und Verbote können jedoch als sich gegenseitig unterstützende Maßnahmen problemlos nebeneinander eingesetzt werden. Das geschieht etwa in Dreieckskonstellationen mit dem Staat, Unternehmern und Verbrauchern als beteiligten Akteuren. Hier werden die Unternehmer vielfach durch zwangsweise Maßnahmen dazu angehalten, den Verbrauchern Informationen auf eine bestimmte Weise zu präsentieren. Den Unternehmern gegenüber ist das ein Gebotsgesetz, den Verbrauchern gegenüber jedoch ein *Nudge*.[318] Das Element der Wahlfreiheit bleibt dem *Nudging* jedoch erhalten, auch wenn Zwang nicht explizit durch die Definition ausgeschlossen wird. Eine völlige Lösung vom *Libertarismus* findet also nicht statt.

---

[317] Ähnliches lässt sich für das Setzen ökonomischer Anreize sagen, deren Ausschluss allerdings nicht auf die Verwirklichung des Libertarismus ausgerichtet war. Sie sind, wie Verbote, nicht auf die Einbindung der kognitiven Verzerrungen in ihren Wirkungsmechanismus ausgerichtet, sondern richten sich an den rationalen Akteur. Sie können *Nudges* flankieren, aber selbst nicht *Nudge* sein.

[318] So ist beispielsweise der Credit CARD Act of 2009 (s.o. unter B. II. 4. a) bb)) aufgebaut.

b) *Verhältnis zum Paternalismus*

Der *Libertarian Paternalism* enthält neben dem liberalen Aspekt des Verzichts auf Zwang auch eine paternalistische Komponente. *Sunstein* und *Thaler* wollen Menschen unter die Arme greifen, deren Entscheidungen durch kognitive Verzerrungen beeinflusst werden. In diesem Zusammenhang bedient *Nudge* sich traditioneller Bewertungskriterien der Wohlfahrtsökonomik. Demnach maximieren Menschen durch rationale Entscheidungen ihren Nutzen, d.h. ihre individuelle Zufriedenheit.[319] Allerdings ist im Zuge der Entwicklung der Verhaltensökonomik klargeworden, dass die Nutzenmaximierung durch rationale Entscheidungen in der Realität nicht immer so abläuft wie zuvor theoretisch modelliert. Daraus folgern *Sunstein* und *Thaler*, dass den Menschen dazu verholfen werden sollte, sich so zu verhalten, wie die Theorie der rationalen Wahl dies vorgeben würde, sodass sie sich nutzenmaximierend verhalten. Das sehen sie als paternalistisches Element ihres Konzeptes an, wie sich aus ihrer eigentümlichen Definition von Paternalismus ergibt:

> „In our understanding, a policy is "paternalistic" if it tries to influence choices in a way that will make choosers better off, *as judged by themselves*."[320]

Die Definition von *Sunstein* und *Thaler* weicht erheblich von traditionellen Definitionen von Paternalismus ab,[321] und entpuppt sich eher als Handlungsanweisung für die Entscheidungsarchitekten denn als Definition.[322] Die Gestaltung von *Nudges* soll sich nach dieser Definition an der Einschätzung der Betroffenen selbst orientieren, eine konsequente Herangehensweise, wird doch in der Wohlfahrtsökonomik davon ausgegangen, dass Menschen ihren Nutzen maximieren, wenn sie auswählen, was ihren Präferenzen entspricht. Die Entscheidungsarchitekten sollen deswegen Auswahlentscheidungen in der Weise beeinflussen, dass die Betroffenen wählen, was sie tatsächlich wählen wollen, sodass sie, *as judged by themselves,* ihre eigenen Präferenzen verwirklichen. Diese Herangehensweise an das Design von *Nudges* begegnet jedoch erheblichen, letztlich unüberwindlichen Problemen.

aa) Die Präferenzidentifikation

Diese Probleme beginnen damit, dass dem Entscheidungsarchitekten die Präferenzen der betroffenen Individuen unbekannt sind und er sie auch nicht verlässlich ermitteln kann. Er trifft hier auf ein Wissensproblem, das bereits von *Hayek* zur Verteidigung der Marktwirtschaft gegenüber der Planwirtschaft vorgebracht wurde.[323] Dem Entscheidungsarchitekten fehlt das konkrete, individuelle Wissen über die Präferenzen des Individuums, das nur dieses selbst in ausgeprägter Weise besitzen kann.[324] Dieses Wissen kann der Entscheidungsarchitekt auch nicht erlangen.[325]

---

[319] Siehe dazu bereits oben, unter B. I. 1. c).

[320] *Sunstein/Thaler*, Nudge, S. 5.

[321] Traditionelle Paternalismusdefinitionen sind dadurch geprägt, dass den Betroffenen ein Verhalten gegen ihren Willen aufgedrängt wird. Vgl. z.B. *Dworkin*, Paternalism; *Feinberg*, Harm to Self, S. 16; *Arneson*, Mill versus Paternalism, S. 471; *VanDeVeer*, Paternalistic Intervention, S. 22.

[322] Bereits *Hausman/Welch*, Debate: To Nudge or Not To Nudge, S. 126, kritisieren die Definition von *Sunstein* und *Thaler* als "unsatisfactory", und stellen selbst auf die Definition von *Gert/Culver*, Paternalistic Behavior, S. 45 ff. ab.

[323] *Hayek*, The Use of Knowledge in Society, S. 521, der die Unkenntnis der „[...] circumstances of time and place [...]", durch den zentralen Planer anmahnt.

[324] Dazu *Rizzo/Whitman*, The Knowledge Problem of New Paternalism, S. 905 ff., insbesondere S. 921 f.

[325] *Rebonato*, A Critical Assessment of Libertarian Paternalism, S. 362.

Sunstein und *Thaler* identifizieren dieses Problem nicht ausdrücklich und bleiben eine Lösung insoweit schuldig. [326] Es klingt an, dass sie sich auf Aussagen der Menschen darüber verlassen wollen, was diese in einer Entscheidungssituation tun würden.[327] Eine solche Strategie ist aus ökonomischer Sicht für die Identifikation von Präferenzen aber überhaupt nicht verlässlich, was Menschen sagen und was sie letztendlich tun sind vollkommen unterschiedliche Dinge, schließlich sind die Aussage und das tatsächliche Verhalten mit gänzlich unterschiedlichen Opportunitätskosten verbunden.[328] Was die tatsächlichen Entscheidungspräferenzen der Menschen sind, kann so nicht ermittelt werden.

Die Identifikation der Präferenzen ist auch für die klassische ökonomische Wohlfahrtsanalyse eine Herausforderung. Hier wird so vorgegangen, dass aus der Beobachtung der tatsächlichen Auswahlentscheidungen der Menschen Rückschlüsse auf ihre Präferenzen gezogen werden. Da das Modell der rationalen Entscheidung davon ausgeht, dass Menschen durch ihre Auswahlentscheidungen ihre Präferenzen bestmöglich verwirklichen, erlaubt die Beobachtung der in einer Entscheidungssituation gefällten Entscheidung einen Rückschluss auf die Bewertung der Handlungsoptionen durch das Individuum.[329] Die gewählte Option kann als für die entscheidende Person nutzenreichste und deshalb präferierte identifiziert werden. Die Theorie der Präferenzoffenbarung ist insofern theoretisch fundiert und empirisch begründet. Sie stellt den wohl einzig gangbaren Weg dafür dar, die Präferenzen der Menschen verlässlich zu identifizieren. Sie hängt jedoch in kritischer Weise davon ab, dass Menschen axiomatisch rational im Sinne des ökonomischen Modells handeln, also ihren Nutzen maximieren. Weil das durch die für *Nudges* zentrale Verhaltensökonomik aber gerade in Frage gestellt wird, kann die Theorie der offenbarten Präferenzen nicht übernommen werden. Menschen treffen ihre Entscheidungen nicht immer nach ökonomisch-rationalen Regeln, das ist eine zentrale Erkenntnis der Verhaltensökonomik.

Menschen bilden ihr Ranking der Entscheidungsalternativen für eine konkrete Entscheidungssituation darüber hinaus nicht immer auf Grundlage von stabilen, internen Präferenzen, sondern abhängig von den konkreten Entscheidungsumständen.[330] Sie konstruieren ihre Präferenz im Entscheidungsmoment. Hier gibt es ex ante gar keine Präferenzen, zu deren Verwirklichung den Individuen im Sinne des *as judged by themselves* Kriterium verholfen werden könnte, weil die relevanten Entscheidungspräferenzen erst im Entscheidungsmoment durch das Zusammenspiel mit Eigenschaften der Umgebung entstehen. Trifft das Individuum in einer solchen Situation auf einen *Nudge* so wird es auch als Reaktion auf ihn seine Entscheidungspräferenz bilden. Der *Nudge* befördert dann, ganz entgegen des Anspruchs des *as judged by themselves* Kriteriums, nicht die bestehenden Präferenzen, sondern beeinflusst selbst die im Entstehen begriffenen Entscheidungspräferenzen entscheidend mit. Hier wirkt der *Nudge* nicht präferenzfördernd, sondern präferenzformend, er legt selbst die Ziele des Handelns fest. Die für die Anwendung des *as judged by themselves* Kriteriums erforderliche Präferenzidentifikation ist dann schon gar nicht möglich, weil die Präferenzen noch gar nicht bestehen.

---

[326] Ebenfalls kritisiert von *Sugden*, On Nudging, S. 367.

[327] *Sunstein*, The Ethics of Nudging, S. 430: "The "as judged by themselves" standard raises this question: Do we ask about choosers' judgments before the nudge, or instead after?"

[328] *Rizzo/Whitman*, The Knowledge Problem of New Paternalism, S. 920 f.

[329] Die Konsumenten offenbaren durch Auswahl einer Option ihre Präferenz für diese Option, sogenannte *revealed preferences*. Der Ansatz geht auf *Samuelson* zurück, vgl. *Samuelson*, A Note on the Pure Theory of Consumer's Behaviour, S. 61 ff. und *Samuelson*, Consumption Theory in Terms of Revealed Preference, S. 243 ff.

[330] Siehe dazu bereits oben, unter B. I. 2. b) bb).

bb) Widerstreitende Präferenzen

Das *as judged by themselves* Kriterium scheitert also bereits an der notwendigen Identifikation der Präferenzen. Selbst wenn man aber davon ausgeht, dass man Situationen identifizieren kann, in denen Menschen feste Präferenzen haben, stellen sich der Anwendung des Kriteriums Probleme, die letztlich eine Wertentscheidung durch den Entscheidungsarchitekten erfordern. Auch so wird der Anspruch des Kriteriums, am Primat des individuellen Willens orientiert zu sein, unmöglich. Beispielhaft kann das für Situationen gezeigt werden, in denen Menschen dem *present bias* unterliegen. Diese Situationen werden häufig als Problem der Selbstkontrolle beschrieben,[331] als Konflikt zwischen dem planenden Selbst und dem aktuell handelnden Selbst der entscheidenden Person. Man kann beiden Entitäten, dem handelnden und dem planenden Selbst, Präferenzen zuschreiben, die sich entgegenstehen. Welche der Präferenzen Vorrang genießen und durch einen *Nudge* befördert werden sollte, muss dann aber durch Wertentscheidung festgelegt werden.

Sunstein würde argumentieren, das handelnde Selbst erliege dem *present bias* des unterbewussten System 1, und gehöre deswegen überstimmt.[332] Ein *Nudge* müsste also die Präferenz des planenden Selbst, des System 2, befördern und den *present bias* überwinden. Es gibt aber kein Kriterium, das den Vorrang der Präferenz des System 2 vor der des System 1 begründen könnte. Wohlfahrtsökonomisch kann einzig die Zufriedenheit des Individuums mit seiner Auswahl, seine höhere Wohlfahrt, das Primat der einen Präferenz gegenüber der anderen begründen. Der individuelle Wohlfahrtsgewinn ist von außen aber unmöglich zu bestimmen, daher kann auch der Vorrang der reflektierten Entscheidung des System 2 vor der intuitiven Entscheidung des System 1 nicht wohlfahrtsökonomisch begründet werden.[333] Der Vorrang der reflektierten Entscheidung kann aber darüber begründet werden, dass man annimmt, die kognitiven Verzerrungen seien immer Hindernisse für die Verwirklichung der eigentlichen, rationalen Präferenzen, die jedes Individuum in sich trägt.[334] Diese Präferenzen entsprechen dann dem System 2, dem planvoll handelnden Selbst, deren Verwirklichung durch das unterbewusste System 1 behindert wird. Diese Vorstellung über die Präferenzstruktur der entscheidenden Person ist dann aber theoretisch konstruiert und nicht wie die offenbarte Präferenz empirisch fundiert. Folgt man der theoretischen Konstruktion, dann wird nicht mehr auf die Präferenzen der Individuen selbst abgestellt, sondern auf die Vorstellung der Entscheidungsarchitekten über die Präferenzen der Individuen. Die Individuen sind, nach Vorstellung des Entscheidungsarchitekten, an der Verfolgung ihrer Präferenzen gescheitert und ihnen muss zur Verwirklichung ihrer Präferenzen über die kognitiven Verzerrungen hinweggeholfen werden. Selbst wenn man annimmt, dass es Situationen mit feststehenden Präferenzen gibt, die identifiziert werden können, muss immer noch eine Wertentscheidung des Entscheidungsarchitekten ergehen, welche der Präferenzen es zu befördern gilt. Der Entscheidungsarchitekt kann sich für die Präferenz entscheiden, die er als bewusste System 2 Präferenz ansieht. Das ist dann aber die Bewertung des Entscheidungsarchitekten und nicht die der entscheidenden Person. Letztlich führt das dazu, dass die Vorstellungen des Entscheidungsarchitekten bezüglich eines guten Lebens die Zielsetzung der *Nudges* determinieren. Auch insoweit begegnet das *as judged by themselves* Kriterium unüberwindlichen Umsetzungsschwierigkeiten.

---

[331] Da stimmen z.B. *Sugden* und *Sunstein* überein, *Sugden*, Do people really want to be nudged toward healthy lifestyles?, S. 118 ff., *Sunstein*, "Better off, as judged by themselves", S. 2.

[332] *Sunstein*, The Ethics of Nudging, S. 431.

[333] *Rizzo/Whitman*, The Knowledge Problem of New Paternalism, S. 925 f.

[334] *Sugden*, Do people really want to be nudged towards healthy lifestyles, S. 114 ff.

Nudges können aus den angeführten Gründen also nicht am Maßstab des *as judged by themselves* Kriterium entwickelt werden, weil diesem Kriterium unüberwindbare Anwendungshindernisse entgegenstehen. Präferenzen können nicht identifiziert werden und werden durch *Nudges* womöglich selbst erst geprägt. Selbst wenn Präferenzen identifiziert werden, muss immer noch wertungsmäßig entschieden werden, welche der Präferenzen Vorrang genießen soll. Aufgrund dieser Probleme sollte das *as judged by themselves* Kriterium zurückgelassen werden. Der Ansatz des Kriteriums, die Wünsche der Bevölkerung bei der Ausarbeitung von *Nudges* zu berücksichtigen, kann aber beibehalten werden, indem empirische Grundlagen, etwa durch Meinungsforschung, vor der Einführung von *Nudges* geschaffen werden. Die Lösung vom *as judged by themselves* Kriterium führt dazu, dass *Nudges* sich nicht als paternalistisch im Sinne des *Libertarian Paternalism* qualifizieren lassen. Der *Nudge* als Instrument löst sich vom Paternalismus im Sinne des *Libertarian Paternalism* ab. Dennoch kann eine gewisse Nähe zum Paternalismus, im klassischen Sinne verstanden, nicht zurückgewiesen werden. *Nudges* nehmen Einfluss auf individuelle Entscheidungen, die sie per se als verbesserungswürdig ansehen. Dem Individuum werden stets fremde Vorstellungen von einem guten Leben aufgedrängt.[335] Dieses bevormundende Element kann als paternalistisch bezeichnet werden, es wird im Zusammenhang der personalen Autonomie wieder aufzugreifen sein.[336]

c) Ein neues Verhältnis von Nudge und Libertarian Paternalism

Die hier nunmehr entwickelte Arbeitsdefinition von *Nudge* schafft eigenständige Abgrenzungskriterien für das Instrument. Vorgaben, die für das Instrument aus dem *Libertarian Paternalism* abgeleitet worden sind, sind deshalb überflüssig geworden. Die Zwanglosigkeit des libertären Aspekts ergibt sich bereits aus der Verwurzelung des Konzepts in der Verhaltensökonomik, die Befolgung des vermeintlich paternalistischen *as judged by themselves* Kriterium hat sich als unmöglich gezeigt. *Nudges* müssen deshalb als eigenständige Instrumente angesehen werden, die keine Vorgaben aus dem *Libertarian Paternalism* ableiten. Insofern sind die Konzepte voneinander abzulösen, nichtsdestotrotz besteht eine unbestreitbare Nähe zu den dem *Libertarian Paternalism* zugrundeliegenden Ideen. Auch wenn sie in ihrer konkreten Ausprägung überflüssig geworden sind, wird auf den zugrundeliegenden Ansatz einer freiheitsschonenden Beeinflussung auch weiterhin entscheidend einzugehen sein.

3. Zusammenfassung

In diesem Kapitel ist das Verhältnis von *Nudge* zum Konzept des *Libertarian Paternalism* untersucht worden. Dabei ist der *Nudge* als selbständiges Instrument von dem übergeordneten normativen Konzept des *Libertarian Paternalism* gelöst worden und eigenständig definiert worden.

Die Lösung von dem Konzept des *Libertarian Paternalism* liegt vor allem darin begründet, dass dieser mit seinem *as judged by themselves* Standard einen unmöglichen Anspruch an die Entscheidungsarchitekten formuliert. Diese sollen *Nudges* eigentlich stets so entwerfen, dass sie den Individuen bei der Präferenzverwirklichung helfen. Das ist aus mehreren Gründen aber gar nicht möglich, so fehlt es schon am nötigen Wissen über die Präferenzen der Individuen, diese können einander widersprechende Präferenzen haben oder ihre Präferenz überhaupt erst im Entscheidungsmoment bilden. Letztlich ist daher in allen Fällen eine wertende Entscheidung des

---

335 So zugespitzt argumentiert zunächst *Wolff*, Eine Annäherung an das Nudge-Konzept, S. 212: „"Wie gesehen, behandeln Thaler und Sunstein „normales" menschliches Verhalten als per se korrekturbedürftig. Da damit eine Abwertung des vorgefundenen Verhaltens einhergeht, liegt die Überlegung nahe, den Nudge auch schon ganz unabhängig von den mit ihm verfolgten Zielen als insofern paternalistisch anzusehen als der Staat allein durch seinen Einsatz zum Ausdruck bringt, den Bürger „nicht für voll zu nehmen"".

336 Siehe dazu unten, bei C. II. 1. a).

Entscheidungsarchitekten erforderlich. In welche Richtung der Nudge weist, hängt nicht von den tatsächlichen Präferenzen der *Nudge*-Adressaten ab, sondern von den Vorstellungen des Entscheidungsarchitekten.

Neben der Lösung der *Nudges* vom *Libertarian Paternalism* ist auch die Definition für *Nudge* geschärft worden. Ein *Nudge* ist nunmehr definitionsgemäß *jede Veränderung des Entscheidungskontextes, die erfolgt, weil in einer Situation das Vorliegen von kognitiven Grenzen, Verzerrungen, Routinen oder Gewohnheiten im individuellen und sozialen Entscheidungsverhalten erkannt wird, die zur prognostizierbaren Beeinflussung individuellen Verhaltens in den Entscheidungskontext eingebunden werden*. Die Definition ist aus einer Zusammenschau der in der Literatur unternommenen Versuche entstanden und erscheint ob der gelieferten Begründungen als leistungsfähigere Alternative.

Die Entwicklung einer neuen Definition war erforderlich, weil sich bei der Auseinandersetzung mit den einzelnen Merkmalen der Ursprungsdefinition Schwächen gezeigt haben. Besonders problematisch war insoweit der pauschale Verweis auf eine wie auch immer geartete ‚prognostizierbare Verhaltensbeeinflussung' der Ursprungsdefinition. Sie benannte das eigentliche Charakteristikum der *Nudges* nicht präzise, nämlich die Ansprache derjenigen Entscheidungsfaktoren, die nach traditioneller ökonomischer Lesart keine Rolle spielen sollten. Die hier entwickelte Definition stellt diese Entscheidungsfaktoren, die kognitiven Verzerrungen und Heuristiken, hingegen in den Mittelpunkt. Dadurch wird auch der in der Ursprungsdefinition noch enthaltene Ausschluss von ökonomischen Anreizen und Zwang überflüssig. Anreize und Zwang richten sich ja gerade an den rationalen Modellakteur und sind nicht auf die kognitiven Verzerrungen der Verhaltensökonomik zugeschnitten. Sie scheiden schon deshalb als *Nudges* aus.

C. Nudge in Deutschland – Die Einordnung des Konzepts und seine rechtliche Bewertung

Nachdem im vorherigen Teil das *Nudging* als Konzept beschrieben worden ist, soll nun eine rechtliche Bewertung vorgenommen werden. Zu diesem Zweck wird im ersten Abschnitt dieses Kapitels eine spezifisch auf Deutschland bezogene Umsetzung des *Nudging* erörtert, die im zweiten Abschnitt eine verfassungsrechtliche Bewertung desselben ermöglicht. Die Transformation verhaltenswissenschaftlicher Erkenntnisse in regulatorische Maßnahmen hat in Deutschland bislang noch zurückhaltend stattgefunden. Die angloamerikanischen Rechtsordnungen sind in dieser Hinsicht aktiver geworden. Um die Möglichkeit des Einsatzes von *Nudges* auszuloten, sollen in diesem Kapitel die verfassungsrechtlichen Rahmenbedingungen herausgearbeitet werden. Das ist notwendig, da bei der Betrachtung von *Nudges* als Instrument der Rechtsgestaltung gewisse Konstellationen rechtstaatlich bedenklich erscheinen.[337] Der Vorgehensweise des *Nudging* begegnen erhebliche Zweifel, weil der dem Konzept zugrundeliegende Wirkungsmechanismus als manipulativ angesehen werden kann und weil es dem einzelnen Menschen als bevormundendes Konzept eine übergeordnete Vorstellung von einem guten und richtigen Leben auferlegt. Die ethische Debatte um die Anwendbarkeit speist sich dabei aus der Angst davor, dass dem Staat durch die Anwendung von *Nudges* eine subtile Steuerung des Bürgers ermöglicht wird, gegen die sich dieser nicht zur Wehr setzen kann. Auch *Sunstein* und *Thaler* erkennen bei der Vorstellung von *Nudge* bereits ein gewisses Gefahrenpotential ihres Konzeptes. Sie setzen sich mit den Warnungen vor dem Betreten einer *slippery slope* auseinander und versuchen, Vorbehalte gegen die *Nudges* zu überwinden.[338]

I. Einordnung von Nudges im deutschen Recht

In diesem Abschnitt wird, um sich der Problematik einer rechtlichen Bewertung von *Nudges* zu nähern, zunächst eine Standortbestimmung vorgenommen. Es wird, im Hinblick auf eine Umsetzung in Deutschland, festzustellen sein, wie *Nudges* potentiell rechtlich verwirklicht werden, in welchen Bereichen sie voraussichtlich zum Einsatz kommen und in welchem Verhältnis sie zu traditionellen rechtlichen Maßnahmen stehen, die der deutsche Staat bislang zur Lösung gesellschaftlicher Probleme einsetzt. Diese Vorüberlegungen dienen dem Zweck, detailliert herauszuarbeiten, was das *Nudging* als neues Konzept von bisherigen Ansätzen unterscheidet, um eine rechtliche Bewertung dieser besonderen Merkmale des *Nudging* anhand der Verfassung vornehmen zu können. Hierbei stellt sich die Frage, inwiefern die empirische Begründetheit des *Nudging* und die Zugrundelegung eines detaillierten Verhaltensmodells eine neue Herausforderung für das Recht sind. Um sich einer Antwort zu nähern, wird auf die neue Verwaltungsrechtswissenschaft eingegangen, die schon seit längerem eine flexible Anpassung des Rechts an die tatsächlichen Gegebenheiten fordert.

1. Begrenzung des Untersuchungsgegenstandes

Die Untersuchung des *Nudging* aus verfassungsrechtlicher Sicht wird vorliegend in mehrfacher Hinsicht begrenzt. Einerseits werden Gegenstand der Untersuchung nur *Nudges* von staatlicher Seite sein. Es ist zwar möglich, dass auch private Akteure durch die bewusste Gestaltung der Entscheidungsumgebung *nudgen* – etwa durch Werbung. Allerdings soll eine solche Einflussnahme von privater Seite hier nicht analysiert werden. Einerseits ist die Wirkung der Grundrechte gegenüber

[337] Insoweit prägnant *OECD,* Behavioural Insights and Public Policy, S. 55: "In order to continue to utilise behavioural insights there is an emerging need for some guiding principles or a set of standards to ensure that its continued use by public bodies is not perceived or actually open to abuse or unethical utilisation."
[338] *Sunstein/Thaler*, Nudge, S. 236 ff.

L. Böker, *Nudge im Spiegel des allgemeinen Persönlichkeitsrechts*,
Ökonomische Analyse des Rechts | Economic Analysis of Law,
https://doi.org/10.1007/978-3-658-33472-7_3

Privaten begrenzt.[339] Andererseits ist das Verhältnis des Individuums zum Staat von einer anderen Qualität und in vielerlei Hinsicht intensiver als das Verhältnis unter (einander fremden) Privatpersonen. Vom Supermarktbetreiber kann erwartet werden, dass er durch psychologische Beeinflussung seiner Kunden deren Kaufentscheidung zu manipulieren versucht, was eine mentale Vorbereitung seitens des Kunden möglich macht. Von staatlichen Stellen wird eine solche Beeinflussung nicht erwartet. Sie trifft daher den unvorbereiteten Bürger und kann so größere Wirksamkeit entfalten.[340] Darüber hinaus ist der Staat in der Lage, Entscheidungen in vielen Lebensbereichen durch *Nudges* zu beeinflussen. Während man sich einzelnen *Nudges* durch Private entziehen kann, indem man beispielsweise einen Supermarkt nicht aufsucht, kann der Staat durch *Nudges* potenziell fast allgegenwärtig Verhalten beeinflussen. Ihm steht die Möglichkeit offen, durch rechtliche Gestaltung verschiedenster Lebensbereiche Einfluss auf das individuelle Verhalten zu nehmen. Von diesem Einfluss kann sich der Bürger nicht umfassend und in gleicher Weise befreien, wie es ihm beim *Nudging* durch Private möglich ist.[341] Überdies stellt das *Nudging* durch Private für diese die Ausübung einer grundrechtlich geschützten Freiheit dar – im Supermarktbeispiel die Ausübung der Berufsfreiheit aus Art. 12 GG. Dem Staat stehen derartige Freiheitsräume nicht zur Verfügung. Er muss grundsätzlich jedes Verhalten sachlich rechtfertigen können.

Die Untersuchung des staatlichen *Nudging* wird außerdem auf die grundrechtlichen Auswirkungen bei den finalen *Nudge*-Adressaten beschränkt. Die Einführung eines *Nudge* wirkt sich in einer Veränderung des Entscheidungskontextes sowie in einer Beeinflussung des Verhaltens des Entscheidungsadressaten aus.[342] Dabei wird sich der Staat zum Zweck der Veränderung des Entscheidungskontextes oftmals privater Akteure bedienen, die zwangsweise zur Umsetzung der Maßnahme angehalten werden. Diese zwangsweise Einbindung privater Akteure ist aber kein *Nudge*-spezifisches Phänomen, sondern Ausdruck des traditionellen Gewaltverhältnisses zwischen Bürger und Staat, das von imperativen Regelungen geprägt ist. Dieses Verhältnis soll nicht Gegenstand der Untersuchung sein. Ziel dieser Arbeit ist es, die Besonderheiten des *Nudging* im Hinblick auf individuelle Entscheidungen aus einer verfassungsrechtlichen Perspektive zu untersuchen. Dabei legt die Untersuchung besonderes Augenmerk auf die spezifischen Charakteristika des *Nudging*. Das sind der zugrundeliegende Wirkungsmechanismus sowie die grundsätzlich bevormundende Ausrichtung, Merkmale, die letztlich beide auf die Verwurzelung des Konzeptes in der Verhaltensökonomik zurückgeführt werden können. Da diese Faktoren das Verhältnis von Staat und *Nudge*-Adressat kennzeichnen und spezifisch für die Verhaltensbeeinflussung durch *Nudges* sind, werden sie im Vordergrund der Untersuchung stehen. Die Veränderung des Entscheidungskontextes als Mittel zum Zweck wird nur nachrangig behandelt.

---

[339] Zwischen Privaten entfalten die Grundrechte eine lediglich mittelbare Wirkung, indem sie über die wertausfüllungsbedürftigen Begriffe des einfachen Rechts in die privaten Rechtsbeziehungen ausstrahlen und hier auch von den Gerichten zur Auslegung und Konkretisierung herangezogen werden, vgl. zu dieser sogenannten mittelbaren Drittwirkung z.B. *Dreier*, Vorbemerkungen vor Art. 1 GG, Rn. 98 ff, in: *Dreier*, Grundgesetz.

[340] Ähnlich *White*, The Manipulation of Choice, S. 119: "This discussion leads us to the core difference between profit-motivated manipulation by businesses and paternalistic manipulation by government: we expect businesses to do it, but we expect more from our government." Das bei staatlichen Handlungen vermittelte Vertrauen betont auch BVerfGE 95, 173 (184): „Die Tabak-Kennzeichnungsverordnung bedient sich bei ihren Warnhinweisen auch der Autorität des Staates und beansprucht damit ein besonderes, rechtlich vermitteltes Vertrauen."

[341] Ähnliches Argument bei *Anomaly*, The Manipulation of Choice, S. 303.

[342] *Purnhagen/Reisch*, "Nudging Germany"?, S. 646 f.

Schließlich wird das Einsatzpotenzial des *Nudging* nur für den Bereich des Verwaltungsrechts untersucht. *Nudging* soll zwar nach Auffassung der Konzepterfinder als umfassendes Konzept die Rechtsentwicklung auf allen Ebenen und in sämtlichen Bereichen beeinflussen. Es ist dezidiert nicht auf die Anwendung in einem Bereich beschränkt.[343] Im Verwaltungsrecht eröffnen sich dem *Nudging* jedoch andere, potenziell weitreichendere Möglichkeiten als etwa im Zivilrecht. Der Staat kann hier einerseits durch Gesetze, andererseits durch exekutives Verwaltungshandeln aktiv werden und Verhalten beeinflussen. Er ist auf allen Ebenen als handelnder Akteur vertreten.[344] Demgegenüber ist der Staat im Zivilrecht weitestgehend auf seine Rolle als übergeordnete Organisationsinstanz beschränkt. Er schafft durch Gesetze nur die abstrakt-generellen Rahmenbedingungen. Innerhalb des privaten Rechtsverkehrs nimmt er jedoch grundsätzlich keinen weiteren Einfluss. Es gilt der Grundsatz der Privatautonomie. Der Staat stellt zwar Durchsetzungsmechanismen zur Verfügung, indem er die ordentliche Gerichtsbarkeit und die Fachgerichte unterhält, diese werden jedoch nur auf Initiative der privaten Akteure tätig. Insofern ist das Staatshandeln im Zivilrecht von dem im Verwaltungsrecht grundlegend unterschiedlich, das *Nudging* wird entsprechend auch eine andere Rolle im Zivilrecht als im öffentlichen Recht spielen. Im Zivilrecht hat das *Nudging* ein ausschließlich legislatives Potenzial, im öffentlichen Recht, besonders im Verwaltungsrecht, darüber hinaus auch noch ein exekutives.[345] Aus diesem Grund liegt der Fokus der vorliegenden Arbeit auf dem Verwaltungsrecht.

2. Rechtliche Umsetzung in Deutschland

Nudging nutzt das Recht, um Verhalten zu beeinflussen. Es bedient sich also rechtlicher Maßnahmen zur Steuerung gesellschaftlicher Prozesse. Diese Steuerungsperspektive ist dem Recht nicht fremd. Im Verwaltungsrecht wird seit geraumer Zeit auf Grundlage von Verhaltensannahmen steuernd eingegriffen.[346] Die zugrundeliegenden Verhaltensannahmen entstammen dabei oft dem *rational-choice approach*, der in modifizierter Weise auch dem *Nudging* zugrunde liegt.

a) Nudge als Fortsetzung des steuerungstheoretischen Ansatzes

In Deutschland hat sich in den siebziger Jahren des zwanzigsten Jahrhunderts die neue Verwaltungsrechtswissenschaft herausgebildet.[347] Ihre Entwicklung läutete die Abkehr vom klassischen, rein ordnungsrechtlichen Vorgehen der Verwaltung ein und erweiterte den Blick der Rechtswissenschaft auf Maßnahmen jenseits der imperativ wirkenden Ge- und Verbote des Ordnungsrechts. Sie entwickelte sich als Reaktion auf die „Krise des Ordnungsrechts",[348] die aus der Erkenntnis heraus entstand, dass das rein ordnungsrechtliche Verwaltungsinstrumentarium zur effektiven Lösung gesellschaftlicher Probleme nicht hinreichend war. Diese Problematik wurde anhand von zwei Phänomenen exemplarisch festgestellt. Einerseits ließ sich eine erhebliche Diskrepanz

---

[343] *Nudges* werden als Instrumente in den unterschiedlichsten Bereichen erörtert, siehe *House of Lords*, Behaviour Change; *OECD*, Behavioural Insights and Public Policy; *Weltbank*, Mind, Society, and Behavior; *Reisch/Sandrini*, Nudging in der Verbraucherpolitik.

[344] Etwa wenn die Steuerbehörde wie in Großbritannien die Schreiben an säumige Steuerzahler umformuliert, siehe *Hallsworth et al.*, The behavioralist as tax collector, S. 14 ff. Ebenso wenn die Straße in einer Weise bemalt wird, die überhöhte Geschwindigkeit oder Hindernisse suggeriert, vgl. *Sunstein/Thaler*, Nudge, S. 38, oder bei der Darstellung von *fake speed bumps* in Philadelphia, USA. Vgl. auch für weitere Beispiele *Oullier et al.*, Improving public health prevention with a nudge, S. 44 f.

[345] So konstatieren auch *Alemanno/Spina*, Nudging Legally, S. 430: "[...] experimental findings in behavioral research can be used by the administrative and regulatory state [...]".

[346] So auch schon *Schuppert*, Nudging: Neither a Novelty, nor a Promising Lead, S. 333.

[347] Instruktiv hierzu *Voßkuhle*, § 1 Neue Verwaltungsrechtswissenschaft, auf den zur vertieften Befassung und für weitere Nachweise verwiesen wird.

[348] *Voßkuhle*, § 1 Neue Verwaltungsrechtswissenschaft, Rn. 10.

zwischen dem *de jure* geltenden, und dem *de facto* vollzogenen Recht, besonders im Umweltrecht, feststellen. Es bestand ein Vollzugsdefizit.[349] Andererseits wurde der Bürger bereits zu Beginn der siebziger Jahre des zwanzigsten Jahrhunderts von Verwaltungsbehörden nicht mehr lediglich als Regelungsadressat begriffen, sondern zunehmend auch als Partner, mit dem auftretende Probleme in kooperativer Zusammenarbeit effektiv gelöst werden können. Das Recht sah eine solche kooperative Zusammenarbeit aber überhaupt nicht vor. Es lagen mithin offen rechtswidrige Zustände vor, die sich durch eine Fortsetzung der regulativen Ge- und Verbotsgesetzgebung nicht überwinden ließen. Die Ursache dieser Probleme sahen Verfechter der neuen Verwaltungsrechtswissenschaft in der „rechtsaktsbezogenen Betrachtungsweise"[350] des Verwaltungsrechts, die zu sehr von der starren Einordnung gesellschaftlicher Zustände in rechtswidrig und rechtmäßig sowie der Mechanik von Einzeleingriff und Rechtsschutz geprägt war.[351] Sie forderten die Entwicklung einer an gesellschaftlichen Problemen orientierten Perspektive,[352] die von der Ermittlung flexibler und situationsbezogener Lösungen geprägt sein sollte. Als Folge dieser Debatte erfolgte im Austausch mit Soziologen und Ökonomen eine Erweiterung des verwaltungsrechtlichen Instrumentariums. Neben die klassischen ordnungsrechtlichen Werkzeuge traten neue, auf die proaktive Ermittlung und Behebung aufkommender Probleme ausgerichtete Strategien. Die tatsächliche Wirksamkeit der verwaltungsrechtlichen Maßnahmen rückte in den Fokus, so wurde etwa das ökonomische Effizienzkriterium als Maßstab für die Bewertung von Verwaltungsmaßnahmen rezipiert.[353] Um die Maßnahmen bewerten zu können bedurfte die Verwaltung gesicherten Wissens über den zu regelnden Bereich sowie eines Prognosewerkzeugs, das eine Einschätzung der zu erwartenden Folgen ermöglichte.[354] Im Bestreben, ein solches Prognosewerkzeug zu erlangen, entwickelte sich der „steuerungstheoretische Ansatz",[355] der durch die Einnahme interdisziplinärer Steuerungsperspektiven eine Folgenabschätzung möglich machte. Die Einnahme interdisziplinärer Perspektiven, etwa mithilfe des sozialwissenschaftlichen *Rational-Choice* Ansatzes, ermöglichte die Prognostizierung zukünftiger Ereignisse anhand von Verhaltensannahmen, die, kombiniert mit einer detaillierten Analyse des zu regelnden Realbereichs, zukunftsorientiertes und steuerndes Eingreifen der Verwaltung ermöglichten.[356] Die Einnahme solcher Steuerungsperspektiven mit Fokus auf die Wirksamkeit des Rechts hat sich in der Entwicklung von Modellen (*New Public Management*, Neues Steuerungsmodell) und Handlungsanweisungen (Deregulierung, Privatisierung) niedergeschlagen, die maßgeblich auf die Rezeption ökonomischer Theorie im Verwaltungsrecht zurückgeführt werden können.[357]

Aufgrund dieser Öffnung geht die verwaltungsrechtliche Steuerung heute über rein regulativ-imperatives Handeln hinaus und hat sich durch die Herausbildung des Instruments monetärer Anreizsetzung und die zwanglose Beeinflussung individuellen Verhaltens, vor allem durch die

---

349 *Ebenda*.

350 *Ebenda*, Rn. 11.

351 *Stolleis*, § 2 Entwicklungsstufen der Verwaltungsrechtswissenschaft, Rn. 120.

352 *Voßkuhle*, § 1 Neue Verwaltungsrechtswissenschaft, Rn. 12, 15.

353 *Ebenda*, Rn. 11.

354 Zur Bedeutung des Wissens für das Verwaltungshandeln *Voßkuhle*, § 1 Neue Verwaltungsrechtswissenschaft, Rn. 11, 29.

355 *Ebenda*, Rn. 17 ff.

356 Dies gilt trotz all der Unzulänglichkeiten, die den theoretischen Modellen vorgehalten werden können, dazu *Voßkuhle*, §1 Neue Verwaltungsrechtswissenschaft, Rn. 26 ff. Ebenso *van Aaken*, „Rational Choice" in der Rechtswissenschaft, S. 175, die die Anwendung eines theoretisch fundierten Prognosemodells für die Gesetzgebung trotz der modelleigenen Unzulänglichkeiten allemal einem „Schuss ins Dunkle" vorzieht.

357 *Voßkuhle*, § 1 Neue Verwaltungsrechtswissenschaft, Rn. 50.

Möglichkeiten der Informationsverwaltung,[358] weiterentwickelt. Der Verwaltung werden vom Gesetzgeber vermehrt Zielvorgaben durch Zweckprogramme gemacht, anstatt sie in ein Korsett von Konditionalsätzen zu zwängen,[359] was ein flexibles und problemorientiertes Vorgehen ermöglicht. Diese Zweckprogramme können von der Verwaltung dann in Eigenregie verfolgt und verwirklicht werden. Die ihr dabei zur Verfügung stehenden Optionen werden durch die Instrumente direkter und indirekter Verhaltenssteuerung charakterisiert, wobei die direkte Steuerung auf regulativen Programmen aufbaut, die Verhalten erzwingen sollen, die indirekte Steuerung hingegen auf der Schaffung von Anreizen, die eine Selbststeuerung privater Akteure induzieren sollen.[360] Dazwischen nimmt die Dissemination von Informationen eine Sonderstellung ein. Sie ist aber tendenziell der indirekten Steuerung zuzurechnen, da sie, wie die Anreizsetzung, auf die eigenständige Verhaltensänderung beim Adressaten setzt.[361] Die Perspektive der indirekten Steuerung ist besonders bei der Reform des defizitären Umweltrechts eingenommen worden. Hier sollte durch Anreizsetzung auf Grundlage ökonomischer Modelle indirekt Verhalten gesteuert, d. h. eine Selbststeuerung der Akteure induziert werden, weil sich die traditionelle regulative Herangehensweise als nicht effektiv herausgestellt hatte.[362]

In das Paradigma der indirekten Steuerung passt sich das *Nudging* nahezu nahtlos ein. Es führt den Gedanken der Verhaltenssteuerung anhand von ökonomischen Modellen fort. Allerdings bezieht es die differenzierteren Erkenntnisse der Verhaltensökonomik für die Prognostizierung von Verhalten ein, wodurch die dem *Nudging* zugrundeliegende verhaltensökonomische Analyse der auf dem *Homo Oeconomicus* beruhenden klassischen ökonomischen Analyse in einigen Situationen überlegen ist. Die verhaltensökonomischen Experimente haben konkrete kognitive Verzerrungen experimentell nachgewiesen. Diese kognitiven Verzerrungen treten zwar nur in bestimmten Szenarien deutlich hervor, hier wirken sie sich jedoch entscheidend auf das menschliche Entscheidungsverhalten aus. Für diese Szenarien ist die Rechtsetzung auf Grundlage der verhaltensökonomischen Erkenntnisse und konkret das *Nudging* der Rechtsetzung allein anhand des klassisch-ökonomischen Verhaltensmodells vorzuziehen. Dabei verdrängt das *Nudging* mitnichten die indirekte Steuerung nach klassischem ökonomischem Dogma, sondern tritt als eigenständiges, neues Instrument daneben, das vielgestaltig verwendbar ist.[363] Speziell die Nutzung von Informationskampagnen durch den Staat kann das *Nudging*

---

[358] Die Informationsverwaltung ist im Zuge der Digitalisierung stetig wichtiger geworden, *Voßkuhle*, § 1 Neue Verwaltungsrechtswissenschaft, Rn. 67.

[359] So beschreibt *Franzius*, § 4 Modalitäten und Wirkungsfaktoren der Steuerung durch Recht, Rn. 13 ff. die Entwicklung der problemorientierten Perspektive, die seiner Ansicht nach auch von der Entwicklung richtungsweisender Leitbilder profitieren könne. Zur Steuerungswirkung von Leitbildern auch *Voßkuhle*, § 1 Neue Verwaltungsrechtswissenschaft, Rn. 40 ff.

[360] *Franzius*, § 4 Modalitäten und Wirkungsfaktoren der Steuerung durch Recht, Rn. 44 ff. Speziell zur indirekten Verhaltenssteuerung im Umweltrecht: *Franzius*, Die Herausbildung der Instrumente indirekter Verhaltenssteuerung im Umweltrecht in der Bundesrepublik Deutschland, S. 101 ff.

[361] Zur Einteilung in Ge- und Verbote als direkte, Anreize und Information als indirekte Verhaltenssteuerung insgesamt *König/Dose*, Instrumente und Formen staatlichen Handelns, S. 3-152.

[362] *Voßkuhle*, § 1 Neue Verwaltungsrechtswissenschaft, Rn. 45. Eine konkrete Umsetzung erfolgte etwa im Verpackungsrecht, vgl. *di Fabio*, Die Verfassungskontrolle indirekter Umweltpolitik am Beispiel der Verpackungsverordnung, S. 3. Durch seine Öffnung für nachbarwissenschaftliche Ansätze wurde das Umweltrecht rasch zu einem wichtigen Forschungszweig der deutschen *Law and Economics* Forschung, *Kirstein*, Law and Economics in Germany, S. 161 f.

[363] *House of Lords*, Behaviour Change, S. 33: "[...] non-regulatory measures in isolation could have little or no effect [...] the most effective means of changing behaviour at the population level [is] a package of different types of interventions.".

instrumentalisieren, um durch die Art und Weise der Informationsdarstellung besondere Verhaltenswirkungen zu erzielen.

b) *Indirekte Verhaltenssteuerung*

Für die ökonomischen Instrumente der indirekten Verhaltenssteuerung, Anreize und Informationen, gelten Besonderheiten, die aus ihrer nur indirekten Wirkungsweise entspringen. Diese Wirkungsweise macht die Anwendung der Instrumente unsicher, weil die Gefahr der fehlgehenden Wirkung besteht.[364] Die Befolgung der durch Anreize und Informationen bezweckten Verhaltensempfehlungen hängt letztlich stets von den Adressaten ab. Dasselbe gilt auch für *Nudges*, die ebenfalls auf Verhaltensänderung beim Adressaten selbst setzen.[365] Aufgrund dieser gleichen Wirkungsweise lassen sich auch Parallelen im Hinblick auf die rechtlichen Rahmenbedingungen ziehen, die für Anreize und Informationen entwickelt worden sind.

aa) Anreize

Anreize sind das klassische ökonomische Instrument zur Beeinflussung von Verhalten. Sie bauen auf der Rationalwahltheorie auf. Durch die Veränderung der Umweltbedingungen suchen sie das Verhalten individueller Akteure zu beeinflussen. Das geschieht regelmäßig dadurch, dass finanzielle Vor- oder Nachteile mit einem bestimmten Verhalten verknüpft werden, zum Beispiel durch die Einführung einer Lenkungssteuer für besonders umweltschädliche Verhaltensweisen.[366]

Im Hinblick auf die rechtliche Beurteilung der Anreizsetzung können Unterschiede aber auch Gemeinsamkeiten mit der Beurteilung direkter Steuerungsinstrumente festgestellt werden. Anreize sind davon gekennzeichnet, dass sie vom Bürger nicht ein bestimmtes Verhalten einfordern, wie dies Maßnahmen der direkten Verhaltenssteuerung tun, sondern die Letztentscheidungsfreiheit beim Bürger belassen.[367] Er kann selbst entscheiden, ob er den finanziellen Vorteil erlangen oder die Belastung auf sich nehmen möchte.[368] Demgegenüber macht die direkte Verhaltenssteuerung regelmäßig konkrete Vorgaben für die Freiheitsausübung. Sie bedarf daher stets einer gesetzlichen Grundlage.[369] Ob eine solche auch für die staatliche Anreizsetzung notwendig ist, ist nicht gleichermaßen eindeutig. Für belastende Anreize, wie beispielsweise die Einführung einer Lenkungssteuer, ist die Notwendigkeit einer gesetzlichen Grundlage anerkannt.[370] Sie werden als Grundrechtseingriffe, wenn nicht in Art. 14 Abs. 1 GG so doch zumindest in Art. 2 Abs. 1 GG, qualifiziert. Für begünstigende Anreize, die aufgrund ihrer hohen Kosten weitaus seltener anzutreffen sind,[371] ist

---

[364] Zu dieser Unsicherheit *Franzius*, § 4 Modalitäten und Wirkungsfaktoren der Steuerung durch Recht, Rn. 45; *Sacksofsky*, § 40 Anreize, Rn. 105.

[365] *Kirchhof*, Nudging, S. 137.

[366] Zu Lenkungssteuern im Allgemeinen *Weber-Grellet*, Lenkungssteuern im Rechtssystem, S. 3657 ff.; *Kube*, GG Art. 105, Rn. 9, in: *Epping/Hillgruber*, BeckOK Grundgesetz.

[367] Aus ökonomischer Sicht macht die Unterscheidung zwischen direkter und indirekter Steuerung insoweit nur begrenzt Sinn, als auch die mit dem Verbot verknüpfte Strafe letztlich nur die Nutzenbewertung einer möglichen Handlungsoption betrifft. Rechtlich hat sich die Unterscheidung aber durchgesetzt, und wird zur Klassifizierung der Instrumente standardmäßig verwendet.

[368] Es kann oft nicht klar unterschieden werden, ob ein finanzieller Vorteil oder eine Belastung gegeben ist, weil diese Einschätzung immer vom Referenzpunkt abhängig ist. Welcher Zustand als Normalzustand definiert wird, legt fest, ob der Anreiz als Vorteil oder Nachteil eingestuft werden muss, vgl. dazu *Sacksofsky*, § 40 Anreize, Rn. 5.

[369] *Reimer*, § 9 Das Parlamentsgesetz als Steuerungsmittel und Kontrollmaßstab, Rn. 24 ff.

[370] *Kolbe*, Freiheitsschutz vor staatlicher Gesundheitssteuerung, S. 199 ff., 209; speziell für Steuern *Papier/Shirvani*, GG Art. 14, Rn. 282 ff.; 291, in: *Maunz/Dürig*, Grundgesetz.

[371] *Kolbe*, Freiheitsschutz vor staatlicher Gesundheitssteuerung, S. 67.

die Notwendigkeit einer gesetzlichen Grundlage umstritten. Sie wird von der Rechtsprechung regelmäßig nicht verlangt,[372] kann im Einzelfall aber erforderlich werden, etwa wenn die Finanzierung durch den Staat wesentliche Bedeutung für die Grundrechtsausübung der Adressaten entfaltet.[373]

Die nur indirekte Steuerungswirkung birgt, wie bereits angesprochen, stets die Gefahr der Fehlsteuerung, wenn andere als die intendierten Effekte eintreten.[374] Das macht es erforderlich, eine sorgsame Auswahl des Adressatenkreises und des anzustrebenden Ziels zu treffen und eine Überwachung der Effekte des Anreizes vorzunehmen. Diese Überwachung kann regelmäßig nicht unmittelbar stattfinden, sondern muss auch erst temporär auftretende Folgewirkungen in Betracht ziehen.[375] Zuletzt, als Besonderheit der Anreizsetzung, ist die Kostenintensität des Anreizes zu berücksichtigen, die im Rahmen einer Nutzenanalyse berücksichtigt werden muss und alternative Instrumente unter Umständen vorzugswürdig erscheinen lässt.

Daneben gelten aber auch Gemeinsamkeiten für die Beurteilung von Anreizen und direkter Steuerung. Der Staat kann sich durch den Rückgriff auf Instrumente indirekter Steuerung nicht der Verantwortung entziehen, bei seiner Tätigkeit die grundrechtlich geschützten Freiheitsräume der Bürger zu berücksichtigen. Die vordergründige Freiwilligkeit des Verhaltens bei der Einflussnahme durch Anreize ist kein Blankoscheck für den Einsatz des Instruments. Die Steuerung durch Anreize kann, ja soll mitunter ebenso starke Verhaltenswirkungen erzielen wie die Steuerung durch direkte Ge- und Verbote.[376] Nicht umsonst hat sich die Anreizsteuerung gerade als Reaktion auf die Unwirksamkeit direkter Instrumente entwickelt. Wenn aber die Wirkung des Instruments ebenso intensiv sein soll wie die eines direkt wirkenden Gebots, dann erscheint eine unterschiedliche Behandlung der Maßnahme aufgrund der vorgeblich gewährten Wahlfreiheit unzulässig. Abhängig davon, welche Steuerungswirkung durch den Anreiz erzielt wird, müssen auch die rechtlichen Anforderungen gestaltet werden. Stellt sich die Wirkung ebenso stark da wie die eines Verbots, gibt es wenig Argumente dafür, die Maßnahmen nicht auch gleich zu behandeln. Die individuelle Beurteilung des Anreizes als Einzelmaßnahme muss also an den Maßstäben orientiert werden, die auch für direkte Instrumente gelten. Insofern hängt (nahezu) alles von der Wirkungsintensität ab. Darüber hinaus gilt es zu beachten, dass die Verbindung von indirekter und direkter Steuerung Synergien entwickeln kann, deren Zusammenwirken eine besondere Gefährdungslage für den betroffenen Bürger darstellen können. In solchen Situationen darf der Blick nicht an der Einzelmaßnahme hängen bleiben, sondern muss auf die Gesamtsituation gerichtet werden. Das Zusammenspiel der Instrumente kann ansonsten zu einer umfassenden, womöglich unentrinnbaren Beeinflussung individuellen Verhaltens führen.

bb) Informationen

Neben der indirekten Steuerung durch Anreize ist dem Staat auch die Steuerung durch Informationen möglich. Das ist spätestens mit den staatlichen Warnungen vor glykolhaltigem Wein und Jugendsekten ins allgemeine Bewusstsein der Rechtswissenschaft gerückt.[377] Die Steuerung durch Informationen

---

[372] BVerfGE 8, 155 (167); BVerwGE 20, 101 (102); BVerwGE 45, 8 (11).

[373] *Grzeszick*, GG Art. 20, Rn. 117 ff, in: *Maunz/Dürig*, Grundgesetz; *Jarass*, Art. 20 GG, Rn. 75, in: *Jarass/Pieroth*, Grundgesetz für die Bundesrepublik Deutschland.

[374] *Sacksofsky*, § 40 Anreize, Rn. 86, 105.

[375] *Franzius*, Die Herausbildung der Instrumente indirekter Verhaltenssteuerung im Umweltrecht der Bundesrepublik Deutschland, S. 115.

[376] Vgl. nur die Literatur und Rechtsprechung zu Lenkungsabgaben mit ‚erdrosselnder Wirkung' im Bereich der Berufsfreiheit. Dazu BVerfGE 38, 61 (80 f.) und *Wieland*, Art. 12 GG, Rn. 71, in: *Dreier*, Grundgesetz.

[377] Zum glykolhaltigem Wein: BVerwGE 87, 37; BVerfGE 105, 252; zu den Warnungen vor Jugendsekten: BVerwGE 90, 112; BVerfGE 105, 279.

knüpft dabei ebenfalls an die ökonomische Theorie an. Sie liegt jedoch nicht restlos in ihr begründet. Einerseits entspricht es dem neoklassisch-ökonomischen Paradigma, dass ein unvollständig informierter, rationaler Akteur seine Nutzenfunktion bei der Erlangung neuer Informationen an diese Informationen anpasst. Durch die Versorgung mit Informationen kann dem Akteur so ermöglicht werden, seine Handlungsentscheidung besser auf die Verfolgung seiner Präferenzen auszurichten. Diese Wissensvermittlung kann als die primäre Funktion der klassischen Informationsbereitstellung bezeichnet werden.

Darüber hinaus wird seit Längerem aber auch das Potenzial von Informationen anerkannt, durch ihre Verbreitung eine gezielte Fokussierung von Aufmerksamkeit und damit Steuerung betreiben zu können.[378] Worüber informiert wird, nimmt Einfluss auf die Bewusstseinsbildung und das Verhalten der informierten Personen. Insofern ist die Rechtswissenschaft der neoklassischen ökonomischen Theorie vorausgeeilt, in der die lenkende Wirkung auffälliger Informationen erst mit dem Aufkommen der Verhaltensökonomik wirklich berücksichtigt wurde. Diese lenkende Wirkung der Information ist es, an die durch die Informationsbereitstellung mit Hilfe von *Nudges* angeknüpft werden soll. Mit dem Zuschnitt der Information auf kognitive Verzerrungen der Informationsverarbeitung erhofft man sich, eine stärkere Verhaltensbeeinflussung als durch die bloße Aufmerksamkeitslenkung zu erreichen.

Versucht man, Informationsvermittlung durch den Staat zu kategorisieren, so erscheint es sinnvoll, sich zunächst am Adressatenkreis zu orientieren. Hier kann zwischen individualbezogenem und öffentlichkeitsbezogenem Informationshandeln unterschieden werden.[379] Die individualbezogene Information spielt dabei eine deutlich untergeordnete Rolle. Sie erschöpft sich in der Bereitstellung konkreter Informationen an einzelne Personen durch Behörden. Die öffentlichkeitsbezogene Information hingegen spielt für die indirekte Steuerung durch gezielte Informationen eine wichtigere Rolle. Sie kann regelmäßig auf einem Spektrum zwischen um Sachlichkeit bemühter Berichterstattung bis hin zur gezielten informationellen Steuerung eingeordnet werden. Während bei der Berichterstattung die Steuerung durch Aufmerksamkeitslenkung in den Hintergrund gerät, tritt sie bei der informationellen Steuerung klar in den Vordergrund. Die informationelle Steuerung kann dabei durch gezielte Warnungen und Empfehlungen konkrete Verhaltensstrategien nahelegen, oder durch allgemein gehaltene Hinweise auf gesellschaftliche Phänomene das öffentliche Bewusstsein ansprechen. Die erste Kategorie, die Nahelegung konkreter Verhaltensstrategien, kann als Lenkung durch Information im eigentlichen Sinne bezeichnet werden.[380] Hier wird sich vom Bürger ein bestimmtes Verhalten erhofft, dass ihm zuvor nahegelegt wurde und nicht lediglich die Schaffung eines generellen Bewusstseins angestrebt.

Die Beurteilung staatlicher Informationstätigkeit ist vor allem anhand von Warnungen als Instrument indirekter Informationssteuerung erfolgt. Hier besteht regelmäßig ein Dreiecksverhältnis zwischen dem Staat als Informationslieferant, dem Bürger als Informationsadressaten und einer dritten Partei, beispielsweise einer Religionsgemeinschaft, die von der Warnung betroffen ist. Die rechtliche Beurteilung der Warnung, gerade im Hinblick auf die Notwendigkeit einer parlamentarischen Ermächtigung durch Gesetz für ihren Ausspruch, ist regelmäßig durch die Analyse der Wirkungen bei der dritten Partei erfolgt. Es wurde geprüft, ob eine Beeinträchtigung der dritten Partei vorliegt, wenn

---

[378] *Lüdemann*, Edukatorisches Staatshandeln, S. 69 ff.; *Franzius*, Die Herausbildung der Instrumente indirekter Verhaltenssteuerung im Umweltrecht der Bundesrepublik Deutschland, S. 153 f.; *Kloepfer*, Staatliche Informationen als Lenkungsmittel, S. 8 ff.

[379] *Kloepfer*, Staatliche Informationen als Lenkungsmittel, S. 11 ff.

[380] *Ebenda*, S. 16.

der Adressat durch die staatliche Information zu einem bestimmten Verhalten veranlasst wird.[381] Die Zulässigkeit der Beeinflussung des individuellen Verhalten des Adressaten hat hingegen eher wenig Beachtung erfahren.[382] Das liegt vornehmlich wohl daran, dass sie gemeinhin nicht als Beeinträchtigung der individuellen Rechte angesehen wird. Die Eingriffsqualität von Informationen wird regelmäßig verneint.[383]

Auch Informationen können jedoch erhebliche verhaltensbeeinflussende, nahezu gebotsgleiche Wirkungen entfalten. Wird durch die Darstellung einer Information eine Verhaltensoption als gewissermaßen alternativlos richtig hervorgehoben, so wirkt sich diese Hervorhebung gebotsähnlich aus.[384] Informationen nehmen insoweit, ähnlich wie Anreize, eine die direkte Steuerung ersetzende Funktion ein.[385] Aus diesem Grund darf die vermeintliche Milde des Instruments, die durch die Belassung der Letztentscheidungsfreiheit beim Adressaten suggeriert wird, nicht pauschal angenommen werden. Sicherlich werden Informationen nur in wenigen Situationen ähnliche Wirkungen wie Gebote erzielen, in gewissen Konstellationen ist das aber denkbar. Dann muss auch die intensive Wirkung der Information gewürdigt werden. Um einer unzulässigen Beeinflussung durch staatliche Informationen zuvorzukommen, wird im Zusammenhang von Informationstätigkeit in besonderem Maße das Gebot der Sachlichkeit hervorgehoben.[386] Der Staat muss vor Veröffentlichung einer Information sorgfältig absichern, dass ihr Inhalt nicht falsch ist bzw. dass die Information auf gesicherten Erkenntnissen beruht.[387]

cc) Parallelen zwischen Nudges und den Instrumenten indirekter Steuerung

Anreize und Informationen als wesentliche Instrumente der indirekten Steuerung zeichnen sich dadurch aus, dass sie die Letztentscheidungsfreiheit bei den Adressaten belassen, die sich für oder gegen die ausgesprochene Verhaltensempfehlung entscheiden können. Das macht die Instrumente gegenüber Ge- und Verboten tendenziell zu einem milderen Mittel, das nicht gewünschte Verhalten wird schließlich nicht illegalisiert. Die Tatsache, dass die Letztentscheidungsfreiheit aus Sicht der Rechtsetzung beim Adressaten verbleibt, darf aber nicht dazu führen, die Instrumente pauschal für rechtmäßig zu erklären. Beiden ist durch ihre Wirkungsweise die Gefahr der Fehlsteuerung inhärent, sodass nicht intendierte Folgen ausgelöst werden können. Das erfordert eine besondere Wachsamkeit bei ihrer Evaluation. Zudem sind die Instrumente gerade als Alternativen zur direkten Verhaltenssteuerung entwickelt worden, weil sie je nach Ausgestaltung ähnlich wirksame Ergebnisse erzielen können. Insofern können sie nicht per se als ungefährlicher für die individuelle Freiheitsausübung eingestuft werden als Ge- oder Verbote. Vor allem die Gebote der

---

[381] Diese Konstellation liegt den bekannten staatlichen Warnungsfällen zugrunde. Für Literatur dazu siehe nur die Aufzählung bei *Kolbe*, Freiheitsschutz vor staatlicher Gesundheitssteuerung, S. 93 (Fn. 294).

[382] Grundlegend dazu aber *Lüdemann*, Edukatorisches Staatshandeln; nunmehr auch *Kolbe*, Freiheitsschutz vor staatlicher Gesundheitssteuerung.

[383] *Gramm*, Rechtsfragen der staatlichen Aids-Aufklärung, S. 2921; *Fateh-Moghadam*, Grenzen des weichen Paternalismus, S. 22; *Kolbe*, Freiheitsschutz vor staatlicher Gesundheitssteuerung, S. 210, 227; *Schweizer*, Nudging and the Principle of Proportionality, S. 99.

[384] So entschieden für Fälle eines Aufopferungsanspruchs nach Impfschaden: BGHZ 24, 45 (47); BGHZ 31, 187 (191).

[385] *Kirchhof*, § 99 Mittel staatlichen Handelns, S. 117.

[386] BVerwGE 90, 112 (120); BVerfGE 105, 252 (272); BVerfGE 57, 1 (8).

[387] *Kloepfer*, Staatliche Informationen als Lenkungsmittel, S. 30.

Voraussehbarkeit, Berechenbarkeit, Sachlichkeit und Klarheit staatlichen Handelns gilt es auch für die indirekte Verhaltenssteuerung zu beachten.[388]

Diese Gebote können auch für *Nudges* übernommen werden. Sie beeinflussen Entscheidungen, wie die verwandten Anreize und Informationen, ohne die Adressaten zu einem bestimmten Verhalten zu zwingen. Sie sind damit ebenfalls ein Instrument indirekter Steuerung. Dennoch sollen sie gerade dazu dienen, die Rechtsetzung durch Ge- und Verbote in bestimmten Szenarien zu ersetzen. Dabei sollen sie, trotz des Verzichts auf Zwang, vergleichbare Ergebnisse erzielen. Aufgrund des Zwangsverzichts sind sie im Vergleich zu Ge- und Verboten tendenziell zwar das wohl mildere Mittel, allerdings können sie in ihren Auswirkungen gleichwohl denen einer Gebotsregelung gleichkommen. Diese Parallelen erlauben es, die für den Einsatz von Anreizen und Informationen abgeleiteten rechtlichen Vorgaben auch auf *Nudges* zu übertragen. Es gilt daher auch für die Ausgestaltung von *Nudges* zu garantieren, dass sie für ihre Adressaten klar verständlich sind und vorhersehbaren Einfluss auf ihr Verhalten nehmen.

Allen Arten der indirekten Steuerung, Anreizen, Informationen und *Nudges*, ist es darüber hinaus gemein, dass sie Einfluss auf legales Verhalten zu nehmen versuchen. Durch direkte Steuerung wird Verhalten für rechtswidrig erklärt, die indirekte Steuerung behält die Bezeichnung von Verhalten als rechtmäßig bei, nimmt aber trotzdem Einfluss. Dieser Vorgehensweise kann vorgeworfen werden, dass sie sich Regelungsbereiche erschließt, in die durch imperative Instrumente nicht eingegriffen werden dürfte. Unter dem Deckmantel der vorgeblichen Entscheidungsfreiheit wird der staatliche Handlungsraum erweitert und der von staatlichem Einfluss befreite, individuelle Freiheitsraum verkleinert sich. Auch dieser Aspekt wird bei der Würdigung von *Nudges* wieder aufzugreifen sein.

3. Zusammenfassung

In diesem Kapitel ist eine Einordnung von *Nudge* als Instrument im staatlichen Rechtsetzungsbaukasten vorgenommen worden. Aufgrund ihrer sozialwissenschaftlichen Fundierung und dem Aufbau auf dem Verhaltensmodell der (Verhaltens-)Ökonomik passt sich *Nudge* in die Entwicklung des steuerungstheoretischen Ansatzes der neuen Verwaltungsrechtswissenschaft ein. Diese Strömung innerhalb der Verwaltungsrechtswissenschaft hat diese für Einflüsse aus den Sozialwissenschaften geöffnet und insbesondere eine Rezeption des *Rational-Choice* Ansatzes bewirkt. Auf dieser Grundlage wurde das Verwaltungshandeln ergebnisorientiert ausgerichtet. Damit ging eine Flexibilisierung der Verwaltung einher, die dieser neben den klassisch imperativen Regelungsinstrumenten weitere Handlungsformen zur Verfügung stellte. Darunter befanden sich auch Instrumente der indirekten Verhaltenssteuerung, insbesondere die Informationsbereitstellung und die Anreizsetzung. Kennzeichnend für diese Instrumente war der Verzicht auf eine Illegalisierung der zu regelnden Verhaltensweisen zugunsten einer Selbststeuerung durch die angesprochenen Akteure. Hier knüpfen *Nudges* nahtlos an, sie fügen sich als Instrument in die indirekte Verhaltenssteuerung ein, legen ihren Ergebnisprognosen aber die genaueren Erkenntnisse der Verhaltensökonomik zugrunde.

Nudges treten als Instrument der indirekten Verhaltenssteuerung neben die Instrumente der Anreizsetzung und der klassischen Informationsbereitstellung. Wie diese belassen sie das Letztentscheidungsrecht bei den Adressaten. Allerdings sollen auch sie Instrumente der direkten

---

[388] Vgl. *Franzius*, Die Herausbildung der Instrumente indirekter Verhaltenssteuerung im Umweltrecht der Bundesrepublik Deutschland, S. 113 (Fn. 50).

Steuerung ersetzen. Deshalb muss ihre Wirkungsweise eigenständig und relativ zur Wirkung direkter Steuerungsinstrumente gewürdigt werden. Das gilt insbesondere dann, wenn durch *Nudges* Sachbereiche geregelt werden, die allein durch direkte Steuerungsinstrumente nicht hätten geregelt werden dürfen. Sie können insofern genutzt werden, um den staatlichen Handlungsraum zu erweitern. Allerdings sind *Nudges* bloß wegen des Verzichts auf Zwang nicht davon befreit, materiell-inhaltlich gerechtfertigt werden zu müssen. Insbesondere gelten auch für sie die Gebote der Klarheit, Sachlichkeit, Berechenbarkeit und Vorhersehbarkeit staatlichen Handelns.

II. Autonomie, Paternalismus, Manipulation und Nudges

In diesem Kapitel wird das Verhältnis der auf die Beeinflussung individueller Entscheidungen ausgerichteten *Nudges* zur Selbstbestimmung der *Nudge*-Adressaten bestimmt. *Nudges* bauen wesentlich auf Erkenntnissen über die menschliche Psyche auf. Die kognitiven Verzerrungen der Verhaltensökonomik wirken sich im menschlichen Unterbewusstsein aus, sie werden durch *Nudges* aufgegriffen und zielgerichtet kanalisiert. Diese Vorgehensweise kann in Konflikt mit der individuellen Selbstbestimmung der *Nudge*-Adressaten geraten, weil *Nudges* so auf unterschwellige Weise einen bevormundenden Einfluss auf Entscheidungen nehmen. Um das Spannungsfeld zwischen *Nudges* und individueller Selbstbestimmung abzustecken, wird in diesem Kapitel die paternalistische und manipulative Natur von *Nudges* analysiert (1.). Anschließend wird der Begriff der individuellen Selbstbestimmung inhaltlich bestimmt (2.) und auf seine rechtliche Anschlussfähigkeit hin untersucht (3.).

1. Paternalismus und Manipulation

Nudges beeinflussen Entscheidungen, indem sie die Wirkung kognitiver Verzerrungen aufgreifen, um bestimmte Optionen als vorzugswürdig zu kennzeichnen. Auf diese Kennzeichnungen springt die menschliche Psyche an, sodass die gekennzeichneten Entscheidungsoptionen systematisch häufiger gewählt werden als andere Optionen. Dieser Vorgehensweise kann der Vorwurf gemacht werden, paternalistisch und manipulativ individuelle Entscheidungen zu beeinflussen.

a) Paternalismus

Nudges sind von ihren Entwicklern bereits als paternalistische Maßnahmen konzipiert worden. Sie dienen der Verwirklichung des *Libertarian Paternalism*. Es ist allerdings bereits festgestellt worden, dass sie nicht im Sinne des *Libertarian Paternalism* als paternalistisch angesehen werden können. Vielmehr ist der Standard, den das *as judged by themselves* Kriterium angelegt hat, mit unüberwindlichen Problemen verbunden. Aus diesem Grund ist er zurückgelassen worden, insofern hat eine Trennung der *Nudges* vom *Libertarian Paternalism* stattgefunden.[389] Trotz dieser Ablösung vom *Libertarian Paternalism* müssen *Nudges* womöglich als paternalistisch qualifiziert werden.[390] *Nudges* nehmen gezielt Einfluss auf den Inhalt individueller Entscheidungen. Sie knüpfen beim individuellen Entscheidungsträger an und sind darauf ausgerichtet, dessen konkrete Entscheidungen zu ‚verbessern'.

Paternalismus ist traditionell, unterschiedlich nuanciert, als Einmischung eines Dritten in das Leben des Betroffenen definiert worden, wobei der Dritte sich in dem Glauben befindet, durch diese Einmischung das Leben des Betroffenen zu verbessern.[391] Diese Definition besteht im Wesentlichen aus drei Teilen, nämlich, dass paternalistische Maßnahmen freiheitsbeschränkende Eingriffe in die Sphäre der Betroffenen sein müssen (1), dass sie ohne die Einwilligung des Betroffenen stattfinden müssen (2) und dass sie (allein) zum Besten des Betroffenen vorgenommen werden (3).[392] Wendet man diese Definition auf *Nudges* an, so ergibt sich keine vollständige Überschneidung. Es lassen sich zweifellos *Nudges* finden, bei denen die Definition passt. Andere *Nudges* hingegen können auf Grundlage der vorstehenden Definition nicht ohne Weiteres als paternalistisch qualifiziert werden. Genau besehen

---

[389] Siehe oben unter B. III. 2. b).

[390] *Hausman/Welch*, To Nudge or Not To Nudge?, S. 126 ff.

[391] Im Wesentlichen gleich so z.B. vertreten von *Dworkin*, Paternalism; *Feinberg*, Harm to Self, S. 16; *Arneson*, Mill versus Paternalism, S. 471; *VanDeVeer*, Paternalistic Intervention, S. 22.

[392] *Le Grand/New*, Government Paternalism, S. 22.

fällt es bereits schwer, schon das erste der Kriterien, den Eingriff in die Freiheitssphäre des Betroffenen, zweifelsfrei zu bejahen. Schließlich lassen *Nudges* aufgrund ihrer Verwurzelung in der Verhaltensökonomik stets eine Wahlmöglichkeit offen. Das Letztentscheidungsrecht verbleibt bei den Betroffenen. Auch das dritte Kriterium, die Beförderung des Wohls der paternalisierten Person, kann nicht immer bejaht werden.[393] Einige *Nudges* zielen ausschließlich auf die Förderung des *individuellen* Wohls ab, andere verfolgen hingegen auch Gemeinwohlziele.[394] Es erscheint jedoch arbiträr, nur wegen der unterschiedlichen Zielverfolgung den paternalistischen Charakter eines *Nudge* zu bejahen oder zu verneinen. Für das Individuum stellt die Maßnahme in beiden Fällen eine Bevormundung dar. Die traditionelle Definition von Paternalismus kann diese Bevormundung, die von *Nudges* ausgeht, deshalb nicht sachgemäß einfangen.

Allerdings hat sich, angeregt durch *Seana Shiffrin*, auch eine andere Sicht auf paternalistische Maßnahmen entwickelt. *Shiffrin* definiert Paternalismus als Intervention, die von dem Motiv getragen wird, dass der Einschätzung des Betroffenen selbst nicht vertraut wird.[395] Ohne die Intervention würde der Betroffene demnach nicht die ‚richtige' Entscheidung treffen. Er brauche deshalb Hilfe. Die Definition *Shiffrins* legt ihren Fokus nicht mehr darauf, dass Paternalismus sich durch aktive Intervention auszeichnet. Sie stellt darauf ab, dass Paternalismus sich durch die Ersetzung des Urteils des Betroffenen durch das Urteil des Paternalisten (1) auszeichnet. Diese Urteilsersetzung findet dabei in einem Bereich statt, den legitimerweise eigentlich der Betroffene selbst beurteilen sollte (2). Sie findet statt, weil der Paternalist davon ausgeht, sein Urteil sei dem des Betroffenen überlegen (3).[396] Diese Definition von Paternalismus scheint den problematischen, bevormundenden Aspekt des *Nudging* besser einfangen zu können als die traditionelle Definition. *Nudges* werden geschaffen, weil die menschliche Entscheidungsfindung in bestimmten Szenarien aufgrund von kognitiven Verzerrungen, die den Entscheidungsprozess beeinflussen, als systematisch fehlerbehaftet wahrgenommen wird. Die kognitiven Verzerrungen sorgen dafür, dass Menschen eine Entscheidungssituation ‚falsch' beurteilen und sich dementsprechend für die ‚falsche' Verhaltensoption entscheiden. Dieses von kognitiven Verzerrungen provozierte Fehlurteil wird durch einen *Nudge* korrigiert, um eine Entscheidung herbeizuführen, die aus Sicht des Entscheidungsarchitekten dem individuellen oder allgemeinen Wohl dienlich ist. In den Worten der soeben formulierten Paternalismusdefinition wird also das Urteil des Betroffenen selbst durch das des Entscheidungsarchitekten ersetzt. Das geschieht, weil Menschen kognitiven Verzerrungen erliegen, die ihr Urteil dem des Entscheidungsarchitekten (vermeintlich) unterlegen machen. So verstanden, genügen *Nudges* ohne Weiteres den Kriterien (1) und (3) der neuen Paternalismusdefinition.

Die paternalistische Urteilsersetzung findet bei *Nudges* dabei jedoch stets unter dem Vorbehalt statt, dass der Beurteilung durch das handelnde Individuum im Ausnahmefall auch vertraut werden kann. Das gilt insofern, als *Nudges* nicht mit einer Beschränkung der verfügbaren Handlungsalternativen einhergehen. Das Individuum kann sich, zumindest nominell, stets auch umentscheiden und statt der

---

[393] *McCrudden/King*, The Dark Side of Nudging, S. 102: "*Extremely few* of the examples Sunstein provides concern pure harm to self."

[394] Man denke einerseits an die Umgestaltung der Kreditkarteninformationen durch den Credit CARD Act of 2009, der auf die Verbesserung des individuellen Wohls abzielt, andererseits an die im Rahmen der Organspende angedachte Widerspruchslösung (siehe dazu unten, unter D. II. 1. b)), die auf ein Gemeinwohlziel, die erhöhte Verfügbarkeit von Transplantationsorganen, abzielt.

[395] *Shiffrin*, Paternalism, Unconsciability Doctrine, and Accomodation, S. 211-220; *Le Grand/New*, Government Paternalism, S. 22; *Coons/Weber*, Introduction: Paternalism – Issues and Trends, S. 5.

[396] *Shiffrin*, Paternalism, Unconsciability Doctrine, and Accomodation, S. 218.

durch den *Nudge* vorfestgelegten eine andere Option wählen. Dann macht das Individuum gewissermaßen geltend, dass das Urteil des Entscheidungsarchitekten seinem eigenen Urteil nicht überlegen war, es löst sich von der paternalistischen Entscheidungsausrichtung. Weil diese Möglichkeit bei der Anwendung von *Nudges* grundsätzlich gewährleistet ist, werden sie als Maßnahmen des weichen Paternalismus eingeordnet.[397] Weicher Paternalismus wird auch als autonomieorientierter Paternalismus bezeichnet,[398] weil er prinzipiell darauf ausgerichtet ist, dem Willen der paternalisierten Personen zur Geltung zu verhelfen. Ziel weich paternalistischer Maßnahmen ist es, sicherzustellen, dass die Adressaten der weich paternalistischen Maßnahme eine willentliche Entscheidung fällen. Wenn das der Fall ist, soll die Maßnahme keinen Einfluss auf die Entscheidung der Adressaten nehmen.[399] *Nudges* entsprechen diesem Ideal nicht vollständig. Es geht bei *Nudges* nicht darum, dass der Wille der betroffenen Person unbedingt verwirklicht wird. Um ein bekanntes Beispiel zu bemühen, würden die Betroffenen bei einer völlig weichen Maßnahme nicht automatisch in ein Rentenversicherungsprogramm aufgenommen werden. Schließlich wird dabei in keiner Weise sichergestellt, dass die Aufnahme tatsächlich ihrem Willen entspricht. Bei diesem *Nudge* wird den Betroffenen zwar die Gelegenheit gegeben, ihre eigenen Wünsche zu verwirklichen, weil sie stets aus dem Rentenversicherungsprogramm austreten können. Ob der ursprüngliche Eintritt ihren Wünschen entspricht und ob sie jemals feststellen, dass sie im Rentenversicherungsprogramm sind, ist hingegen zweitrangig. Es geht also nicht primär darum, dass sie ihren Willen verwirklichen, sondern vielmehr darum, dass sie tun ‚was gut für sie ist'. Dabei wird ihnen dennoch Gelegenheit gegeben, ihre eigenen Vorstellungen zu verwirklichen, weil sie nicht zur Teilnahme gezwungen werden. Sie könnten potenziell aus dem Programm austreten. Deshalb können *Nudges* zwar nicht als strikt weich paternalistisch bezeichnet werden, aber als weich paternalistisch im weiteren Sinne. Der Wille der paternalisierten Personen wird insoweit berücksichtigt, als die Möglichkeit einer abweichenden Entscheidung nicht gänzlich verschlossen wird. Aus diesem Grund werden *Nudges* im Verlauf der Arbeit auch weiterhin als weich paternalistische Maßnahmen charakterisiert.[400]

Zu beantworten bleibt nun allerdings noch, ob *Nudges* auch im Sinne des Kriteriums (2) der Definition einen Bereich betreffen, den das Individuum legitimerweise eigentlich selbst beurteilen sollte. Es ist angemerkt worden, dass es Ziel der *Nudges* ist, Entscheidungen herbeizuführen, die aus individueller oder gesellschaftlicher Sicht wünschenswert sind. Insofern unterscheiden *Nudges* sich in der Zielsetzung nicht von politischen Maßnahmen allgemein, die wohl nie eine Verschlechterung der Verhältnisse zum Ziel haben. *Nudges* versuchen diese Verbesserung aber durch die Beeinflussung der einzelnen Individuen herbeizuführen. Sie wirken gewissermaßen erzieherisch auf die Bürger ein und versuchen deren Entscheidungen oft in Form abstrakt-generell wirkender Rechtssätze zu beeinflussen.[401] Dadurch werden alle Betroffenen in gleicher Weise zur Verfolgung desselben Ziels angetrieben, sei es durch die Voreinstellung eines Standards, sei es durch staatliche Informationskampagnen. Die angesprochenen Menschen werden in Richtung desselben, einheitlichen, vom staatlichen Entscheidungsarchitekten entworfenen Ideals eines guten Lebens

---

[397] *Sunstein*, The Ethics of Nudging, S. 433; *Sunstein*, Why Nudge?, S. 20.

[398] *Fateh-Moghadam*, Grenzen des weichen Paternalismus, S. 27.

[399] *Feinberg*, Harm to Self, S. 12.

[400] Das entspricht dem Umgang in der Literatur, hier wird weicher Paternalismus teilweise als Synonym für *Nudges* verwendet; *Sunstein*, Why Nudge?, S. 58: „We can understand soft paternalism, thus defined, as including nudges, and I will use the terms interchangeably here."

[401] Zu erzieherischer Gesetzgebung insgesamt *Volkmann*, Darf der Staat seine Bürger erziehen?

beeinflusst. Dabei wird eine mögliche Heterogenität der angesprochenen Bevölkerung nicht berücksichtigt. Die Einflussnahme findet bei allen Angesprochenen in derselben Weise statt.

Das Besondere an dieser Einflussnahme durch *Nudges* ist die Tatsache, dass sie, wie indirekte Steuerung im Allgemeinen, an sich *legales* Verhalten zu steuern versuchen. *Nudges* bedienen sich nicht der Gebotsgesetzgebung. Unerwünschte Verhaltensweisen werden nicht illegalisiert. Der Staat verlässt seine Rolle als rechtliche Regelungsinstanz gesellschaftlichen Zusammenlebens, indem er moralisch ‚bessere' Verhaltensweisen fördert und ‚schlechtere' zu unterbinden sucht, ohne die unerwünschten Verhaltensweisen zu illegalisieren.[402] Dieses Vorgehen bietet sich an, wenn eine Illegalisierung des Verhaltens rechtsstaatlich aus faktischen oder rechtlichen Gründen unmöglich wäre. Der strenge Maßstab, der an die Rechtmäßigkeit von Gebotsgesetzen gestellt wird, wird gewissermaßen umgangen, indem als legal deklariertes Verhalten bei Gewährung von (vermeintlicher) Wahlfreiheit beeinflusst wird.[403] Der Staat nimmt die unerwünschte Verhaltensweise also nicht durch Illegalisierung aus den akzeptierten Verhaltensoptionen des Bürgers heraus. Das kann verschiedene Gründe haben, von denen einige zur Sprache gekommen sind. Jedenfalls stellt der Staat damit aber ausdrücklich klar, dass die Entscheidung darüber, welche Verhaltensoption gewählt werden soll, legitimerweise dem Individuum zusteht. Das Individuum ist zuvörderst berechtigt, aus allen legal verfügbaren Verhaltensweisen diejenige auszuwählen, die es verfolgen möchte. Die inhaltliche Ausfüllung seiner Entscheidung steht zuerst ihm selbst zu. Insofern sind *Nudges* klar als paternalistische Maßnahmen nach der Definition von *Shiffrin* zu bezeichnen, sie erfüllen neben den Kriterien (1) und (3) auch das Kriterium (2).

b) Manipulation

Neben der paternalistischen, inhaltlichen Beeinflussung muss noch ein weiterer, möglicherweise problematischer Aspekt des *Nudging* gewürdigt werden. Das definierende Charakteristikum von *Nudges* ist die Interaktion mit kognitiven Prozessen des Unterbewusstseins. Indem an automatisch ablaufende Prozesse menschlichen Denkens angeknüpft wird, sind die durch *Nudges* herbeigeführten Verhaltensänderungen zumindest teilweise der Kontrolle des bewussten Denkens entzogen. Diese Wirkungsweise der *Nudges* kann als manipulativ bezeichnet werden,[404] weil sie keine individuelle Auseinandersetzung des Individuums mit seiner Entscheidung anregen, sondern lediglich die Erreichung eines vorherbestimmten Entscheidungsziels anstreben. Dieses möglicherweise manipulative Vorgehen kann als prozessualer Aspekt der individuellen Entscheidungsbeeinflussung

---

[402] Das folgende Zitat von *Christof Gramm* bringt das auf den Punkt: „Zwischen das rechtlich nicht vorgeordnete freie Wollen und das die individuelle Handlungsfreiheit beschränkende rechtliche Dürfen schiebt sich im Feld des rechtlich Erlaubten unwillkürlich ein Drittes: die staatlicherseits empfohlene und erwünschte Freiheitsausübung." Zitat aus *Gramm*, Aufklärung durch staatliche Publikumsinformation, S. 67.

[403] Das geschieht auf der individuellen Ebene durch Beeinflussung der einzelnen Entscheidung, aber erweitert auch auf einer kollektiven Ebene. Hier wird durch die gleichförmige Einflussnahme die Stigmatisierung von Verhaltensweisen gefördert, die nicht der staatlich gewünschten entsprechen, vgl. dazu *Glaeser*, Paternalism and Psychology, S. 135, 150 ff., der die Stigmatisierung als Stilmittel des weichen Paternalismus bezeichnet. Die Schaffung staatlicher Moral- und Verhaltensstandards beschreibt *Lüdemann*, Edukatorisches Staatshandeln, S. 126 ff., als „alternative Normsetzung". Auch auf dieser kollektiv-gesellschaftlichen Ebene haben *Nudges* Auswirkungen, die in dieser Arbeit aber nicht vertieft thematisiert werden.

[404] Etwa von *White*, The Manipulation of Choice, S. 81 ff.; *Conly*, Against Autonomy, S. 45; *Yeung*, Nudge as Fudge, S. 136; *Hansen/Jespersen*, Nudge and the Manipulation of Choice, S. 5; *Blumenthal-Barby/Borroughs*, Seeking Better Health Care Outcomes, S. 4.

durch *Nudges* bezeichnet werden.[405] Es stellt den Anspruch der *Nudges* in Frage, die Entscheidungsfreiheit tatsächlich und nicht bloß nominell bei ihren Adressaten zu belassen.[406]

Manipulation selbst ist ein theoretisch bislang jedoch nur spärlich ausgearbeitetes Konzept.[407] Das erschwert das Urteil darüber, ob *Nudges* als manipulativ anzusehen sind. Ein Konsens darüber, welche die notwendigen Bedingungen für die Bezeichnung einer Maßnahme als manipulativ sind, konnte bislang nicht gefunden werden. Zu Definitionszwecken wird häufig die Art und Weise unterschieden, durch die eine Maßnahme versucht, Wirkung zu erzielen. Unterschieden werden insoweit Maßnahmen, die ihre Wirkung durch Zwang, Überzeugung oder Manipulation erreichen.[408] *Nudges* wenden keinen Zwang an und versuchen auch nicht, den Adressaten durch überzeugende Argumente zu einer Verhaltensänderung zu bewegen, wären demnach also „manipulative" Instrumente. Dennoch erscheint allein das Fehlen einer Zwangs- bzw. Überzeugungswirkung nicht ausreichend, um von Manipulation sprechen zu können. Welche zusätzlichen Kriterien Manipulation ausmachen sollen, ist jedoch umstritten. Es können drei wesentliche Strömungen ausgemacht werden, die jeweils weitere, verschiedene Charakteristika manipulativen Handelns ausmachen. Eine wählt als Kriterium für Manipulation das Umgehen rationaler Reflexion.[409] Eine andere Strömung schreibt Manipulation stets ein Element der Täuschung zu.[410] Die letzte fordert eine bestimmte Art besonderen Drucks, etwa durch Erpressung, um eine Maßnahme als manipulativ bezeichnen zu können.[411] Letztlich gelingt es jedoch keinem der drei Kriterien, sämtliche Fälle definitorisch umfassend einzufangen, die aus guten Gründen als manipulativ bezeichnet werden können.

Bezieht man die beschriebenen Kriterien auf *Nudges*, so scheint das Kriterium der Umgehung rationaler Reflexion am geeignetsten, um den problematischen Aspekt der *Nudges* herauszustellen. Das ist auch das Kriterium, das in der wissenschaftlichen Diskussion um den manipulativen Charakter der *Nudges* regelmäßig angewendet worden ist. Die Autoren gelangen dabei jedoch zu unterschiedlichen Ergebnissen.[412] Das Abstellen auf die Umgehung der rationalen Kapazitäten erscheint in diesem Zusammenhang angemessen, weil die Wirkungsweise der *Nudges* entscheidend auf der psychologischen Unterscheidung des menschlichen Denkens in Systeme aufbaut, einerseits das automatisch-unbewusste System 1, das für die Generierung kognitiver Verzerrungen verantwortlich

---

[405] Die Einteilung zwischen inhaltlicher Beeinflussung und prozessualer Beeinflussung wird so auch von *Hacker* vorgenommen, der in seiner Unterteilung allerdings nicht zwischen Paternalismus und Manipulation als jeweilige Anknüpfungspunkte unterscheidet, vgl. *Hacker*, Nudging and Autonomy, S. 92.

[406] *Rebonato*, A Critical Assessment of Libertarian Paternalism, S. 369 ff.; *Heinig*, Autonomy vs. Technocracy, S. 226.

[407] *Coons/Weber*, Manipulation, S. 1.

[408] *Blumenthal-Barby*, Between Reason and Coercion, S. 345; *Noggle*, The Ethics of Manipulation: "Manipulation is often characterized as a form of influence that is neither coercion nor rational persuasion."

[409] *Wood*, Coercion, Manipulation, Exploitation, S. 35; *Raz*, The Morality of Freedom, S. 377 f.

[410] *Scanlon*, What We Owe to Each Other, S. 298 ff.; *Wilkinson*, Nudging and Manipulation, S. 345.

[411] *Faden/Beauchamp*, A History and Theory of Informed Consent, S. 258.

[412] Die unterschiedlichen Auffassungen sollen hier aber nicht im Einzelnen wiedergegeben werden. Teilweise werden sämtliche *Nudges* für manipulativ gehalten, so z.B. bei *Grüne-Yanoff*, Old Wine in New Casks, S. 636. Teilweise wird das Potenzial der *Nudges*, manipulativ vorzugehen, anerkannt, aber zwischen nicht-manipulativen und manipulativen *Nudges* unterschieden, etwa bei *Sunstein*, The Ethics of Influence, S. 90 ff. Von anderen Autoren wird der manipulative Charakter von *Nudges* insgesamt abgelehnt, vgl. z.B. *Hanna*, Libertarian Paternalism, Manipulation, and the Shaping of Preferences, S. 618.

ist, andererseits das reflektiert-bewusste System 2, das ein Abbild der Rationalität ist.[413] Weil *Nudges* auf die Interaktion mit den Verzerrungen des Unterbewusstseins ausgerichtet sind, gelangen die durch sie provozierten Entscheidungen häufig gar nicht erst ins Bewusstsein der Adressaten. Eine rationale Auseinandersetzung mit der Entscheidung durch das System 2 findet nicht statt. *Nudges* sind auf die Herbeiführung eines bestimmten Entscheidungsergebnisses ausgerichtet, nicht auf die Herbeiführung einer bewussten Entscheidung des Individuums. Sie funktionieren am effektivsten, wenn das betroffene Individuum nicht bemerkt, dass sein Verhalten durch die kognitive Verzerrung bestimmt wird, die vom *Nudge* in die Entscheidungsumgebung eingebunden worden ist.[414]

Das macht letztlich sämtliche *Nudges*, die sich eben durch die Interaktion mit dem Unterbewusstsein auszeichnen, zu manipulativen Maßnahmen. Indem sie an im Unterbewusstsein generierte kognitive Verzerrungen anknüpfen überbrücken sie zwar nicht selbst das Bewusstsein des Manipulierten, sie übernehmen jedoch den bereits am Bewusstsein vorbei wirkenden Verzerrungseffekt und nutzen ihn für ihre eigene Zielverfolgung.[415] Die Intentionalität der Anknüpfung an die kognitiven Verzerrungen hat dabei eine besondere Bedeutung. Erst durch sie wird die verhaltensbeeinflussende Wirkung der kognitiven Verzerrungen zu einem manipulativen Einfluss.[416] Die vorher ‚ziellose' kognitive Verzerrung entfaltet nunmehr einen im staatlichen Sinne ausgerichteten Einfluss auf die Verhaltensziele der manipulierten Person. Ökonomisch gesprochen entfalten *Nudges* durch diese Einbindung der kognitiven Verzerrungen präferenzformende Wirkung. So wird beispielsweise die handlungsleitende Präferenz im Zusammenspiel mit der Verlustaversion gezielt geformt, wenn durch die Präsentation einer Information eine Handlungsoption aufgrund ihrer Formulierung als Verlustszenario systematisch seltener ausgewählt wird.[417] Dass diese präferenzformende Wirkung als manipulativ anzusehen ist, wird paradigmatisch von *Joseph Raz* verdeutlicht, der die Fremdbestimmung von zu verfolgenden Zielen als kennzeichnend für Manipulation ansieht.[418] Die präferenzformende Wirkung muss dabei aber im Zusammenhang der verhaltensökonomischen Entwicklung gesehen werden. Eine Formung von Präferenzen nach klassisch ökonomischer Lesart wäre eine intensivere Manipulation als die Formung von Präferenzen nach verhaltensökonomischer Prägung. Letztere sind nämlich deutlich flexibler als die traditionellen, stabilen Präferenzen des *Homo Oeconomicus*. Würden die stabilen Präferenzen des *Homo Oeconomicus* gezielt geformt, so würde daraus eine langfristige, kaum veränderliche Verhaltensbeeinflussung resultieren. Wenn Präferenzen hingegen adaptiv und umgebungsabhängig entwickelt werden, so ist ihre gezielte Bestimmung durch einen Dritten keineswegs unproblematisch. Die Präferenzen können aber, in einer anderen Entscheidungsumgebung, abweichend neu konstruiert werden. Die Nachwirkungen der Beeinflussung

---

[413] *Sunstein*, The Ethics of Influence, S. 90: "Recall that in the social science literature, System 1 is the automatic, intuitive system, prone to biases and to the use of heuristics, while System 2 is more deliberative, calculative, and reflective."

[414] *Bovens*, The Ethics of Nudge, S. 217: "[...] these techniques do work best in the dark."

[415] Für die Anknüpfung an die automatischen, unterbewussten Prozesse zur effektiven Verhaltensbeeinflussung wirbt das britische *Behavioural Insights Team* auch ganz gezielt, vgl. *Dolan et al.*, Influencing Behaviour, S. 264 ff.

[416] In diesem Sinne auch *Noggle*, The Ethics of Manipulation, 1.2 Applications of a Theory of Ordinary Manipulation.

[417] Das geschieht etwa im *Asian Disease Scenario*, hier werden zwei Gruppen von Probanden befragt, welche von zwei Maßnahmen sie zur Rettung von 600 Menschenleben ergreifen würden. Je nachdem ob die (inhaltlich identischen) Optionen als Gewinn- (Gruppe 1) oder als Verlustszenario (Gruppe 2) beschrieben wurden, verändert sich signifikant das Entscheidungsverhalten der Probanden. Vgl. dazu *Kahneman/Tversky*, The Framing of Decisions and the Psychology of Choice, S. 453.

[418] *Raz*, The Morality of Freedom, S. 377 f.: "Manipulation [...] perverts the way that person reaches decisions, forms preferences or adopts goals."

sind andere. Dennoch muss die Fremdbestimmung von Präferenzen für konkrete Entscheidungen als manipulatives Vorgehen eigenständig gewürdigt werden.

Durch die Manipulation der Präferenzbildung können die Adressaten eines *Nudge* daran gehindert werden, ihre auch beim Einsatz des *Nudge* (vermeintlich) vorhandene Entscheidungsfreiheit auszuüben. Inwieweit das tatsächlich der Fall ist kann wohl nie letztgültig, am ehesten aber noch mit Blick auf den Einzelfall beurteilt werden.[419] Insgesamt kann jedoch konstatiert werden, dass die Wucht des Manipulationsvorwurfs gegenüber *Nudges* entscheidend davon abhängt, wie stark einzelne Entscheidungen von kognitiven Verzerrungen beeinflusst werden. Wenn kognitive Verzerrungen keinen erheblichen Einfluss ausüben und die Präferenzbildung nur geringfügig mitbeeinflussen, so wird auch ihre gezielte Einbindung durch einen *Nudge* kaum Auswirkungen haben. Dann wird der Manipulationsvorwurf entkräftet, die *Nudge*-Adressaten können weitgehend unbeeinträchtigte Entscheidungen treffen. Entfalten die kognitiven Verzerrungen hingegen einen intensiven Einfluss auf Entscheidungen, sodass sie die Präferenzbildung dominieren, dann wird dieser Effekt von den *Nudges* übernommen und sie entfalten einen starken fremdbestimmenden Einfluss. *Nudges* sind dann eine intensive Form der Verhaltenssteuerung, durch die präferenzformende Wirkung der kognitiven Verzerrung werden Entscheidungen, die nicht der Empfehlung des *Nudge* folgen, nahezu ausgeschlossen.[420] Dann bleibt den Adressaten eines *Nudge* auch kaum mehr etwas von der Entscheidungsfreiheit, die der zwanglose Einsatz von *Nudges* ihnen eigentlich belassen sollte. Dass sie die kognitive Verzerrung überwinden können, die zur Steuerung eingesetzt wird, erscheint äußerst unwahrscheinlich.[421] Diese Wechselbeziehung zwischen der Manipulationsintensität und der Effektivität von *Nudges* stellt für die Anwendung von *Nudges* ein erhebliches Problem dar und hat Züge eines Dilemmas. Stellt sich ein *Nudge* als enorm effektives Instrument der Verhaltensbeeinflussung heraus, dann werden zugleich auch die Adressaten des *Nudge* intensiv manipuliert. Diese Manipulation kann im Gegenzug letztlich nur abgeschwächt werden, wenn der *Nudge* weniger effektiv wirkt. Dann bricht aber die Basis für die Anwendung von *Nudges* überhaupt weg, sie werden ja gerade eingesetzt, um das Verhalten ihrer Adressaten möglichst stark zu beeinflussen.

Fasst man die Erkenntnisse zusammen, so sind *Nudges* stets als manipulative Instrumente anzusehen. Sie (1) umgehen den bewussten Reflexionsprozess des System 2 und (2) versuchen im Zusammenspiel mit den kognitiven Verzerrungen des System 1 die Präferenzen des Individuums formen. Umso effektiver sie das Verhalten ihrer Adressaten beeinflussen, umso höher muss auch die Intensität der von ihnen ausgehenden Manipulation eingeschätzt werden.

2. Personale Autonomie

Die paternalistischen und manipulativen Aspekte der *Nudges* werfen die Frage auf, wie die Adressaten der *Nudges* sich gegen die Einflussnahme auf ihre Entscheidungen womöglich zur Wehr setzen können. Eine grundsätzliche Begrenzung der Einflussnahme könnte sich insoweit aus der personalen Autonomie der *Nudge*-Adressaten ergeben.

---

419 Das tatsächliche Ausmaß der Existenz kognitiver Verzerrungen kann durch Laborexperimente letztlich nicht sicher nachgewiesen werden, die externe Validität von Laborexperimenten kann stets in Frage gestellt werden. Vgl. dazu mit Fokus auf *Nudges: Cserne*, Making Sense of Nudge-Skepticism, S. 285.

420 *Rebonato*, Taking Liberties, S. 133.

421 Insofern wird *Nudges* zum Teil auch zwangsgleiche Wirkung bescheinigt, etwa von *Hausman/Welch*, To Nudge or Not To Nudge?, S. 130; *White*, The Manipulation of Choice, S. 91; *Bubb/Pildes*, How Behavioral Economics Trims Its Sails and Why, S. 1616.

a) Autonomie als philosophischer Begriff

Autonomie wird im allgemeinen Sprachgebrauch als Unabhängigkeit, Selbständigkeit oder Souveränität verstanden.[422] Dieses allgemeine Verständnis findet sich im weitesten Sinne bestätigt, wenn man sich die Wortbestandteile des Begriffs vergegenwärtigt. Autonomie als Zusammensetzung aus Selbst (*autos*) und Gesetz (*nomos*) bezeichnet das Ausrichten des eigenen Verhaltens an selbstgesetzten Regeln, also Selbstgesetzgebung oder Selbstbestimmung. In diesem Sinn ist der Begriff der Autonomie ursprünglich auch gebraucht worden, um den Anspruch von Staaten zu bezeichnen, ihre eigenen Angelegenheiten selbst zu regeln.[423]

Der Begriff kann allerdings auch in Bezug auf Personen gebraucht werden und er beschreibt dann ein ganz ähnliches Konzept. Autonom handelt, wer selbst über sein Verhalten bestimmt. Ein autonomes Individuum verwirklicht durch seine Entscheidungen seinen eigenen Willen, den es aus seinen eigenen, unabhängig gewählten Prinzipien entwickelt hat. Ungeachtet dessen darf das Bild einer autonomen Entscheidung nicht mit dem einer autarken Entscheidung, also einer von äußeren Einflüssen vollkommen unbeeinflussten Entscheidung, gleichgesetzt werden. Menschen sind nicht völlig allein auf der Welt. Ihr Verhalten stellt stets eine Reaktion auf Einflüsse aus der Umgebung dar. Die Intensität, mit der Umwelteinflüsse das Verhalten beeinflussen, variiert dabei erheblich. Manche Einflüsse beeinflussen lediglich, welche aus den verschiedenen Handlungsoptionen das Individuum auswählen wird – es behält selbst die Kontrolle über seine Entscheidung. Andere Einflüsse hingegen stellen diese Kontrolle des Individuums über die Auswahl in Frage und beeinträchtigen seine Autonomie. Wie lassen sich diese Einflüsse mit Blick auf die Autonomie einer Entscheidung unterscheiden? Die Suche nach Kriterien für die Identifikation fremdbestimmender, autonomiebeeinträchtigender Einflüsse steht im Zentrum der philosophischen Autonomiediskussion.[424] Die Nachzeichnung der verschiedenen Auffassungen zur Abgrenzung von Selbst- und Fremdbestimmung würde den Rahmen dieser Arbeit jedoch sprengen. Die Diskussion personaler Autonomie wird hier deshalb auf Grundlage des Autonomiemodells von *Joel Feinberg* geführt. Die Entscheidung für die Zugrundelegung seines Modells erfolgt vornehmlich aus zwei Gründen. Zunächst hat *Feinberg* sein Modell selbst aus einer strafrechtlichen Schutzperspektive entwickelt. Er berücksichtigt spezifisch die Besonderheiten paternalistischer Rechtsetzung bei der Ausarbeitung der Grenzen und geht insbesondere auch auf weich paternalistische Maßnahmen des Staates ein.[425] Darüber hinaus ist das Konzept *Feinbergs* auch in der Diskussion um *Nudges* bereits aufgegriffen und fruchtbar gemacht worden.[426]

---

[422] *Duden Wörterbuch*, Eintrag Autonomie.

[423] *Darwall*, The Value of Autonomy and Autonomy of the Will, S. 263; *Feinberg*, Harm to Self, Kapitel 19, der die Analogie zur Autonomie von Staaten umfassend betreibt.

[424] *Buss/Westlund*, Personal Autonomy: "What distinguishes autonomy-undermining influences on a person's decision, intention, or will from those motivating forces that merely play a role in the self-governing process? This is the question that all accounts of autonomy try to answer. As the number and variety of these accounts indicate, the distinction is extremely elusive."

[425] Auch wenn von *Feinberg* insoweit ein traditioneller Paternalismusbegriff angelegt worden ist (vgl. *Feinberg*, Harm to Self, S. 16), der von dem hier gewählten Ansatz *Shiffrins* abweicht, können die Schlussfolgerungen von *Feinberg* im Hinblick auf die Zulässigkeit von Paternalismus auch in dieser Arbeit geltend gemacht werden (dazu *Feinberg*, Harm to Self, S. 98 ff.)

[426] *White*, The Manipulation of Choice, S. 86 ff.; *Gutwald*, Autonomie, Rationalität und Perfektionismus, S. 77 ff.

b) Joel Feinbergs Konzeption

Feinberg befasst sich mit dem Begriff der Autonomie aus einer strafrechtlichen Perspektive und bearbeitet sie im Rahmen seines Gesamtwerks zu den moralischen Grenzen des Strafrechts.[427] Er stellt Autonomie dem staatlichen Zugriff durch paternalistische Maßnahmen gegenüber. Autonomie dient dabei als Gradmesser für die Legitimität paternalistischer Maßnahmen. Das Modell *Feinbergs* hat mit vielen anderen Autonomiemodellen gemeinsam, dass es maßgeblich auf einer Dichotomie von Kompetenz und Authentizität aufbaut.[428] Autonomie setzt demnach ein gewisses Maß an Rationalität voraus, dass zur Verwirklichung des individuellen Willens eingesetzt wird.

aa) Kompetenz

Der Kompetenzaspekt der Autonomie wird von *Feinberg* als rationale Kapazität beschrieben. Hiermit ist die generelle Befähigung eines Individuums gemeint, sich selbstbestimmt verhalten zu können. Diese Befähigung zur Selbstbestimmung hängt von der Fähigkeit ab, rationale Entscheidungen zu treffen. *Feinberg* definiert Rationalität in diesem Zusammenhang negativ, indem er aufzählt, welche Personen nicht zu rationalen Entscheidungen fähig sind. Dazu zählen nach *Feinberg* Kleinkinder, psychisch kranke, geistig zurückgebliebene, altersbedingt senile sowie bewusstlose Personen.[429] Wovon die Fähigkeit, rational zu entscheiden, inhaltlich abhängig ist, definiert er nicht. Er weist lediglich darauf hin, dass diese Fähigkeit von der kognitiven Leistungsfähigkeit des Individuums abhängig ist.[430]

Feinberg arbeitet sodann heraus, dass der Kapazitätsaspekt von Autonomie graduell unterschiedlich stark ausgeprägt sein kann. Manche Personen seien aufgrund ihrer kognitiven Fähigkeiten besser als andere dazu in der Lage, für sich sinnvolle Entscheidungen zu treffen. Diese unterschiedliche Ausstattung mit kognitiven Fähigkeiten ist für *Feinberg* aber unerheblich. Hier sei die Autonomiekapazität als Schwelle zu verstehen. Sobald einem Menschen, wie im Zweifel volljährigen Personen, die Kompetenz zugestanden werde, selbstbestimmt das eigene Leben zu leben, dann werde davon ausgegangen, dass diese Kompetenz vollständig vorliege. Auch wenn der Betroffene sein Leben „schlecht" lebe, weil er inkonsistente Entscheidungen treffe, die seinen Lebensplan nicht zielstrebig verwirklichten, sei er vollständig kompetent. Die Autonomiekapazität nach *Feinberg* liegt also vor, wenn bestimmte minimale Anforderungen der Rationalität erfüllt worden sind. Rationalität ist hier demnach nicht im Sinne der ökonomischen Entscheidungstheorie als optimale Mittelverwendung zur Erreichung der Ziele zu verstehen, sondern als minimale Fähigkeit, Zusammenhänge zu verstehen, Ziele zu formulieren und Verhalten zu planen und auszuführen.[431] Etwaige graduelle Vorteile, die kognitiv leistungsfähigere Personen im Hinblick auf die Kapazität innehaben, sind aus *Feinbergs* Sicht

---

[427] Das Gesamtwerk heisst *The Moral Limits of The Criminal Law* und besteht aus vier Bänden, Band 1: Harm to Others, Band 2: Offense to Others, Band 3: Harm to Self, Band 4: Harmless Wrongdoing. Die Autonomiekonzeption im Angesicht paternalistischen Staatshandelns wird in Band 3 ausgearbeitet.

[428] Für andere Modelle, die auf dieser Unterteilung aufbauen, vgl. *Christman*, Autonomy in Moral and Political Philosophy.

[429] *Feinberg*, Harm to Self, S. 28: "That capacity in turn is determined by the ability to make rational choices, a qualification usually so interpreted as to exclude infants, insane persons, the severely retarded, the senile, and the comatose, and to include virtually everyone else. It is commonly said of those who qualify that they and only they are competent to govern themselves.".

[430] *Feinberg*, Harm to Self, S. 30, macht rationale Entscheidungen von „intelligence, judgment, and other relevant capabilities" abhängig.

[431] Diese inhaltliche Definition ist entliehen von *Raz*, The Morality of Freedom, S. 372 f.

„unused surplus".[432] Sie sind für die vollumfängliche Anerkennung der Befähigung zur Selbstbestimmung unerheblich. Damit ist für *Feinberg* zugleich auch klar, dass der Mensch, dem die Kompetenz zu autonomem Verhalten zuerkannt wird, sich auch „dumm" verhalten darf.[433] Ab Überschreitung der Kompetenzschwelle sind Menschen vollumfänglich kompetent, sich autonom und selbstbestimmt zu verhalten. Davon muss auch das Recht umfasst sein, sich zu irren, Fehler zu machen, sich unvernünftig zu verhalten und unverhältnismäßige Risiken einzugehen.[434]

bb) Authentizität

Sobald die Kompetenzschwelle der Autonomie überschritten ist, gilt ein Individuum nach *Feinberg* als generell in der Lage, sich selbstbestimmt zu verhalten. Es genießt dann das Recht, die Einflussnahme auf seine Entscheidungen von außen prinzipiell zurückzuweisen. Aber auch wenn ein Individuum die generelle Fähigkeit zur Selbstbestimmung hat, kann es sich in Einzelfällen nicht-autonom verhalten, etwa weil die grundsätzlich vorhandene Kapazität zur Autonomie vorübergehend ausfällt, oder weil es durch seine Entscheidungen einen anderen Weg einschlägt, als es eigentlich will. Der Einzelne scheitert dann daran, seinen Willen durch seine Entscheidungen zu verwirklichen. Hier kann davon gesprochen werden, dass das Individuum sich nicht mehr *selbst* bestimmt. Es befindet sich nicht mehr in einem Zustand der Autonomie. Sofern es dem Individuum jedoch gelingt, durch seine Entscheidungen den eigenen Willen zu verwirklichen, so handelt es authentisch. Die Entscheidungen sind dann Ausdruck seiner Ziele und Wünsche, aus denen sich seine Persönlichkeit zusammensetzt.[435]

Authentizität ist für philosophische Autonomiekonzeptionen der Gradmesser, ob eine Entscheidung noch als Selbst- oder bereits als Fremdbestimmung anzusehen ist. Handelt das Individuum noch im Einklang mit seinem eigenen Willen, oder ist es bereits zu weit von seiner eigenen Wunschvorstellung abgekommen? Zu bestimmen, wann das Individuum seinen Willen noch ausreichend verwirklicht, um als autonom zu gelten, ist nur schwer möglich. Es ist ein Problem, das in ähnlicher Weise bereits bei der Analyse des *as judged by themselves* Kriterium aufgetreten ist.[436] Das *as judged by themselves* Kriterium ging von der Annahme aus, dass Menschen in Situationen, in denen sie kognitiven Verzerrungen erliegen, nicht ihren eigenen Willen verwirklichen. Deshalb sollte ihnen zur Verwirklichung ihres eigenen Willens verholfen werden. Dieser eigentliche Wille müsste dem Entscheidungsarchitekten aber bekannt sein. Weil das nicht der Fall ist, ist die Anwendung des Kriteriums letztlich unmöglich. Das *as judged by themselves* Kriterium versteht sich als weich paternalistisches Konzept, weil es auf die Verwirklichung des wahren Willens der Betroffenen abzielt. Seine Anwendung führt aber zu übermäßig strengen Anforderungen an die menschliche Willensverwirklichung. Wie im Zusammenhang des Kompetenzaspekts bereits hervorgehoben, können

---

432 *Feinberg*, Harm to Self, S. 30: "It is the threshold conception of natural competence—minimal relevant capability for a task—that is used in stipulations of necessary and sufficient conditions for the sovereign right of self-government ascribed to individuals. Some competent persons are no doubt more richly endowed with intelligence, judgment, and other relevant capabilities than others, but above the appropriate threshold they are deemed no more competent (qualified) than the others at the "task" of living their own lives according to their own values as they choose. In respect to qualification for rightful self-government, their greater resources are "simply an unused surplus."".

433 *Feinberg*, Harm to Self, S. 30: "Being stupid, no less than being wise, is the sole prerogative of the threshold-competent."

434 *Feinberg*, Harm to Self, S. 62: "There must be a right to err, to be mistaken, to decide foolishly, to take big risks, if there is to be any meaningful self-rule; without it, the whole idea of *de jure* autonomy begins to unravel.".

435 Das Individuum ist hier dann, in den Worten *Isaiah Berlins*, sein eigener Meister, vgl. *Berlin*, Two Concepts of Liberty, S. 178.

436 Siehe dazu oben, unter B. III. 2. b).

Menschen ihre Autonomie mehr oder weniger zielstrebig ausüben. Sie können durch ihre Entscheidungen den eigenen Willen stringent verfolgen, aber auch einmal eine kontraproduktive Entscheidung treffen. Dennoch sind diese Entscheidungen zumeist als legitime Autonomieausübung zu qualifizieren.

Hieran ändert sich auch nichts dadurch, dass theoretisch bei fast jeder Entscheidung eine Marge für Verbesserung bleibt, wenn Menschen durch eine Entscheidung ihren Willen nicht bestmöglich verfolgen. Nahezu jede Entscheidung ließe sich optimieren. Dies könnte ein Einfallstor für die Einführung weich paternalistischer Maßnahmen sein, die darauf abzielen, die Entscheidung und den Willen des Individuums *bestmöglich* in Einklang zu bringen. Durch eine solche Betrachtung würde jedoch der dem Individuum generell zuerkannte Kompetenzraum der persönlichen Autonomie in konkreten Entscheidungsfällen enorm verengt. Die Autonomie als aktueller Zustand, ausgeübt in konkreten Entscheidungen, würde dann nicht denselben Schutz genießen, wie die Autonomie als generelle Kapazität, die dezidiert als Schwelle konzipiert worden ist. Will man auch konkret einen Raum eröffnen, in dem der Einzelne unbeschwert entscheiden kann, so stellt sich die Frage, ab wann davon gesprochen werden kann, dass der individuelle Wille auch im Einzelfall als ausreichend verwirklicht angesehen werden kann. Wo liegt, parallel zur Kompetenz, die Schwelle der Authentizität?

Man kann, rechtlich gesehen, zunächst einmal davon ausgehen, dass ein kompetentes Individuum sich authentisch verhält, dass es durch seine Entscheidungen also seinen Willen verwirklicht. Diese Vermutung zugunsten der individuellen Autonomie ist der Ausgangspunkt der weiteren Überlegungen. Im Grundsatz gilt eine Vermutung für die Autonomie des individuellen Verhaltens. Allerdings können, ausgehend von diesem Grundsatz, Ausnahmen gemacht werden, wenn davon ausgegangen werden kann, dass eine Entscheidung eher nicht willensverwirklichend ist. *Feinberg* schlägt vor, diese Ausnahmen auf Grundlage von Wahrscheinlichkeitsurteilen zu machen. Mit Hilfe dieser Wahrscheinlichkeitsurteile könnten Fälle identifiziert werden, so *Feinberg*, in denen davon auszugehen sei, dass die Willensverwirklichung beeinträchtigt sei. Als eingängiges Beispiel für derartige Wahrscheinlichkeitsurteile, bei denen von einem fehlenden Willen ausgegangen werden kann, nennt er selbstgefährdende Verhaltensweisen. Es erscheine unwahrscheinlich, dass sich jemand in extreme Lebensgefahr begeben wolle, weil das bei den meisten Menschen nicht der Fall sei.[437] Das wiederum lege nahe, dass entsprechendes Verhalten nicht einen dazugehörigen Willen verwirkliche, sondern der entsprechende Wille fehle bzw. ein anderer sei. Das ist überzeugend. Zwar besteht auch in solchen Fällen kein gesichertes Wissen in Bezug auf die Willensbeschaffenheit, das Wahrscheinlichkeitsurteil weist aber auf die fehlende Willentlichkeit des Verhaltens hin.

Derartige Wahrscheinlichkeitsurteile hat *Feinberg* in seinem Modell der idealen Entscheidung zugrunde gelegt, das bei der Identifikation von ausreichend willensgetragenen Entscheidungen helfen soll. Dieses Modell soll auch für die Analyse von *Nudges* genutzt werden. Es geht *Feinberg* insoweit nicht darum, den Inhalt des individuellen Willens selbst zu identifizieren, sondern Kriterien zu entwickeln, deren Vorliegen das Fällen einer willensgetragenen Entscheidung erschweren können. Liegen nur wenige der Kriterien in einem konkreten Entscheidungsfall vor, dann geht *Feinberg* davon aus, dass der Wille ausreichend verwirklicht wird. Die Anzahl und die Intensität der Kriterien, die vorliegen dürfen, um von ausreichender Willensverwirklichung auszugehen, sind aber von den Umständen des Einzelfalls abhängig. Hier ist entscheidend, dass das Gewicht der betroffenen Interessen, die Bedeutung des verfolgten Zwecks und die Wahrscheinlichkeit des Eintritts

[437] *Feinberg*, Harm to Self, S. 124.

möglicherweise negativer Konsequenzen berücksichtigt werden.[438] Eine eindeutig benennbare Grenze kann so zwar nicht festgelegt werden, die Kriterien erlauben aber eine ungefähre Bestimmung der Schwelle der Willensverwirklichung für einzelne Szenarien. Der Fall extrem lebensgefährdenden Verhaltens würde, legt man die Kriterien an, eine hohe Schwelle der Willensverwirklichung erfordern. Keines oder nur wenige der beeinträchtigenden Kriterien dürften vorliegen.

(1) Das Modell der idealen Entscheidung nach Feinberg

Das *Feinbergsche* Modell der perfekt willensgetragenen Entscheidung dient als Ideal für die Beurteilung der Autonomie einer Entscheidung. Die perfekt willensgetragene Entscheidung wird von einem kompetenten Individuum unter Berücksichtigung aller relevanten Informationen entwickelt und verwirklicht den Willen dieses Individuums, weil es nicht unter dem Einfluss von unzulässigem Druck oder anderen Störfaktoren entscheidet.[439] Zwischen diesem Ideal der perfekt willensgetragenen Entscheidung und eindeutig nicht willensgetragenen Entscheidungen muss die Grenze festgelegt werden, ab der eine Entscheidung als ausreichend willensgetragen gilt. Dann ist nach *Feinberg* die Einführung weich paternalistischer Maßnahmen unzulässig, weil diese nur dann ergriffen werden sollen, wenn eine Entscheidung nicht willensgetragen ist.[440] Diese Unterteilung kann auch auf *Nudges* angewandt werden. Nach diesem Verständnis von weichem Paternalismus sind *Nudges* zulässig, wenn sie einer nicht-gewollten Entscheidung zur Willensgetragenheit verhelfen. Ist die Entscheidung hingegen als willensgetragen zu qualifizieren, so ist ein Eingriff nicht zulässig. Eine derart streng-binäre Einordnung soll zwar nicht als Maßstab für eine verfassungsrechtliche Prüfung übernommen werden, sie kann aber als Anhaltspunkt für eine spätere Bewertung der rechtlichen Zulässigkeit dienen.

In seinem Entscheidungsmodell formuliert *Feinberg* fünf Kriterien, anhand derer die Verwirklichung des Willens durch eine Entscheidung festgestellt werden kann. Sie können teilweise auch für die Bewertung von *Nudges* fruchtbar gemacht werden. Nach *Feinberg* ist eine konkrete Entscheidung dann vollständig gewollt, wenn:

1. Der Entscheider kompetent ist,
2. Der Entscheider nicht zur Entscheidung gezwungen oder sonst genötigt wird,
3. Der Entscheider nicht aufgrund von subtiler Manipulation entscheidet,
4. Der Entscheider nicht aufgrund von Unkenntnis der Fakten oder fehlerhafter Überzeugung entscheidet,
5. Der Entscheider nicht unter Umständen entscheidet, die vorübergehend die Entscheidung verzerren.[441]

---

[438] *Feinberg*, Harm to Self, S. 117: "[...] we should treat voluntariness as a "variable concept," determined by higher and lower cut-off points depending on the nature of the circumstances, the interests at stake, and the moral or legal purpose to be served."

[439] *Feinberg*, Harm to Self, S. 104.

[440] Aus diesem Grund sieht *Feinberg* weich paternalistische Maßnahmen auch eigentlich als nicht-paternalistisch an. Weil sie nur dann eingreifen dürfen, wenn die Entscheidung nicht willentlich war, greifen sie nicht in die personale Autonomie ein, die ja gerade abhängig von der Willensgetragenheit ist. Er behält die Bezeichnung der Maßnahmen als weich paternalistisch dann aber aus Konsistenzgründen bei; *Feinberg*, Harm to Self, S. 15 f.

[441] *Feinberg*, Harm to Self, S. 115; auf diese Einteilung nimmt auch *White*, The Manipulation of Choice, S. 87, Bezug. Eine gewisse Wertungsabhängigkeit, und damit einhergehend Beliebigkeit, kann auch Feinbergs Modell nicht abstreifen. Wie stark die angeführten, willensbeeinträchtigenden Faktoren die Willensgetragenheit einer Entscheidung tatsächlich abwerten kann nicht objektiv bestimmt werden. Die Faktoren können lediglich als Indiz und Ausgangspunkt einer Bewertung dienen. Diese Bewertung wird durch die Bestimmung der Indizien zwar verobjektiviert, bleibt letztlich aber subjektiv.

(a) Kompetenz des Entscheiders

Bei der Begründung der Kompetenz greift *Feinberg* erneut auf den Negativkatalog zurück, den er bereits im Hinblick auf die Definition von Autonomie als Kapazität gebraucht hat. Danach ist jeder volljährige Mensch grundsätzlich als kompetent dazu anzusehen, sich autonom zu verhalten. Er ist also in der Lage, durch das eigene Verhalten seine eigenen Pläne zu verwirklichen. Das umschreibt *Feinberg* damit, dass der Entscheider, um kompetent zu sein, kein Tier, kein Kleinkind, kein psychisch kranker Mensch, kein geistig zurückgebliebener Mensch und kein komatöser Mensch sein darf.[442] Er definiert auch hier nicht genauer, welche Fähigkeiten der Einzelne besitzen muss, um als kompetent angesehen zu werden.[443] Im Hinblick auf die Beurteilung von *Nudges* kann aber festgehalten werden, dass diese Fallgruppe eine untergeordnete Bedeutung hat. *Nudges* greifen nicht aufgrund von grundsätzlichen Kompetenzdefiziten ein, sondern aufgrund des (vermeintlich) verfehlten Einsatzes der Kompetenz im Einzelfall.[444]

(b) Offene Beeinflussung des Entscheiders

Das zweite Kriterium betrifft bereits die Veranlassung des Entscheiders zu einer Entscheidung, die nicht seinem eigenen Willen entspricht. Wird er offen gezwungen oder durch Drohungen dazu veranlasst, eine bestimmte Entscheidung zu treffen, so kann diese nicht als Verwirklichung seines Willens angesehen werden. *Feinberg* beschreibt dieses Kriterium näher, indem er Beispiele aufzählt, in denen eine willentliche Entscheidung behindert wird. Das sei etwa der Fall, wenn der Betroffene durch Drohung mit einem Übel, durch ein zwingendes Angebot oder durch zwangsähnlichen Druck zu einer Entscheidung verleitet werde. Auch diese Fallgruppe kann für die Beurteilung von *Nudges* vernachlässigt werden.

(c) Subtile Manipulation des Entscheiders

Feinberg erkennt auch Methoden als eine Gefahr für die willentliche Entscheidung, die durch Manipulation die Willensverwirklichung des Entscheiders beeinträchtigen. Hier kann der Betroffene, ohne es selbst zu bemerken, zu einer Entscheidung verleitet werden, die nicht seinem eigenen Willen entspricht. Als Beispiele für eine solche Beeinflussung nennt *Feinberg* die Beeinflussung nach Hypnose, suggestive Beeinflussung durch *„sleep-teaching"*, aber auch unterschwellige Anregungen allgemein.

Nudges haben zu dieser Fallgruppe eine besondere Beziehung, weil sie das Potenzial haben, selbst eine solche subtile Beeinflussung zu sein, die die Verwirklichung des dem Individuum eigenen Willens beeinträchtigt. *Nudges* formen, durch Interaktion mit den kognitiven Verzerrungen des Unterbewusstseins, selbst die handlungsleitende Präferenz, die im Entscheidungsmoment konstruiert wird. Aufgrund dieses Wirkungsmechanismus sind sie in einem vorangegangenen Abschnitt ja auch bereits als manipulative Instrumente identifiziert worden.[445] Insofern können sie, wenn sie eine bereits als autonom qualifizierte Entscheidung betreffen, deren Autonomie beeinträchtigen. Insofern wenig überraschend erkennen auch *Sunstein* und *Thaler* bereits die Nähe ihrer Programmatik zu *„subliminal advertising"*.[446]

---

[442] *Feinberg*, Harm to Self, S. 115, Diagram 20-5.

[443] Dafür kann aber auf *Raz*, The Morality of Freedom, S. 372, zurückgegriffen werden, der minimale Rationalitätsanforderungen formuliert.

[444] So auch *Gutwald*, Autonomie, Rationalität, und Perfektionismus, S. 78.

[445] Siehe oben, unter C. II. 1. b).

[446] *Sunstein/Thaler*, Nudge, S. 244.

(d) *Unkenntnis der Faktenlage oder fehlerhafte Überzeugung*

Dieses Kriterium soll Fälle aus dem Kreis der willentlichen Entscheidungen ausschließen, in denen Betroffene aufgrund von fehlender Faktenkenntnis nicht ihren eigenen Wünschen entsprechend entscheiden. In diese Fallgruppe gehört also beispielsweise der klassische Fall des *Millschen* Brückenbeispiels.[447] Jemand, der eine Brücke zu überqueren sucht, aber nichts von ihrer Baufälligkeit weiß, soll über diese Baufälligkeit informiert werden dürfen und zum Zwecke der Information auch aufgehalten werden dürfen. Wohlinformiert kann er dann eine willentliche Entscheidung treffen, ansonsten fehlt es an der Willensgetragenheit. Neben dieses tatsächliche Fehlen von Informationen stellt *Feinberg* noch den verwandten Fall der fehlerhaften Überzeugung, die dann vorliegt, wenn jemand in Unkenntnis der Konsequenzen der unterschiedlichen Entscheidungsalternativen handelt. Diese Fallgruppe betrifft also, wie bereits die erste, Fehler der Rationalität. Während die rationale Kapazität in der ersten Fallgruppe generell fehlt, fehlt sie hier konkret im Einzelfall wegen mangelnder Information, bzw. wegen einer mangelhaft gebildeten Präferenzordnung auf Grundlage der verfügbaren Informationen, die nicht abbildet, was eigentlich präferiert wird.

Auch diese Fallgruppe kann für die Beurteilung von *Nudges* relevant werden. Die im Rahmen der begrenzten Rationalität identifizierten Urteilsfehler verleiten, insbesondere bei der Wahrscheinlichkeitseinschätzung, zur Zugrundelegung falscher Informationen für Entscheidungen. Die auf Grundlage dieser Informationen gebildete Präferenzordnung entspricht dann auch nicht dem, was eigentlich erreicht werden soll. Hier könnte die Autonomie der Entscheidungen bereits abgelehnt werden, sodass eine Autonomieverletzung durch einen *Nudge* von vornherein ausgeschlossen wäre.[448]

(e) *Verzerrende Entscheidungsumstände*

Zuletzt beschreibt *Feinberg* Faktoren, die einen verzerrenden Einfluss auf die Willensverwirklichung haben können. Dazu zählen insbesondere Einflüsse aus der Psyche des Betroffenen wie Impulse und Gefühle, aber auch psychische Beeinträchtigungen durch Drogen oder Schmerzen, oder sogar durch psychische Krankheiten wie Depressionen oder Zwangsneurosen (hier verwischt *Feinberg* die Grenze zum Kompetenzkriterium etwas). Diese verzerrenden Einflüsse können die Verwirklichung des eigenen Willens durch das Individuum beeinträchtigen, und somit eine autonome Entscheidung verhindern.

Diese letzte Fallgruppe kann für die Beurteilung der Frage, ob *Nudges* eine Autonomiebeeinträchtigung darstellen, ebenfalls fruchtbar gemacht werden. Die Entscheidungsverzerrungen der Verhaltensökonomik können als verzerrende Entscheidungsumstände in diesem Sinne verstanden werden, sodass sie eine die Autonomie beeinträchtigende Wirkung entfalten. Sie entspringen dem impulsiven System 1, dem Unterbewusstsein, das dezidiert als Quelle verzerrender Umstände aufgeführt wird.

(2) Die konkrete Anwendung des Modells

Das *Feinbergsche* Modell der willensgetragenen Entscheidung arbeitet Charakteristika heraus, die die Willensgetragenheit einer Entscheidung in Frage stellen. Sie dienen als Anhaltspunkte, um für einzelne Entscheidungen die Zulässigkeit weich paternalistischer Maßnahmen zu bestimmen. Dabei gilt es jedoch zu beachten, dass nicht alle Faktoren des Modells bei jeder getroffenen Entscheidung eine Rolle spielen. Bei einigen Entscheidungen werden einzelne Faktoren erhebliches Gewicht für die Beurteilung der Willensgetragenheit haben, während andere keinerlei Bedeutung besitzen. Hier muss

---

[447] *Mill*, On Liberty, S. 96 f.

[448] Mit ähnlicher Kategorisierung von Fakten und Wertungen *Mayr*, Grenzen des Paternalismus II, S. 65 ff.

einzelfallbezogen bewertet werden, welche Faktoren letztlich entscheidungserheblich sind. Darüber hinaus ist bereits darauf hingewiesen worden, dass das Modell eine idealisierte Vorstellung einer willensverwirklichenden Entscheidung beschreibt. *Feinberg* selbst betont, dass wohl ausnahmslos alle Entscheidungen unter einem der beschriebenen Mängel leiden.[449] Allerdings bedeute ein solcher Mangel nicht automatisch, dass die Entscheidung nicht dem Willen des Betroffenen entspreche und deswegen nicht als autonom angesehen werden könne.[450] Vielmehr seien Entscheidungen teilweise trotz schwerwiegender Beeinträchtigungen noch als willentlich anzusehen, teilweise aber bereits bei nur relativ geringen Beeinträchtigungen bereits als nicht-willentlich.

Wann aber sind schwerwiegende Beeinträchtigungen unschädlich, und wann sind bereits geringe Beeinträchtigungen problematisch? Um das zu beurteilen, ist es notwendig, die Charakteristika der jeweiligen Entscheidungssituation zu berücksichtigen.[451] Hier zieht *Feinberg* für Entscheidungen, die nur die entscheidende Person selbst betreffen, eine Parallele zur Einwilligung, die die Willensgetragenheit im zwei-Parteien Verhältnis bewahrt.[452] Ähnlich wie dort, ergeben sich hohe oder geringe Willensgetragenheitsanforderungen aus Faktoren wie dem Grad der drohenden Gefahren, der Widerruflichkeit möglicher Schäden und der Bedeutung des verfolgten Interesses. Hohe Willensgetragenheitsanforderungen verlangt *Feinberg* etwa in Situationen, in denen das Individuum sich einer sicheren, bzw. sehr wahrscheinlichen, unwiderruflichen Schädigung aussetzt, wie etwa das schnelle Autofahren auf einer nächtlichen Landstraße. Beeinträchtigende Faktoren, wie beispielsweise Alkoholeinfluss, schließen hier schnell die Willensgetragenheit aus. Demgegenüber werden schwache, nahezu nicht-existente Anforderungen an die Willensgetragenheit gestellt, wenn nur geringe Konsequenzen aus einer Entscheidung drohen, beispielsweise bei der Bestellung eines Abendessens, oder beim Spazierengehen.[453] Hier wird der Alkoholeinfluss kaum die Willensgetragenheit des Verhaltens im Sinne der Zulässigkeit eines weichen Paternalismus ausschließen. Diese Beispiele illustrieren, wie Entscheidungen auf einem Kontinuum der Willensgetragenheit angeordnet werden können, je nachdem welche Konsequenzen sie für den Betroffenen haben. Das spiegelt sich auch in den allgemeinen Grundregeln wider, die von *Feinberg* für die Beurteilung der Willensgetragenheit formuliert werden. Diese Grundregeln fordern, dass die Willensgetragenheitsschwelle umso höher anzusetzen ist, umso wahrscheinlicher der Eintritt eines erheblichen, irreversiblen Schadens ist.[454] Die Grundregeln können für die Beurteilung der Willensgetragenheit, und damit der Autonomie von Entscheidungen, die durch *Nudges* aufgegriffen werden, übertragen werden. Besonderes Augenmerk verdient insoweit, welche Konsequenzen aus der Entscheidung für das Individuum erwachsen und inwiefern diese Konsequenzen umkehrbar, d.h. widerruflich sind. Konkret bedeutet das, das für eine Entscheidung in der Altersvorsorge wohl höhere Willensgetragenheitsschwellen gesetzt werden müssen, als bei einer Entscheidung über die Auswahl von Speisen. Ein *Nudge* kann insofern eher im

[449] *Feinberg*, Harm to Self, S. 116 ff.

[450] *Feinberg*, Harm to Self, S. 116: "To require that a voluntary act, for any purpose, satisfy *all* of them *fully*, would be to apply an impossibly difficult ideal standard, one that would hardly ever be satisfied."

[451] *Feinberg*, Harm to Self, S. 118: "Confining our attention for the moment to one kind of political/legal purpose – that of determining when self-regarding dangerous choices are "voluntary enough" to be immune from restriction – we can begin to give substance to the variable conception of voluntariness by listing some rules of thumb suggested by common sense."

[452] *Feinberg*, Harm to Self, S. 101 f.

[453] *Feinberg*, Harm to Self, S. 105.

[454] *Feinberg*, Harm to Self, S. 118-121; die Daumenregeln nach *Feinberg* sind konkret: 1. „The more risky the conduct the greater the degree of voluntariness required if the conduct is to be permitted."; 2. "The more irrevocable the risked harm, the greater the degree of voluntariness required if it is to be permitted."; 3. "In still other ways the standard of voluntariness must be tailored to various special circumstances.".

Bereich der Altersvorsorge gerechtfertigt werden, weil die Konsequenzen einer Entscheidung dort erheblicher und mit der Zeit auch (in gewissem Maße) unwiderruflich sind. Dasselbe kann über die Entscheidung für das Schnitzel und gegen den Salat nicht gesagt werden.

c) *Die Verhaltensökonomik als Herausforderung für das Autonomieverständnis Joel Feinbergs*

Die ideale autonome Entscheidung nach *Feinberg* wird von einem bewussten, informierten Entscheidungsträger getroffen, der bei seinen Entscheidungen von seinem selbstentwickelten Willen geleitet wird.[455] Dieses Ideal wird durch die verhaltensökonomischen Erkenntnisse in Frage gestellt.[456] In der Realität entscheiden Menschen, entgegen des idealisierten, autonomen Entscheidungsmodells, nicht immer bewusst im Sinne ihres auf Grundlage kritischer Reflexion gebildeten Willens. Vielmehr entscheiden sie unter dem Einfluss von kognitiven Verzerrungen und mitunter sogar vollständig unterbewusst. Ein Bewusstsein dafür, dass das automatische System 1 Einfluss genommen hat, oder gar eine Entscheidung allein getroffen hat, fehlt den Betroffenen.

Im Zentrum der Vorstellung von Autonomie steht außerdem die Vorstellung, dass Individuen durch ihre Entscheidungen ihren *eigenen* Willen bzw. ihr ökonomisches Pendant, die Präferenzen, verwirklichen. Führt man sich aber die verhaltensökonomische Konzeption der Präferenzen vor Augen, die keineswegs als fest, sondern als flexibel und adaptiv angesehen werden, so erscheint fraglich, ob Entscheidungen tatsächlich durch den Willen des Individuums und nicht durch Eigenschaften der Entscheidungsumgebung determiniert werden. Kann der Wille, der durch die Eigenschaften der Entscheidungsumgebung geformt wird, überhaupt als authentischer, eigener Wille des Individuums angesehen werden? Müsste dann nicht auch die durch *Nudges* geformte Umgebung, die die präferenzformende Wirkung der Entscheidungsumgebung lediglich kanalisiert, zu authentischen Präferenzen führen? Würde das *Nudges* dann nicht zu einem für die Autonomie unproblematischen Phänomen machen?

aa) Im Angesicht des System 1

Die Beschäftigung mit dem Begriff der Autonomie verleitet dazu, den Menschen als selbstbestimmtes und willensgeleitetes, bewusstes Wesen zu idealisieren. Gleicht man dieses Ideal mit den empirischen Tatsachen ab, so scheint es, als sei der Mensch kaum zur Autonomie fähig, spielen sich doch viele entscheidungsleitende Vorgänge lediglich im Unterbewusstsein ab. Ein Beispiel dafür ist die Wirkung der kognitiven Urteils- und Entscheidungsverzerrungen.[457] Sie beeinflussen maßgeblich das Verhalten des Menschen, ohne dass dies von den betroffenen Personen bewusst realisiert wird. Können die Entscheidungen, die von unterbewussten Faktoren beeinflusst werden, als autonom angesehen werden? Hat das Individuum überhaupt Kontrolle über sein Verhalten, wenn unterbewusste Faktoren seine Entscheidungen steuern?

Hier ist Vorsicht geboten, kein allzu strenges Maß anzulegen, das eine empirisch unrealistische Anforderung an das Vorliegen menschlicher Autonomie formuliert. Über die Aufteilung von Entscheidungsprozessen zwischen dem Bewusstsein und dem Unterbewusstsein ist zunächst einmal schlicht wenig bekannt. Die Aufteilung des Denkens in Systeme dient insofern der theoretischen Veranschaulichung und nicht der realistischen Beschreibung kognitiver Prozesse.[458] Die

[455] Vgl. *Feinberg*, Harm to Self, S. 104.
[456] In diese Richtung *Alemanno/Sibony*, Epilogue, S. 329 ff.
[457] Siehe dazu umfassend oben, unter B. I. 2.
[458] Siehe dazu bereits oben, unter B. I. 2. b) aa).

Verhaltenswissenschaften können insoweit keine letztgültige Autorität beanspruchen. Wie darüber entschieden wird, welche Entscheidung im unterbewussten System 1 und welche im bewussten System 2 getroffen wird, kann nicht sicher gesagt werden. Insofern erscheint einerseits denkbar, dass diese Verteilung vollkommen zufällig stattfindet. Welche Entscheidungen bewusst getroffen werden sollen, ist dem menschlichen Urteil dann entzogen. Es ist aber auch denkbar, dass die Aufteilung der nur begrenzten kognitiven Aufmerksamkeit auf einer bewussten Willensentscheidung des Menschen beruht. Welchen Fragen bewusste Aufmerksamkeit gewidmet wird und welche nur unterbewusst abgehandelt werden, lässt sich dann letztlich doch auf eine selbstbestimmte Festlegung des Individuums zurückführen. Nicht zuletzt der Respekt vor der Würde des Individuums gebietet es, insofern eine Vermutung zugunsten der Selbstbestimmung auszusprechen. Die Entscheidungen, die im System 1 getroffen werden, finden unter dieser Prämisse deshalb im unterbewussten System statt, weil das Individuum dies so will. Es ist mithin davon auszugehen, dass das Individuum eine gewisse Kontrolle über sein Verhalten ausübt und nicht vollständig von seinem Unterbewusstsein gesteuert wird.[459]

Aus diesem Grund sollten unterbewusste Entscheidungen nicht per se als nicht autonom angesehen werden. Bei ihnen gilt es, wie auch sonst, sorgfältig die Anforderungen an die Willensgetragenheit nach dem *Feinbergschen* Modell zu bestimmen. Wenn eine Entscheidung mit nur geringen Konsequenzen betroffen ist, die leicht widerrufen werden kann, dann sind auch völlig im Unterbewusstsein getroffene Entscheidungen unproblematisch. Geht es hingegen um Entscheidungen mit schwerwiegenden Konsequenzen, so verwirklicht eine nur im Unterbewusstsein getroffene Entscheidung den individuellen Willen nicht ausreichend.

bb) Im Angesicht der Präferenzinstabilität

Ein mit den unterbewusst wirkenden Faktoren verwandtes Problem ist die Adaptivität der Präferenzen. Im Sinne der Verhaltensökonomik konstruieren Individuen ihre Präferenzen flexibel in Abhängigkeit von den Eigenschaften der Entscheidungssituation. Die Präferenzen entstehen (vielfach) also erst durch die Konfrontation mit der Entscheidungssituation. Wenn das Individuum im Einklang mit seinen (konstruierten) Präferenzen entscheidet, verwirklicht es nach ökonomischer Lesart seinen Willen. Das würde theoretisch auch dann gelten, wenn die Entscheidungsumgebung durch einen *Nudge* verändert worden ist. Schließlich wird der individuelle Wille dann aufgrund der durch einen *Nudge* mitgestalteten Entscheidungsumgebung gebildet und auch verwirklicht. Gibt es dann überhaupt noch einen Raum für Konflikt zwischen *Nudges* und Autonomie?

Es scheint, als werde die Ausübung der Autonomie einfach durch die Entscheidungsumgebung beeinflusst, ohne dass sie dadurch kompromittiert würde. Der Kontext, in dem Entscheidungen getroffen werden, beeinflusst nun einmal die Entscheidungen. Das könnte dann eben auch für durch *Nudges* beeinflusste Entscheidungsumgebungen gelten. Dass man diese Beeinflussung aus ökonomischer Perspektive als präferenzformend bezeichnet, liegt daran, dass ökonomisch der Grundsatz der *revealed preferences* gilt. Durch die Entscheidung für eine Option zeigt das Individuum seine Präferenz. Dieser Grundsatz ist allerdings eng mit der klassischen Ökonomik und der dort herrschenden Rationalitätsannahme verwoben. Wenn Menschen alle Informationen fehlerfrei verarbeiten und die Konsequenzen aller Entscheidungsoptionen erkennen, dann wählen sie – so die Annahme – stets die für sie beste Option aus. Man kann danach also aus der Auswahlentscheidung auf die Präferenz schließen. Ein Teil dieser Gleichung wird jedoch durch die Verhaltensökonomik massiv in

[459] In diesem Sinne auch *Baumeister/Bargh*, Conscious and Unconscious, S. 35 ff.

Frage gestellt. Menschen verhalten sich eben nicht rational im Sinne der klassischen Ökonomik, sondern unterliegen bei der Informationsbeurteilung und bei der Entscheidungsfindung kognitiven Verzerrungen.[460] Kann dann aber noch davon ausgegangen werden, dass der andere Teil der Gleichung, die durch die Entscheidung offenbarten Präferenzen, zutreffend ist? Der Präferenzbegriff der Ökonomik, der sich auf die Identifikation der individuell gewollten Option beschränkte, gerät ins Wanken. Wenn man aber den Boden der durch Auswahl offenbarten Präferenzen verlässt, wie kann dann die individuelle Präferenz überhaupt noch identifiziert werden?

Ein Weg dahin ist die Annahme, dass das Individuum „eigentliche", rationale Präferenzen hat, an deren Verwirklichung es durch die identifizierten kognitiven Verzerrungen gehindert wird. Die mithilfe der Entscheidungsumgebung und den Verzerrungen gebildeten Präferenzen sind dann fehlerhaft und müssen im Sinne einer voll rationalen, nutzenmaximierenden Entscheidung berichtigt werden. Erst dann gelingt es dem Individuum, seinen wahren Willen zu verwirklichen.[461] Das entspricht der Vorstellung, dem Individuum würden zwei Persönlichkeiten innewohnen, eine irrational und unberechenbar, das System 1, und eine kalkuliert und rational, das System 2. Die Präferenzen, die die System 2 Persönlichkeit haben müsste, die die Person in der Entscheidungssituation aber nicht hat, müssen zwangsläufig vermutet werden. Das geschieht im Sinne der Vorstellungen des Entscheidungsarchitekten über gute und richtige Präferenzen in der konkreten Entscheidungssituation. Mit dieser Herangehensweise gelingt es zwar, die vermeintlichen Präferenzen der entscheidenden Person zu identifizieren. Es geschieht aber in einer Weise, die dem Ansatz der offenbarten Präferenzen zu sehr verhaftet bleibt. Das Individuum hat demnach ‚eigentliche' Präferenzen, die es offenbaren wollte. Es ist ihm nur nicht gelungen. Das ist ein gefährlicher Weg, der die Rechtfertigung beinahe jeder Verhaltenskorrektur ermöglicht. Die ‚eigentlichen' Präferenzen, die so konstruiert werden, gibt es in der Realität nicht.

Ein ähnlicher Identifikationsansatz beruft sich auf Metapräferenzen, die auf einer zweiten Willensebene den Inhalt der Präferenzen der ersten Ebene betreffen.[462] Diese Metapräferenzen geben vor, was das Individuum wollen will. Sie sind für die Autonomiekonzeptionen von *Dworkin* und *Frankfurt* zentral.[463] Ob das, was auf der Metaebene gewollt wird, auf der ersten Ebene dann tatsächlich umgesetzt wird, ist eine andere Frage. Die Metapräferenzen der zweiten Ebene drücken aber aus, was die Person ‚eigentlich' möchte und langfristig anstrebt. Dieser Ansatz ist dem soeben vorgestellten sehr ähnlich. Statt direkt davon auszugehen, dass die gewählte Option nicht den ‚eigentlichen' Präferenzen entspricht, werden die entscheidenden Präferenzen auf eine Metaebene verlagert. Beide Ansätze gehen aber davon aus, dass das Individuum nicht im Einklang mit seinem ‚eigentlichen' Willen entscheidet. Beiden Ansätzen ist ebenso gemein, dass der Inhalt dieses ‚eigentlichen' Willens vermutet werden muss.[464] Sie eröffnen aber die Möglichkeit, einen Konflikt zwischen den durch *Nudges* gestalteten Entscheidungsumgebungen, daran anknüpfende individuelle Entscheidungen und der personalen Autonomie der entscheidenden Personen herzustellen. Die entscheidende Person hat ‚eigentlich' bestimmte Präferenzen, wird aber durch die gezielt auf die Interaktion mit kognitiven Verzerrungen angelegten *Nudges* an der Verwirklichung dieser

---

[460] Siehe dazu bereits oben, unter B. III. 2. b) aa).

[461] *Sunstein*, The Ethics of Nudging, S. 431, betont die Vorzugswürdigkeit der Präferenzen des System 2.

[462] Diesen Ansatz wählt z.B. *Hacker*, Nudging and Autonomy, S. 77 ff. Er baut stark auf *Dworkins* und *Frankfurts* Autonomiekonzeptionen auf.

[463] *Dworkin*, The Theory and Practice of Autonomy, S. 3 ff.; *Frankfurt*, Freedom of the Will and the Concept of a Person, S. 5 ff.

[464] Kritisch im Hinblick auf derart vermutete Präferenzen *Berlin*, Two Concepts of Liberty, S. 179 f.

‚eigentlichen' Präferenzen gehindert. Die Authentizität ihrer Entscheidungen und damit ihre Autonomie wird so beeinträchtigt. Zwar lässt sich so ein Konflikt der personalen Autonomie mit den *Nudging* herstellen, das Argument mit den ‚eigentlichen' Präferenzen, deren Verwirklichung durch die kognitiven Verzerrungen beeinträchtigt wird, überzeugt aber nicht. Wie gesehen muss der Inhalt dieser eigentlichen Präferenzen zwangsläufig vermutet werden.[465] Das führt jedoch zurück zu dem eingangs beschriebenen Dilemma. Wenn Menschen im Einklang mit der Verhaltensökonomik ihre Präferenzen als Reaktion auf die Entscheidungssituation bilden, dann bilden sie die Präferenzen auch als Reaktion auf *Nudges*. Wenn sie diese Präferenzen dann verwirklichen, handeln sie authentisch im Sinne der Autonomie, weil sie ihren selbstgebildeten Willen in die Tat umsetzen. So gesehen besteht kein Konflikt zwischen *Nudges* und der personalen Autonomie.

Um dem Kern des möglichen Konfliktes zwischen *Nudges* und personaler Autonomie näher zu kommen, erscheint es hilfreich, den Blick von der Frage der Präferenzverwirklichung und Präferenzidentifikation abzuwenden und auf die Voraussetzungen der Autonomie zu richten. Das ist im Grunde auch der Ansatz des *Feinbergschen* Modells. In seinem Modell der idealen Entscheidung entwickelt *Feinberg* die Rahmenbedingungen, deren Vorliegen die Autonomie einer Entscheidung indizieren. Wenn diese Rahmenbedingungen vorliegen, dann kann davon ausgegangen werden, dass eine Entscheidung autonom gewesen ist. Ob sie den individuellen Präferenzen tatsächlich entsprach und wie diese beschaffen sind ist dabei zweitrangig. Es wird vermutet, dass die Entscheidung dem individuellen Willen entsprochen hat. Dafür ist es aber Voraussetzung, dass die Entscheidung unter bestimmten Umständen getroffen worden ist. Einer dieser Umstände ist die Freiheit der Entscheidungsumgebung von verdeckten fremdbestimmenden Einflüssen auf die Entscheidung (vgl. Fallgruppe 3 des *Feinbergschen* Modells). Hier liegt das Konfliktpotenzial zwischen personaler Autonomie und *Nudges*. *Nudges* nehmen Einfluss auf die Authentizität der Entscheidung. Sie stehen am Anfang der Entscheidungsentwicklung und beeinflussen den individuellen Willen gezielt durch Gestaltung der Entscheidungsumgebung. Insofern unterscheiden sie sich auch von sonstigen, zufällig vorliegenden Faktoren der Entscheidungsumgebung, die ebenfalls Einfluss auf die Willensbildung und damit auf die Entscheidung nehmen. *Nudges* nehmen bewusst und gezielt Einfluss, während andere Faktoren der Entscheidungsumgebung ohne eine vergleichbare, dahinterstehende Intention Einfluss auf die Entscheidung nehmen.

3. Autonomie im Recht

Anhand des Modells von *Feinberg* sind Kompetenz und Authentizität als Wesenszüge der menschlichen Autonomie herausgearbeitet worden. Diese Aspekte sind von *Feinberg* rechtsphilosophisch entwickelt worden, um sie für eine praktische Beurteilung von *Nudges* heranziehen zu können müssen sie sich jedoch auch in der von *Feinberg* entwickelten Form im Recht wiederfinden. Aus rechtlicher Perspektive ist Autonomie ein schillernder, vielschichtiger Begriff dessen Kerngehalt bislang nicht hinreichend definiert wurde. Er wird von *Bumke* daher treffend als mehrdimensional beschrieben, als Begriff ohne umfassende Konzeptualisierung.[466] *Bumke* untergliedert den Autonomiebegriff deshalb in Dimensionen, von denen im hiesigen Zusammenhang insbesondere die Dimensionen der „Autonomie als Zustand" sowie der „Autonomie als Ideal" relevant sind. Nachfolgend wird beleuchtet, inwiefern sich das Autonomieverständnis Feinbergs im Sinne einer „Autonomie als Zustand" auch im deutschen Verfassungsrecht wiederfindet. Darüber hinaus wird gezeigt, dass die personale Autonomie als

---

[465] Vor den Gefahren der Annahme solcher ‚eigentlicher' Präferenzen warnen auch *Seckelmann/Lamping*, Verhaltensökonomischer Experimentalismus im Politik-Labor, S. 196.

[466] *Bumke*, Autonomie im Recht, S. 16, 19.

staatliches Ideal in der Verfassung angelegt ist. Zuletzt wird herausgearbeitet, inwieweit die personale Autonomie als eigenständiges Recht auch materiellrechtlich Schutz erfährt.

a) Kompetenz und Authentizität im Recht

Die Unterteilung von Autonomie in einen Kompetenz- und einen Authentizitätsaspekt findet sich auch im deutschen Recht. Das wird an der verfassungsrechtlichen Figur der Einsichtsfähigkeit deutlich, die als generelle Kompetenz im Sinne der Autonomie verstanden werden kann. Sie wird in einzelnen Entscheidungen authentisch ausgeübt, wenn die entscheidende Person konkret einsichtig gewesen ist. Um die konkrete Einsicht festzustellen, werden besonders im einfachen Recht Voraussetzungen formuliert.

Dem Grundgesetz liegt ein Menschenbild zugrunde, das den Menschen als autonome Person, als Former und Bildner seiner selbst begreift.[467] Insofern wird davon ausgegangen, dass die Gewährung von Freiheitsräumen dazu führt, dass der Mensch selbstgestalterisch tätig wird. Folgerichtig werden Freiheitsräume durch die Einräumung von Grundrechten festgeschrieben, um den Menschen Raum für ihre Selbstentfaltung zu schaffen. Dabei steht die Freiheitsausübung zunächst einmal unter keinem Vorbehalt. Jeder Mensch ist aufgrund seiner Qualität als Subjekt grundrechtsberechtigt.[468] Allerdings werden auch im grundrechtlichen System Anforderungen an die Grundrechtsausübung gestellt. Auch wenn jeder Mensch zur Grundrechtsausübung prinzipiell berechtigt ist, darf nicht offenbar sein, dass ihm die Fähigkeit zur selbständigen Lebensgestaltung fehlt. Darum müssen gewisse Mindestanforderungen erfüllt sein, die gewährleisten, dass die Individuen zur Ausübung ihrer grundrechtlichen Freiheiten in der Lage sind.

aa) Die Einsichtsfähigkeit als Schwelle der Kompetenz

Feinberg hat in seinem Modell die Grenzen der Kompetenz niedrigschwellig festgelegt. Er spricht davon, dass der Mensch die Kapazität dazu innehat, sich autonom zu verhalten, sobald er bestimmte Minimalanforderungen der Rationalität erfüllt. Diese Minimalanforderungen der Rationalität werden auch im Recht formuliert, wenn die Grenze der Fähigkeit zur Grundrechtsausübung konkretisiert wird. Die Ausformulierung dieser Minimalanforderungen ist besonders im Zusammenhang mit der Grundrechtsausübung Minderjähriger erkennbar, deren Grundrechtsausübung zunächst nur sehr beschränkt ermöglicht wird, deren Handlungsraum aber mit fortschreitendem Alter, begleitet von der Vermutung, dass sich die Fähigkeit zur Grundrechtsausübung entsprechend fortentwickelt, stetig erweitert wird. Maßstab für die Erweiterung des grundrechtlichen Freiheitsraumes bei Minderjährigen ist deren Grundrechtsmündigkeit. Die Grundrechtsmündigkeit ist ein Begriff, der zwar von der Verfassung selbst nicht gebraucht wird. Er hat sich als Rechtsfigur für die Begrenzung der Grundrechtsausübung Minderjähriger aber etabliert.[469]

---

467 *Dreier*, Art. 1 I GG, Rn. 11 – 18, in: *Dreier*, Grundgesetz, betont, dass die Grundrechte Ausdruck der Anerkennung menschlicher Autonomie sind.

468 Sämtliche Grundrechte werden vom Bundesverfassungsgericht als Konkretisierung der Menschenwürde begriffen, die jedem Menschen kraft seiner Qualität als Subjekt zukommt, vgl. BVerfGE 93, 266 (293); BVerfGE 107, 275 (284).

469 Da die Verfassung selbst aber keine Begrenzung der Grundrechtsausübung bei Minderjährigen vorsieht, ist der Begriff etwas unglücklich gewählt. Daher wird teilweise darauf hingewiesen, dass die Figur der Grundrechtsmündigkeit überflüssig sei, weil eine Begrenzung der Grundrechtsausübung für Minderjährige nicht erforderlich sei, so etwa von *Jarass*, Art. 19 GG, Rn. 13 f., in: *Jarass/Pieroth*, Grundgesetz für die Bundesrepublik Deutschland.

Auch Minderjährige sind grundsätzlich zur Ausübung ihrer Grundrechte von Beginn an berechtigt, sie sind als natürliche Personen spätestens mit der Geburt grundrechtsfähig.[470] Sie sind jedoch noch nicht von Beginn an grundrechtsmündig, weil sie nicht sofort in der Lage sind, Entscheidungen für sich selbst zu treffen. Insofern steht ihre Grundrechtsausübung in einem steten Spannungsfeld mit dem Erziehungsrecht der Eltern aus Art. 6 Abs. 2 GG. Den Eltern wird das Recht zuerkannt, die eigenen Kinder zu erziehen, wodurch deren Entwicklung in Bahnen gelenkt werden kann. Dieses Recht steht unter dem Vorbehalt, dass die Einschränkung der Grundrechte des Kindes in dessen Interesse erfolgen muss.[471] Das Erziehungsrecht soll gewährleisten, dass Kinder sich zu einer selbständigen Persönlichkeit entwickeln können. Aus diesem Grunde wird das elterliche Erziehungsrecht zurückgedrängt, je mehr sich die Selbstbestimmungsfähigkeit des Kindes ausprägt. Umso weiter die Entwicklung des Kindes voranschreitet, umso mehr ist es ihm erlaubt, für sich selbst zu entscheiden. Diese Entwicklung korrespondiert regelmäßig mit dem fortschreitenden Alter des Kindes. Maßgebliches Kriterium ist jedoch nicht das Alter, sondern die Fähigkeit des Kindes, selbstbestimmt entscheiden zu können. Diese Fähigkeit wird als Einsichtsfähigkeit bezeichnet. Eine rechtliche Vermutung, dass diese Einsichtsfähigkeit ab einem erreichten Alter regelmäßig vorliegt, wird beispielsweise von § 5 KErzG angestellt. Kinder ab vierzehn Jahren dürfen demnach ihre Religionszugehörigkeit selbst bestimmen. Ab dem Alter von vierzehn Jahren wird hier vermutet, dass das Kind eine ausreichende Einsichtsfähigkeit besitzt, um über religiöse und weltanschauliche Fragen selbst zu entscheiden. Weil das Vorliegen der Einsichtsfähigkeit vermutet wird, stellt das Gesetz positiv die Grundrechtsmündigkeit des Kindes im Bereich der Religionsfreiheit fest, gegenüber der das elterliche Erziehungsrecht zurücktreten muss.

Auch in Bereichen ohne derartig starre Altersgrenzen muss das elterliche Erziehungsrecht die Entwicklung des Kindes berücksichtigen.[472] Dann kommt es maßgeblich auf die individuelle Entwicklung des Kindes an, die dessen Einsichtsfähigkeit befördern oder hemmen kann. Regelmäßig wird davon ausgegangen, dass spätestens mit Eintritt der Volljährigkeit die volle Einsichtsfähigkeit erreicht ist. Das kann daran abgelesen werden, dass die Verfassung die Ausübung des Wahlrechts in Art. 38 Abs. 2 GG vom Erreichen des achtzehnten Lebensjahres abhängig macht. Ab Erreichen dieses Alters stellt die Verfassung die Vermutung auf, dass der Betroffene zur Mitentscheidung über gesellschaftliche Vorgänge in der Lage ist, weil er die dazu erforderlichen Fähigkeiten entwickelt hat. Es wird angenommen, dass der Mensch zur selbständigen Gestaltung seines Lebens in der Lage ist. Seine Kompetenz zur selbstbestimmten Lebensgestaltung wird anerkannt, er ist voll einsichtsfähig und damit vollumfänglich grundrechtsmündig. Die Einsichtsfähigkeit entspricht dabei der generellen Autonomiekompetenz nach *Feinberg*. Wer einsichtsfähig ist, dem erkennt das Recht die generelle Fähigkeit zu, für sich selbst zu entscheiden. Er ist dann zugleich für die Konsequenzen seiner Entscheidungen verantwortlich.[473] Die Einsichtsfähigkeit lässt sich auch im einfachen Recht als konkretisierte Rechtsfigur identifizieren. Als generelle Autonomiekompetenz findet sie sich sowohl in

---

[470] *Kingreen/Poscher*, Grundrechte, Rn. 179.

[471] *Brosius-Gersdorf*, Art. 6 GG, Rn. 142, in: *Dreier*, Grundgesetz.

[472] *Ebenda*, Rn. 162.

[473] Auf die Verknüpfung von Verantwortlichkeit und Autonomie weisen *Fateh-Moghadam/Gutmann*, Governing [through] Autonomy, S. 388 f., und *Feinberg*, Harm to Self, S. 43, hin. *Feinberg* gibt überdies zu bedenken, dass auch erst durch die Auferlegung von Verantwortung die Kompetenz zur Autonomie (z.B. bei Kindern) ausgebildet werden kann.

der Rechtsfigur der Geschäftsfähigkeit im Privatrecht,[474] als auch in der Rechtsfigur der Schuldfähigkeit im Strafrecht wieder.[475]

bb) Die konkrete Einsicht als Schwelle der Authentizität

Die Einsichtsfähigkeit als generelle Kompetenz muss der Mensch aber auch in einzelnen Entscheidungen ausüben, durch die er seinen Willen im Einzelfall realisiert. Jedenfalls sieht das *Feinbergsche* Autonomiemodell eine derartige Zweiteilung vor. Nur wenn die Entscheidungen eines Individuums als authentischer Ausdruck seines Willens angesehen werden können, können sie nach *Feinberg* als autonom qualifiziert werden. In rechtlichen Termini muss der grundsätzlich einsichtsfähige Mensch seine Einsicht auch in konkreten Entscheidungen entwickeln und ausüben. Tut er das, so macht er von seiner Selbstbestimmungskompetenz Gebrauch. Er handelt autonom.

Die Einsicht, die für den konkreten Fall erforderlich ist, hängt im Recht, parallel zu den Willentlichkeitsanforderungen in *Feinbergs* Modell, wesentlich von den Konsequenzen ab, die durch die betreffende Entscheidung herbeigeführt werden. Das lässt sich an Rechtsbeziehungen im einfachen Recht aufzeigen. Hier werden etwa für Eingriffe in höchstpersönliche Rechtsgüter hohe Anforderungen an die Einwilligung formuliert, sodass die Erklärung einer solchen Einwilligung, beispielsweise in eine medizinische Behandlung, dem Ideal der willensgetragenen Entscheidung nach *Feinberg* nahekommt.[476] Die Einwilligung muss von einer einsichtsfähigen Person persönlich erklärt werden und darf keine Willensmängel enthalten, die etwa durch Zwang, Drohung, Täuschung oder sonstige Irrtümer entstehen können. Darüber hinaus bedarf die einwilligende Person einer Aufklärung seitens des Arztes über Art, Bedeutung und Tragweite des Eingriffs.[477] Insofern werden die Fallgruppen der idealen Entscheidung nach *Feinberg* nahezu systematisch wiedergegeben, der Einwilligende muss kompetent sein (Gruppe 1 und 5), er darf nicht bedroht, gezwungen oder getäuscht werden (Gruppen 2 und 3), und er bedarf einer ausreichenden Informationsbasis, um die Konsequenzen der Entscheidung einschätzen zu können (Gruppe 4). Die Einwilligung in medizinische Eingriffe stellt insofern hohe Anforderungen an die Willensgetragenheit der Entscheidung.[478] Diese Anforderungen werden bei einfachen Rechtsgeschäften bereits etwas erleichtert, als insofern Vertretung erlaubt wird und die andere Vertragspartei keine mit der ärztlichen Aufklärungspflicht vergleichbare, umfassende Informationspflicht trifft. Dennoch sind auch die Anforderungen an die Wirksamkeit einer

---

[474] Kern des Geschäftsfähigkeitsrechts und Voraussetzung der Anerkennung der Autonomie im Privatrecht ist die Fähigkeit zu freier Willensbestimmung. § 104 Nr. 2 BGB statuiert, dass derjenige, der zu ihr nicht mehr in der Lage ist, keine Rechtsgeschäfte eingehen kann. Umgekehrt bedeutet dies, dass derjenige, der zu ihr in der Lage ist, Rechtsgeschäfte umfassend eingehen kann. Parallel dazu sieht das Betreuungsrecht vor, dass eine Betreuung gegen den freien Willen der zu betreuenden Person nicht eingerichtet werden darf. Die Begriffe der freien Willensbestimmung und des freien Willens sind dabei als „[...] im Kern deckungsgleich [...]" (BGH NJW-RR 2014, S. 771) anzusehen.

[475] Die Einsichtsfähigkeit wird durch die Schuldfähigkeit abgebildet, die bei volljährigen Menschen grundsätzlich vermutet wird. Sie begründet die Verantwortlichkeit des Betroffenen für sein Verhalten und erlaubt es, ihm die Konsequenzen seines Handelns vorzuwerfen: „Strafe setzt Schuld voraus. Schuld ist Vorwerfbarkeit." (BGHSt 2, 194 (200)). Hieran knüpft *Bumke* an, wenn er die innere Autonomie als Grundlage der „normativen Zurechnung" von Verhalten bezeichnet, vgl. *Bumke*, Autonomie im Recht, S. 31 f.

[476] Siehe dazu *Joecks (Hardtung)*, StGB § 223, Rn. 79 ff., in: *Joecks/Miebach*, MüKo StGB; *Wagner*, BGB § 630d, Rn. 1 ff., in: *Säcker et al.*, MüKo BGB.

[477] *Joecks (Hardtung)*, StGB § 223, Rn. 79, in: *Joecks/Miebach*, MüKo StGB.

[478] Zum Verhältnis von Einsichtsfähigkeit, Selbstbestimmung und medizinischer Behandlung auch BVerfGE 128, 282 (304 f.).

Willenserklärung noch relativ hoch, schließlich ist die Konsequenz der Wirksamkeit einer solchen Erklärung die Bindung des Erklärenden an seine Erklärung.

Für Entscheidungen unterhalb des Niveaus der Willenserklärung werden durch das Recht in der Regel keine spezifischen Voraussetzungen in Bezug auf die Willensgetragenheit formuliert. Hier wird davon ausgegangen, dass die Entscheidungen dem Willen der entscheidenden Person entsprechen. Sobald eine Entscheidung rechtsverbindlichen Charakter anzunehmen droht, werden dann aber auch Voraussetzungen formuliert. Insofern wird im Rahmen der Abgrenzung zwischen Gefälligkeitsverhältnissen und rechtlich verbindlichen Willenserklärungen unter Anderem danach abgegrenzt, wie informiert der Erklärende gewesen ist. Fehlen dem Erklärenden Informationen darüber, welche Konsequenzen ihm im Fall einer Schlechtleistung drohen, so kann der Entscheidung, die Leistung zuzusagen, kein rechtlicher Bindungswille zugemessen werden.[479] Die Entscheidung wird hier also als nicht ausreichend willensgetragen qualifiziert, sodass sie keine Rechtsbindung begründen kann (fehlende Informationen gehören zur Gruppe 4 des *Feinbergschen* Modells).

Der konkreten Einsicht, die im Fall der Einwilligung und bei Willenserklärungen allgemein verlangt wird, liegt die Annahme zugrunde, dass Menschen ihren Willen verwirklichen, wenn sie ausreichend informiert werden und in der Lage sind, die Informationen zu verarbeiten. Dasselbe gilt für die Willensverwirklichung in *Feinbergs* Modell. Sofern keine allzu beeinträchtigenden Faktoren vorliegen, kann das Individuum seinen Willen ausreichend verwirklichen. Hierfür wird, im Recht wie im *Feinbergschen* Modell, für unterschiedliche Entscheidungen ein unterschiedlicher Grad der Willensverwirklichung gefordert.

b) Autonomie als staatliches Ideal

Wie gesehen können die Einsichtsfähigkeit und das Handeln auf Grundlage einer in der konkreten Entscheidungssituation gegebenen Einsicht als verfassungsrechtliches Abbild der Autonomie bezeichnet werden. Diese Eigenschaften erkennt das Recht jedoch nicht nur als ausreichend an, um Verhalten als selbstbestimmt zu kennzeichnen. Die Verfassung strebt darüber hinaus auch die Ausbildung der Menschen zu einsichtsfähigen und damit autonomen Persönlichkeiten an. Das wird besonders am verfassungsrechtlich verankerten Erziehungsauftrag deutlich, der vorrangig an die Eltern und nachrangig auch an den Staat gerichtet ist. Es ist bereits angesprochen worden, dass das elterliche Erziehungsrecht des Art. 6 Abs. 2 GG unter dem Vorbehalt steht, dass die Eltern ihr Recht zum Wohle des Kindes ausüben. Das bedeutet insbesondere die Ausrichtung der Erziehung auf die Entwicklung des Kindes zu einer eigenständigen Persönlichkeit. Zwar besteht insoweit keine Pflicht, dem Kind die objektiv beste Erziehung zukommen zu lassen. Allerdings muss, beaufsichtigt vom im Hintergrund als Wächter fungierenden Staat, die Entwicklung des Kindes gewährleistet werden.[480] Das natürliche Recht der Eltern, ihr Kind nach eigenen Vorstellungen zu erziehen, findet seine Grenze in der elterlichen Pflicht, das Kind in einer Weise zu erziehen, die ihm die eigenständige Teilnahme am gesellschaftlichen Leben ermöglicht. Damit korrespondiert der Anspruch des Kindes, Pflege und Erziehung durch seine Eltern zu erhalten, den das Bundesverfassungsgericht aus Art. 2 Abs. 1 GG in Verbindung mit Art. 6 Abs. 2 GG herleitet.[481] Während sich der Aspekt der Pflege auf das körperliche Wohl des Kindes bezieht, das durch die Eltern sichergestellt werden muss, bezieht sich die Erziehung

---

[479] Vgl. *Schäfer*, BGB § 662 Vertragstypische Pflichten beim Auftrag, Rn. 24, in: *Säcker et al.*, MüKo BGB.
[480] *Brosius-Gersdorf*, Art. 6 GG, Rn. 141, 144, 153, in: *Dreier*, Grundgesetz; Untergrenze der elterlichen Erziehungsfreiheit ist die Gefährdung der Entwicklung des Kindes. Die Kindesentwicklung muss nicht bestmöglich gefördert werden. Sie darf aber durch das elterliche Verhalten nicht gefährdet werden.
[481] BVerfGE 121, 69 (93).

auf die geistige und seelische Entwicklung des Kindes.[482] Das umfasst die Bildung und Ausbildung des Kindes, wobei den Eltern das Vorrecht zukommt, selbstbestimmt Ziele in Bezug auf Werte und Grundhaltungen, die dem Kind vermittelt werden sollen, festzulegen. Inhaltliche Erziehungsziele werden den Eltern durch das Grundgesetz, im Unterschied etwa zur Weimarer Reichsverfassung, nicht vorgegeben.[483] Allerdings soll dem Kind durch die Erziehung die selbständige Ausbildung einer Persönlichkeit ermöglicht werden. Das Bundesverfassungsgericht spricht insoweit davon, dass den Staat „eine [...] grundrechtliche Gewährleistungspflicht aus Art. 2 Abs. 1 GG iVm Art. 6 Abs. 2 GG [trifft]; ihm verbleibt eine Kontroll- und Sicherungsverantwortung dafür, dass sich ein Kind in der Obhut seiner Eltern tatsächlich zu einer eigenverantwortlichen Persönlichkeit entwickeln kann [...]“.[484]

c) *Materiellrechtlicher Schutz der Autonomie*

Die in dem Autonomiemodell nach *Feinberg* enthaltenen Werte der Kompetenz zur Selbstbestimmung und der Authentizität von Entscheidungen liegen der Verfassung als Grundsätze unzweifelhaft zugrunde. Allerdings ist bislang noch unklar, ob sie darüber hinaus auch konkret vermittelten Schutz durch die Grundrechte genießen. Inwieweit ein solcher Bedarf besteht und welche Vorschrift diesen Schutz konkret vermitteln kann ist Gegenstand dieses Abschnitts.

aa) Autonomie und Freiheit

Die in der Verfassung garantierten Grundrechte eröffnen den Bürgern Freiheitsräume. Hier steht es ihnen prinzipiell frei, sich so zu verhalten, wie sie möchten. Davon werden, selbstverständlich, alle Entscheidungen umfasst, die innerhalb dieses Freiheitsbereichs gefällt werden. Aufgrund der weiten Auslegung der allgemeinen Handlungsfreiheit des Art. 2 Abs. 1 GG ist dieser Freiheitsbereich umfassend zu verstehen. Sämtliche Entscheidungen der Menschen genießen also zunächst einmal Schutz vor staatlicher Einmischung. Dementsprechend ist in vielen Behandlungen des *Nudging* aus abstrakt-verfassungsrechtlicher Sicht die allgemeine Handlungsfreiheit als einschlägiges Grundrecht angesehen worden. *Van Aaken*,[485] *Schweizer*,[486] *Wolff*,[487] *Lübbe-Wolff*[488] sowie *Purnhagen* und *Reisch*[489] haben in ihren Würdigungen lediglich eine Beeinträchtigung der durch Art. 2 Abs. 1 GG vermittelten Freiheit durch das *Nudging* für möglich erachtet, ohne dies weitergehend zu thematisieren. Besteht neben diesem Schutz der individuellen Freiheit dann noch der Bedarf des konkreten Schutzes personaler Autonomie?

Nudges zeichnen sich dadurch aus, dass sie nicht auf der Ebene der Handlungsrestriktionen, sondern auf der Ebene der Präferenzen ansetzen. Sie reduzieren nicht etwa die Auswahlmöglichkeiten, sodass nur noch eine mögliche Option verbleibt, sondern sie sind darauf ausgelegt, dass das Individuum selbst die gewünschte Option als präferiert auswählt. Das geschieht nicht, indem beim Individuum durch argumentative Überzeugung eine bewusste Präferenzbildung zugunsten der favorisierten Option angeregt wird, sondern durch die Anknüpfung an unterbewusste Mechanismen, die die Präferenzbildung des Individuums eher unbemerkt beeinflussen. Konzentriert man sich allein auf die bestehenden Auswahlmöglichkeiten, so kann dieser Effekt nicht angemessen eingefangen werden.

---

[482] *Brosius-Gersdorf*, Art. 6 GG, Rn. 159, in: *Dreier*, Grundgesetz.
[483] *Ebenda*, Rn. 160.
[484] BVerfGE 133, 59 (74).
[485] *Van Aaken*, Constitutional Limits to Paternalistic Nudging, S. 161 ff.
[486] *Schweizer*, Nudging and the Principle of Proportionality, S. 98 ff.
[487] *Wolff*, Eine Annäherung an das Nudge Konzept, S. 213 ff.
[488] *Lübbe-Wolff*, Constitutional Limits to Health-Related Nudging, S. 252.
[489] *Purnhagen/Reisch*, "Nudging" Germany?, S. 645 ff.

Natürlich kann insoweit kritisiert werden, ein solches Verständnis von Freiheit, dass nur die Existenz von Alternativen berücksichtige, sei zu flach.[490] Freiheit umfasst auch die Bedingungen, die die Auswahl zwischen den Optionen erleichtern oder erschweren,[491] rein nominale Entscheidungsfreiheit kann deshalb nicht mit tatsächlicher Entscheidungsfreiheit gleichgesetzt werden.[492] Dieser Perspektive soll hier auch nicht widersprochen werden. Natürlich umfasst Freiheit, gerade auch im Sinne des Grundgesetzes, mehr als nur die tatsächliche Ausübungsmöglichkeit. Auch die Bedingungen der Ausübung haben einen starken Einfluss auf die tatsächlich genossene Freiheit.[493] Insofern baut das verfassungsrechtliche Freiheitsverständnis auf einem umfassenden Verständnis von Freiheit auf, der auch die Vorbedingungen der Freiheitsausübung umfasst. Dieses Freiheitsverständnis erfasst dann auch die Aspekte der Willensverwirklichung und Selbstbestimmung, die hier unter dem Begriff der Autonomie bearbeitet werden.

Die Nutzung des Begriffs der Autonomie erscheint für die Analyse von *Nudges* dennoch angebracht. Dadurch soll klargestellt werden, dass sich ihre rechtliche Analyse grundlegend von traditionellen Instrumenten unterscheidet, weil der Ansatzpunkt ein vollkommen anderer ist. Zwar könnte, im Geiste des verfassungsrechtlichen, weiten Freiheitsbegriffs auch allein mit dem Begriff der Freiheit gearbeitet werden. Das wird hier aber nicht getan. Freiheit ist primär ein Schutzkonzept gegen die Beschränkung von Handlungsmöglichkeiten, Autonomie hingegen eines gegen die Beschränkung der Willensverwirklichung.[494] Diese Unterscheidung der Konzepte aus der Philosophie liegt auch der Debatte um das *Nudging* aus dem angloamerikanischen Raum zugrunde, in der die (vermeintliche) Unvereinbarkeit des *Nudging* mit der personalen Autonomie angeprangert wird. An diese Diskussion wird angeknüpft, sodass sich schon deshalb die Verwendung des Begriffs der Autonomie anbietet. Dabei handelt es sich bei Freiheit und Autonomie aber nicht um grundverschiedene, sondern um eng verwandte Konzepte. Freiheit bezieht sich schwerpunktmäßig auf das tatsächliche Vorliegen von Handlungsoptionen, Autonomie eher auf die Verwirklichung des individuellen Willens in der Entscheidung für eine der Handlungsoptionen. Wenn ein *Nudge* die beabsichtigte Wirkung entfaltet, so beginnt seine Einwirkung mit der Interaktion mit einer kognitiven Verzerrung, die präferenzformenden Charakter hat. Die durch die kognitive Verzerrung maßgeblich beeinflusste, konkrete Präferenzordnung des Individuums verleitet es dazu, eine bestimmte Option aus den verfügbaren Handlungsoptionen auszuwählen. *Nudges* betreffen also primär nicht nur die Ausübung der Freiheit, sondern greifen auch schon vorher in den Bereich der individuellen Willensbildung ein. Das ist eher ein Problem der Autonomie denn der Freiheit der Entscheidung. Vor allem um diesen andersartigen Ansatz des *Nudging* klar herauszustellen, wird der Begriff der Autonomie hier neben dem der Freiheit genutzt.

---

490 *Yeung*, Nudge as Fudge, S. 133.

491 So vertritt z.B. *White*, The Manipulation of Choice, S. 91, die Ansicht, *Nudges* seien aufgrund ihrer beeinflussenden Tendenz so zu behandeln wie Zwang.

492 *Rebonato*, Taking Liberties, S. 9, 208.

493 Vgl. nur die anerkannte Beeinträchtigung des Grundrechts der Versammlungsfreiheit aus Art. 8 GG durch die staatliche Dokumentation der Versammlungsteilnahme, dazu *Schulze-Fielitz*, Art. 8 GG, Rn. 61, in: *Dreier*, Grundgesetz; *Depenheuer*, GG Art. 8, Rn. 126, in: *Maunz/Dürig*, Grundgesetz.

494 *Dworkin*, The Theory and Practice of Autonomy, S. 13 f.

bb) Autonomie als Schutzgehalt des allgemeinen Persönlichkeitsrechts

Ein materiellrechtlicher Schutz für die Autonomie von Entscheidungen lässt sich aus dem allgemeinen Persönlichkeitsrecht des Art. 2 Abs. 1 GG in Verbindung mit Art. 1 Abs. 1 GG herleiten.[495] Die verfassungsrechtliche Beurteilung von *Nudges* muss sich daher an diesem Grundrecht messen. Insofern als in der Literatur bislang eine verfassungsrechtliche Bewertung nur anhand der allgemeinen Handlungsfreiheit erfolgt ist, erscheint dies für die Bewertung des *Nudging* unzulänglich. Das allgemeine Persönlichkeitsrecht schützt nach der Rechtsprechung des Bundesverfassungsgerichts die Grundbedingungen der engeren persönlichen Lebenssphäre und die Elemente menschlicher Persönlichkeitsbildung, die für diese konstituierende Bedeutung haben.[496] Personale Autonomie wird durch die Verwirklichung des eigenen Willens in Entscheidungen ausgeübt. Es scheint eindeutig, dass diese Willensverwirklichung zu den konstituierenden Bedingungen der menschlichen Persönlichkeitsbildung gehört. Es ist schwer vorstellbar, wie die individuelle Persönlichkeit ohne die Verwirklichung des individuellen Willens überhaupt Bestand haben soll. Autonome Entscheidungen werden deshalb als Element des allgemeinen Persönlichkeitsrechts geschützt.[497]

Allerdings soll hiermit nicht der Schutz sämtlicher Entscheidungen durch das allgemeine Persönlichkeitsrecht propagiert werden, was eine uferlose Ausweitung des Schutzbereiches desselben zur Folge hätte. Schutz des allgemeinen Persönlichkeitsrechts genießt insoweit weniger die Entscheidung selbst als vielmehr die Selbstbestimmtheit der Entscheidung. Kern des Autonomiebegriffs ist, dass Entscheidungen durch den eigenen Willen des Individuums selbst bestimmt werden. Diese Selbstbestimmung ist auch als konstituierend für die menschliche Persönlichkeit anzusehen, schließlich ermöglicht sie überhaupt erst die Auslebung der durch die Grundrechte gewährten, persönlichen Freiheiten. Aufgrund dieser konstitutiven Bedeutung für die menschliche Identität wird die Selbstbestimmtheit einzelner Entscheidungen, ihre Autonomie, als Teil des allgemeinen Persönlichkeitsrechts geschützt.[498] Fehlt es einer Entscheidung an Autonomie, was in dieser Arbeit mithilfe von *Feinbergs* Willensverwirklichungsmodell geprüft wird, dann fällt sie aus dem Schutzbereich des allgemeinen Persönlichkeitsrechts heraus. Das allgemeine Persönlichkeitsrecht schützt spezifisch die Selbstbestimmtheit der Entscheidung. Der Schutz des Tätigens der Entscheidung ist lediglich Reflex des zuvor ansetzenden Schutzes der Autonomie. Die nicht-autonome Entscheidung verliert jedoch nicht sämtlichen grundrechtlichen Schutz. Sie wird, da sie mangels Selbstbestimmtheit nicht mehr von konstitutiver Bedeutung für die menschliche Persönlichkeit ist, noch von der allgemeinen Handlungsfreiheit geschützt. Das entspricht dem Stufenverhältnis, dass das Bundesverfassungsgericht zwischen den speziellen Freiheitsgrundrechten, zu denen auch das allgemeine Persönlichkeitsrecht als „unbenanntes Freiheitsrecht"[499] zählt, und der allgemeinen Handlungsfreiheit als subsidiärem Auffanggrundrecht für sämtliches Verhalten entwickelt hat.[500]

---

[495] Insofern ist die Beschreibung zutreffend, das allgemeine Persönlichkeitsrecht diene dem „Schutz personaler Autonomie". Vgl. *di Fabio*, GG Art. 2, Rn. 200-206, in: *Maunz/Dürig*, Grundgesetz. Die Autonomie wird auch von Britz, Verfassungsrechtlicher Schutz der freien Persönlichkeitsentfaltung, S. 359, als Aspekt des allgemeinen Persönlichkeitsrechts angesehen. Ausdrücklich inzwischen das Bundesverfassungsgericht im ersten Leitsatz der Sterbehilfeentscheidung (BVerfGE 153. 182 (182)): „Das allgemeine Persönlichkeitsrecht [...] als Ausdruck persönlicher Autonomie [...]".

[496] BVerfGE 79, 256 (268), BVerfGE 118, 168 (183).

[497] Vgl. BVerfGE 90, 263 (270); *Möller*, Paternalismus und Persönlichkeitsrecht, S. 57-91; *Koppernock*, Das Grundrecht auf bioethische Selbstbestimmung, S. 35 ff.

[498] Im Hinblick auf Paternalismus bereits ähnlich, *Möller*, Paternalismus und Persönlichkeitsrecht, S. 95 ff.

[499] BVerfGE 54, 148 (153).

[500] *Di Fabio*, GG Art. 2, Rn. 18, in: *Maunz/Dürig*, Grundgesetz.

cc) Ein rechtlicher Umgang mit Paternalismus und Manipulation

Nudges sind paternalistische und manipulative Instrumente der staatlichen Beeinflussung.[501] Sie können die personale Autonomie von Entscheidungen beeinträchtigen, indem sie eigentlich selbstbestimmten Entscheidungen fremde Ziele aufdrängen. Als Grundrecht gegen eine derartige Einflussnahme wurde das allgemeine Persönlichkeitsrecht in Stellung gebracht, dass der personalen Autonomie der *Nudge*-Adressaten konkreten grundrechtlichen Schutz verleiht. Es wird im dritten Teil der Arbeit für eine Analyse konkreter *Nudges* verwendet werden. Zuvor soll allerdings, aus spezifisch verfassungsrechtlicher Perspektive, noch auf den allgemein möglichen Umgang mit dem Paternalismus und der Manipulation durch *Nudges* eingegangen werden.

(1) Paternalismus

Nudges sind bevormundende, paternalistische Maßnahmen. Diesen bevormundenden Einschlag können *Nudges* auch nicht ablegen, da sie direkt an individuelle Entscheidungen anknüpfen und diese zu verändern suchen. Der paternalistischen Dimension der *Nudges* steht kein eindeutiger rechtlicher Schutzmechanismus gegenüber, der das Individuum gegen den ‚bessernden' Einfluss wappnen würde. Das Bundesverfassungsgericht erkennt in seiner Rechtsprechung die Besserung der betroffenen Individuen allein grundsätzlich nicht als legitimes Ziel staatlicher Maßnahmen an.[502] Es steht paternalistischer Gesetzgebung ansonsten aber nicht völlig ablehnend gegenüber und erkennt insbesondere die Legitimität von Zielen an, die neben der paternalistischen Zielsetzung verfolgt werden.[503] Es betont überdies die besondere Beziehung paternalistischer Eingriffe zur Einsichtsfähigkeit der betroffenen Personen.[504] Eingriffe in einsichtige Entscheidungen bedürfen nach der Rechtsprechung des Bundesverfassungsgerichts einer besonderen Legitimation.[505] Der paternalistische Impetus der *Nudges* muss in dieser Hinsicht besonders gewürdigt werden. Dabei muss auch beachtet werden, ob *Nudges* im Einzelfall nicht als Eingriff in eine einsichtige Entscheidung, sondern als Förderung der Einsicht begriffen werden können. Das erscheint insbesondere bei der Interaktion mit Urteilsverzerrungen denkbar. Insgesamt ergeben sich aus der Rechtsprechung des Bundesverfassungsgerichts jedoch keine klaren Leitlinien für den Umgang mit staatlichem Paternalismus. Immerhin ist erkennbar, dass die verfassungsrechtliche Rechtsfertigungslast mit dem zunehmenden Paternalismus einer Maßnahme wächst.

(2) Manipulation

Für das Individuum ist es nur schwer möglich, die Beeinflussung durch *Nudges* selbständig zu erkennen. Diese mangelnde Erkennbarkeit lässt sich durch den Wirkungsmechanismus der *Nudges*, der Interaktion mit dem Unterbewusstsein, begründen. Das bewusste System 2 wird auf die Beeinflussung der Entscheidungen nicht aufmerksam. Dem mit dieser Umgehung des Bewusstseins verbundenen Vorwurf der Manipulation kann effektiv entgegengewirkt werden, wenn der *Nudge* mit

---

[501] Vgl. dazu bereits oben, unter C. II. 1.

[502] BVerfGE 22, 180 (219). Eine einheitliche Linie zu paternalistischer Gesetzgebung ist in der Rechtsprechung des Bundesverfassungsgerichts nicht erkennbar. Vgl. *Lübbe-Wolff*, Constitutional Limits to Health-Related Nudging, S. 249 und die mit BVerfGE 22, 180 (219) wenig kohärente Entscheidung BVerfGE 60, 123 (132), die staatlichen Paternalismus zum Schutz vor Selbstschädigung für zulässig erachtet und sich zur Begründung auf BVerfGE 10, 302 (324) und BVerfGE 58, 208 (225) stützt, Entscheidungen die sich ausdrücklich auf einsichtsunfähige, psychisch beeinträchtigte Menschen beziehen.

[503] BVerfGE 59, 275 (279).

[504] Exemplarisch dafür BVerfGE 182, 282 (304, 306 f.) und nunmehr auch BVerfGE 146, 294 (311 f.). Die Schutzpflicht des Staates für einsichtsunfähige – nicht-autonome – Menschen betonend BVerfGE 142, 313 (336 ff.).

[505] Vgl. insoweit nur BVerfGE 58, 208 (225).

einer Bewusstseinsweckung verbunden ist. Sobald das System 2 mit einer Entscheidung befasst wird, greift der Manipulationsvorwurf, der *Nudges* gegenüber erhoben werden kann, nicht mehr durch. Eine solche Bewusstseinsweckung könnte dadurch erreicht werden, dass die Wirkungsweise der *Nudges* transparent gemacht wird.

(a) Kategorisierung von Maßnahmen nach Manipulationsintensität

Anstelle von Transparenzmechanismen wird von einigen Autoren vorgeschlagen, *Nudges* nach Manipulationsintensität zu kategorisieren. Sie fordern nicht konkrete Transparenzmaßnahmen ein, sondern versuchen *Nudges* aufgrund ihrer manipulativen Wirkung zu kategorisieren. *Nudges*, die für den Bürger leicht als Entscheidungsbeeinflussung erkennbar sind, werden als weniger problematisch bewertet als solche, die für den Bürger nur schwerlich oder womöglich überhaupt nicht als Einflussnahme erkennbar sind. Anhand dieser Kategorisierungen werden dann einige *Nudges* als vertretbar, andere hingegen, aufgrund ihrer stark manipulativen Wirkung, die durch den Einzelnen nicht überwunden werden kann, als unvertretbar qualifiziert. Bemerkenswert erscheinen in diesem Zusammenhang die Versuche der Kategorisierung durch *Baldwin*, *Hansen/Jespersen* und *Saghai*.[506] Ihren Kategorisierungen ist gemein, dass sie die Erkennbarkeit der Verhaltensbeeinflussung durch den Einzelnen zum zentralen Faktor der Beeinträchtigungsintensität erheben.

Saghai schließt Maßnahmen von vornherein aus, denen der Einzelne nicht einfach widerstehen kann.[507] Seine Definition von *Nudges* umfasst nur solche Maßnahmen als *Nudge*, die substanziell nicht-kontrollierend sind, deren Wirkung das Individuum also einfach widerstehen kann. Maßnahmen, die substanziell kontrollieren sind nach *Saghai* sogenannte *behavioral prods*. Sie dürfen nicht als seichte Beeinflussung im Sinne der *Nudges* angesehen werden. *Saghai* entzieht *Nudges* so dem Vorwurf der Manipulation, weil seinen *Nudges* von vornherein leicht widerstanden werden kann. So muss sich seine Definition aber dem Problem stellen, dass die substanzielle Nicht-Kontrolle eines *Nudge* irgendwie festgestellt werden muss. Wann kann davon gesprochen werden und wann muss von substanzieller Kontrolle gesprochen werden? *Saghai* liefert dafür zwar Kriterien, auch mit deren Hilfe wird eine trennscharfe Abgrenzung jedoch nicht möglich.[508] *Baldwin* erfasst auch manipulative Maßnahmen als *Nudges*. Er entwickelt im Anschluss an das Konzept von *Sunstein* und *Thaler* drei Kategorien von *Nudges*, die unterschiedliche Beeinträchtigungsintensitäten aufweisen. Die *Nudges* der zweiten und dritten Kategorie werden als Probleme der Autonomie bezeichnet und danach unterschieden, ob dem Individuum das Erkennen der verhaltensbeeinflussenden Wirkung des *Nudge* möglich ist. Bei der zweiten Kategorie soll das möglich sein, bei der dritten nicht mehr. Die Abgrenzung der Einflüsse erscheint allerdings auch hier, wie bereits bei *Saghai*, willkürlich. Verlässliche Abgrenzungskriterien sind nicht ersichtlich. Dieses Problem betrifft auch den Ansatz von *Hansen* und *Jespersen*, die insgesamt vier *Nudge* Varianten unterscheiden und diese nach der Erkennbarkeit des

---

[506] *Baldwin*, From Regulation to Behaviour Change, S. 831 ff.; *Hansen/Jespersen*, Nudge and the Manipulation of Choice, S. 3 ff.; *Saghai*, Salvaging the Concept of Nudge, S. 487 ff.

[507] Er schließt an *Faden/Beauchamp*, A History and Theory of Informed Consent, S. 256 ff. an.

[508] *Saghai*, Salvaging the Concept of Nudge, S. 489, erkennt die Problematik der Identifikation substanzieller Kontrolle selbst an und entwickelt das *easy-resistibility* Kriterium, um kontrollierende Einflüsse zu identifizieren. Das verlagert das Problem allerdings nur. Welche Einflüsse sollen als *easily resistible* qualifiziert werden? Dies ist eine Schwäche, die bereits dem Konzept von *Faden/Beauchamp* eigen ist, siehe *Faden/Beauchamp*, A History and Theory of Informed Consent, S. 360 f.

Interventionsziels kategorisieren. Welche Interventionen als einfach erkennbar eingestuft werden, erscheint auch hier willkürlich.[509]

Letztlich ist all diesen Ansätzen gemein, dass die Unterscheidung von *Nudges* anhand ihrer Erkennbarkeit oder ihrer einfachen Widerstehbarkeit arbiträr ist. Die Unterscheidung von *Nudges* anhand des Grades ihrer manipulativen Tendenz erscheint insgesamt nicht als gangbarer Weg. Es lässt sich kaum begründen, warum eine Variation als manipulativer als die andere gelten sollte. Die Einteilung ist daher letztlich vollkommen subjektiv und willkürlich. Daher müssen *Nudges*, in Bezug auf ihre manipulative Tendenz, einheitlich behandelt werden. Sie alle interagieren mit dem Unterbewusstsein und können daher ein Problem für die personale Autonomie sein. Darüber hinaus Grade der Intensität zu unterscheiden ist nicht möglich.[510] Vielmehr sollten, als Reaktion auf die Manipulation, Transparenzmechanismen entwickelt werden, die die Erkennbarkeit der Beeinflussung gewährleisten. Transparenz kann dadurch geschaffen werden, dass die Betroffenen über die Wirkungsweise und das Ziel der Beeinflussung durch *Nudges* informiert werden.

(b) Transparenz durch Informationen

Die Erforderlichkeit eines Transparenzmechanismus erkennen auch *Sunstein* und *Thaler* bereits bei der Vorstellung des *Nudge*-Konzeptes.[511] Sie sehen im *Publicity Principle* von *John Rawls* die Lösung, um ausreichende Transparenz der *Nudges* zu gewährleisten.[512] In ihrem Verständnis des *Publicity Principle* verlangt dieses,[513] dass staatliche Maßnahmen argumentativ vor den von ihnen betroffenen Bürgern öffentlich gerechtfertigt werden können müssen. Der Staat muss seine Maßnahmen im Verhältnis zu seinen Bürgern verteidigen können. Das gewährleistet allerdings noch keine Transparenz. Einerseits legt das so verstandene *Publicity Principle* eine bloß hypothetische Pflicht auf. Der Gesetzgeber muss seine Maßnahmen nicht tatsächlich öffentlich verteidigen, sondern müsste das nur tun können. Andererseits könnte die Verteidigung auch genau darin bestehen, dass die Maßnahmen verdeckt Wirkung entfallen sollen, um besonders effektiv zu sein. Das schwächt dann aber nicht die Manipulation ab, die von der Maßnahme ausgeht.[514] Deshalb soll Transparenz im hier gebrauchten Sinne gerade der verdeckten Wirkungsweise der *Nudges* entgegenwirken. Dem Einzelnen müsste, um Transparenz in dieser Weise zu gewährleisten, also bewusst sein, oder zumindest bewusst werden können, dass sein Verhalten durch einen *Nudge* beeinflusst wird.

Zu diesem Zweck müssten ihm Informationen zur Verfügung gestellt werden, die es ihm erlauben, sich die Wirkung und das Ziel des auf ihn wirkenden *Nudge* bewusst zu machen.[515] Informationen durch den Staat sind häufig sehr ineffektiv und werden von den Betroffenen nur sehr selektiv wahrgenommen.[516] Sie verbleiben jedoch als einziger Weg, um der manipulativen Wirkung der *Nudges* entgegenzuwirken. Die zentrale Frage, die es im Hinblick auf die Transparenz durch Informationsgabe zu beantworten gilt, ist, welcher Grad der Transparenz erforderlich ist. *Bovens* unterscheidet insoweit

[509] *Hansen/Jespersen*, Nudge and the Manipulation of Choice, S. 20 ff.

[510] Oder zumindest nur empirisch feststellbar, das konzediert auch *Saghai*, The concept of nudge and its moral significance, S. 2.

[511] *Sunstein/Thaler*, Nudge, S. 244 ff.

[512] *Rawls*, A Theory of Justice, S. 48.

[513] Kritisch dazu *Hausman/Welch*, Debate: To Nudge or Not to Nudge, S. 132.

[514] Kritisch zu den Transparenzvorstellungen von *Sunstein* und *Thaler* auch *Wilkinson*, Nudging and Manipulation, S. 343 f.

[515] Transparenz ist eng mit Informationen verbunden und kann letztlich nur durch die Versorgung mit Informationen gewährleistet werden, vgl. *Bröhmer*, Transparenz als Verfassungsprinzip, S. 19.

[516] *Ben-Shahar/Schneider*, More Than You Wanted To Know, S. 54.

zwischen abstrakt-genereller (*type interference transparency*) und konkret-individueller (*token interference transparency*) Transparenz.[517] Generelle Transparenz wäre bei *Nudges* seiner Ansicht nach dann gewährleistet, wenn generell die Nutzung von *Nudges* durch den Gesetzgeber öffentlich verkündet wird. In den konkreten Momenten, in denen durch einen *Nudge* in einen Entscheidungsprozess interveniert wird, wird dann aber nicht auf ihn hingewiesen. Konkrete Transparenz hingegen wird dann erreicht, wenn bei jedem konkreten *Nudge* auf seinen Einsatz hingewiesen wird. Konkrete Transparenz würde die manipulative Kraft der *Nudges* wohl am weitestgehenden entkräften. Sie könnte aber auch zu Reaktanz der Adressaten führen und die Effektivität des Instruments ernsthaft gefährden.[518] Ob konkrete Transparenz für einzelne *Nudges* letztlich erforderlich ist, muss im Einzelfall entschieden werden.

Abstrakt-generelle Transparenz hingegen sollte stets gewährleistet werden, um der Manipulation durch *Nudges* entgegenzuwirken. Aus diesem Grund sollten bei jedem *Nudge* transparent Wirkungsweise und Ziel der Maßnahme beschrieben werden. Als rechtliches Instrument stellen *Nudges* insoweit keinen großen Unterschied zu klassischer Gesetzgebung dar, bei der in den Gesetzesmaterialien ebenfalls auf die zugrundeliegenden Erwägungen verwiesen wird.[519] In diesen sollte bei *Nudges* dann aber besonders auf den Wirkungsmechanismus und auf das Ziel, das dadurch erreicht werden soll, verwiesen werden. Die Begründung des Gesetzes zur Änderung der geringfügigen Beschäftigung würde dieser Vorgabe beispielsweise nicht genügen.[520] Hier ist nur die Rede davon, dass die Zahlen der Beitragszahler erhöht werden sollen, auf den unterbewussten Wirkungsmechanismus, der durch die Verhaltenswissenschaften bekannt ist, wird in keiner Weise verwiesen.[521]

4. Zusammenfassung

Im zweiten Abschnitt des zweiten Teils ist deutlich geworden, dass *Nudges* die individuelle Selbstbestimmung, die Autonomie einzelner Entscheidungen, gefährden können. Die Gefährdung entspringt einerseits aus der paternalistischen Natur der *Nudges*, andererseits aus ihrer manipulativen Wirkungsweise. *Nudges* sind paternalistische Maßnahmen, weil sie das Urteil des eigentlich Entscheidungsberechtigten durch das vermeintlich überlegene Urteil des Entscheidungsarchitekten zu ersetzen versuchen. Diese Ersetzung wird über eine Interaktion mit dem kognitiven Unterbewusstsein zu erreichen versucht. Die sich dort entfaltenden kognitiven Verzerrungen und Heuristiken werden für die Wirkung des *Nudge* eingebunden. Diese Interaktion mit dem Unterbewusstsein macht *Nudges* auch zu manipulativen Instrumenten. Sie umgehen die Kontrollmechanismen der bewussten, rationalen Reflexion.

Durch diese Vorgehensweise werden *Nudges* zu einem Problem für die personale Autonomie der von ihnen Betroffenen. Autonomie setzt sich dabei, aufbauend auf dem Modell *Joel Feinbergs*, aus einem Kompetenz- und einem Authentizitätsaspekt zusammen. Die Kompetenz zur Autonomie wird durch die generelle rationale Kapazität begründet, sich selbstbestimmt zu verhalten. Sie liegt bei jedem

---

[517] *Bovens*, The Ethics of Nudge, S. 207 ff., 216. Bezugnahme auf seine Transparenzüberlegungen auch bei *House of Lords*, Behaviour Change, S. 13; *Grüne-Yanoff*, Old Wine in New Casks, S. 638; *Hansen/Jespersen*, Nudge and the Manipulation of Choice, S. 26.

[518] *Arad/Rubinstein*, The People's Perspective on Libertarian-Paternalistic Policies, S. 315.

[519] § 76 Abs. 2 GOBT. Eine Pflicht zur Begründung lässt sich allerdings nicht direkt aus der Verfassung ableiten, vgl. BVerfGE 1, 144 (153). Andere Ansicht insoweit *Dietlein*, GG Art. 76, Rn. 2, in: *Epping/Hillgruber*, BeckOK Grundgesetz, der eine Begründungspflicht aus dem Gebot der Normenklarheit herleitet.

[520] Siehe dazu bereits oben, unter B. II. 4. a) aa).

[521] BT-Drucksache 17/10773, S. 9 f.

gesunden erwachsenen Menschen vor. Authentizität beschreibt die konkrete Ausübung der Autonomiekompetenz in einzelnen Entscheidungen. Eine Entscheidung ist demnach authentisch, wenn sie den Willen der entscheidenden Person verwirklicht. Das ist bei Personen, die die rationale Autonomiekompetenz besitzen, regelmäßig der Fall. In nahezu allen Fällen können aber Einflüsse identifiziert werden, die die Authentizität einer Entscheidung beeinträchtigen. Derartige Einflüsse hat *Feinberg* in seinem Modell der idealen willensverwirklichenden Entscheidung aufgeführt, auch die kognitiven Verzerrungen der Verhaltensökonomik sowie ihre Nutzung durch *Nudges* können derartige beeinträchtigende Einflüsse sein. Generell wird nahezu jede Entscheidung von irgendeinem beeinträchtigenden Einfluss berührt. Vollständig authentische Entscheidungen gibt es kaum. Allerdings ist vollständige Authentizität für die Anerkennung der Autonomie einer Entscheidung nach *Feinberg* auch nicht erforderlich. Das Maß an Authentizität, das bei einzelnen Entscheidungen erreicht werden muss, hängt von den Umständen des Einzelfalles ab. Hohe Authentizität ist dann erforderlich, wenn eine Entscheidung schwerwiegende, unwiderrufliche Konsequenzen nach sich zieht. Sind demgegenüber nur geringe und leicht reversible Konsequenzen zu befürchten, so genügt ein geringes Maß an Authentizität.

Die Aufteilung der Autonomie in Kompetenz und Authentizität findet sich auch im deutschen Recht wieder, das parallel zwischen Einsichtsfähigkeit und konkreter Einsicht unterscheidet. Es strebt die Ausbildung der Bürger zu einsichtsfähigen Persönlichkeiten, mithin zu autonomen Bürgern, an. Die Autonomie wird dabei speziell durch das allgemeine Persönlichkeitsrecht geschützt, dass nach der Rechtsprechung des Bundesverfassungsgerichts die Elemente menschlicher Persönlichkeitsbildung, die für diese konstituierende Bedeutung haben, schützt. Dazu zählt in besonderem Maße auch die Verwirklichung des eigenen Willens in Entscheidungen. *Nudges* müssen deshalb am allgemeinen Persönlichkeitsrecht gemessen werden.

D. Rechtliche Bewertung von Nudge – Die praktische Anwendung im Verwaltungsrecht

Im vorangegangenen Abschnitt sind die normativen Grundprobleme des *Nudging* anhand des Spannungsfeldes zwischen personaler Autonomie, Paternalismus und Manipulation aufgezeigt worden. Im Anschluss an diese Darstellung gilt es nun, diese Problemkreise anhand von konkreten Anwendungsbeispielen näher auszuarbeiten und die bislang lediglich abstrakt aufgezeigten Probleme anhand von Beispielen im Einzelfall zu bewerten. Es wird sich zeigen, dass eine differenzierte Bewertung der einzelnen Maßnahmen notwendig ist, weil eine pauschale Bewertung des Gesamtkonzeptes den konkreten Feinheiten der Einzelfälle nicht gerecht werden kann.[522] Insgesamt wird im Rahmen der Einzelfallbetrachtung auch die Bedeutung des Sachbereichs, in dem ein *Nudge* gesetzt wird, deutlich. Insoweit kommt es entscheidend auf die inhaltliche Nähe zu den Spezialgrundrechten an. Je näher ein *Nudge* inhaltlich dem Schutzbereich eines Spezialgrundrechtes kommt, umso höher sind die Anforderungen an seine Rechtfertigung.

Zentral zu beantwortende Fragen im Rahmen der konkreten Analyse sind jeweils, ob durch den konkret zu begutachtenden *Nudge* die Autonomie einer konkreten Entscheidung betroffen wird, ob diese Betroffenheit sich als bloße Einflussnahme oder als Eingriff qualifizieren lässt und, sofern dies zu bejahen ist, ob sie, insbesondere aufgrund der potentiellen Überlegenheit des *Nudging* im Vergleich zu traditionellen Instrumenten, gerechtfertigt werden kann.

Zum Zweck der Analyse werden nun einzelne Entscheidungen vorgestellt, die durch *Nudges* beeinflusst werden können. Die Auswahl der Beispiele orientiert sich dabei an Kriterien, die für die Rechtsetzung durch *Nudges* bedeutsam sind. Zunächst einmal werden Beispiele für die Rechtsetzung durch Informationsbereitstellung und für die Rechtsetzung durch Standardregeln vorgestellt. Diese Beispiele werden im Umwelt- und Gesundheitsbereich gewählt, zwei Anwendungsfelder, in denen das Potenzial des *Nudging* anerkannt ist.[523] Des Weiteren wird der Versuch unternommen, die Informationsbereitstellung und die Standardregeln selbst weiter zu kategorisieren. Dem *Nudging* durch Informationsbereitstellung steht ein breites Spektrum möglicher kognitiver Verzerrungen zur Verfügung, die als Anknüpfungspunkte für die Verhaltensbeeinflussung durch *Nudges* dienen können. Das macht es vorab erforderlich, die verschiedenen Anknüpfungspunkte zu systematisieren. Im Bereich der Standardregeln können als typische Fälle grob die Standardsetzung in einem Bereich mit vielen Handlungsoptionen, sowie die Standardsetzung in einem Bereich mit einer schwerpunktmäßig binären Ja/Nein Verhaltensoption unterschieden werden.

I. Informationsbereitstellung

Die Analyse beginnt mit dem *Nudging* durch die Bereitstellung aufbereiteter Informationen. Zu diesem Zweck wird die staatliche Einflussnahme auf zwei beispielhafte Entscheidungen analysiert und auf ihre Implikationen für die Autonomie dieser Entscheidungen hin untersucht.

Das *Nudging* durch Informationsbereitstellung zeichnet sich dabei dadurch aus, dass es an mehrere, unterschiedliche kognitive Verzerrungen anknüpfen kann. Das hebt es von der später zu behandelnden Standardregel ab, die stets an den *status quo bias* anknüpft.[524] Die Möglichkeiten der psychologischen

[522] *Sunstein*, The Ethics of Nudging, S. 416, 424, bezeichnet dies als „Trap of Abstraction".
[523] *Sunstein et al.*, Trusting Nudges?, S. 3.
[524] Vgl. dazu auch bereits oben, unter B. II. 4. b) bb).

L. Böker, *Nudge im Spiegel des allgemeinen Persönlichkeitsrechts*,
Ökonomische Analyse des Rechts | Economic Analysis of Law,
https://doi.org/10.1007/978-3-658-33472-7_4

Beeinflussung sind bei der Informationsbereitstellung insofern breiter gefächert. Die Effektivität der Verhaltensbeeinflussung durch Informationsbereitstellung ist dabei aber verhältnismäßig gering, die Informationen müssen schließlich noch bewusst wahrgenommen werden. Der Wirkungsmechanismus der Informationsbereitstellung durch *Nudges* ist trotzdem im Unterbewusstsein verankert. Die Information selbst wird zwar bewusst wahrgenommen, der Einfluss, den die Art und Weise der Präsentation auf das individuelle Entscheidungsverhalten nimmt, wird hingegen nicht bewusst reflektiert, er bleibt im System 1.

Die rechtliche Analyse des *Nudging* durch Informationsbereitstellung folgt dabei der im zweiten Teil dieser Arbeit entwickelten Struktur. *Nudges* sind einerseits paternalistisch und andererseits manipulativ, weil sie über die kognitiven Verzerrungen des menschlichen Unterbewusstseins gezielt Einfluss auf die Entscheidungsfindung nehmen. Vor dem Hintergrund der beiden zentralen Elemente Paternalismus und Manipulation werden zwei konkrete Beispiele untersucht, die als exemplarisch für das *Nudging* durch Informationsbereitstellung gelten können. Das ist einerseits die Informationsbereitstellung durch Warnhinweise auf Tabakprodukten, andererseits die Anknüpfung an soziale Normen durch Benachrichtigungen über den privaten Wasserverbrauch.

1. Systematisierung der Anknüpfungspunkte

Nudges, die Informationen vermitteln, können auf verschiedene Weise die Wirkung erhöhen, die der Informationsgehalt auf das Verhalten der Menschen hat, die die Information wahrnehmen. Das tun sie nicht unmittelbar dadurch, dass der Informationsgehalt selbst deutlicher vermittelt wird, sondern durch die gezielte Präsentation der Information. Die Zielrichtung der Präsentation wird bewusst in Interaktion mit einer verhaltenswissenschaftlichen Verzerrung gewählt, um ein bestimmtes Verhalten im Anschluss an die Verarbeitung der Information wahrscheinlicher zu machen. Das Verhalten wird wahrscheinlicher, weil die unterbewusst wirkenden Verzerrungen eine Tendenz vorgeben, und nicht etwa, weil der Informationsgehalt überzeugender vermittelt wird. Es geht bei den *Nudges* durch Informationsbereitstellung also dezidiert nicht um Überzeugung durch Argumente, sondern um die gezielte Präsentation der Information.[525]

Um diese gezielte Präsentation erreichen zu können, müssen die Informationen an kognitive Verzerrungen angepasst werden, die durch verhaltenswissenschaftliche Experimente ermittelt worden sind. Dazu zählen etwa die Verlustaversion, soziale Normen, der Ankereffekt und die Verfügbarkeitsheuristik. In den nachfolgenden Beispielen werden nun zwei Verzerrungen exemplarisch herausgegriffen. Einmal die durch die Verfügbarkeitsheuristik verursachte Verfügbarkeitsverzerrung und der zur Befolgung sozialer Normen veranlassenden Herdentrieb. Sie dienen der beispielhaften Darstellung für die Interaktion von Informationen mit den unterschiedlichen Arten kognitiver Verzerrungen, Urteilsverzerrungen einerseits (Verfügbarkeitsheuristik) und Entscheidungsverzerrungen andererseits (Soziale Normen).

Urteils- und Entscheidungsverzerrungen unterscheiden sich im Wesentlichen dadurch, dass Urteilsverzerrungen Besonderheiten bei der Informationsaufnahme betreffen, Entscheidungsverzerrungen Besonderheiten bei der Informationsverarbeitung zum Zwecke der Entscheidungsfindung.[526] Urteilsverzerrungen sorgen dafür, dass Tatsacheninformationen, zumeist statistische Wahrscheinlichkeiten, unzutreffend aufgenommen werden. Sie verursachen insofern

---

[525] Zur Lenkungswirkung von Informationen siehe bereits oben, unter C. I. 2. b) bb).

[526] Dazu bereits oben, unter B. I. 2. a) bb).

einen klaren *Fehler*, die aufgenommenen Informationen sind *falsch*. Ein Beispiel dafür liefert die Verfügbarkeitsheuristik. Statistische Wahrscheinlichkeiten, die anhand der verfügbaren Erinnerung von Beispielen bewertet werden, entsprechen regelmäßig nicht den tatsächlichen Wahrscheinlichkeitswerten. Die so erlangten Informationen sind falsch. Entscheidungen, die auf solch fehlerhafter Tatsachengrundlage getroffen werden, leiden dadurch automatisch an einem Autonomiedefizit. Autonomie erfordert einen gewissen Grad an (korrektem) Faktenwissen über die Wirklichkeit. Für den Umgang mit Urteilsverzerrungen von Seiten des Staates eröffnet das nun zwei Wege. Einerseits die Berichtigung der durch die Urteilsverzerrung fehlerhaft erlangten Information, solche Maßnahmen des *debiasing* können dann autonomiefördernd wirken, weil sie die Betroffenen bei der Verfolgung ihrer eigenen Präferenzen unterstützen. Andererseits kann die Information bewusst verzerrt werden, etwa indem gezielt die Einschätzung von Wahrscheinlichkeiten durch das zur Verfügung stellen verfügbarer Beispiele beeinflusst wird. Die Präferenzen der Betroffenen werden dann, im Falle des Erfolgs der Maßnahme, von außen geformt.

Im Unterschied zu Urteilsverzerrungen stehen Entscheidungsverzerrungen für Abweichungen vom strengen Rationalitätspostulat der Rationalwahltheorie. Dass Menschen sozialen Normen Folge leisten entspricht zwar nicht der Optimierungserwartung, die an den *Homo Oeconomicus* gestellt wird, kann aber auch nicht in gleicher Weise als Fehler bezeichnet werden wie die falsche Informationsaufnahme durch die Verfügbarkeitsheuristik.[527] Die Verfügbarkeitsverzerrung stellt eine objektiv bezifferbare Information falsch dar, die Befolgung von sozialen Normen ist demgegenüber von einer Bewertung durch das Individuum abhängig, die nicht auf ‚Richtigkeit' überprüft werden kann.[528] Das wird erst dadurch möglich, dass die Kriterien des Rationalwahlmodells angelegt werden, die die Befolgung der sozialen Norm als nicht nutzenmaximierend und deshalb falsch kategorisiert.[529] Aus Sicht der Autonomie kann der unterbewusste Einfluss von entscheidungsverzerrenden Faktoren wie sozialen Normen allerdings problematisch werden. Schließlich wird so die Handlungspräferenz aufgrund externer, nicht reflektierter Einflüsse entwickelt. Nicht das Individuum selbst, sondern die Umstände bestimmen die Entscheidung. Die Wirkung der Entscheidungsverzerrungen eröffnet dadurch, wie auch die Urteilsverzerrungen, den Weg der Präferenzbeeinflussung von außen. Indem der Staat mit den Faktoren, denen bei einer Entscheidung erhebliches Gewicht beigemessen wird, interagiert, kann er individuelle Präferenzen zu formen, sodass letztlich die staatlich gewünschten Entscheidungen getroffen werden. Die sozialen Normen müssen lediglich entsprechend der staatlichen Wünsche verkündet werden.[530]

2. Tabakwarnhinweise und Appelle zu sparsamem Ressourcenumgang – Das Potenzial der Informationsbereitstellung

Nachfolgend soll nun, um den Dualismus von Urteils- und Entscheidungsverzerrungen nachzuvollziehen, die Ausnutzung je einer der Verzerrungen verfassungsrechtlich vor dem Spiegel der Grundrechte analysiert werden. Dazu wird eine Maßnahme analysiert, die durch Anknüpfung an die Verfügbarkeitsheuristik versucht, Verhalten zu beeinflussen, sowie eine Maßnahme, die durch Anknüpfung an soziale Normen versucht, Verhalten zu beeinflussen.

---

[527] *Jolls/Sunstein*, Debiasing through law, S. 219.

[528] Die Unterscheidung zwischen Fakten und Wertungen so auch bei *Mayr*, Grenzen des weichen Paternalismus II, S. 65 ff.

[529] *Feinberg*, Harm to Self, S. 107.

[530] Das wird so auch von *Dolan et al.*, Influencing Behaviour, S. 268, als Handlungsanweisung für die Rechtsetzung formuliert, unter spezifischem Hinweis auf die unterbewusste Wirkung sozialer Normen.

a) *Tabakwarnhinweise und die Nutzung der Verfügbarkeitsheuristik*

Die Analyse beginnt mit der Anknüpfung von *Nudges* an eine Urteilsverzerrung, namentlich die durch die Verfügbarkeitsheuristik verzerrte Wahrnehmung von Informationen. Von staatlicher Seite kann diese verzerrte Wahrscheinlichkeitswahrnehmung zum Anlass genommen werden, durch das Verfügbarmachen von Beispielen die Wahrscheinlichkeitseinschätzung der Betroffenen zu beeinflussen. Sie aktualisieren ihre Wahrscheinlichkeitsvorstellung dann zwar nicht nach der Bayesschen Regel, sondern bleiben bei der Nutzung der Heuristik, sie ändern aber ihre Vorstellung der betreffenden Wahrscheinlichkeit. Die Verfügbarkeitsheuristik entfaltet ihre Wirkung im menschlichen Unterbewusstsein.[531] Ein prominentes Beispiel, das durch die Anknüpfung an die Verfügbarkeitsheuristik versucht, menschliches Verhalten zu beeinflussen, sind die kombinierten gesundheitsbezogenen Warnhinweise auf Tabakprodukten. Sie können die Entscheidung beeinflussen, ob eine Zigarette geraucht wird.

aa) Die kombinierten gesundheitsbezogenen Warnhinweise als Nudge

Die Warnhinweise auf Zigaretten, bestehend aus einem Texthinweis und aus einem dazu passenden Bild, sind seit 2014 geltendes EU-Recht. Während der Text Menschen, die das Tabakprodukt anschauen, lediglich mit Tatsacheninformationen versorgt, schrecken die Bilder gezielt ab. Sie stellen einen direkten Zusammenhang zwischen dem Rauchen des Tabaks und der abgebildeten Erkrankung her.[532] Diese Verknüpfung kann von Menschen bei der Anwendung der Verfügbarkeitsheuristik aufgegriffen werden, die Bilder der Verpackungen dienen als Beispiele für die Konsequenzen des Rauchens und ersetzen Erwägungen über die tatsächlichen Gesundheitsrisiken des Rauchens. Menschen wählen die Verfügbarkeitsheuristik, um eine Vorstellung über die Risiken eines bestimmten Verhaltens zu erhalten. Sie verlassen sich insoweit nicht auf tatsächliche Wahrscheinlichkeitswerte, um das Risiko zu bestimmen, sondern orientieren sich an verfügbaren Beispielsfällen in ihrer Erinnerung und ersetzen dadurch die umständliche Berechnung des Risikos. Sie nehmen keine statistische Wahrscheinlichkeitsberechnung vor, sondern kürzen ab. Mit dieser Abkürzung, der Verfügbarkeitsheuristik, wird durch die Bilder auf den Tabakverpackungen interagiert. Die Entscheidung, eine Zigarette zu rauchen, wird mutmaßlich entscheidend von der Einschätzung des Individuums getragen, für wie gesundheitsgefährdend es die Zigarette hält. Indem es in der Entscheidungssituation mit einem verfügbaren Beispiel für die schädlichen Konsequenzen des Tabakrauchens konfrontiert wird, wird diese Einschätzung der Gefährlichkeit beeinflusst. Insgesamt erfüllen die Bild-Warnhinweise damit alle Voraussetzungen der *Nudge*-Definition. Die Gestaltung der Verpackung durch Abdrucken eines abschreckenden Fotos stellt eine Veränderung des Entscheidungskontextes dar, die aufgrund der bekannten heuristischen Vorgehensweise beim Einschätzen von Wahrscheinlichkeiten zu einer vorhersagbaren Beeinflussung individuellen Verhaltens führt – weniger Menschen greifen zur Zigarette.

bb) Die Einführung der kombinierten gesundheitsbezogenen Warnhinweise in Deutschland

Die aktuellen Warnhinweise auf Tabakprodukten sind von der EU-Kommission in der Richtlinie 2014/40/EU entwickelt worden, um den Tabakgebrauch in der Bevölkerung, insbesondere bei jungen Menschen, einzudämmen und die entsprechenden Rechtsvorschriften in den Mitgliedstaaten zu

[531] *Kahneman*, Thinking, Fast and Slow, S. 135; *Sunstein*, The Storrs Lectures, S. 1851.

[532] Die Einordnung der Bild-Warnhinweise als *Nudges* auch bei *Alemanno*, Nudging Smokers, S. 38, und bei *Sunstein*, Nudges that fail, S. 4.

harmonisieren.[533] Die Bekämpfung des Tabakrauchens findet ihren Grund vor allem in der Gesundheitsschädlichkeit des Tabakrauchs. Allein in Deutschland sterben jährlich etwa 121.000 Menschen an den Folgen des Tabakrauchens, rauchende Menschen verlieren im Schnitt zehn Jahre ihres Lebens.[534] Tabakrauch ist anerkanntermaßen krebserregend und schädigt die individuelle Gesundheit.

Die Verpackungshinweise knüpfen an einen politischen Trend an, der 1989 mit der Richtlinie des Rates der europäischen Wirtschaftsgemeinschaft zur Etikettierung von Tabakerzeugnissen begonnen hat,[535] und sich 2001 in der Richtlinie des Parlaments und des Rates der europäischen Gemeinschaft fortgesetzt hat.[536] Auch interkontinental sind mit dem völkerrechtlichen Rahmenübereinkommen der WHO zur Eindämmung des Tabakgebrauchs Forderungen nach Warnhinweisen auf Tabakprodukten erhoben worden.[537] Während die Warnhinweise ursprünglich nur über die Gefahren des Tabakgebrauchs informieren sollten,[538] ist ihre Zielrichtung inzwischen auf die Abschreckung der Konsumenten ausgeweitet worden.[539] Dezidiertes Anliegen ist es nun, den Anteil der Tabakkonsumenten in der Bevölkerung zu reduzieren. Weil sich insoweit auch die überlegene Wirksamkeit von Bildern gegenüber der rein textlichen Warnung herausgestellt hat,[540] hat Art. 10 Abs. 1 der Richtlinie 2014/40/EU die Abbildung von schockierenden Fotografien auf Rauchtabakprodukten, ergänzend zu den Texthinweisen, verpflichtend eingeführt.[541] Nunmehr werden 65% der Vorder- und Rückseite der Verpackung von Rauchtabakprodukten in der EU durch kombinierte gesundheitsbezogene Warnhinweise ausgefüllt. Dabei werden die Texthinweise mit passenden Bildern kombiniert, um den individuellen Rauchern die Gefahren des Rauchens auch visuell zu vergegenwärtigen. Zusätzlich zu den kombinierten gesundheitsbezogenen Warnhinweisen wird gemäß Art. 9 Abs. 1 der Richtlinie 2014/40/EU ein allgemeiner Warnhinweis und eine Informationsbotschaft abgedruckt, die auf den seitlichen Verpackungsflächen Platz finden, und dort 50% der Oberfläche einnehmen.

Die Vorgaben der Richtlinie sind in Deutschland durch die Einführung des Tabakerzeugnisgesetzes im April 2016 umgesetzt worden, das durch die Tabakerzeugnisverordnung inhaltlich ausgefüllt wird. Gemäß § 6 Abs. 1, 2 Nr. 1 TabakerzG werden Warnhinweise und Verpackungsgestaltung durch die Tabakerzeugnisverordnung näher ausgestaltet. In der Verordnung wird die Verpackung in den §§ 10 bis 18 geregelt. Die kombinierten gesundheitsbezogenen Warnhinweise auf Zigarettenschachteln werden explizit in den §§ 12 Nr. 3; 14 Abs. 1, 2 TabakerzV vorgeschrieben. Für die Anbringung der

---

[533] RL 2014/40/EU, Erwägungsgründe 7, 8, 19. Den Mitgliedsstaaten wurde eine Umsetzungsfrist bis zum 20. Mai 2016 eingeräumt, vgl. Art. 29 der RL 2014/40/EU.

[534] *Die Drogenbeauftragte der Bundesregierung*, Drogen- und Suchtbericht 2018, S. 48.

[535] Art. 4 Abs. 2 RL 89/622/EWG, der später durch die RL 92/41/EWG erweitert worden ist.

[536] Art. 5 der RL 2001/37/EG, die die vorangegangenen Richtlinien ersetzt hat.

[537] Rahmenübereinkommen der WHO zur Eindämmung des Tabakgebrauchs aus dem Jahr 2003. Art. 9 & 11 des WHO Abkommens beziehen sich dezidiert auf die Verpackung von Tabakprodukten und fordern die Einführung von Warnhinweisen in den Unterzeichnerstaaten.

[538] RL 92/41/EWG, Nr. L 158/30: "Um eine objektive Information über die Risiken des Tabakverbrauchs zu gewährleisten, wurden durch die Richtlinie 89/622/EWG sowohl ein allgemeiner Warnhinweis für die Verpackungen aller Tabakerzeugnisse als auch spezifische Warnhinweise für Zigaretten eingeführt."

[539] RL 2014/40/EU, Erwägungsgründe 7, 8, 19.

[540] *Fong et al.*, The impact of pictures on the effectiveness of tobacco warnings, S. 640 ff.; *Hammond*, Health warning messages on tobacco products, S. 327 ff.; *Agaku et al.*, Effectiveness of Text versus Pictorial Health Warning Labels, S. 47 ff.

[541] Die Text- und Bildhinweise finden sich in Anhang I und II der Richtlinie, die Bilderbibliothek des Anhang II ist durch die RL 2014/109/EU mit Bildern bestückt worden.

kombinierten gesundheitsbezogenen Warnhinweise auf der Tabakverpackung gelten dabei exakt die Maßgaben der Richtlinie 2014/40/EU. § 14 Abs. 1 TabakerzV verweist für die Warnhinweise explizit auf den Anhang 2 der Richtlinie 2014/40/EU, § 14 Abs. 2 TabakerzV wiederholt die Vorgaben des Art. 10 Abs. 1 der Richtlinie 2014/40/EU, für Layout und Gestaltung der Warnhinweise auf den Tabakverpackungen wird auf den Beschluss 2015/1842 der Europäischen Kommission verwiesen.

cc) Eingrenzungen der Untersuchung der Tabakwarnhinweise

Die Einführung der Bild-Warnhinweise als Zusatz zu den bereits bestehenden Text-Warnhinweisen hat verschiedene Tabakproduzenten veranlasst, gegen die Umsetzung der Richtlinie rechtlich vorzugehen. Das hat zu einem Eilrechtsschutzverfahren vor dem Bundesverfassungsgericht geführt,[542] aber auch zur Vorlage der Richtlinie zum EuGH im Vorabentscheidungsverfahren gem. Art. 267 AEUV,[543] sowie zu einer Nichtigkeitsklage der EU-Mitglieder Polen und Rumänien gem. Art. 263 AEUV.[544] Dabei ist insbesondere die Kompetenz der EU für den Erlass der Richtlinie in Frage gestellt worden. Keines der Verfahren war erfolgreich, der EuGH hat die Richtlinie für rechtmäßig erachtet, das Bundesverfassungsgericht hat aufgrund der strengen Anforderungen an den Erlass einer einstweiligen Anordnung von einer solchen abgesehen.[545] Die Richtlinie ist in Deutschland folgerichtig in geltendes Recht umgesetzt worden. Dabei erscheint die Zielsetzung, Menschen vom Rauchen abzuhalten, bereits bemerkenswert. Es handelt sich um eine klassisch paternalistische Regelung, bei der es darum geht, den Betroffenen davor zu schützen, sich selbst zu schädigen. Die Grundrechte der von den Warnhinweisen betroffenen Raucher sind jedoch in keiner der Entscheidungen des Bundesverfassungsgerichts oder des EuGH eigenständig gewürdigt worden. Das soll hier, mit Fokus auf die Interaktion der Bilder mit der menschlichen Verfügbarkeitsheuristik, nachgeholt werden.

Die rechtliche Untersuchung der Warnhinweise wird allerdings auch begrenzt. Eine mögliche Grundrechtsverletzung der Tabakproduzenten wird nicht gewürdigt, sie wäre Produkt klassischer Gebotsgesetzgebung durch den Staat und deshalb nicht Gegenstand dieser Arbeit.[546] Bei der Analyse der Grundrechte der Raucher wird außerdem dezidiert nicht auf die Problematik eingegangen, dass bereits rauchende Personen von Nikotin abhängig sein können. Diese Suchtproblematik verkompliziert die Analyse der Situation enorm und lässt kaum ernsthafte Schlussfolgerungen zu. Das liegt daran, dass die Sucht bereits selbständig als autonomiebeeinträchtigender Faktor zu würdigen wäre,[547] der neben die Verfügbarkeitsheuristik träte. Würde die Analyse auf die Sucht, die kognitive Verzerrung und die Wechselwirkungen der Sucht mit der kognitiven Verzerrung bezogen, so ließe sich kaum ein nachvollziehbares Ergebnis erzielen. Die Analyse konzentriert sich daher, der Einfachheit halber, auf nicht-süchtige Personen, die mit dem Rauchen noch nicht begonnen haben oder noch nicht nikotinabhängig sind. Darüber hinaus werden, ebenfalls der Einfachheit halber, die Warnhinweise auf klassischen Zigarettenverpackungen analysiert. Die Analyse gilt gleichermaßen für dieselben Hinweise auf anderen Rauchtabakprodukten, schließlich sind die Hinweise dort in gleicher Weise sichtbar angebracht, wie bei Zigarettenverpackungen. Es vereinfacht die Analyse allein in sprachlicher Hinsicht jedoch, wenn nur die Entscheidung analysiert wird, eine Zigarette zu rauchen.

---

[542] BVerfG, NVwZ 2016, S. 1171 (1171 ff.).
[543] EuGH C-547/14.
[544] EuGH C-358/14.
[545] BVerfG, NVwZ 2016, S. 1171 (1172).
[546] In BVerfGE 95, 173 (173 ff.) prüft und verneint das Bundesverfassungsgericht eine mögliche Verletzung der Berufsfreiheit der Tabakproduzenten durch die Verpflichtung, Warnhinweise auf Tabakprodukte aufzudrucken.
[547] Dazu *Levy*, Autonomy and Addiction, S. 427 ff.

b) Appelle für sparsamen Umgang mit Trinkwasser – Die Nutzung von sozialen Normen

Das zweite Beispiel, das hier analysiert werden soll, ist die Anknüpfung eines *Nudge* per Informationsbereitstellung an eine Entscheidungsverzerrung. Zu diesem Zweck wird eine Maßnahme untersucht, die durch die Interaktion mit dem Herdentrieb des Menschen, der ihn zur Befolgung von sozialen Normen verleitet, Wirkung entfaltet. Der Herdentrieb findet seinen Ursprung im Unterbewusstsein,[548] die Interaktion mit ihm stellt also eine klassische Anwendung des *Nudging* dar. An den Herdentrieb kann durch *Nudges* gezielt angeknüpft werden indem auf soziale Normen hingewiesen wird. Der Hinweis auf das Verhalten seiner Mitmenschen verleitet das Individuum dazu, sich so zu verhalten wie diese.[549] Ein wichtiger und vielversprechender Bereich, in dem die Effektivität der Anknüpfung an soziale Normen getestet worden ist, ist der des Wasserverbrauchs.[550] Menschen können so dazu veranlasst werden, weniger Trinkwasser zu verwenden.

aa) Der Rückgriff auf soziale Normen beim Wassersparen

Die Knappheit von Trinkwasser ist ein weltweites Problem.[551] Gerade in Gegenden der Welt mit hohen Temperaturen wird die Verfügbarkeit von Wasser zu einem wachsenden Problem. Aus diesem Grund werden verschiedene Maßnahmen getestet, die Menschen zu einem sparsameren Wasserverbrauch anhalten könnten. Ein solcher Weg kann über die Nutzung verhaltensökonomischer Erkenntnisse führen, hier hat sich insbesondere die Anknüpfung an soziale Normen als vielversprechend erwiesen. Das Potenzial, durch gezielte Nachrichten über den ‚sozial normalen' Wasserverbrauch den individuellen Wasserverbrauch zu beeinflussen, scheint groß. Bis zu 7,7% weniger Wasser ist in Haushalten verbraucht worden, die mit derartigen Nachrichten konfrontiert worden sind.[552] Die Effektivität derartiger Benachrichtigungen wird über die Zeit geringer, signifikante Effekte können teilweise aber noch bis zu sechs Jahre nach der Intervention ermittelt werden.[553] Insofern scheint die informationelle Anknüpfung an soziale Normen ein nicht zu unterschätzendes Steuerungspotenzial zu besitzen.

Der grundsätzliche Mechanismus, durch den die Anknüpfung an soziale Normen Wirkung zu entfalten verspricht, ist der gezielte Vergleich des Individuums mit seinen Mitmenschen. Weil hier ein starkes Bedürfnis danach besteht, sein Verhalten den Verhaltensmustern der Mitmenschen anzugleichen, kann die Information darüber, wie diese sich verhalten, auch das Verhalten der Angesprochenen beeinflussen. Dabei steht jedoch zu befürchten, dass alle Individuen sich in ihrem Verhalten dem Durchschnitt annähern. Während das einerseits eine wünschenswerte Entwicklung ist, weil diejenigen, die mehr verbrauchen, ihren Verbrauch senken, bedeutet es umgekehrt, dass auch diejenigen, die aus Sicht des Entscheidungsarchitekten eigentlich bereits eine wünschenswerte Verhaltensweise an den

---

548 *Chartrand/Bargh*, The Chameleon Effect, S. 893 ff.; *Latané/Darley*, Group Inhibition of Bystander Intervention in Emergencies, S. 220; *Dolan et al.*, Influencing Behaviour, S. 268.

549 *Cialdini et al.*, Managing Social Norms for Persuasive Impact, S. 3 ff.

550 *Brent et al.*, Social Comparisons, Household Water Use, and Participation in Utility Conservation Programs, S. 597 ff.; *Datta et al.*, A Behavioral Approach to Water Conservation, S. 2 ff.; *Ferraro/Price*, Using nonpecuniary strategies to influence behavior, S. 64 ff.; *Bernedo et al.*, The Persistent Impacts of Norm-Based Messaging and Their Implications for Water Conservation, S. 437 ff.

551 Zwar ist Trinkwasserknappheit in Deutschland ein vergleichsweise geringes Problem, sparsamer Umgang mit Trinkwasser ist aber dennoch angezeigt, vgl. *Baumgarten et al.*, Wassersparen in Privathaushalten, S. 37 ff.

552 *Byerly et al.*, Nudging pro-environmental behavior, S. 7. Die Zahl geht zurück auf die Studien von *Ferraro/Price*, Using nonpecuniary strategies to influence behavior; *Brent et al.*, Social Comparisons, Household Water Use, and Participation in Utility Conservation Programs und *Datta et al.*, A Behavioral Approach to Water Conservation.

553 *Bernedo et al.*, The Persistent Impacts of Norm-Based Messaging and Their Implications for Water Conservation, S. 437.

Tag legen, weil sie in unserem Beispiel bereits weniger Wasser als der Durchschnitt verbrauchen, zum Durchschnitt wandern. Sie können durch die Information über den durchschnittlichen Verbrauch ihrer Mitmenschen jedenfalls zu einem solchen Verhalten veranlasst werden, die Nachricht über die soziale Norm wird dann zu einer Art Bumerang.[554] In den relevanten Studien zur Reduzierung des Wasserverbrauchs hat sich ein solcher Bumerang-Effekt nicht eingestellt,[555] dennoch muss er bei der Interaktion mit sozialen Normen berücksichtigt werden. Er kann der Wirksamkeit derartiger Interventionen entscheidend entgegenwirken. Sofern aber nur diejenigen mit besonders hohem Verbrauch informiert werden, ist ein Bumerang-Effekt nicht zu befürchten.

bb) Die Interaktion mit sozialen Normen als verwaltungsrechtliche Maßnahme

Nachfolgend soll durchdacht werden, inwieweit die Interaktion mit sozialen Normen in eine verwaltungsrechtliche Maßnahme umgesetzt werden kann. Möglich wäre, dass der Staat, ausgestattet mit Informationen über den individuellen Wasserverbrauch, gezielte Nachrichten versendet. Denkbar erscheint insoweit entweder eine flächendeckende Ansprache aller Bürger oder nur bestimmter Personen. Das könnten beispielsweise diejenigen sein, die besonders viel verbrauchen. Bei ihnen besteht das größte Verringerungspotenzial, sie reagieren zudem regelmäßig am stärksten auf den Vergleich mit ihren Nachbarn, indem sie ihren Verbrauch relativ am meisten reduzieren.[556] Wenn allerdings die gesamte Nachbarschaft und nicht lediglich ein Teil der Bürger, angesprochen wird, dann kann langfristig ein Wettlauf nach unten eingeleitet werden. Der durchschnittliche Wasserverbrauch würde dann idealerweise kontinuierlich sinken, bis ein bestimmtes Mindestniveau erreicht ist. Spricht man nur diejenigen Bürger an, die sehr viel verbrauchen, wird ein derartiger Einfluss auf den Durchschnittsverbrauch nur abgeschwächt möglich sein.

Des Weiteren stellt sich die Frage, was genau eine solche Ansprache enthalten sollte. Hier erscheint besonders die Entscheidung wichtig zu werden, ob eine Benachrichtigung lediglich deskriptiven Charakter haben sollte, oder darüber hinaus auch noch eindeutig normative Botschaften enthalten sollte.[557] Einerseits kann ein einfacher Vergleich mit der erweiterten Nachbarschaft vorgenommen werden. Das kann durch Darstellung des Durchschnittsverbrauchs geschehen, kombiniert mit dem Hinweis, dass „mehr/weniger verbraucht wurde als von X % der Nachbarschaft."[558] Über diese einfache Darstellung des Verhältnisses hinaus könnte zusätzlich ein Symbol der Anerkennung oder Missbilligung auf der Benachrichtigung angebracht werden. Das kann beispielsweise durch das Abdrucken eines

---

554 *Schultz et al.*, The Constructive, Destructive, and Reconstructive Power of Social Norms, S. 430.

555 Siehe die Studien von *Ferraro/Price*, Using nonpecuniary strategies to influence behavior; *Brent et al.*, Social Comparisons, Household Water Use, and Participation in Utility Conservation Programs, *Bernedo et al.*, The Persistent Impacts of Norm-Based Messaging and Their Implications for Water Conservation und *Datta et al.*, A Behavioral Approach to Water Conservation.

556 *Brent et al.*, Social Comparisons, Household Water Use, and Participation in Utility Conservation Programs, S. 601.

557 Siehe zu dieser Unterscheidung *Cialdini et al.*, Managing Social Norms for Persuasive Impact, S. 4.

558 So auch bei *Brent et al.*, Social Comparisons, Household Water Use, and Participation in Utility Conservation Programs, S. 601.

lachenden oder missbilligend dreinblickenden Smileys geschehen.[559] Die Verwendung eines solchen, normativen, Elements kann das potenzielle Auftreten des Bumerang-Effekts beseitigen.[560]

Es soll nun zum Zwecke der Analyse angenommen werden, dass der Gesetzgeber eine solche Benachrichtigung in einem formellen Parlamentsgesetz vorsieht, um den Wasserverbrauch privater Haushalte zu senken. Die Benachrichtigung soll dabei gleichermaßen an alle Haushalte ergehen, den einzelnen Haushalt auf seinen Wasserverbrauch im Verhältnis zum durchschnittlichen Verbrauch der Nachbarschaft hinweisen und mit einer normativen Nachricht der Anerkennung oder Missbilligung kombiniert werden. Auf der Benachrichtigung soll also, je nachdem ob der Wasserverbrauch begrüßt oder missbilligt wird, ein positives oder negatives Symbol, z.B. ein Smiley, abgedruckt werden. In Frage steht, inwieweit eine solche Benachrichtigung aus verfassungsrechtlicher Sicht zulässig wäre.

Eine derartige Maßnahme betrifft in unterschiedlicher Hinsicht die Grundrechte potenziell verschiedener Adressaten. Hier ist die Maßnahme als Direktkommunikation zwischen Staat und Bürger konzipiert worden, sie könnte aber auch ‚übers Eck' durch Einbindung der Wasserversorgungsunternehmen auf deren Verbrauchsrechnungen eingearbeitet werden. Dann wäre die Maßnahme für die Versorgungsunternehmen, vorausgesetzt, diese befinden sich in privater Hand, als imperativer Eingriff zu würdigen. Derartige Eingriffe sind aber nicht Gegenstand der hiesigen Untersuchung, insoweit gilt dasselbe wie für die Tabakproduzenten. Außerdem stellen sich datenschutzrechtliche Fragen im Hinblick auf die Zulässigkeit der Verwertung persönlicher Daten für die Erstellung des nachbarschaftlichen Durchschnittsverbrauchs. Wann sind diese Daten hinreichend anonymisiert? Welche Gruppengröße muss mindestens erreicht werden, um keine Rückschlüsse auf persönliches Verhalten ziehen zu können? Ist die Datenverarbeitung zu diesem Zweck insgesamt zulässig? Auch diese Fragen werden hier nicht bearbeitet, sie stellen keine spezifische Eigenheit des *Nudging* dar, dass sich durch seinen eigentümlichen Wirkungsmechanismus und seine paternalistische Ausrichtung auszeichnet.

3. Die verfassungsrechtliche Würdigung der Informationsbereitstellung

Nachdem nun zwei Maßnahmen vorgestellt worden sind die, jeweils an eine Urteils- (Tabak) und eine Entscheidungsverzerrung (Wasser) anknüpfend, menschliches Verhalten durch die gezielte Präsentation von Informationen zu beeinflussen suchen, soll jetzt die rechtliche Analyse folgen. Dabei erstreckt sich die verfassungsrechtliche Analyse hier auf das allgemeine Persönlichkeitsrecht der Art. 2 Abs. 1 GG in Verbindung mit Art. 1 Abs. 1 GG einerseits und Art. 7 GRCh andererseits. Anschließend wird die Informationsbereitstellung noch auf ihr Verhältnis zur Informationsfreiheit des Art. 5 Abs. 1 S. 1 2. Hs. GG und Art. 11 GRCh untersucht.

Die grundrechtliche Untersuchung orientiert sich dabei an der klassisch-juristischen, dreischrittigen Prüfungsfolge, die auch das Bundesverfassungsgericht regelmäßig anwendet.[561] Im ersten Schritt wird untersucht, ob die konkrete Informationsmaßnahme den Schutzbereich eines der angesprochenen Grundrechte berührt. Im zweiten Schritt wird untersucht, ob die Betroffenheit des Schutzbereiches

---

[559] Prägend ist insoweit das *Opower* Design, hier wurde der relative Energieverbrauch im Vergleich zur unmittelbaren Nachbarschaft anhand von Smileys dargestellt. Vgl. dazu *Allcott*, Social norms and energy conservation, S. 1082 ff.; *Ayres et al.*, Evidence from Two Large Field Experiments that Peer Comparison Feedback Can Reduce Residential Energy Usage, S. 992 ff.; *Costa/Kahn*, Energy Conservation "Nudges" and Environmentalist Ideology, S. 680 ff.; *Allcott/Rogers*, The Short-Run and Long-Run Effects of Behavioral Interventions, S. 3003 ff.

[560] *Schultz et al.*, The Constructive, Destructive, and Reconstructive Power of Social Norms, S. 432.

[561] Vgl. *Kingreen/Poscher*, Grundrechte, Rn. 253 ff.

einen rechtfertigungsbedürftigen Eingriff in diesen konstituiert. Sofern ein Eingriff in den Schutzbereich vorliegt, muss der Eingriff im dritten Schritt auf die Möglichkeit seiner Rechtfertigung untersucht werden, eine tragende Rolle kommt dabei dem Prinzip der Verhältnismäßigkeit zu.

a) Das allgemeine Persönlichkeitsrecht

Das allgemeine Persönlichkeitsrecht wird hier durch Art. 7 GRCh für den Fall des Rauchens und durch Art. 2 Abs. 1 GG in Verbindung mit Art. 1 Abs. 1 GG für den Fall des Wassersparens vermittelt. Zunächst wird ermittelt, ob die jeweiligen Entscheidungen in den Schutzbereich des allgemeinen Persönlichkeitsrechts fallen (aa), anschließend wird auf die Eingriffsqualität der Informationen eingegangen (bb).

aa) Die Eröffnung des Schutzbereichs des allgemeinen Persönlichkeitsrechts

Es gilt zunächst festzustellen, ob die hier gegenständlichen Entscheidungen – der Griff zur Zigarette und die Verwendung von Trinkwasser – als autonome Entscheidungen im Sinne des allgemeinen Persönlichkeitsrechts qualifiziert werden können.

(1) Die Autonomie des Rauchens

Die Analyse beginnt mit der Entscheidung, eine Zigarette zu rauchen. Hier gilt es die Frage zu beantworten, ob der Griff zur Zigarette als autonom qualifiziert werden kann. Dabei muss allerdings zuerst der rechtliche Prüfungsmaßstab festgelegt werden. Da die EU die Warnhinweise selbst vollumfänglich geregelt hat genießt gemäß Art. 51 GRCh die Grundrechtecharta der EU Vorrang für die Bewertung der grundrechtlichen Zulässigkeit der Warnhinweise. Das deutsche Verfassungsrecht tritt insoweit zurück, solange die Grundrechtecharta einen gleichwertigen Grundrechtsschutz für die Rechtsakte der EU gewährleistet.[562] Der Schutz der Autonomie wird, im Falle des Zigarettenrauchens, durch Art. 7 GRCh vermittelt. Art. 7 GRCh gewährt den Schutz des Privat- und Familienlebens, der Wohnung und der Kommunikation. Die Vorschrift schützt, entsprechend Art. 8 EMRK, die individuelle Privatsphäre.[563] Sie differenziert sich in unterschiedliche Teilbereiche aus, von denen vorliegend der Schutz des Privatlebens interessant ist. Dieser Teilbereich schützt Aspekte des allgemeinen Persönlichkeitsrechts, insbesondere die Integrität und Identität der individuellen Persönlichkeit.[564] Damit entspricht der Schutz wesentlich dem des Teilbereichs der Selbstbestimmung im System des allgemeinen Persönlichkeitsrechts der Art. 2 Abs. 1 GG in Verbindung mit Art. 1 Abs. 1 GG. Dieser Aspekt des allgemeinen Persönlichkeitsrechts umfasst die Autonomie individueller Entscheidungen.

Ist die Entscheidung, eine Zigarette zu rauchen, als autonome Entscheidung anzusehen? Im Zweifel ist das bei kompetenten Individuen regelmäßig anzunehmen. Die fehlende Autonomie könnte sich aber ergeben, wenn die Entscheidung nicht dem Modell der Willensverwirklichung nach *Feinberg* genügt. Demnach können Entscheidungen als autonom qualifiziert werden, wenn sie eine Mindestschwelle der Willensverwirklichung überschreiten. Diese Schwelle muss individuell bestimmt werden und ist in Abhängigkeit der Konsequenzen der Entscheidung und ihrer Widerruflichkeit festzulegen. Die Gesundheitsschäden, die aus jahrelangem Rauchen entstehen sind erheblich, sie wirken sich auf nahezu alle Bereiche des Körpers aus, wobei die Auswirkungen auf das Herz-Kreislauf-System und die Atemwege besonders hervorzuheben sind.[565] Hier entstehen, bereits beim Konsum nur einer Zigarette

---

[562] BVerfGE 73, 339 (387).

[563] *Jarass*, GRCh Art. 7, Rn. 2, in: *Jarass*, Charta der Grundrechte der Europäischen Union.

[564] *Ebenda*, Rn. 3. Ebenso zu Art. 8 EMRK *Meyer-Ladewig/Nettesheim*, EMRK Artikel 8, Rn. 21 ff., in: *Meyer-Ladewig et al.*, EMRK.

[565] *Die Drogenbeauftragte der Bundesregierung*, Drogen- und Suchtbericht 2018, S. 49.

am Tag, signifikante zusätzliche Krankheitsrisiken im Vergleich zu nichtrauchenden Personen.[566] Die Entscheidung eine Zigarette zu rauchen kann also durchaus tiefgreifende Konsequenzen für die Gesundheit nach sich ziehen. Für sich genommen ist die einzelne Zigarette zwar nicht unmittelbar gesundheitsgefährdend, sie erhöht, wird sie täglich geraucht, das Risiko einer Herz-Kreislauf-Erkrankung aber um etwa fünfzig Prozent.[567] Aus Sicht des *Feinbergschen* Modells müssen die Konsequenzen des Zigarettenrauchens also durchaus berücksichtigt werden und führen zu einer Anhebung der Schwelle der Willensverwirklichung. Es besteht ein gewisser Bedarf sicherzugehen, dass die rauchende Person auch wirklich rauchen will. Das gilt umso mehr, als die Widerruflichkeit der Schädigungen durch das Rauchen nur in gewissem Maße gegeben ist.[568] Insofern gilt es, eine moderate Schwelle der Willensverwirklichung anzusetzen. Die Entscheidung zu rauchen darf mithin nicht durch schwerwiegende Beeinträchtigungen der Willensverwirklichung beeinträchtigt werden. Dann wäre sie nicht mehr als autonom zu qualifizieren.

Eine solche Beeinträchtigung könnte sich möglicherweise aus einem übermäßigen Optimismus der Person ergeben, die sich für das Rauchen entscheidet.[569] Übermäßiger Optimismus würde sich in einer Unterschätzung der Gesundheitsrisiken des Rauchens manifestieren und einen autonomiegefährdenden Einfluss im Sinne der vierten Gruppe des *Feinbergschen* Modells ausüben, weil die Entscheidung zu rauchen auf fehlerhafter Faktengrundlage getroffen würde. Ob Raucher an übermäßigem Optimismus leiden kann nur empirisch beantwortet werden. Empirische Studien zur Wahrnehmung der Gesundheitsrisiken des Rauchens unterscheiden sich in ihren Ergebnisse erheblich, je nachdem, welche Art des Risikos abgefragt wird. Hier wird zwischen dem persönlichen Gesundheitsrisiko des Rauchers selbst, dem relativen Gesundheitsrisiko eines Rauchers im Vergleich zu dem eines Nichtrauchers, sowie dem absoluten Gesundheitsrisiko des Rauchens unterschieden. Das persönliche Risiko wird etwa abgefragt, wenn Raucher danach befragt werden, für wie wahrscheinlich sie es halten, dass sie selbst ein bestimmtes Lebensalter (75 Jahre) erreichen. Auf die Frage hin schätzen die meisten ihre persönliche Wahrscheinlichkeit, als Raucher das entsprechende Lebensalter zu erreichen, akkurat ein.[570] Das Gesundheitsrisiko des Rauchens wird also zutreffend erkannt. Lediglich starke Raucher überschätzen ihre Überlebenswahrscheinlichkeit und unterschätzen so die Gesundheitsrisiken des Rauchens, sie können also als übermäßig optimistisch bezeichnet werden.[571] Ebenfalls übermäßig optimistisch sind Menschen, wenn sie nach dem relativen Risiko des Rauchens befragt werden, wenn sie also beurteilen müssen, wie viel wahrscheinlicher es für einen Raucher im

---

[566] *Hackshaw et al.*, Low cigarette consumption and risk of coronary heart disease and stroke, S. 1.

[567] *Ebenda.* Das Risiko für Männer, die eine Zigarette am Tag rauchen, ist um 48% höher als für nichtrauchende Männer, bei Frauen steigt dies gar auf 57%.

[568] Siehe für methodische Schätzungen der positiven Effekte des Aufhörens am Beispiel von Lungenkrebs, *Fry et al.*, How rapidly does the excess risk of lung cancer decline following quitting smoking?, S. 13 ff.; für Schlaganfälle *Lee et al.*, Estimating the decline in excess risk of cerebrovascular disease following quitting smoking, S. 231 ff.

[569] *Weinstein*, Accuracy of smokers' risk perceptions, S. 136.

[570] *Schoenbaum*, Do Smokers Understand the Mortality Effects of Smoking?, S. 757; *Sloan et al.*, The Smoking Puzzle, S. 225 f.

[571] Die Studie von *Schoenbaum* umfasste insgesamt 7183 Befragte, 3852 Frauen, 3331 Männer. Raucher machten ca. 27% der männlichen Befragten (11% starke, 16% leichte Raucher) und ca. 26% der weiblichen Befragten (6% starke, 20% leichte) aus. Wer 25 oder mehr Zigaretten am Tag rauchte galt als starker Raucher, alles darunter galt als leichtes Rauchen. Die übrigen Befragten waren ehemalige Raucher (ca. 48% der Männer, ca. 29% der Frauen; das wurde angenommen, wenn mehr als 100 Zigaretten im Leben geraucht worden sind) und Nichtraucher (ca. 25% der Männer, ca. 45% der Frauen; das wurde angenommen, wenn weniger als 100 Zigaretten im Leben geraucht worden sind), vgl. *Schoenbaum*, Do Smokers Understand the Mortality Effects of Smoking?, S. 756.

Vergleich zu einem Nichtraucher ist, an Lungenkrebs zu erkranken.[572] Dieses relative Gesundheitsrisiko des Rauchens wird signifikant unterschätzt.[573] Demgegenüber wird das absolute Gesundheitsrisiko, das vom Rauchen ausgeht, signifikant überschätzt.[574] Auf die Frage hin, wie viele von 100 Rauchern an Lungenkrebs erkranken werden, antworten die Befragten systematisch mit einer zu großen Zahl. Im Durchschnitt der Antworten sterben demnach knapp 43 der 100 Raucher an Lungenkrebs, eine viel zu hohe Einschätzung.[575] Zutreffend wäre eine Schätzung von 5 bis 10 Prozent.[576]

Je nachdem welche Risikoeinschätzung man also für maßgeblich hält, lässt sich keinerlei Wahrnehmungsverzerrung, ein übermäßiger Optimismus oder ein übermäßiger Pessimismus feststellen. Ein autonomieausschließender, übermäßiger Optimismus im Hinblick auf die Gesundheitsgefahren des Rauchens kann jedenfalls nicht bestätigt werden. Daher ist die Entscheidung, eine Zigarette zu rauchen, als autonome Entscheidung anzusehen. Wird auf diese Entscheidung nun durch den *Nudge* der Warnhinweise Einfluss genommen, so betrifft dies die Autonomie der Raucher. Der Schutzbereich des Art. 7 GRCh ist betroffen.

(2) Die Autonomie des Wasserverbrauchs

Auch die Entscheidung, Wasser zu verwenden, müsste als autonome Entscheidung qualifiziert werden. Der Hinweis auf soziale Normen des Wasserverbrauchs in der Nachbarschaft versucht auf diese Entscheidung Einfluss zu nehmen. Bemüht man hier das *Feinbergsche* Modell, so fällt es schwer, überhaupt einen autonomiebeeinträchtigenden Faktor auszumachen. Nimmt man die kognitiven Verzerrungen in den Blick, die im ersten Teil dieser Arbeit besprochen worden sind, findet sich kein Faktor, der naheliegend Einfluss auf die Autonomie der Entscheidung, Trinkwasser zu verbrauchen, nehmen würde. Die Entscheidung, Trinkwasser zu verbrauchen, kann deswegen unproblematisch als autonom qualifiziert werden, sofern sie, wovon hier allgemein ausgegangen wird, von grundsätzlich kompetenten Personen getroffen wird.

Die Benachrichtigung über den Wasserverbrauch, der an die betroffenen Bürger ergeht, betrifft damit eindeutig deren autonome Entscheidung. Indem auf die soziale Norm hingewiesen wird, und ein Symbol der Anerkennung oder Missbilligung kommuniziert wird, tritt der lenkende Charakter des *Nudging* hier wohl am deutlichsten hervor. Bei Menschen, die zuvor keiner kognitiven Verzerrung unterlagen, wird eine solche durch Ansprache ihres Herdentriebs hervorgerufen, um sie zu einem bestimmten Verhalten zu bewegen. Dabei wird spezifisch auch Anerkennung oder Missbilligung durch den Staat geäußert, um den Bumerang-Effekt, also die Annäherung an die Norm bei den Geringverbrauchern auszuschließen. Deutlicher kann das ‚rechtliche Sollen' nicht durch den Staat kommuniziert werden.

---

572 *Krosnick et al.*, Perceptions of health risks of cigarette smoking, S. 2, 15; *Weinstein et al.*, Smokers' unrealistic optimism about their risk, S. 58.

573 *Weinstein et al.*, Smokers' unrealistic optimism about their risk, S. 58: "More than half of current smokers in this survey regarded their lung cancer risk as no more than twice that of [non]-smokers, when, [...] even for light smokers in the sample, the relative risk would be about nine times the non-smokers' risk."

574 *Viscusi*, Do smokers underestimate risks, S. 1259; *Antonanzas et al.*, Smoking Risks in Spain, S. 184.

575 *Viscusi* hat 3119 Befragte per Telefon interviewt, nach den Antworten der Befragten sterben durchschnittlich 42,6% der Raucher an Lungenkrebs, vgl. *Viscusi*, Do smokers underestimate risks, S. 1259. Die Überschätzung des absoluten Risikos wird auch von neueren Studien festgestellt, vgl. *Krosnick et al.*, Perceptions of health risks of cigarette smoking, S. 15.

576 *Viscusi*, Do smokers underestimate risks, S. 1258.

bb) Die Informationsbereitstellung als Eingriff in den Schutzbereich

Beide Entscheidungen konnten als autonom qualifiziert werden und fallen in den Schutzbereich des allgemeinen Persönlichkeitsrechts. Nun soll die Qualität der Beeinflussung der autonomen Entscheidungen durch die Informations-*Nudges* untersucht werden. Hier gilt es vor allem, die Intensität zu würdigen. Es muss entschieden werden, ob die Betroffenheit des Schutzbereiches einen verfassungsrechtlichen Eingriff begründet, oder ob sie als bloße Belästigung keinen verfassungsrechtlichen Rechtfertigungszwang auslöst.

(1) Die Beeinträchtigung im Fall des Rauchens

Die Autonomie der Entscheidung, eine Zigarette zu rauchen, wird durch die Tabakwarnhinweise mit Bildteil betroffen. Wenn diese Betroffenheit als grundrechtliche Beeinträchtigung qualifiziert werden kann, muss sie in einem dritten Schritt gerechtfertigt werden. Ansonsten ist sie bloße Belästigung und bedarf keiner weiteren Rechtfertigung. Eine grundrechtliche Beeinträchtigung, ein Eingriff, liegt klassischerweise vor, wenn von staatlicher Seite durch einen rechtsförmigen Vorgang unmittelbar und gezielt in den grundrechtlich geschützten Bereich interveniert wird, wobei die Intervention auch zwangsweise durchsetzbar ist.[577] Diesen Voraussetzungen genügen die Tabakwarnhinweise alleine schon deshalb nicht, weil sie nicht zwangsweise durchsetzbar sind. Außerdem wirken sie nicht unmittelbar auf die betroffenen Raucher ein, sondern erst durch die Vermittlung des Tabakproduzenten. Dieser druckt die an die Raucher gerichteten Warnhinweise auf die Tabakverpackung, die Botschaft geht aber gezielt vom Staat aus.[578] Die Tabakwarnhinweise können, aus der Perspektive des allgemeinen Persönlichkeitsrechts der Raucher, also keinesfalls als klassischer Eingriff qualifiziert werden. Auch wenn sie, mangels zwangsweiser Durchsetzbarkeit, keine klassischen Eingriffe sind, erscheint es doch möglich, sie unter Berücksichtigung des modernen, weiteren Eingriffsverständnisses als Eingriffe zu qualifizieren. Danach ist auch eine Maßnahme als Eingriff zu qualifizieren die zwar nicht den Kriterien des klassischen Begriffs entspricht, deren Wirkung der eines klassischen Eingriffs aber im Wesentlichen gleichkommt.[579] Der moderne Eingriffsbegriff ist insoweit mit einer Erweiterung aller vier Kriterien des klassischen Begriffs verbunden.[580] Er stützt die Prüfung der Eingriffsqualität auf die Wirkungsintensität und nicht nur auf die Beurteilung nach Kriterien.

(a) Die Beeinträchtigung der Autonomie durch die Bild-Text Warnhinweise

Die Warnhinweise müssten nach diesem Verständnis als Eingriff in die Autonomie qualifiziert werden können. Vor dem Hintergrund, dass dies durch das Bundesverfassungsgericht für mittelbar wirkende Warnungen als möglich anerkannt worden ist, scheint die Annahme eines solchen Eingriffs auch nicht fernliegend.[581] Er soll hier jedoch, unter Rückgriff auf das *Feinbergsche* Modell, für die Autonomie der Entscheidung konkret festgestellt werden. Dabei muss zunächst ermittelt werden, welche der Fallgruppen ein potenzieller Anknüpfungspunkt für die Autonomiebeeinträchtigung durch die Tabakwarnhinweise sein könnte. Die Warnhinweise lassen sich in einen Text- und einen Bildteil aufteilen. Zwischen den beiden Teilen muss für die weitere Analyse unterschieden werden. Sie verfolgen zwar beide dasselbe Ziel, die Eindämmung des Tabakkonsums in der Bevölkerung, tun dies aber auf unterschiedlichen Wegen. Während die Texthinweise über die Information der Betroffenen

---

[577] BVerfGE 105, 279 (300).

[578] Insofern besteht eine strukturelle Ähnlichkeit zu den Fällen mittelbarer Grundrechtsbeeinträchtigung, vgl. dazu *Murswiek*, Das Bundesverfassungsgericht und die Dogmatik mittelbarer Grundrechtseingriffe, S. 8.

[579] BVerfGE 116, 202 (222).

[580] *Dreier*, Vorbemerkungen vor Art. 1 GG, Rn. 125 ff., in: *Dreier*, Grundgesetz.

[581] BVerfGE 105, 279 (300).

auf deren Verhalten einzuwirken versuchen, wirken die Bilder primär über den emotionalen Schock.[582] Das macht sie zu geeigneten Anknüpfungspunkten für die Verfügbarkeitsheuristik, da die schockierenden Bilder als verfügbare Beispiele für die Gefahren des Rauchens im Gedächtnis der Raucher verbleiben können. So könnte die individuelle Risikoeinschätzung der Raucher beeinflusst werden.

Der Textteil besteht aus einer kurzen Nachricht, die auf die Gefahren des Rauchens hinweist. Der Text lautet etwa *Rauchen verursacht 9 von 10 Lungenkarzinomen* oder *Rauchen verursacht Schlaganfälle und Behinderungen*.[583] Diese Hinweise sind aus der Idee heraus entstanden, dass das Individuum nicht ausreichend über die Gefahren aufgeklärt ist, die das Einatmen von Tabakrauch für die Gesundheit birgt.[584] Dementsprechend informieren die Texthinweise über statistisch signifikante Gesundheitsrisiken, die mit dem Rauchen verbunden sind. Nahezu alle tun das in einer möglichst objektiv-sachlichen Weise und verhelfen so dem individuellen Bürger zu einer informierten Entscheidung darüber, ob er Tabak rauchen möchte.[585] Die Texthinweise dienen also der sachlichen Information des Bürgers, mit dem Ziel, ihn über die Gefahren seiner Tätigkeit zu informieren. Logischerweise ist Teil dieser Information auch, den Teil der Betroffenen, die sich über die Gefährlichkeit ihres Verhaltens nicht im Klaren waren, davor zu warnen.[586] Die Textnachricht ist nicht auf die Interaktion mit kognitiven Verzerrungen ausgelegt und stellt für sich genommen keinen *Nudge* dar.

Der Bildteil ergänzt den Text mit einer passenden Fotografie. Passend ist in diesem Zusammenhang so zu verstehen, dass das Bild das beschriebene gesundheitliche Risiko illustriert. Wird also der Hinweis an den Raucher gerichtet, dass 9 von 10 Lungenkarzinomen die Konsequenz des Tabakrauchens sind, wird das Bild einer erkrankten Lunge über dem Text abgebildet, die durch eine geöffnete Bauchhöhle zu sehen ist.[587] Die Richtlinie begründet das Hinzufügen des Bildhinweises damit, dass „[...] große kombinierte gesundheitsbezogene Warnhinweise, die aus einem textlichen Warnhinweis und einer dazu passenden Farbfotografie bestehen, wirksamer sind als reine textliche Warnhinweise."[588] Die sich aufdrängende Frage, in welcher Hinsicht sie „wirksamer" sein sollen, wird nicht beantwortet. Wirksamkeit muss in diesem Zusammenhang aber wohl so verstanden werden, dass die kombinierten Hinweise besser geeignet sind, Menschen vom Rauchen abzuhalten, als der Text allein. Menschen, die mit den Bildern konfrontiert werden, sind weniger geneigt, Tabak zu rauchen.[589] Die Bilder, die zu den Texthinweisen abgedruckt werden, dienen dabei primär nicht der Information der Raucher, sondern

---

[582] *Hammond*, Health warning messages on tobacco products, S. 331 ff.

[583] Warnhinweis Nr. 1 und Nr. 5, es existieren insgesamt zwölf Text-Warnhinweise, vgl. den Anhang zur RL 2014/109/EU.

[584] RL 92/41/EWG, Nr. L 158/30.

[585] Allerdings muss insoweit anerkannt werden, dass der Staat durch die Entscheidung, gerade vor den Gefahren des Rauchens zu warnen, auch Verhaltenslenkung betreibt, egal wie objektiv die Informationen vermittelt werden. Durch die Auswahl und Verbreitung einer bestimmten Information werden auch das öffentliche Bewusstsein und die gesellschaftliche Debatte beeinflusst. Dazu *Franzius*, Die Herausbildung der Instrumente indirekter Verhaltenssteuerung im Umweltrecht der Bundesrepublik Deutschland, S. 153 ff.; *Lüdemann*, Edukatorisches Staatshandeln, S. 121 f.

[586] Diese Informations- und Warnfunktion üben auch der allgemeine Warnhinweis und die Informationsbotschaft des Art. 9 Abs. 1, 2 der Richtlinie 2014/40/EU aus.

[587] Alternativ wird zu dem Texthinweis das Bild einer Person im Krankenhausbett mit Sauerstoffschlauch in den Nasenhöhlen oder der Rücken einer Person mit frischer Operationsnarbe abgebildet, wohl Hinweis darauf, dass sie an der Lunge operiert worden ist.

[588] RL 2014/40/EU, Erwägungsgrund 25.

[589] *Hammond*, Health warning messages on tobacco products, S. 327 ff.

der Abschreckung. Menschen die die Bilder anschauen, sollen von den gesundheitlichen Folgen des Tabakkonsums emotional berührt werden, sie sollen Angst bekommen oder Ekel empfinden.[590] Die Herbeiführung solch negativer Emotionen ist ein verlässlicher Weg, Menschen von einem gesundheitsschädlichen Verhalten abzubringen.[591] Durch die Darstellung abschreckender Bilder werden zugleich auch verfügbare Beispiele für die Gesundheitsrisiken des Rauchens geschaffen. Im Zusammenspiel mit der Verfügbarkeitsheuristik beeinflussen diese Bilder dann die Einschätzung der Gesundheitsrisiken des Rauchens, und lassen den Eintritt der negativen Folgen wahrscheinlicher erscheinen.[592] Diese Beeinflussung der individuellen Risikoeinschätzung zum Zweck der Entscheidungslenkung kann als Eingriff in die Autonomie der Betroffenen angesehen werden, wenn sie die Wahrscheinlichkeitswahrnehmung der Betroffenen verzerrt. Dann könnten die Bilder als subtile Manipulation im Sinne der dritten Gruppe des *Feinbergschen* Modells angesehen werden, die über die emotionale Ansprache des System 1 die Risikoeinschätzung der Individuen zu verzerren sucht. Der Bildteil der kombinierten Warnhinweise macht die Tabakwarnhinweise deshalb zu einem *Nudge*.

Auf der anderen Seite könnte den Bildern auch autonomiefördernder Charakter zuerkannt werden. Das wäre der Fall, wenn durch die Bilder eine bestehende Wahrnehmungsverzerrung korrigiert wird. Dann könnte die Maßnahme als sogenanntes *debiasing* qualifiziert werden, das den Individuen zu einer akkurateren Einschätzung der Risiken ihres Verhaltens verhilft.[593] Das würde ihre Autonomie stärken und wäre nicht als Eingriff in dieselbe anzusehen. Ob eine verzerrte Wahrnehmung korrigiert wird, oder die bestehende Einschätzung verzerrt, hängt entscheidend davon ab, welche Risikoeinschätzung bei der Entscheidung, eine Zigarette zu rauchen, zugrunde gelegt wird. Wie bereits im Rahmen des Schutzbereiches angesprochen, werden die verschiedenen Risiken unterschiedlich bewertet. Das absolute Gesundheitsrisiko des Rauchens wird überschätzt, das persönliche Risiko wird mehrheitlich korrekt eingeschätzt, aber teilweise unterschätzt und das relative Risiko des Rauchens wird generell unterschätzt. Nimmt man die Einschätzung des absoluten Risikos als Referenz, so stellt die Verstärkung der Risikowahrnehmung durch die Bild-Warnhinweise im Zusammenspiel mit der Verfügbarkeitsheuristik eine Beeinträchtigung der Autonomie dar, da die der Entscheidung zugrundeliegende Faktenlage weiter verzerrt wird. Die bereits überschätzten Risiken des Rauchens werden noch vertieft. Nimmt man hingegen das persönliche Risiko als Maßstab, so wird die bis dahin akkurate Tatsachengrundlage verzerrt, bei starken Rauchern wirkt die Nutzung der Verfügbarkeitsheuristik dann aber als Korrektiv in Richtung der korrekten Risikowahrnehmung. Letzteres gilt insgesamt auch, wenn man das relative Risiko als Maßstab wählt.

Um zu entscheiden, welche der Risikowahrnehmungen maßgeblich sein sollte, müsste ermittelt werden, welche für die Entscheidung über das Rauchen zugrunde gelegt wird. Hier finden sich in der Literatur hauptsächlich Argumente für die Annahme des persönlichen Risikos als maßgebliche

---

[590] *Hammond*, Health warning messages on tobacco products, S. 331 ff. Exemplarisch auf S. 332: "Graphic depictions of disease appear to be the most reliable way to elicit negative emotional reactions to health warnings." Auch EuGH C-547/14, Rn. 204 verweist auf die emotionalen Folgen, die durch die Bilder ausgelöst werden.

[591] *Fong et al.*, The impact of pictures on the effectiveness of tobacco warnings, S. 640: „Since the 1950s, many research studies have demonstrated that "fear appeals" are effective in motivating health behaviour change (e.g. quitting) […].";

[592] *Hammond*, Health warning messages on tobacco products, S. 330: "pictorial warnings are […] associated with stronger beliefs about the health risks of smoking, […]".

[593] *Weinstein/Klein*, Resistance of Personal Risk Perceptions to Debiasing Interventions, S. 132, ziehen die Effektivität derartiger Maßnahmen bei Risikobewertung allerdings in Zweifel.

Risikoreferenz.[594] Nur bei der Einschätzung dieses Risikos würden Betroffene von dem übermäßigen Optimismus betroffen, der dafür sorgt, dass sie sich selbst als weniger gefährdet ansehen als den Durchschnittsmenschen.[595] Das persönliche Gesundheitsrisiko schätzen Raucher jedoch mehrheitlich zutreffend ein.[596] Ein starker Überoptimismus, den es zu korrigieren gelten würde, lässt sich im Zusammenhang des Rauchens nicht feststellen. Die gezielte Beeinflussung der Risikoeinschätzung kann deshalb nicht als autonomieförderndes *debiasing* angesehen werden. Der Griff zur Zigarette erfolgt in der Regel auf Grundlage einer akkuraten Einschätzung des persönlichen Risikos, wegen des Rauchens zu erkranken. Diese akkurate Risikoeinschätzung wird durch die Bereitstellung von schockierenden Bildern verzerrt, weil die Bilder als verfügbare Beispiele für die Verfügbarkeitsheuristik auf die Wahrscheinlichkeitswahrnehmung der Raucher Einfluss nehmen. Das stellt eine subtile Manipulation im Sinne der dritten Gruppe des *Feinbergschen* Entscheidungsmodells dar. Aus diesem Grund stellen die Bilder eine Beeinträchtigung der personalen Autonomie dar.

(b) Die Intensität der Beeinträchtigung

Es bleibt noch festzustellen, ob diese Beeinträchtigung als verfassungsrechtlicher Eingriff anzusehen ist. Das ist nur dann der Fall, wenn die Wirkung der Intervention der eines klassischen Eingriffs im Wesentlichen gleichkommt. Sie müsste sich also in ähnlich intensiver Weise auswirken, wie dies eine klassische Regelung täte. Das erscheint zweifelhaft, weil Informationen sich nicht zwangsweise auf das Verhalten der Betroffenen auswirken. Sie erreichen in der Regel auch keine zwangsähnliche Wirkung, weil die Informationsadressaten die Informationen selbst wahrnehmen und in ihrer Entscheidung berücksichtigen müssen. Ihnen bleibt die Letztentscheidungsfreiheit erhalten. Insoweit unterscheiden sich Informationen auch grundlegend von Standardregeln, da diese gerade dann ihre Wirkung entfalten, wenn der Adressat untätig bleibt.[597] Informationen hingegen bedürfen stets immer noch der aktiven Entscheidung des Adressaten, um wirksam zu werden, selbst wenn sie gezielt an kognitive Verzerrungen angepasst werden. Aus diesem Grund werden Informationen regelmäßig auch nicht als Grundrechtseingriffe für die Adressaten der Informationen qualifiziert.[598] Die Zwanglosigkeit der Informationen führt auch dazu, dass sie, wenn sie als Lenkungsmittel eingesetzt werden, häufig nicht in der Lage sind, den angestrebten Lenkungszweck zu erfüllen. Ganz deutlich wird das im Zivilrecht, wo auf Grundlage des sogenannten Informationsmodells durch die Versorgung der Parteien mit Informationen ein gleichrangiges Verhandlungsfeld errichtet werden soll.[599] Die zu diesem Zweck vorgeschriebene Informationsbereitstellung, etwa im AGB Recht, ist jedoch notorisch ineffektiv.[600]

Diese Ineffektivität erstreckt sich auch auf durch *Nudges* aufbereitete Informationen. Exemplarisch hierfür kann eine Studie von *Bertrand* und *Morse* herangezogen werden, die in Zusammenarbeit mit einem Kreditvergabeunternehmen, einem sogenannten *payday lender*, die Auswirkungen von aufbereiteten Informationen auf das Verhalten der Kreditnehmer getestet haben.[601] Im Vergleich mit

---

[594] *Weinstein*, Accuracy of smokers' risk perceptions, S. 139; *Jolls/Sunstein*, Debiasing through law, S. 207.

[595] *Slovic*, Do adolescent smokers know the risks, S. 1137: "[...] people consistently believe that their personal risk is less than the risk faced by others in the same situation."

[596] *Schoenbaum*, Do Smokers Understand the Mortality Effects of Smoking?, S. 758; *Sloan et al.*, The smoking puzzle, S. 225 f.

[597] Siehe dazu bereits oben, unter B. II. 4. b) bb).

[598] *Schweizer*, Nudging and the Principle of Proportionality, S. 99; *Gramm*, Rechtsfragen der staatlichen Aids Aufklärung, S. 2921; *Fateh-Moghadam*, Grenzen des weichen Paternalismus, S. 22; *Kolbe*, Freiheitsschutz vor staatlicher Gesundheitssteuerung, S. 210, 227.

[599] *Hacker*, Verhaltensökonomik und Normativität, S. 397 ff.

[600] Zum Ganzen *Ben-Shahar/Schneider*, More Than You Wanted To Know, S. 54 ff.

[601] *Bertrand/Morse*, Information Disclosure, Cognitive Biases, and Payday Borrowing, S. 1865 ff.

Kontrollgruppen wurden insoweit drei Informationsmaßnahmen getestet, die dem *present bias* der Kreditnehmer entgegenwirken sollten. Einmal wurde die Zinsrate eines *payday loans*, eine Art kurzfristiger Kredit mit enorm hohen Zinsen,[602] mit den Zinsraten anderer Kredite, wie z.B. der Belastung einer Kreditkarte, verglichen und dem Kreditnehmer auf dem Antrag für das *payday loan* mitgeteilt. Die zweite Intervention bestand in einem konkreten Vergleich der anfallenden Kosten eines *payday loans* in Höhe von 300 $ nach zwei Wochen, einem Monat, zwei Monate, oder drei Monaten, mit den Kosten für die Kreditnahme in gleicher Höhe für den gleichen Zeitraum bei einer Kreditkarte.[603] Die dritte Intervention weist die Kreditnehmer auf das typische Rückzahlungsverhalten von Personen hin, die ein *payday loan* in Anspruch nehmen, insbesondere im Hinblick darauf, ob auf das erste *payday loan* weitere folgen.[604] Die in dieser Form aufbereiteten Informationen wurden den Kreditnehmern auf dem Antragsformular des *payday loans* bereitgestellt. Bei der ersten Intervention war es den Kreditnehmern also ohne weiteres möglich, die vergleichsweise exorbitanten Zinsraten des *payday loans* im Vergleich zu denen einer Kreditkarte zu sehen. Dennoch zeigte diese Intervention keinerlei signifikanten Effekt im Vergleich zur Kontrollgruppe.[605] Dasselbe gilt für die dritte Intervention, der Hinweis darauf, dass nur 25 Prozent der Personen, die ein *payday loan* in Anspruch nehmen, den Kredit zurückzahlen, ohne einen neuen aufzunehmen, hatte keinen Effekt auf das Verhalten der Kreditnehmer im Vergleich zur Kontrollgruppe. Lediglich die zweite Intervention, der Hinweis auf die konkreten Kosten des *payday loan* im Vergleich zur Kreditkarte, hatte einen geringen, wenn auch statistisch signifikanten, Effekt.[606] Obwohl die Informationen kurz und prägnant aufbereitet wurden und im Entscheidungsmoment den Kreditnehmern präsentiert wurden, haben sie keinen Einfluss auf deren Entscheidungen genommen. Das kann direkt mit der begrenzten Wirksamkeit von Informationsbereitstellung in Verbindung gesetzt werden.[607]

Diese mangelhafte Wirksamkeit von Informationsbereitstellung als Instrument kann auch im Zusammenhang der Tabakwarnhinweise nicht entkräftet werden. Die Auswirkungen ihrer Einführung lassen sich in der Realität schwer messen, weil ihr möglicher Einfluss kaum von dem Einfluss anderer Faktoren getrennt werden kann.[608] Empirische Arbeiten, die sich mit der Effektivität der Warnhinweise beschäftigt haben, haben deshalb auf Befragungen der Raucher zurückgegriffen. Hier berichten die befragten Personen dann darüber, ob die Warnhinweise einen Effekt auf ihre Einstellungen zum Rauchen, ihr Rauchverhalten, oder ihre Intentionen, mit dem Rauchen aufzuhören, haben. Die Resultate sind insoweit eher positiv, teils aber auch widersprüchlich. So berichtet eine Studie, dass

---

[602] Der Jahreszins für diese Kredite, die regelmäßig aber nur einen Monat laufen, ergäbe aggregiert einen Wert von über 400%, vgl. *Bertrand/Morse*, Information Disclosure, Cognitive Biases, and Payday Borrowing, S. 1865.

[603] Die Kosten für das *Payday Loan* in Höhe von 300 $ nach Ablauf von drei Monaten belaufen sich auf 270 $. Bei einer Kreditkarte laufen bei einer Belastung in Höhe von 300 $ im gleichen Zeitraum Kosten in Höhe von 15 $ auf, vgl. *Bertrand/Morse*, Information Disclosure, Cognitive Biases, and Payday Borrowing, S. 1872.

[604] 40 % der Personen, die ein *payday loan* aufnehmen, erneuern den Kredit fünfmal oder häufiger, sie gehen also monatlich von einem Kredit in den nächsten über, vgl. *Bertrand/Morse*, Information Disclosure, Cognitive Biases, and Payday Borrowing, S. 1872.

[605] *Bertrand/Morse*, Information Disclosure, Cognitive Biases, and Payday Borrowing, S. 1881 f.

[606] Nur 48% der Personen, die diese Information erhielten, nahmen einen Kredit auf. Im Vergleich nahmen 54% der Kontrollgruppe einen Kredit auf, ein Unterschied von sechs Prozentpunkten, vgl. *Bertrand/Morse*, Information Disclosure, Cognitive Biases, and Payday Borrowing, S. 1881 f.

[607] *Bubb/Pildes*, How Behavioral Economics Trims Its Sails and Why S. 1652.

[608] Zwar kann seit Jahren ein genereller Rückgang rauchender Personen festgestellt werden (*Die Drogenbeauftragte der Bundesregierung*, Drogen und Suchtbericht 2018, S. 41), es ist aber unmöglich zu sagen, inwieweit das durch die Tabakwarnhinweise ausgelöst worden ist und nicht durch einen anderen Faktor, wie z.B. einen generellen gesellschaftlichen Bewusstseinswandel, der selbst möglicherweise auch erst zur Einführung der Tabakwarnhinweise geführt hat.

knapp 34% der Befragten angaben, dass die Warnhinweise ‚einen Effekt' auf ihr Rauchverhalten oder ihre Wahrnehmung des Tabakkonsums gehabt hätten, ein wenig aussagekräftiges Resultat.[609] Werden den Befragten verschiedene Kombinationen von kombinierten Warnhinweisen vorgelegt und auf den selbstwahrgenommenen Effekt bei den Befragten hin untersucht, so ergibt sich ein widersprüchliches Bild. Einige Warnhinweise scheinen den gewünschten Effekt zu entwickeln, anderen hingegen gelingt das in keiner Weise,[610] in einem Fall ist der kombinierte Hinweis gar weniger effektiv als der reine Texthinweis.[611] Aufgrund dieser lediglich geringfügigen, teils widersprüchlichen Auswirkungen der Warnhinweise können sie, obschon sie auf paternalistische und manipulative Weise versuchen, die Entscheidung ihrer Adressaten zu beeinflussen, nicht als Eingriff qualifiziert werden. Eine Wirkung, die einer klassischen Regelung ‚im Wesentlichen gleichkommt' kann ihnen nicht bescheinigt werden. Eine zwangsweise Regelung, die den Zigarettenkonsum einschränken oder verbieten würde, hätte eine ungleich höhere Intensität.

(2) Die Beeinträchtigung im Fall des Wassersparens

Auch für die Beeinflussung der Entscheidung, Wasser zu verbrauchen, stellt sich die Frage, ob sie als grundrechtlicher Eingriff in die Entscheidungsautonomie angesehen werden kann. Vor dem Hintergrund, dass die Entscheidung selbst bereits als voll autonom qualifiziert worden ist, stellt die Einflussnahme durch Anknüpfung an soziale Normen, deren Befolgung unterbewusst im Menschen angelegt ist, eine Autonomiebeeinträchtigung im Sinne der dritten Gruppe des *Feinbergschen* Modells dar. Die Anknüpfung an den Herdentrieb ist ein Fall subtiler Manipulation. Wie bereits bei den Tabakhinweisen ist jedoch auch bei den Hinweisen zum individuellen Wasserverbrauch die letztlich entscheidende Frage, ob diese Autonomiebeeinträchtigung auch als Eingriff qualifiziert werden kann, weil sie den Auswirkungen eines Eingriffs kraft Regelung ‚wesentlich gleichkommt'.

Durch den Verweis auf die soziale Norm, den Durchschnittsverbrauch, werden die Menschen dazu angeregt, sich so zu verhalten, wie die Geringverbraucher. Dabei bleibt das Letztentscheidungsrecht, wie sie ihren Wasserverbrauch nun gestalten, jedoch bei ihnen. Sie werden nicht zu einem geringeren Wasserverbrauch gezwungen, wie das bei einer klassischen Regelung der Fall wäre. Dieses ‚Minus' der Durchsetzbarkeit müsste durch eine vergleichbar intensive Verhaltensbeeinflussung durch die Informationen ausgeglichen werden, damit sie als Eingriff qualifiziert werden können. Das erscheint hier jedoch zweifelhaft. Einerseits darf das Potenzial, durch Hinweise auf soziale Normen wassersparendes Verhalten zu befördern, nicht missachtet werden. Allerdings ist der beobachtete Effekt gering und geht kaum über den Effekt hinaus, der wohl bereits durch einfache Hinweise und damit verbundener Aufmerksamkeitslenkung erzielt werden könnte. In den Untersuchungen wurde, im Vergleich mit der Kontrollgruppe, bis zu 7,7% weniger Wasser in den Haushalten verbraucht, die durch eine Intervention mit sozialen Normen betroffen worden sind.[612] Daneben ist in einer anderen Studie ein weiterer interessanter Aspekt aufgegriffen worden. Die Effektivität der Verbreitung aufbereiteter Informationen mit dem Ziel, den Umweltschutz zu fördern, hing maßgeblich auch von

---

609 *Agaku et al.*, Effectiveness of Text versus Pictorial Health Warning Labels, S. 51; 33% der befragten Personen haben berichtet, die Warnhinweise hätten ‚einen Effekt' auf ihre Wahrnehmung der Gefahren des Rauchens oder ihres Rauchverhaltens gehabt.

610 Vgl. insoweit die Studie von *Nonnemaker et al.*, Experimental Study of Graphic Cigarette Warning Labels, S. 4-1 ff. in der insgesamt neun verschiedene Tabakwarnhinweise auf ihre Effektivität hin untersucht worden sind.

611 *Nonnemaker et al.*, Experimental Study of Graphic Cigarette Warning Labels, S. 3-23: "In contrast, Baby in Incubator [*der Name des kombinierten Warnhinweises, der Verfasser*] was negatively associated with beliefs about the health risks of smoking for youth compared with the control condition."

612 *Byerly et al.*, Nudging pro-environmental behavior, S. 7. Der geringste Wert betrug 2,5%.

der ideologischen Einstellung der Adressaten ab. Bei Personen, die Umweltschutz für wichtig halten, wird ein bis zu viermal so starker Verhaltenseffekt beobachtet, wie bei Personen, die dem Umweltschutz nachrangige Bedeutung zumessen.[613] Hier scheint die Information eher bewusst zum Zwecke der eigenen Überzeugungsverfolgung in den Entscheidungsprozess eingebunden worden zu sein, denn unterbewusst auf der Ebene des Herdentriebs Wirkung zu entfalten. Insofern fällt es schwer, ihr eine mit einem zwangsweisen Eingriff vergleichbare Wirkung zuzuschreiben. Ein Eingriff in die Entscheidungsautonomie durch die Hinweise zum Wassersparen kann deshalb nicht angenommen werden.

b) Eingriffsqualität der Informationsbereitstellung im Hinblick auf das allgemeine Persönlichkeitsrecht

Abschließend kann konstatiert werden, dass den *Nudges* durch Informationsbereitstellung die für die Annahme eines Eingriffs in das allgemeine Persönlichkeitsrecht nötige Wirkungsintensität fehlt. Das liegt vornehmlich daran, dass sie die nur schwache Wirkung des Instruments der Informationsbereitstellung übernehmen und keine einem klassischen Eingriff vergleichbare Wirkung entfalten. Die Entscheidungsautonomie der Adressaten wird deshalb, aus grundrechtlicher Perspektive, nicht rechtfertigungsbedürftig beeinträchtigt. Eine Verletzung des allgemeinen Persönlichkeitsrechts kann nicht angenommen werden.

c) Betroffenheit der negativen Informationsfreiheit durch Nudges

Für die Bereitstellung staatlicher Informationen kann möglicherweise aber noch ein weiteres Grundrecht relevant sein, die Informationsfreiheit des Art. 5 Abs. 1 S. 1 2. Hs. GG, bzw. auf europarechtlicher Ebene des Art. 11 Abs. 1 S. 2 GRCh.[614] Ihr Schutzgehalt könnte dadurch verletzt worden sein, dass *Nudges* Informationen in einer ganz bestimmten Weise präsentieren.[615] Möglicherweise gebietet die Informationsfreiheit , dass staatliche Informationen nicht mit derartigen Lenkungsintentionen verbreitet werden dürfen, wie sie bei *Nudges* zu finden sind.

Die Grundrechte der Informationsfreiheit aus dem Grundgesetz, der Grundrechtecharta und der EMRK schützen die Freiheit des Individuums, sich aus allgemein zugänglichen Quellen ungehindert Informationen zu verschaffen.[616] Kehrseite dieses Schutzes aktiver Informationsbeschaffung ist die Abwehr ungewollter, aufgedrängter Information.[617] Dieser Schutz vor aufgedrängter Information wird durch die Rechtsprechung des Bundesverfassungsgerichts dadurch hervorgehoben, dass es den Staat bei seiner Informationstätigkeit zu Sachlichkeit[618] und Zurückhaltung[619] auffordert.

Die Prinzipien der Sachlichkeit und der Zurückhaltung befinden sich dabei in einem Wechselspiel, das beim Gebot der Zurückhaltung beginnt. Wenn der Staat nur selten Informationen verbreitet, so

---

[613] *Costa/Kahn*, Energy Conservation „Nudges" and Environmentalist Ideology, S. 680 ff.

[614] Die nachfolgenden Erwägungen beziehen sich auf die Informationsfreiheit des Grundgesetzes und der Grundrechtecharta, insoweit wird von einem sich weitestgehend überschneidenden Schutzbereich ausgegangen.

[615] Mit ähnlichen Überlegungen auch schon *Lüdemann*, Edukatorisches Staatshandeln, S. 118.

[616] *Schulze-Fielitz*, Art. 5 I, II GG, Rn. 83; in: *Dreier*, Grundgesetz; *Cornils*, EMRK Art. 10, Rn. 20, in: *Gersdorf/Paal*, BeckOK Informations- und Medienrecht; *Cornils*, GRCh Art. 11, Rn. 32, in: *Gersdorf/Paal*, BeckOK Informations- und Medienrecht.

[617] *Jarass*, Art. 5 GG, Rn. 25, in: *Jarass/Pieroth*, Grundgesetz für die Bundesrepublik Deutschland.

[618] BVerfGE 105, 252 (268).

[619] BVerfGE 105, 279 (295), das Gebot der Zurückhaltung wird hier allerdings mit spezifischem Bezug zur Neutralitätspflicht des Staates im Hinblick auf die Religionsfreiheit entwickelt.

werden diese Informationen von den Bürgern besonders sorgsam beachtet. Das verpflichtet den Staat wiederum dazu, nur sachlich zutreffende Informationen zu verbreiten, da das ihm entgegengebrachte Vertrauen gerechtfertigt werden muss.[620] Dieses Vertrauen der Bürger in die staatlich vermittelte Autorität hoheitlicher Informationen ist aber nur ein Grund für das Gebot der Zurückhaltung, dass der Staat bei seiner Informationstätigkeit beachten muss. Der andere Grund ist allgemeinerer Natur und speist sich aus der Bedeutung der Informationsfreiheit für die Demokratie, die sich aus ihrer engen Verwandtschaft mit der Meinungsfreiheit ergibt.[621] Der demokratische Staat ist auf die öffentliche Meinungsbildung angewiesen, da durch sie letztlich die Staatsgewalt, die vom Volk durch Wahlen ausgeübt wird, entwickelt wird. Diesen Aspekt des Zurückhaltungsgebots macht das Bundesverfassungsgericht in seiner ersten Entscheidung zur Parteienfinanzierung exemplarisch deutlich:

> *„Willensbildung des Volkes und staatliche Willensbildung sind auf vielfältige Weise miteinander verschränkt. In einer Demokratie muß sich diese Willensbildung aber vom Volk zu den Staatsorganen, nicht umgekehrt von den Staatsorganen zum Volk hin, vollziehen. Die Staatsorgane werden durch den Prozeß der politischen Willensbildung des Volkes, der in die Wahlen einmündet, erst hervorgebracht (Art. 20 Abs. 2 GG). Das bedeutet, daß es den Staatsorganen grundsätzlich verwehrt ist, sich in bezug auf den Prozeß der Meinungs- und Willensbildung des Volkes zu betätigen, daß dieser Prozeß also grundsätzlich "staatsfrei" bleiben muß.“*[622]

Die Willensbildung muss sich demnach von unten nach oben, vom Volk zum Staat hin vollziehen. Damit scheint die informationelle Steuerung durch *Nudges*, mit der der Staat selbst Präferenzen zu beeinflussen sucht, in direktem Gegensatz zu stehen. Allerdings muss insoweit beachtet werden, dass seit der ersten Entscheidung zur Parteienfinanzierung, die immerhin im Jahre 1966 ergangen ist, erhebliche gesellschaftliche Veränderungen eingetreten sind. Diese Veränderungen haben dafür gesorgt, dass staatliche Informationstätigkeit teilweise zu einem unverzichtbaren Instrument geworden ist. Das hebt das Bundesverfassungsgericht in seinen Entscheidungen zur staatlichen Warnungstätigkeit selbst hervor.[623] In der Informationsgesellschaft kann der Staat privaten Akteuren nicht völlig das Feld überlassen, sondern ist gehalten, seine Bürger auf bestimmte, besonders relevante Entwicklungen selbst hinzuweisen.[624] Das muss dann aber in einer sachlichen Weise geschehen und die vermittelten Informationen müssen zutreffend sein. Dem Staat ist es also nicht erlaubt, zum Zwecke der Verhaltensbeeinflussung falsche, bzw. ungesicherte Informationen zu verbreiten. Das in der ersten Entscheidung zur Parteienfinanzierung betonte Regel-Ausnahme Verhältnis von staatsfreier Meinungsbildung und staatlicher Informationstätigkeit bleibt für staatliche Informationen trotz der Entwicklung der Informationsgesellschaft aber richtungsweisend, von staatlicher Seite darf das öffentliche Bewusstsein nur ausnahmsweise auf bestimmte Phänomene gelenkt werden.

---

[620] BVerfGE 95, 173 (184), das zugleich die Bedeutung der sachlichen Richtigkeit der Information hervorhebt: „Die Tabak-Kennzeichnungsverordnung bedient sich bei ihren Warnhinweisen auch der Autorität des Staates und beansprucht damit ein besonderes, rechtlich vermitteltes Vertrauen. Diese Wahrnehmung von Hoheitsrechten ist freilich verfassungsrechtlich unbedenklich, weil der Inhalt der Warnung mit den naturwissenschaftlichen Erkenntnissen übereinstimmt, [...]".

[621] *Schulze-Fielitz*, Art. 5 I, II GG, Rn. 76, in: *Dreier*, Grundgesetz.

[622] BVerfGE 20, 56 (99).

[623] BVerfGE 105, 252 (269).

[624] BVerfGE 105, 252 (268)

Den Vorgaben des Bundesverfassungsgerichts, das den Staat bei der Informationstätigkeit zu Sachlichkeit und Zurückhaltung auffordert, genügen die hier begutachteten Informationen in ausreichendem Maße. Die Tabakwarnhinweise und die Hinweise zum Wassersparen vermitteln im Kern Tatsacheninformationen, eine informiert über die Gefahren des Rauchens, die andere über den Wasserverbrauch der unmittelbaren Nachbarschaft. Dass beide dabei eine lenkende Wirkung zu entfalten versuchen, indem sie auf kognitive Verzerrungen des Unterbewusstseins der Adressaten ausgerichtet werden, ist vornehmlich eine Problematik des allgemeinen Persönlichkeitsrechts und spielt zur Beurteilung ihrer Zulässigkeit im Rahmen der Informationsfreiheit eine untergeordnete Rolle. Aus den Grundrechten der Informationsfreiheit kann deshalb kein Anspruch abgeleitet werden, Informationen ohne Lenkungsintention präsentiert zu bekommen, allein schon deshalb, weil eine gewisse Bewusstseinslenkung schon durch das Thema der Information niemals vermieden werden kann. Allein worüber der Staat thematisch informiert, entfaltet eine Lenkungswirkung. Die Bereitstellung von Informationen setzt insofern stets Schwerpunkte.[625] Abschließend kann festgehalten werden, dass schon der Schutzbereich der Informationsfreiheit bei den hier behandelten, informationellen *Nudges* wegen ihrer sachlichen Fundierung nicht eröffnet ist.

4. Zusammenfassung

Die Verhaltensbeeinflussung durch im Sinne des *Nudging* aufbereitete Informationen hat sich in den analysierten Beispielen als grundrechtlich wenig problematisch erwiesen. Weder die Tabakwarnhinweise noch die Informationen zum Wasserverbrauch der Nachbarn können als Eingriff in das allgemeine Persönlichkeitsrecht der Maßnahmenadressaten qualifiziert werden. Deren individuelle Selbstbestimmung, die durch das allgemeine Persönlichkeitsrecht geschützt wird, wird durch die Bereitstellung der analysierten Informationen nicht beeinträchtigt. Auch die negative Informationsfreiheit der Betroffenen wird durch die Maßnahmen nicht verletzt. Ihr Schutzbereich ist aufgrund des Tatsachenkerns beider Informationsmaßnahmen schon nicht eröffnet. Grundsätzlich erscheint es zwar möglich, dass tiefgreifendere Informationsmaßnahmen als Eingriffe qualifiziert werden können. Das würde aber voraussetzen, dass sich die Wirkungsintensität der Informationsmaßnahmen erhöht, sodass sie einer zwangsweisen Regelung im Wesentlichen gleichkäme. Eine im Angesicht der nur schwachen Wirkung staatlicher Informationstätigkeit zwar nicht auszuschließende, aber wohl unwahrscheinliche Entwicklung.

---

[625] *Lüdemann*, Edukatorisches Staatshandeln, S. 69 ff.; *Franzius*, Die Herausbildung der Instrumente indirekter Verhaltenssteuerung im Umweltrecht der Bundesrepublik Deutschland, S. 153 f.; *Kloepfer*, Staatliche Informationen als Lenkungsmittel, S. 8 ff.

II. Standardregeln – Default Rules

Die zweite große Kategorie von *Nudges* sind Standardregeln. Von einer Standardregel kann immer dann gesprochen werden, wenn eine Festlegung in Bezug auf Rechtsfolgen getroffen wird, die dann Wirkung entfaltet, wenn die eigentlich entscheidungsberechtigte Person sich nicht äußert. Sie können als Ausgangsidee des *Nudging* bezeichnet werden, da ihre Bedeutung für das menschliche Verhalten beinahe unmittelbar aus der Erkenntnis folgt, dass der Entscheidungskontext bestimmenden Einfluss auf die Entscheidung hat. Dementsprechend ist die Festlegung von Standardregeln sehr früh als bedeutsame Weichenstellung erkannt worden.[626] Standardregeln haben, insbesondere im Vergleich zu *Nudges* durch Informationsbereitstellung, einen erheblichen Effekt auf das Verhalten der von ihnen Betroffenen.[627]

Standardregeln weisen die bemerkenswerte Besonderheit auf, dass sie Entscheidungen für ihren Adressatenkreis fällen, ohne dass die individuell betroffenen Personen dies notwendigerweise bemerken. Ohne dass irgendein Verhalten der durch ihre Einführung Betroffenen erforderlich wäre, beeinflusst eine Änderung der standardmäßigen Voreinstellung deren Entscheidung in einem bestimmten Bereich. Dadurch ergibt sich die Möglichkeit, gezielt die Entscheidungen von Menschen zu beeinflussen, ohne dass diese selbst ein Entscheidungsbewusstsein entwickeln. Standards fällen insbesondere auch Entscheidungen für Personen, ohne dass sie Kenntnis von alternativen Verhaltensoptionen haben. Diese Tatsache trägt zu der starken Wirkung bei, die Standardregeln auf Entscheidungen ausüben.[628] Dabei kann diese Wirkung durchaus auch als bedenklich bezeichnet werden. Standardregeln entfalten völlig unabhängig vom Kenntnisstand ihres Adressatenkreises Wirkung. Ob die Betroffenen die Standardregel verstehen, begreifen, dass sie Wirkung entfaltet, oder überhaupt wahrnehmen, dass eine Wahlmöglichkeit bestünde hat keinen Einfluss auf die Wirkung der Standardregel. Die fehlende Kenntnis des Adressatenkreises der Standardregel verstärkt hingegen eher noch deren Wirkung. Ubiquitär eingesetzt bergen Standardregeln so ein erhebliches Einflusspotenzial für die bewusste Verhaltenssteuerung von Seiten des Staates bei persönlichen Entscheidungen.

Die Wirkungsweise der Standardregeln kann dabei wesentlich mit dem Bestehen eines *status quo bias* erklärt werden.[629] Der *status quo bias* beruht auf dem Zusammenspiel der kognitiven Verzerrungen des *endowment effect*, des *omission bias* und der Verlustaversion, die gemeinsam eine menschliche Scheu vor dem Verlust und der Veränderung eines bereits erreichten Zustands begründen. Der

---

[626] *Sunstein/Thaler*, Libertarian Paternalism is not an oxymoron, S. 1174, 1182, *Sunstein/Thaler*, Libertarian Paternalism, S. 176: „As the cafeteria line example discussed above illustrates, planners are forced to make some design choices. A simple and important example is the selection of a "default option" to determine what happens if an agent fails to choose for himself." Die Zusammenführung von Entscheidungsarchitektur und Standardregeln unter dem Begriff *Nudging* hat diese Idee der breiten Öffentlichkeit zugänglich gemacht. Die Bedeutsamkeit von *Default Rules* war jedoch bereits vorher erkannt worden, vgl. dazu z.B. *Ayres/Gertner*, Filling Gaps in Incomplete Contracts, S. 87 ff., die bereits 1989 über die Wirkung von verschiedenen Standardregeln nachgedacht haben, allerdings noch ohne Rückgriff auf die Verhaltensökonomik.

[627] Zur Wirkung von Defaults: *Johnson/Goldstein*, Do Defaults Save Lives?, S. 1338 f.; *McKenzie et al.*, Recommendations implicit in Policy Defaults, S. 414 ff.; *Samuelson/Zeckhauser*, Status Quo Bias in Decision Making, S. 8; *Kahneman et al.*, Experimental Tests of the Endowment Effect and the Coase Theorem, S. 1325 ff. Siehe zu Standardregeln insgesamt auch bereits oben, unter B. II. 4. b) aa).

[628] Diese Wirkung kann deutlich stärker als die von finanziellen Anreizen sein, vgl. *Chetty et al.*, Active vs. Passive Decisions and Crowd-Out in Retirement Savings Accounts, S. 1141 ff.

[629] Es gibt auch Ansätze, das Verbleiben beim Standard als rationale Entscheidung zu erklären, siehe dazu und insgesamt zu Standardregeln bereits oben unter B. II. 4. b) aa).

Ursprung dieser Verzerrungen kann in den unterbewussten Vorgängen des System 1 verortet werden.[630] So wird die unterbewusste Verhaltenssteuerung selbst dann möglich, wenn der betroffene Entscheidungsträger die Voreinstellung kennt, also ein Bewusstsein dafür hat, dass eine Entscheidung möglich wäre. Denn auch dann kann der *status quo bias* seine unterbewusste Wirkung entfalten, sodass der Entscheidungsträger tendenziell bei der Voreinstellung bleibt.

Die Anknüpfung an den *status quo bias* der Betroffenen durch *Nudges* stellt die rechtliche Analyse vor zwei entscheidende Fragen, die für die Auseinandersetzung mit dem Instrument von grundsätzlicher Bedeutung sind. Zunächst muss geklärt werden, ob Entscheidungen, die unter dem Einfluss des *status quo bias* erfolgen, überhaupt als autonom qualifiziert werden können. Das soll mit Rückgriff auf das *Feinbergsche* Autonomiemodell entschieden werden, das insoweit der Konkretisierung dient. Dabei gilt, dass jede Entscheidung, abhängig von den zu erwartenden Konsequenzen, eigene Anforderungen an den nötigen Grad der Willensverwirklichung hat. Sofern eine Entscheidung, die unter dem Einfluss des *status quo bias* getroffen worden ist, als autonom bezeichnet werden kann, stellt sich die Frage, ob durch den *Nudge*, also die konkrete Standardregel, eine Beeinträchtigung dieser autonomen Entscheidung erfolgt. Auch zu diesem Zweck soll das *Feinbergsche* Modell zu Hilfe genommen werden, da es Indizien für beeinträchtigende Faktoren der Willensverwirklichung auflistet.

1. Die Grundversorgung mit Energie und die postmortale Organspende – zwei Anwendungsgebiete für Standardregeln

Nachfolgend sollen zwei Standardregeln konkret untersucht werden, die in der Rechtsrealität (noch) nicht implementiert worden sind. Sie dienen als Beispiel dafür, wie individuelle Entscheidungen durch *Nudges* zur Verfolgung politischer Ziele eingesetzt werden können. An ihrem Beispiel werden auch die unterschiedlichen Varianten deutlich, in denen Standardregeln erlassen werden können. Zum einen wird eine Standardregel im Bereich der privaten Energieversorgung begutachtet, die dem Ziel einer nachhaltigen Umweltpolitik dienen würde. Hier wird deutlich, wie Standardregeln in einem Umfeld mit vielen Verhaltensoptionen richtungsweisende Wirkung entfalten können. Als zweites Beispiel wird die als ‚Widerspruchslösung' bekannte und viel diskutierte Festlegung einer Standardregel im Bereich der postmortalen Organspende beleuchtet. Sie zeigt die alternative Variante der Standardregelsetzung auf, die bei Entscheidungen zwischen zwei Alternativmöglichkeiten festlegend wirkt.

a) Die Festlegung eines Standards in der privaten Energieversorgung – eine Maßnahme des Umweltschutzes

Beispielhaft soll nun das Setzen einer Standardregel im Bereich des Umweltschutzes, genauer des Energierechts, untersucht werden. Namentlich wird eine Veränderung des Standards beim Bezug von Strom aus der Grundversorgung angedacht. In diesem Zusammenhang könnte die Voreinstellung dahingehend verändert werden, dass die Grundversorgung stets durch Strom aus erneuerbaren Energiequellen, sogenanntem Ökostrom, gewährleistet werden soll. Eine derartige Umstellung des Standards würde den *status quo bias* und die damit verbundene Trägheit der Verbraucher ausnutzen, um ein allgemeines politisches Ziel zu verfolgen, die verstärkte Nutzung erneuerbarer Energien.

Die Auswahl der Energieversorgung als beispielhafte Anwendung des *Nudging* lässt sich aus mehreren Gründen motivieren. Zunächst einmal ist die Veränderung der Standardregel im Bereich der Elektrizitätsgrundversorgung ein exemplarisches Beispiel für das Potenzial der Standardregelsetzung. Aus diesem Grund ist die private Energieversorgung auch in der *Nudging*-Literatur bereits mehrfach

---

[630] *Kahneman*, Thinking, Fast and Slow, S. 289 ff., 296.

beleuchtet worden,[631] wobei vor allem auch auf die politischen Möglichkeiten hingewiesen worden ist, durch eine Änderung der Standardregel Verhaltensänderungen herbeizuführen.[632] Des Weiteren knüpft eine solche Änderung auch an eine Tradition in Deutschland an. Die Wirkung grüner Standardregeln in der Energieversorgung zeigt sich eindrucksvoll an den Erfahrungen der Energiedienst GmbH sowie der Elektrizitätswerke Schönau.[633] In Schönau ist, als Reaktion auf die Atomkatastrophe von Tschernobyl, ein bürgereigenes Energieversorgungsunternehmen gegründet worden. Dieses Unternehmen hat auch die Stromtrassen von dem vorigen Eigentümer übernommen und fungierte ab 1998 als Grundversorger für die Stadt Schönau. Der standardmäßig angebotene Grundversorgungstarif war ein Ökostromtarif und beinahe alle Einwohner von Schönau blieben bei diesem Tarif. Ähnlich verhielt es sich im Fall der Energiedienst GmbH, einem Energieanbieter aus Süddeutschland. Das Unternehmen änderte im Jahr 1999 seinen Standardtarif hin zu grüner Energie, der für die bisherigen Kunden des Unternehmens gelten sollte, es sei denn, dass diese aktiv widersprachen und sich für einen anderen Tarif oder Anbieter entschieden. Von dieser Möglichkeit machten jedoch nur etwa sechs Prozent der Kunden Gebrauch, etwa vierundneunzig Prozent der Kunden blieben bei dem Standardtarif.[634] Diese Beispiele verdeutlichen eindrucksvoll die Wirkung, die im Bereich der Energieversorgung durch den Einsatz von Standardregeln erzielt werden kann.

aa) Die Grundversorgung mit Elektrizität in Deutschland

Nachfolgend soll zunächst die rechtliche Situation der Elektrizitätsgrundversorgung in Deutschland dargestellt werden. Anschließend wird darauf eingegangen, inwiefern sich die Auswirkungen dieser rechtlichen Struktur durch verhaltensökonomische Erkenntnisse erklären lassen. Im Anschluss wird die Einführung einer Standardregel in diesem Bereich vorgeschlagen und auf ihre verfassungsrechtliche Legitimität untersucht.

(1) Die rechtliche Struktur

Energie ist unabdingbarer Teil des alltäglichen Lebens. Unternehmen wie Einzelpersonen sind täglich auf die Versorgung mit Energie angewiesen. Aus diesem Grund ist die Versorgung mit Energie durch den Gesetzgeber explizit geregelt.[635] Energie bezeichnet im Sinne des EnWG sowohl Elektrizität als auch Gas,[636] vorliegend soll jedoch ausschließlich die Grundversorgung mit Elektrizität behandelt werden. Darüber hinaus soll sich die Darstellung nur auf den Bezug von Elektrizität durch Haushaltskunden im Sinne des EnWG beziehen und in der Gruppe der Haushaltskunden ausschließlich auf die natürlichen Personen.[637] Dass der Fokus auf natürliche Personen gelegt wird, die Haushaltskundeneigenschaft haben, ist auf mehreren Wegen zu begründen. Zunächst einmal vereinfacht der Ausschluss der juristischen Personen, die Haushaltskunden sind, die später folgende verfassungsrechtliche Analyse. Diese Vereinfachung schneidet aber keine *Nudge*-spezifischen

---

[631] *Sunstein*, The Ethics of Influence, S. 159 ff.; *Pichert/Katsikopoulos*, Green Defaults, S. 63 ff.; *Kaenzig et al.*, What the customer wants, the customer gets?, S. 311 ff.; *Ebeling/Lotz*, Domestic uptake of green energy promoted by opt-out tariffs, S. 868 ff.; *Sunstein/Reisch*, Green by Default?, S. 127 ff.; *Sunstein/Reisch*, Automatically Green, S. 398 ff.
[632] Siehe nur *Kaenzig et al.*, What the customer wants, the customer gets?, S. 319: "For policymakers, findings like the study presented in this paper may provide a legitimate basis for mandating "green defaults", [...]".
[633] Mit einer detaillierteren Darstellung *Pichert/Katsikopoulos*, Green Defaults, S. 65-67.
[634] *Ebenda*.
[635] Zentrales Gesetz ist insoweit das Energiewirtschaftsgesetz (EnWG).
[636] § 3 Nr. 14 EnWG.
[637] Vgl. § 3 Nr. 22 EnWG: Haushaltskunden sind Letztverbraucher, die Energie überwiegend für den Eigenverbrauch im Haushalt oder für den einen Jahresverbrauch von 10000 Kilowattstunden nicht übersteigenden Eigenverbrauch für berufliche, landwirtschaftliche oder gewerbliche Zwecke kaufen.

Probleme ab. Der Ausschluss der gewerblichen Kunden aus der Analyse dient ebenfalls der Vereinfachung. Zunächst gilt die Elektrizitätsgrundversorgung, die das Gesetz in § 36 Abs. 1 EnWG vorsieht, nur für die Versorgung von Haushaltskunden. Das findet seinen Grund zum einen darin, dass gerade gegenüber Haushaltskunden eine staatliche Pflicht zur Daseinsvorsorge besteht, die auch die Versorgung mit Elektrizität umfasst,[638] zum anderen in der Richtlinie 2009/72/EG des europäischen Parlaments und des europäischen Rates, die die Sicherstellung der Grundversorgung von Haushaltskunden explizit verlangt.[639] Darüber hinaus lässt die verhaltensökonomische Forschung insbesondere bei nicht-spezialisierten Individuen das Vorliegen von kognitiven Verzerrungen vermuten.[640] Die Aufnahme professioneller Gewerbekunden würde die Analyse insofern unnötig verkomplizieren.

Grundsätzlich besteht für Haushaltskunden der Anspruch, durch einen Energieversorgungsanbieter im Rahmen der sogenannten Grundversorgung mit Energie versorgt zu werden. Diesen Anspruch regelt der § 36 Abs. 1 EnWG, der zugleich in Abs. 2 festlegt, welcher Energieversorger als Grundversorger anzusehen ist. Grundversorger ist danach immer das Energieversorgungsunternehmen, das die meisten Haushaltskunden in einem Netzgebiet der allgemeinen Versorgung beliefert. Der Grundversorger ist gesetzlich verpflichtet, mit allen Haushaltskunden im Netzgebiet einen Versorgungsvertrag nach den festgelegten allgemeinen Konditionen der Grundversorgung abzuschließen. Diese Konditionen werden zunächst durch die Stromgrundversorgungsverordnung (StromGVV) bestimmt, die den Grundversorgungsvertrag in einen engen rechtlichen Rahmen zwängt, indem sie Rechte und Pflichten der Vertragsparteien bereits detailliert festlegt. Darüber hinaus werden die Konditionen durch die allgemeinen Bedingungen der Grundversorgung bestimmt, die durch den Grundversorger festgelegt und veröffentlicht werden. Zu diesen allgemeinen Bedingungen zählt auch der allgemeine Preis, den Haushaltskunden in der Grundversorgung für Strom zu zahlen haben.[641]

Die Festlegung der allgemeinen Konditionen und des allgemeinen Preises steht grundsätzlich der Verwaltung offen, sie kann, in Gestalt des Bundesministeriums für Justiz und Verbraucherschutz, gemäß § 39 Abs. 1, 2 EnWG den allgemeinen Preis sowie die allgemeinen Bezugskonditionen durch Rechtsverordnung regeln. Das Ministerium hat von dieser Befugnis im Hinblick auf die allgemeinen Konditionen, wie bereits erwähnt, durch den Erlass der StromGVV Gebrauch gemacht. Eine entsprechende Verordnung für die Festlegung des allgemeinen Preises ist bislang nicht ergangen, insoweit steht es dem Grundversorger also noch frei, selbständig den Preis festzulegen.

Bezieht ein Haushaltskunde Energie aus dem Versorgungsnetz, ohne vorher einen Versorgungsvertrag mit einem Stromanbieter geschlossen zu haben, so wird dies als konkludente Annahme der in den §§ 36 Abs. 1 EnWG, 2 StromGVV ausgesprochenen Realofferte zum Abschluss des Grundversorgungsvertrages angesehen.[642] Der Haushaltskunde schließt dann einen

---

[638] *Theobald/Theobald*, Grundzüge des Energiewirtschaftsrechts, S. 335 f. Der Aspekt der Daseinsvorsorge sorgt auch dafür, dass die Regelungen zur Grundversorgung dem Verwaltungsrecht und nicht dem privaten Recht zuzuordnen sind, vgl. *Säcker*, Einleitung zu Band I, Rn. 5 in: *Säcker et al.*, MüKo BGB.

[639] Art. 3 Abs. 3 der Richtlinie 2009/72/EG. Diese Richtlinie fordert zwar, dass es gesicherte Grundversorgung für Haushaltskunden geben muss, sagt aber nichts darüber aus, wie sie beschaffen sein muss. Daher bewegt sich die, weiter unten entwickelte, Ausgestaltung der Grundversorgung im Rahmen des Gestaltungsspielraums des deutschen Staates, und ist aufgrund dessen auch primär an der deutschen Verfassung zu messen.

[640] *Kahneman*, Thinking, Fast and Slow, S. 416.

[641] *Groß*, Die neuen Netzanschluss- und Grundversorgungsverordnungen im Strom- und Gasbereich, S. 1033 f.

[642] *Rasbach*, § 36 EnWG, Rn. 10, in: *Kment*, Energiewirtschaftsgesetz; BGH NJW-RR 2005, 639 (640). Es ist auch denkbar, dass diese Haushaltskunden zunächst in die Ersatzversorgung gem. § 38 Abs. 1 EnWG aufgenommen

Versorgungsvertrag mit dem Grundversorger zu den entsprechenden allgemeinen Konditionen des Grundversorgers, die sich aus der StromGVV und den veröffentlichten Bedingungen, inklusive des allgemeinen Preises, des Versorgers ergeben. Beide Parteien des derartig zustande kommenden Grundversorgungsvertrages haben gem. § 2 Abs. 1, 2 StromGVV Mitteilungspflichten gegenüber der anderen Vertragspartei. Der Haushaltskunde ist dem Energieversorger zur Mitteilung in Textform über die Energieentnahme verpflichtet, der Energieversorger ist dem Haushaltskunden unter anderem zur Bestätigung des abgeschlossenen Grundversorgungsvertrages, ebenfalls in Textform, verpflichtet.

Fasst man die Rechtslage zusammen so bleibt festzuhalten, dass Haushaltskunden bei Untätigkeit in die Grundversorgung gelangen, etwa wenn sie eine Wohnung neu beziehen und sich nicht um einen Energieversorger kümmern. Diese Standardregelung des Strombezugs aus der Grundversorgung lässt erwarten, dass ein Großteil der Kunden in der Grundversorgung verbleibt, obwohl kurze Kündigungsfristen gelten und Wechselmöglichkeiten bestehen.[643] Das gilt insbesondere auch trotz der Mitteilungspflichten, die durch § 2 Abs. 1 StromGVV statuiert werden. Obwohl sie über den Strombezug aus der Grundversorgung informiert werden, bedürfte es schließlich noch eines aktiven Vertragsabschlusses durch die Kunden. Die statistischen Daten belegen diese Vermutung. Rund neunundsechzig Prozent aller Haushaltskunden stehen in einem Vertragsverhältnis mit ihrem jeweiligen örtlichen Grundversorger, von diesen Verträgen entfallen etwa achtundzwanzig Prozent auf die klassische Grundversorgung. Knapp ein Drittel aller Stromlieferungsverträge befinden sich damit weiterhin in der klassischen Grundversorgung, aus der insbesondere auch diejenigen Menschen mit Energie versorgt werden, die sich nicht um ihren Stromlieferanten kümmern.[644]

Das steht dem eigentlichen Ziel der von der EU beförderten Liberalisierung des Strommarktes entgegen. Sie ist maßgeblich durch die EnWG Novelle im Jahr 1998 vorangetrieben worden, deren erklärtes Ziel das Erreichen von Versorgungssicherheit durch Wettbewerb war. Trotz einer Öffnung des Strommarktes und der Möglichkeit des Anbieterwechsels bleiben viele Haushaltskunden in der Grundversorgung, die ursprünglich „lediglich Vorsorge [...] für den Fall [treffen sollte], dass einem Haushaltskunde [sic!] ansonsten kein angemessenes Angebot zur Versorgung mit Strom [...] zur Verfügung steht."[645] Entgegen dieser Modellierung der Grundversorgung als Ausnahme bleibt knapp ein Drittel aller Haushaltskunden in der Grundversorgung, obwohl ein inzwischen ausdifferenzierter Markt mit durchschnittlich einhundertvierundzwanzig Anbietern je Netzgebiet zur Verfügung steht.[646]

(2) Ein ökonomischer Erklärungsversuch

Zwar hat sich der Anteil derjenigen Haushaltskunden, die einen Vertrag im Rahmen der Grundversorgung abgeschlossen haben, ganz im Sinne der Marktliberalisierung, stetig verringert.[647]

---

werden, und erst nach Ablauf der maximal dreimonatigen Ersatzversorgung in die Grundversorgung wechseln. Letztlich macht das, aus Perspektive des Kunden, jedoch keinen erheblichen Unterschied, insbesondere weil gem. § 38 Abs. 1 aE EnWG die Preise in der Ersatz- und Grundversorgung gleichgesetzt werden. Die Möglichkeit der Ersatzversorgung wird vorliegend deshalb vernachlässigt.

[643] Die ordentliche Kündigungsfrist gem. § 20 Abs. 1 StromGVV beträgt zwei Wochen.

[644] *Bundesnetzagentur/Bundeskartellamt*, Monitoringbericht 2018, S. 29, 258. Lediglich 31 Prozent der Kunden wechseln vom Grundversorger weg zu einem anderen Energieversorger; immerhin 41,2 Prozent wechseln bei ihrem Grundversorger in ein anderes Vertragsmodell.

[645] *Rasbach*, § 36 EnWG, Rn. 17, in: *Kment*, Energiewirtschaftsgesetz; der überdies die Regelung der Grundversorgung als „Notfallregulierung" bezeichnet, *Ebenda*, Rn. 2.

[646] *Bundesnetzagentur/Bundeskartellamt*, Monitoringbericht 2018, S. 29.

[647] Der Anteil von Haushaltskunden in der Grundversorgung nimmt kontinuierlich, aber langsam ab. Beispielhaft ist der Trend in den letzten Jahren: 2013 betrug der Anteil noch 34,1 Prozent, 2014 betrug er 32,8 Prozent, 2015 noch 32,1 Prozent, 2016 noch 30,6 Prozent (*Bundesnetzagentur/Bundeskartellamt,* Monitoringbericht 2014, S.

Der Anteil von Personen, die aus der Grundversorgung Elektrizität beziehen macht aber nach wie vor einen erheblichen Teil der Haushaltskunden aus. Das steht im klaren Widerspruch zu den politisch erklärten Ziele der Marktliberalisierung und der Versorgungssicherheit durch Wettbewerb.

Geht man davon aus, dass die auf dem Strommarkt aktiven Haushaltskunden rationale Akteure im Sinne des *Homo Oeconomicus* Modells sind, dann wäre zu erwarten, dass sie sich aus den verfügbaren Stromanbietern den heraussuchen, der ihre Präferenzen weitestmöglich befriedigt. Intuitiv kann davon ausgegangen werden, dass sich an einem Ende des diesbezüglich denkbaren Präferenzspektrums Kunden befinden, denen vor allem ein geringer Strompreis wichtig ist. Am anderen Ende des Spektrums können Kunden vermutet werden, denen vor allem die ressourcenschonende Gewinnung des Stroms bei der Auswahl des Anbieters wichtig ist.[648] Zwischen diesen beiden Polen des Präferenzspektrums sind verschiedenste Gewichtungen denkbar, mit denen die beiden Ziele ins Verhältnis gesetzt werden. Insofern ist von relativ heterogenen Präferenzen auszugehen. Auf einem Markt mit durchschnittlich über einhundert Anbietern im Netzgebiet, die jeweils noch unterschiedliche Stromversorgungsangebote im Portfolio haben, ließe sich erwarten, dass sich die Kunden innerhalb des Marktes ausdifferenzieren und jeweils den Anbieter auswählen, der ihre Präferenzen am weitestgehenden befriedigt.

Das Ganze verkompliziert sich, wenn man einbezieht, dass die Kunden nicht das vollständige Angebot aller Anbieter kennen. Sie sind vielmehr noch auf Informationen angewiesen, die sie suchen müssen. Das ist kostenintensiv. Rationale Akteure würden Informationen solange suchen, bis der erwartete Nutzen weiterer Informationssuche nicht mehr den erwarteten Nutzen der Auswahl aus den verfügbaren Optionen überwiegt. Zu einem bestimmten Zeitpunkt würde die Informationssuche also eingestellt und aus den bekannten Anbietern und ihren Angeboten würde das passendste Angebot ausgewählt. Offenkundig wird eine solche Informationssuche auch von einem Teil der Haushaltskunden auf dem Strommarkt betrieben. Einige Kunden suchen aktiv das beste Angebot heraus und wechseln dann selbständig zu dem entsprechenden Anbieter.[649] Knapp ein Drittel der Kunden verharrt jedoch passiv beim Grundversorger in der Grundversorgung, obwohl diese weder preislich noch aus ökologischen Gesichtspunkten heraus vorzugswürdig erscheint. Der Grundversorgungstarif versorgt die Bezieher mit Strom aus konventionellen Quellen wie Kohle und Gas. Er ist außerdem teurer als vergleichbare Tarife.[650] Der höhere Preis liegt zum einen in der

---

146; *ders.*, Monitoringbericht 2015, S. 187; *ders.*, Monitoringbericht 2016, S. 191, *ders.*, Monitoringbericht 2017, S. 28), während er 2017 noch bei 27,8 Prozent liegt (*Bundesnetzagentur/Bundeskartellamt*, Monitoringbericht 2018, S. 29).

[648] Diese Annahme deckt sich mit der empirischen Feststellung bei *Kaenzig et al.*, Whatever the customer wants, the customer gets?, S. 311 ff., die den Preis und die Zusammensetzung der Energie als wichtigste Faktoren für die Vertragsabschlussentscheidung ausmachen.

[649] Auffälligerweise wechseln vor allem diejenigen, die einen höheren Verbrauch haben als der durchschnittliche Haushaltskunde, dazu *Bundesnetzagentur/Bundeskartellamt*, Monitoringbericht 2018, S. 261: „Die durchschnittliche Verbrauchsmenge von wechselnden Haushaltskunden betrug im Jahr 2017 ca. 3000 kWh. Haushaltskunden, die über die Grundversorgung beliefert werden, haben im Gegensatz dazu nur einen Durchschnittsverbrauch von ca. 2100 kWh."

[650] Die Grundversorgungsverträge sind regelmäßig keine Ökostromtarife und außerdem wesentlich teurer als alternative Verträge bei demselben oder anderen Energieversorgern. Ein durchschnittlicher Haushalt mit einem Verbrauch von 1000-2500 kWh zahlt ca. 3 ct/kWh mehr als bei alternativen Verträgen. Vgl. insoweit *Bundesnetzagentur/Bundeskartellamt*, Monitoringbericht 2018, S. 283 ff., 285: für den Grundversorgungsvertrag fallen 34,37 ct/kWh, für den Vertrag beim Grundversorger außerhalb der Grundversorgung 31,58 ct/kWh, und für den Vertrag bei einem anderen Anbieter 31,06 ct/kWh an. Das ergibt bei einem jährlichen Verbrauch von 2500 kWh eine Differenz von 82,75€ zwischen dem teuersten und dem günstigsten Tarif.

gezwungenermaßen kurzen Kündigungsfrist von zwei Wochen begründet, zum anderen aber auch wesentlich im Kontrahierungszwang des Grundversorgers. Dieser Kontrahierungszwang sorgt dafür, dass in die Grundversorgung auch zahlungsunfähige Personen aufgenommen werden. Die so aufkommenden finanziellen Ausfälle müssen deshalb durch höhere Preise kompensiert und an zahlungskräftige Kunden weitergegeben werden.[651]

Das Verharren beim Grundversorger überrascht insbesondere deshalb, weil ein Wechsel des Stromanbieters mit geringen Transaktionskosten verbunden ist. Sobald ein Angebot gefunden worden ist, das den Präferenzen des Individuums mehr entspricht als die Grundversorgung, sei es, weil es preislich günstiger oder ökologisch nachhaltiger ist, so kann es unmittelbar angenommen werden. Es sind nur wenige Schritte im Internet zu vollziehen, um den Stromanbieter zu wechseln. Der Wechsel des Stromanbieters kann also in wenigen Minuten von zu Hause erledigt werden. Diese geringen Wechselkosten, in Kombination mit den unattraktiven Konditionen der Grundversorgung legen nahe, dass nahezu alle Haushaltskunden aus der Grundversorgung weg wechseln müssten. Tatsächlich bleibt beinahe ein Drittel aller Haushaltskunden in der Grundversorgung. Dieses Verharren beim Grundversorger lässt sich rational dann wohl nur noch damit erklären, dass die Informationssuche *insgesamt* bereits als zu kostspielig angesehen wird, weshalb gänzlich von der Informationssuche abgesehen wird. Es wird nicht einmal nach einem einzigen Alternativangebot zur Grundversorgung gesucht, sondern direkt in der Grundversorgung verblieben. Die Informationssuche wäre dann so kostspielig, dass sie weder durch die geldwerte Ersparnis noch durch die ökologische Stromgewinnung aufgewogen werden könnte. Wahrscheinlicher erscheint jedoch eine verhaltensökonomische Erklärung mit Rückgriff auf den bereits angesprochenen *status quo bias*. Nicht die Kostenintensität der Suche nach alternativen Anbietern, sondern der Status der Grundversorgung als voreingestellte Versorgungsmethode sorgt dafür, dass Menschen in der Grundversorgung verbleiben.

bb) Die Änderung der Grundversorgung aus verhaltensökonomischer Perspektive – die Anpassung der allgemeinen Bedingungen

Die Erkenntnis, dass ein erheblicher Teil der Haushaltskunden aufgrund des *status quo bias* in der Grundversorgung verbleibt, könnte genutzt werden, um die Grundversorgung auf die Verfolgung eines politischen Zieles hin auszurichten. Namentlich könnte das geschehen, indem die Stromgrundversorgung nach §§ 36 Abs. 1, 39 Abs. 1, 2 EnWG so umgeändert würde, dass der Grundversorger den Haushaltskunden als Grundversorgungstarif automatisch einen solchen anbieten müsste, der Strom aus erneuerbaren Energien, sogenannten Ökostrom, liefert. In aller Regel bieten die jeweiligen Grundversorger einen solchen Ökostromtarif ohnehin bereits an, dieser Tarif müsste dann lediglich zum Grundversorgungstarif gemacht werden. Eine solche Änderung wäre durch die Modifikation der StromGVV durch das Bundesministerium für Justiz und Verbraucherschutz möglich.

Bei einer solchen Veränderung des standardmäßig im Rahmen der Grundversorgung bezogenen Stroms würde es sich um einen *Nudge* im Sinne dieser Arbeit handeln. Dass dies der Fall ist, soll noch einmal kurz dargelegt werden. Die im ersten Teil dieser Arbeit entwickelte Definition des *Nudge* baut zentral darauf auf, dass durch eine Maßnahme mit den kognitiven Verzerrungen des Individuums interagiert wird. Ein *Nudge* ist demnach eine *Veränderung des Entscheidungskontextes* (1), die erfolgt, weil in einer Situation das Vorliegen von *kognitiven Grenzen, Verzerrungen, Routinen oder Gewohnheiten im individuellen und sozialen Entscheidungsverhalten* (2) erkannt wird, die zur *prognostizierbaren Beeinflussung* (3) individuellen Verhaltens *in die Entscheidungsarchitektur*

[651] *Klees*, Einführung in das Energiewirtschaftsrecht, S. 321 f.

eingebunden (4) werden. Der vorliegende Entscheidungskontext ist der Abschluss eines Energieversorgungsvertrages. Er wird verändert, weil das Vorliegen des *status quo bias* in der Entscheidungssituation erkannt worden ist, der nunmehr zum Zweck einer Erhöhung des Ökostromanteils in der Energienutzung in den Entscheidungskontext eingebunden wird. Er wird genutzt, um eine Erhöhung des Anteils von Ökostrom in der Energienutzung zu erreichen.

Ein vom *status quo bias* betroffenes Individuum wird sich regelmäßig nicht von der standardmäßig gewählten Voreinstellung lösen. Es verbleibt in der Grundversorgung, obwohl schwerlich argumentiert werden kann, dass diese zu seiner Präferenzstruktur passt, ist sie doch aufgrund der beschriebenen Umstände regelmäßig der relativ teurere oder weniger umweltfreundliche Tarif. Es soll in diesem Zusammenhang noch einmal hervorgehoben werden, dass eine derartige Maßnahme präzise auf verhaltensökonomische Besonderheiten zugeschnitten ist, und sich nicht an den rationalen Modellakteur richtet, bzw. von diesem nicht beachtet würde. Der rationale *Homo Oeconomicus* würde sich, aufgrund der vernachlässigbaren Wechselkosten, aus der Grundversorgung verabschieden.

Die Festlegung der Voreinstellung auf Ökostrom verwirklicht dabei zugleich die Vorwürfe, die aus der Perspektive der personalen Autonomie gegen das *Nudging* in Stellung gebracht worden sind. Die Festlegung ist paternalistisch, weil sie das Urteil der Betroffenen über den Verbleib in der konventionellen Stromgrundversorgung durch das Urteil des staatlichen Entscheidungsarchitekten ersetzt, der die Voreinstellung auf Ökostrom ändert. Diese Urteilsersetzung erfolgt durch die Interaktion mit dem unterbewusst wirkenden *status quo bias*, das macht sie manipulativ.

b) Die Festlegung eines Standards im Bereich der postmortalen Organspende – ein bioethisches Problem

Nachdem nun eine potenzielle Standardregel im Bereich der Stromgrundversorgung vorgestellt worden ist soll der nachfolgende Abschnitt die Einführung der Widerspruchslösung im Bereich der postmortalen Organspende behandeln. Die Widerspruchslösung macht Menschen im Falle ihres Todes standardmäßig zu Organspendern, wenn sie nicht vor ihrem Tod einen Widerspruch gegen die Teilnahme an der Organspende dokumentiert haben. Sie ist darauf ausgelegt, den *status quo bias* der Menschen zu nutzen, die überhaupt keine Erklärung zur Organspende dokumentiert haben, indem sie sie standardmäßig zu Organspendern macht. Diese Interaktion mit dem *status quo bias* macht die Widerspruchslösung zu einer Standardregel und einem *Nudge*. Auf der einen Seite verspricht die Widerspruchslösung, dem großen Problem des Organmangels effektiv entgegenzutreten, auf der anderen Seite steht sie für die Vorwegnahme einer Gewissensentscheidung im Todesfall. Anders als die soeben diskutierte Standardregel im Bereich der Stromversorgung betrifft die Widerspruchslösung eine sensible Materie, was bei deren Beurteilung berücksichtigt werden muss.

aa) Die Organspende in Deutschland

Nachfolgend wird die rechtliche Ausgestaltung der Organspende in Deutschland dargestellt. Daraufhin wird die Situation verhaltensökonomisch analysiert und ein Erklärungsversuch für den derzeitigen Stand in Deutschland unternommen. Anschließend werden die Auswirkungen einer gesetzlichen Einführung der Widerspruchslösung grundrechtlich untersucht.

(1) Die rechtliche Struktur

Die Organspende in Deutschland ist seit der Einführung des Transplantationsgesetzes 1997 gesetzlich geregelt. Das Gesetz schafft die rechtlichen Rahmenbedingungen für die Organspende, die Lebendorganspende einerseits sowie die, wohl wichtigere, postmortale Organspende. Dabei ist die

Lebendorganspende nur unter eng umgrenzten Bedingungen möglich,[652] während die postmortale Organspende von der ausdrücklichen Einwilligung des Verstorbenen oder, subsidiär, seiner nächsten Angehörigen abhängt.[653] Wurde diese erteilt, so können die Organe als Spenderorgane entnommen werden und einem bedürftigen Spender zugeführt werden, vorausgesetzt dass die Organe sich zur Transplantation eignen. Die Organentnahme und -übertragung wird in Deutschland durch die Deutsche Stiftung Organtransplantation vorbereitet und koordiniert,[654] die mithilfe der europaweit tätigen Stiftung Eurotransplant einen geeigneten Organempfänger ermittelt.[655] Das gefragteste, und damit wichtigste, Transplantationsorgan ist die Niere, allerdings werden auch Bauchspeicheldrüsen, Herzen, Lebern, Lungen und der Dünndarm bei Bedarf und vorliegender Einwilligung entnommen und transplantiert.[656]

Während das Organspendesystem umfassend ausgearbeitet ist und die Organentnahme und Organübertragung medizinisch möglich ist, fehlt es an bereitwilligen Organspendern, die ihre Organe im Todesfall zur Verfügung stellen. Obwohl eine hohe Bereitschaft zur Organspende vorhanden zu sein scheint werden tatsächlich nur sehr wenige Organe gespendet.[657] Das hängt unter anderem damit zusammen, dass nur wenige Menschen auch tatsächlich ihre Einwilligung in die Organspende, sei es durch einen Spenderausweis oder durch eine Patientenverfügung, erklärt haben.[658] Die Zahl der

---

[652] § 8 Abs. 1 S. 2 TPG legt fest, dass eine besondere persönliche Nähebeziehung zwischen Spender und Spendenempfänger bestehen muss.

[653] Die §§ 3, 4 TPG regeln die postmortale Organentnahme und statuieren die Notwendigkeit einer ausdrücklichen Einwilligung.

[654] Die Deutsche Stiftung Organtransplantation ist Koordinierungsstelle im Sinne des § 11 Abs. 1 TPG.

[655] Die Stiftung Eurotransplant ist zum Zweck der europäischen Kooperation in der Organspende zwischen Belgien, Deutschland, Kroatien, Luxemburg, den Niederlanden, Österreich, Slowenien und Ungarn gegründet worden und soll, auf der Basis eines medizinisch und ethisch koordinierten Verteilungssystems, möglichst vielen Menschen Zugang zu einem Spenderorgan verschaffen, vgl. *Eurotransplant*, Annual Report 2017, S. 10. Die Stiftung Eurotransplant ist Vermittlungsstelle im Sinne des § 12 Abs. 1 TPG.

[656] Im Jahr 2017 sind im von Eurotransplant verwalteten Bereich insgesamt 8041 Organtransplantationen durchgeführt worden. 6636 Organe stammten von verstorbenen Menschen mit geeigneten Organen, 1405 waren Lebendorganspenden. Davon 4419 Nieren, 167 Bauchspeicheldrüsen (inkl. Inselzellen), 1674 Lebern (inkl. Split-Lebern), 1233 Lungen und 548 Herzen. Daten aus: *Eurotransplant*, Organs transplanted in All ET, by year, by donor type, by organ.

[657] In einer Umfrage der Bundeszentrale für gesundheitliche Aufklärung wurden 4001 Personen im Alter zwischen 14 und 75 befragt. Dabei gaben 84% der Befragten eine generell positive Einstellung zur Organspende an, 72% wären grundsätzlich selbst bereit, Organspender zu werden. Demgegenüber haben von den Befragten lediglich ca. 29,57% der Befragten schriftlich ihre Zustimmung zur Organspende dokumentiert. Vgl. dazu *Caille-Brillet et al.*, Bericht zur Repräsentativstudie 2018, S. 5, 104, 106.

[658] Von den Befragten haben lediglich ca. 29,57% der Befragten schriftlich ihre Zustimmung zur Organspende dokumentiert.

Von allen Befragten haben 39% eine Entscheidung zur Organspende schriftlich dokumentiert (Spenderausweis und/oder Patientenverfügung). 17% haben eine Entscheidung getroffen, die Entscheidung aber nicht dokumentiert, 42% haben bisher keine Entscheidung getroffen, 2% machten keine Angaben.

Von den 56%, die eine Entscheidung (dokumentiert und undokumentiert) getroffen haben, haben ca. 70,16% zugestimmt (ca. 1571 Personen), ca. 15,52% widersprochen (ca. 348 Personen), ca. 10,34% eine andere Person zur Entscheidung bestimmt (ca. 232 Personen) und ca. 3,18% keine Angaben gemacht (ca. 71 Personen).

Von den schriftlich dokumentierten Entscheidungen sind ca. 75,85% vorbehaltlose Zustimmungen, das entspricht etwa 1183 Personen. Bezogen auf die insgesamt 4001 Befragten entspricht das etwa 29,57%. Ca. 8,77% (ca. 137 Personen) haben einen Widerspruch dokumentiert, ca. 10,92% haben eine andere Person zur Entscheidung bestimmt (ca. 170 Personen), ca. 3,69% machten keine Angabe zur Natur ihrer Entscheidung (ca. 70 Personen), ca. 0,77% hatten ihre Entscheidung im Organspendeausweis und der Patientenverfügung widersprüchlich dokumentiert (ca. 12 Personen). Zahlen auf Grundlage der Daten in *Caille-Brillet et al.*, Bericht zur Repräsentativstudie 2018, S. 17 und 24.

Verstorbenen, die postmortal ihre Organe spenden, ist in Deutschland seit 2010 sogar kontinuierlich zurückgegangen. Während 2010 noch 1271 Menschen Organe gespendet haben, sind es 2017 lediglich noch 769 gewesen.[659] Die Gründe für diesen Rückgang sind schwer zu ermitteln, eine gewichtige Rolle könnte die Manipulation der Patientendaten im sogenannten Organspendeskandal 2012 gespielt haben.[660] Insgesamt kann festgehalten werden, dass zu wenige Organe zur Transplantation verfügbar sind, weshalb viele Menschen auf den Wartelisten von Eurotransplant sterben.[661]

Um an der Organspende teilzunehmen bedarf es in Deutschland einer aktiven Einwilligungserklärung durch den potenziellen Organspender. Der Betroffene muss der postmortalen Entnahme seiner Organe gem. § 3 Abs. 1, 2 TPG regelmäßig vorher zustimmen, ansonsten ist die Entnahme seiner Organe unzulässig. Hat er keine Entscheidung dokumentiert, so kann gem. § 4 Abs. 1 TPG ausnahmsweise ein naher Angehöriger die Entscheidung für den Organspender treffen. Dabei muss er den Willen des Verstorbenen bestmöglich verwirklichen. Dieses System wird als Zustimmungs- oder Entscheidungslösung bezeichnet. Es soll sicherstellen, dass der potenzielle Organspender jederzeit die Verfügungsgewalt über eine postmortale Organentnahme behält. Diese Zustimmungslösung ist bei der Reform des TPG im Jahr 2012 beibehalten worden. Katalysator der Reform war die seit 2010 kontinuierlich abnehmende Zahl tatsächlich gespendeter Organe in Deutschland. Dieser Entwicklung sollte durch großangelegte Aufklärungskampagnen entgegengewirkt werden, die die Bevölkerung zur Einwilligung in die Organspende motivieren sollten. Nicht umsonst betonte der Gesetzesentwurf die höhere Organspendebereitschaft informierter Bürger.[662] Die zuständigen Landes- und Bundesbehörden sollten die Bevölkerung durch geeignete Informationsunterlagen über die Organspende aufklären und jeder Bürger sollte ab dem sechzehnten Lebensjahr wiederholt mit der Thematik Organspende konfrontiert werden.[663] Dieser Ansatz hat unglücklicherweise keine Früchte getragen, seit 2012 ist die Zahl der tatsächlich gespendeten Organe entgegen der gesetzgeberischen Bemühungen weiter zurückgegangen.[664]

(2) Ein ökonomischer Erklärungsversuch

Die in Umfragen zur Organspende erhobenen Daten und der Vergleich der Situation in Deutschland mit den europäischen Nachbarstaaten hinterlassen einen perplexen Eindruck. Wie kommt es, dass bei der Bevölkerung in Deutschland eine offenbar positive Grundeinstellung zur Organspende besteht, zugleich aber nur sehr wenige Menschen überhaupt eine Entscheidung zur Organspende treffen, geschweige denn ihre Einwilligung in die Organspende erklären? Seit 2012 ist die grundsätzliche

---

659 *Eurotransplant*, Deceased donors used in Germany, by year, by characteristic. Die Zahlen beziehen sich auf Organspender, deren Organe tatsächlich transplantiert worden sind („donors used"). Sie sind geringfügig weniger als die Anzahl möglicher Organspender.

660 Der Organspendeskandal 2012 wurde dadurch ausgelöst, dass verschiedene deutsche Transplantationskrankenhäuser Patientendaten manipulierten, um ihren Patienten schneller ein Spenderorgan zu beschaffen. Vgl. dazu *Überwachungs- und Prüfungskommission nach TPG*, Bericht 2012/2013, S. 15 ff. Bezugnahme auf den Skandal bei *Esser et al.*, Die Krise der Organspende, S. 7 ff.

661 Insgesamt sind 1323 Menschen auf der Warteliste von Eurotransplant im Jahr 2017 verstorben, 881 davon waren Patienten aus Deutschland, vgl. *Eurotransplant*, Waiting list mortality in 2017, by country, by organ.

662 BT-Drucksache 17/9030, S. 3 f., 14.

663 §§ 1 Abs. 1; 2 Abs. 1, 1a TPG.

664 2018 ist allerdings wieder ein leichter Aufwärtstrend erkennbar, die Anzahl der gespendeten Organe (2018: 3113 Organe) ist wieder gestiegen, ist aber unter dem Niveau von 2012 (3511 Organe) geblieben. Vgl. Deutsche Stiftung Organtransplantation, Jahresbericht 2018, S. 8.

Einstellung zur Organspende in der Bevölkerung stetig besser geworden, dennoch hinken die Einwilligungszahlen trotz staatlicher Kampagnen weiter hinterher.[665]

Vor diesem Hintergrund stellt sich die Frage, wie die anscheinend vorliegende Bereitschaft zur Organspende in tatsächliche Einwilligungen in die Organspende umgemünzt werden könnte. Das würde mittelbar wohl dazu führen, dass mehr Organe zur Transplantation bereitstünden, wodurch mehr Menschen auf der Warteliste mit Organen versorgt und gerettet werden könnten. Im europäischen Vergleich weist Deutschland eine weitaus geringere Anzahl an Organspendern auf als andere europäische Staaten. In Österreich, ebenfalls Mitglied von Eurotransplant, gab es 2016, in relativen Zahlen, weit mehr als doppelt so viele postmortale Organspender, in Spanien gar mehr als viermal so viele.[666] Diese Staaten scheinen also einen guten Weg gefunden zu haben, ihre Einwohner zur Einwilligung in die Organspende zu bewegen. Das wird vielfach mit den rechtlichen Rahmenbedingungen begründet, die die Organspende in diesen Ländern regeln. In vielen europäischen Staaten, darunter Österreich und Spanien, gilt eine so genannte Widerspruchslösung. Standardmäßig gelten alle Landesbewohner demnach als Organspender, solange nicht ein Widerspruch erklärt wurde. Die Erfolge von Ländern wie Österreich und Spanien bei der Erhöhung der Organspenderzahlen haben andere europäische Länder zum Anlass genommen, beispielhaft können Wales und die Niederlande genannt werden, die nationale Organspende mithilfe der Widerspruchslösung auszugestalten.[667] Mit der Einführung der Widerspruchslösung in den Niederlanden haben inzwischen alle am Verbund Eurotransplant beteiligten Länder, mit der Ausnahme von Deutschland, die Widerspruchslösung eingeführt.

Die Widerspruchslösung sollte aus klassisch ökonomischer Sicht eigentlich nichts am Entscheidungsverhalten der von ihr Betroffenen verändern. Die Betroffenen können ihre Präferenzen bei nur marginalen Kosten verwirklichen. Es sollte daher überhaupt keinen Unterschied machen, ob die Teilnahme durch eine Zustimmungs- oder eine Widerspruchslösung geregelt wird. Tatsächlich unterscheiden sich die Einwilligungsraten in Ländern mit und ohne Widerspruchslösung demgegenüber aber so erheblich, dass es sich durch kulturelle Unterschiede kaum erklären lässt. In einer Studie aus dem Jahr 2004 wird dies von *Johnson* und *Goldstein* eindrucksvoll verdeutlicht. Während europäische Länder mit Widerspruchslösung nahezu Einwilligungsquoten von einhundert Prozent erreichen, beträgt der Spitzenwert unter den europäischen Ländern mit Zustimmungslösung etwa siebenundzwanzig Prozent.[668] Stellt man bei diesem Vergleich Deutschland und Österreich gegenüber, so scheint der Effekt der Widerspruchslösung erdrückend. Deutschland erreicht zwölf Prozent Einwilligungen mit einer Zustimmungslösung, Österreich erreicht knapp einhundert Prozent mit einer Widerspruchslösung. Diese Diskrepanz allein mit kulturellen Unterschieden zu erklären erscheint vollkommen fernliegend.[669] Die Zahlen haben sich seit 2004 relativiert, inzwischen haben in Deutschland knapp dreißig Prozent der Menschen ihre Einwilligung in die Organspende dokumentiert.[670] Diese Zahl ist dennoch bei weitem nicht in der Nähe derjenigen Einwilligungswerte, die sich mit einer Widerspruchslösung erreichen zu lassen scheinen. Es scheint, als ob allein der Status der Voreinstellung zu gewaltigen Differenzen bei der Einwilligungsquote führen kann. Das kann aus

---

[665] *Caille-Brillet et al.*, Bericht zur Repräsentativstudie 2018, S. 5.

[666] In Deutschland waren 2017 9,7 Menschen pro Mio. Einwohner Organspender, in Österreich 24,7 Menschen pro Mio. Einwohner, in Spanien 46,9 Menschen pro Mio. Einwohner. Vgl. *IRODaT*, Final Numbers 2017.

[667] In Wales gilt die Widerspruchslösung seit 2015, in den Niederlanden ab 2020.

[668] *Johnson/Goldstein*, Do Defaults Save Lives?, S. 1338.

[669] Darauf weist auch *Rebonato*, A Critical Assessment of Libertarian Paternalism, S. 359 f., hin.

[670] *Caille-Brillet et al.*, Bericht zur Repräsentativstudie 2018, S. 17, 24.

der Position der klassischen Ökonomik nicht mehr erklärt werden. Die Verhaltensökonomik hingegen liefert einen Erklärungsansatz für diese Differenzen: Die Menschen werden durch den *status quo bias* beeinflusst.

Die Situation, in der bei geltender Zustimmungslösung die Einwilligung in die Organspende erklärt werden müsste, stellt ein Paradebeispiel für Situationen dar, in denen kognitive Verzerrungen wie der *status quo bias* eine besonders starke Wirkung entfalten können.[671] Die Einwilligung in die Organspende entwickelt erst in der fernen Zukunft, nach dem eigenen Tod, Wirkung. Die Konsequenzen der Entscheidung liegen also in weiter Ferne. Deswegen gibt es auch keinerlei Gelegenheit, Erfahrung mit ihr zu sammeln. Ob die Einwilligung in die Organspende die richtige Entscheidung gewesen ist, wird der individuell Betroffene nie selbst im Nachhinein beurteilen können. Weil die Situation es also unmöglich macht, durch Erfahrung mit der Situation umgehen zu lernen, lassen Menschen sich besonders stark von unterbewussten Verhaltensmechanismen leiten, die sie eben nicht als fehlerhafte Verhaltensweisen haben identifizieren und ablegen können.[672] Darüber hinaus drängt die Zeit auch nicht zu einer Entscheidung, man hat ja schließlich noch ‚das ganze Leben' um einen Organspendeausweis auszufüllen. So kann erklärt werden, weshalb Menschen ihre Einwilligung in die Organspende tendenziell nicht erklären, sondern unbeweglich bei der voreingestellten Standardoption verharren.

Diese Trägheit kann durch die Einführung der Widerspruchlösung ausgenutzt werden, indem die Voreinstellung als vermutete Einwilligung ausgestaltet wird. Genau für Situationen wie der der Organspende fordern *Sunstein* und *Thaler* die Einführung von *Nudges*, weil hier die kognitiven Verzerrungen am stärksten wirken.[673] In Deutschland ist die Einführung einer Widerspruchslösung bereits 2012 bei der Einführung der Entscheidungslösung diskutiert, dann aber verworfen worden. Die Widerspruchslösung wurde als Vorwegnahme einer Entscheidung interpretiert, die von jedem Individuum selbst getroffen werden sollte. Man wollte den einzelnen Betroffenen die Entscheidung, ob die Organe gespendet werden sollen, selbst überlassen, ohne ihnen eine Entscheidungspflicht aufzuerlegen.[674]

bb) Die Einführung einer Widerspruchslösung in Deutschland

Zwar ist bei der Einführung der Entscheidungslösung in Deutschland 2012 von der Einführung der Widerspruchslösung Abstand genommen worden, ihre Einführung ist vor dem Hintergrund der mangelnden Effektivität der Entscheidungslösung aber immer wieder von Stimmen aus Politik und Gesellschaft gefordert worden.[675] Das hat 2019 dazu geführt, dass ein erneuter Anlauf zur gesetzlichen

[671] Das ist wohl einer der Gründe dafür, weshalb die Organspende in vielen Beiträgen zu Standardregeln beispielhaft diskutiert wird, vgl. nur *Rebonato*, Taking Liberties, S. 8; *Willis*, When Nudges Fail, S. 1163; *Oullier et al.*, Improving public health prevention with a nudge, S. 42.

[672] *Weber/Schäfer*, „Nudging", Ein Spross der Verhaltensökonomie, S. 579.

[673] *Sunstein/Thaler*, Nudge, S. 72.

[674] BT-Drucksache 17/9030, S. 14.

[675] Etwa durch den Bundesgesundheitsminister *Jens Spahn*, http://www.spiegel.de/gesundheit/diagnose/jens-spahn-will-in-organspende-debatte-eine-widerspruchsloesung-a-1226190.html, zuletzt abgerufen am 04.12.2018. Ebenfalls mit dieser Forderung etwa der Präsident der Bundesärztekammer, *Frank-Ulrich Montgomery*, der Bundestagsabgeordnete *Karl Lauterbach* (SPD) sowie der Bundestagsabgeordnete *Georg Nüßlein* (CSU) gegenüber der *Frankfurter Allgemeinen Zeitung;* http://www.faz.net/aktuell/wirtschaft/widerspruchsloesung-organspende-soll-normalfall-werden-15519938.html, zuletzt abgerufen am 01.08.2018.

Normierung der Widerspruchslösung unternommen wird.[676] Die dort angestrebte Einführung der Widerspruchslösung verfolgt das Ziel, die tatsächliche Zahl gespendeter Organe zu erhöhen.[677] Dieses Ziel soll erreicht werden, indem die Einwilligung in die Organentnahme eines jeden potenziellen Organspenders fingiert wird, es sei denn er hat der Organentnahme widersprochen. Der Widerspruch kann schriftlich, mündlich oder auf andere Weise geäußert oder auch in ein Register aufgenommen werden. Nächste Angehörige sollen kein eigenes Entscheidungsrecht über die Organentnahme erhalten, sollen aber befragt werden, ob ihnen ein Widerspruch oder entgegenstehender Wille des Verstorbenen bekannt ist.[678] Das soll jeden Einzelnen dazu bewegen, sich mit der Organspende auseinanderzusetzen und eine selbstbestimmte Entscheidung zu treffen.[679] Letztlich baut der Gesetzesentwurf darauf, dass die in Umfragen geäußerte positive Einstellung zur Organspende sich durch Einführung der Widerspruchslösung auch in den erklärten Einwilligungen zur Organentnahme niederschlägt.[680] So soll die Anzahl der Einwilligungen in die Organentnahme im Falle des Todes erhöht werden. Denn nur bei vorliegender Einwilligung kann in einem zweiten Schritt überhaupt die Entnahme möglicherweise geeigneter Spenderorgane erfolgen. Das Endziel, die Erhöhung der Anzahl verfügbarer Transplantationsorgane, soll durch die Widerspruchslösung also vor allem dadurch gefördert werden, dass die Anzahl der Einwilligungen kraft Fiktion erhöht wird. Das wird durch eine Änderung des TPG erreicht, insbesondere der §§ 1, 2, 3 und 4 TPG.

Diese Widerspruchslösung soll nunmehr einer grundrechtlichen Analyse unterzogen werden. Danach sollen erwachsene deutsche Staatsbürger automatisch als Organspender gelten, es sei denn, sie geben eine ausdrückliche anderslautende Erklärung ab, wie etwa die Beschränkung der Organspende auf einzelne Organe, den Widerspruch gegen die Organspende insgesamt, oder die Benennung einer Person, die für sie entscheiden soll. Fehlt eine solche Erklärung, so gelten sie als Organspender, unabhängig von eventuell entgegenstehenden Wünschen der Angehörigen. Im Rahmen der Analyse wird festzustellen sein, inwiefern eine solche Widerspruchslösung verfassungsrechtlich Bestand haben kann und ob und wie sie durch Anpassungen modifiziert werden müsste. Anpassungen könnten notwendig werden, wenn sie sich aus dem Spannungsfeld der gegenläufigen Pole des staatlichen Interesses an der Organspende sowie den Interessen der auf ein Organ Angewiesenen einerseits und den Interessen der postmortalen Organspender und ihrer Familien andererseits ergeben.

Der Staat bedient sich zur Förderung der Organspende desselben Instruments wie im Fall der Stromgrundversorgung, der Standardregel. Insofern stellen sich die grundsätzlichen Probleme der Anwendung einer Standardregel, namentlich deren paternalistische Ausrichtung und ihr manipulativer Wirkungsmechanismus. Im Rahmen der rechtlichen Würdigung müssen im Fall der Organspende jedoch noch weitere Aspekte beachtet werden. Die Standardregel betrifft hier einen sensibleren Gegenstandsbereich als noch bei der Stromgrundversorgung. Es geht um den Umgang des Staates mit den Körpern seiner verstorbenen Bürger. Der gesellschaftliche Umgang mit dem Tod und dem Körper der Verstorbenen auf der einen Seite, sowie die Hilfeleistung für erkrankte Menschen auf der anderen Seite, weist eine starke inhaltliche Nähe zu den Grundrechten der körperlichen Unversehrtheit und der

---

[676] Vgl. den Entwurf eines Gesetzes zur Regelung der doppelten Widerspruchslösung im Transplantationsgesetz, https://www.bundesgesundheitsministerium.de/fileadmin/Dateien/3_Downloads/O/Organspende/Organspende-Widerspruchsloesung_Gruppenantrag_Spahn_et_al.pdf, zuletzt abgerufen am 25.09.2019.

[677] *Ebenda*, S. 9.

[678] *Ebenda*, S. 11.

[679] *Ebenda*, S. 10.

[680] *Ebenda*, S. 9.

Religions- und Gewissensfreiheit auf. Diese Nähe zu spezialgrundrechtlich garantierten Freiheitsräumen erfordert eine besonders sorgfältige und vorsichtige Bewertung der Standardregel.

Obwohl eine materielle Nähe zu verschiedenen Spezialgrundrechten besteht, wird die Umstellung der Standardregel im Bereich der Organspende anhand des allgemeinen Persönlichkeitsrechts der durch die Umstellung betroffenen Bürger überprüft. Als betroffen werden in diesem Zusammenhang die Personen bezeichnet, die durch die Umstellung der Standardregel automatisch zu Organspendern werden, weil sie bislang keine Erklärung zu ihrer Organspendebereitschaft dokumentiert haben. Der Fokus auf sie ergibt sich aus der vorliegend eingenommenen Perspektive, die auf die Analyse spezifischer Problemkreise des Einsatzes von *Nudges* ausgerichtet ist. Die Analyse aus der Perspektive des allgemeinen Persönlichkeitsrechts ist überdies notwendig, weil die Einwilligung als Rechtsinstitut das Paradebeispiel für die Ausübung der personalen Autonomie darstellt.[681] Die Einwilligung als Vorrecht des Betroffenen ist die Manifestation der Anerkennung seiner Fähigkeit zur Selbstbestimmung. Weil er für sich selbst entscheiden kann, wird ihm die Entscheidung überlassen, und ist grundsätzlich auch allein seine Entscheidung. Indem diese Einwilligung durch die Widerspruchslösung vorweggenommen wird, eröffnet sich ein für das *Nudging* spezifischer Problemkreis im allgemeinen Persönlichkeitsrecht.

2. Die verfassungsrechtliche Würdigung der Standardregelsetzung

Für die folgende verfassungsrechtliche Analyse soll davon ausgegangen werden, dass die Energiegrundversorgung wie auch die Organspende in der beschriebenen Weise umgestaltet werden. In beiden Fällen wird also durch die Umstellung der Standardregel versucht, den im Menschen angelegten *status quo bias* politisch zu nutzen. Diese Vorgehensweise kann in Konflikt mit den autonom gefällten Entscheidungen der Menschen stehen, die von der Umstellung betroffen werden. Autonome Entscheidungen werden durch das allgemeine Persönlichkeitsrecht grundrechtlich geschützt. Es ist Maßstab der verfassungsrechtlichen Prüfung.

Der Fokus dieser Analyse liegt dabei klar auf den durch den *Nudge* adressierten Personen, etwaig dazwischengeschaltete Dritte, wie zum Beispiel die Energieversorgungsunternehmen im Fall der Grundversorgung, werden aus der Untersuchung ausgeklammert. Die Untersuchung soll auf die spezifischen Besonderheiten des *Nudging* konzentriert werden, die durch dessen Interaktion mit psychologischen Besonderheiten der Entscheidungsfindung gekennzeichnet sind. Das an die Energieversorgungsunternehmen ergehende Gebot, die Grundversorgung durch Ökostrom zu gewährleisten, stellt keine solche Besonderheit dar. Nichtsdestotrotz müsste in einer umfassenden Analyse berücksichtigt werden, dass das Gebot an die Energieversorgungsunternehmen die Umstellung der Standardregel zwingend begleiten muss. Das legt der Maßnahme insgesamt eine größere Rechtfertigungslast auf. Letztlich wird die Rechtfertigung der Maßnahme jedoch maßgeblich davon abhängen, ob sie im Hinblick auf die Beeinflussung der Bürger gerechtfertigt werden kann.

Der Einführung von Standardregeln liegt regelmäßig eine besondere Situation zugrunde, die die verfassungsrechtliche Untersuchung verkompliziert. Die Wirkung von Standardregeln ist untrennbar mit dem *status quo bias* verbunden. Er entfaltet seine Wirkung im Zusammenspiel mit jedweder gewählten Voreinstellung und beeinflusst das Verhalten der durch die Standardregel adressierten Personen zugunsten der Voreinstellung. Deshalb ist der *status quo bias* bei der Einführung von Standardregeln zugleich Ursache und Lösung des Problems, das durch die Standardregel aufgegriffen

[681] Siehe nur *Faden/Beauchamp*, A History and Theory of Informed Consent.

wird. Das unterscheidet ihn deutlich von anderen *Nudges*, wie beispielsweise den soeben besprochenen Text-Bild Warnhinweisen auf Tabakverpackungen.[682] Die Text-Bild Warnhinweise greifen selbst eine Verzerrung des menschlichen Unterbewusstseins, die Verfügbarkeitsverzerrung, auf, um Menschen vom Rauchen abzuhalten. Dabei kann argumentiert werden, dass die rauchenden Menschen einer Verzerrung, dem Überoptimismus, unterliegen, das lässt sich letztlich aber nicht sicher nachweisen. In jedem Fall greifen die Text-Bild Warnhinweise eine völlig andere Verzerrung auf, als diejenige, die das zu lösende Problem (womöglich) verursacht. Dasselbe gilt für die Informationen zum Wasserverbrauch, auch hier wird eine beliebige, günstig erscheinende Verzerrung, in diesem Fall der Herdentrieb, aufgegriffen, um Menschen zu einem geringeren Wasserverbrauch zu bewegen.

Standardregeln hingegen werden stets eingeführt, weil Menschen aufgrund des *status quo bias* ein bestimmtes, unerwünschtes Verhalten zeigen. Sie bleiben bei einer Voreinstellung, die nicht den politischen Vorstellungen entspricht. Um dieses Problem zu lösen wird wiederum der *status quo bias*, der selbst Auslöser des Problems ist, von der Standardregel gezielt eingebunden und eine Voreinstellung gewählt, die das wahrgenommene Problem behebt. Eine andere Verzerrung als den *status quo bias* zur Einführung von Standardregeln einzubinden kommt effektiv nicht in Betracht. Er ist Anlass und zugleich Anknüpfungspunkt für die Einführung von Standardregeln. Aufgrund dessen wird der *status quo bias* auch im Rahmen der verfassungsrechtlichen Prüfung gewissermaßen doppelt relevant. Einerseits muss er als potenzielles Autonomiehindernis im Rahmen des Schutzbereiches berücksichtigt werden, andererseits als Mittler für einen potenziellen Eingriff durch die Standardregel. Menschen verbleiben wegen des *status quo bias* bei einer voreingestellten Option. Durch die neu eingeführte Standardregel verändert sich die voreingestellte Option, die Menschen haben nun diese ausgewählt. Jeweils wird ihre Entscheidung durch den *status quo bias* vermittelt. Im Rahmen einer Bewertung stellt sich nun die Frage, ob die Einführung der Standardregel als Eingriff in die Entscheidungsautonomie der Menschen angesehen werden kann. Das würde wohl voraussetzen, dass diese sich zunächst autonom für einen Verbleib bei der ursprünglich voreingestellten Option entschieden hatten. Daran könnten sie durch den damals bereits wirkenden *status quo bias* gehindert worden sein. Nimmt man an, dass sie sich trotz des *status quo bias* autonom für die ursprünglich voreingestellte Option entschieden hatten, so kann die Einführung der Standardregel womöglich einen Eingriff in diese Autonomie darstellen. Die Standardregel bedient sich aber der Wirkung des gleichen *status quo bias*, der bereits Gegenstand der Prüfung der Autonomie im Schutzbereich gewesen ist. Diese doppelte Funktion des *status quo bias* macht die Schwierigkeit der verfassungsrechtlichen Analyse von Standardregeln aus. Wenn der *status quo bias* mit der personalen Autonomie in Konflikt steht, muss sein Einfluss auf diese dann nicht einheitlich bewertet werden? Wäre es nicht widersprüchlich, die Autonomie im Schutzbereich trotz der Wirkung des *status quo bias* zu bejahen, andererseits bei der Eingriffsprüfung dann aber ebenfalls einen verfassungsrechtlichen Eingriff in die Autonomie gerade wegen der Wirkung dieses *status quo bias* anzunehmen? In beiden Fällen wirkt schließlich der gleichbleibende Einfluss des gleichen *status quo bias*, der die Menschen zum Verbleib bei der Voreinstellung verleitet. Vor dem Hintergrund dieser, wenn überhaupt, nur schwierig zu beantwortenden Fragen beginnt die verfassungsrechtliche Analyse der Standardregeln.

a) Die Eröffnung des Schutzbereichs des allgemeinen Persönlichkeitsrechts

Das allgemeine Persönlichkeitsrecht schützt die personale Autonomie vor staatlicher Beeinflussung. Die Menschen, die sich in den Fällen der Energiegrundversorgung und der Organspende für einen

[682] Siehe dazu oben, unter D. I. 2. und 3.

Verbleib bei der Voreinstellung entschieden haben, müssten dies autonom getan haben, um den Schutz des allgemeinen Persönlichkeitsrechts zu genießen. Dabei wird davon ausgegangen, dass die von den Standardregeln adressierten Personen grundsätzlich autonom sind, also die generelle Kompetenz dazu haben, sich selbstbestimmt zu verhalten.[683] In Frage steht allein, ob in den konkreten Fällen der hier analysierten Entscheidungen ein Einfluss gewirkt hat, der die Autonomie der Entscheidungen ausgeschlossen hat. Ein solcher Einfluss könnte vom *status quo bias* ausgegangen sein, der Menschen zum Verbleib bei der Voreinstellung verleitet. Ob das der Fall ist, kann nur unter Berücksichtigung der Umstände der konkreten Einzelfälle entschieden werden.

aa) Die Autonomie des Verbleibens in der Elektrizitätsgrundversorgung

Die durch die Umstellung des Standards in der Elektrizitätsgrundversorgung betroffene Personengruppe sind die dreißig Prozent der Haushaltskunden, die von ihrer Möglichkeit, aus der Grundversorgung auszusteigen, bislang keinen Gebrauch gemacht haben. Die übrigen Haushaltskunden, die aus der Grundversorgung bereits herausgewechselt sind, werden von der Umstellung in keiner Weise betroffen, sie bleiben in ihrem selbst gewählten Versorgungsvertrag mit ihrem Energieversorger.[684] Das Verbleiben in der Grundversorgung lässt sich ökonomisch-rational nicht erklären. Es kann aber damit erklärt werden, dass die Betroffenen dem *status quo bias* unterliegen, der sie in der standardmäßig gewählten Voreinstellung verharren lässt. Es ist also davon auszugehen, dass die hier zu untersuchende Personengruppe dieser kognitiven Verzerrung unterliegt. Kann ihre Entscheidung in der Grundversorgung zu verbleiben dennoch als autonom bezeichnet werden? Das wäre Voraussetzung dafür, dass sie durch die inhaltliche Änderung der Voreinstellung hin zu Ökostrom materiell in ihrer Autonomie und damit in ihrem allgemeinen Persönlichkeitsrecht betroffen sind.

Die Autonomie einer Entscheidung hängt traditionell davon ab, dass das kompetente Individuum durch seine Entscheidung seinen Willen verwirklicht. Dass der Wille verwirklicht wird, wird rechtlich, bei vorliegender Kompetenz, regelmäßig vermutet. Das findet seinen Grund hauptsächlich darin, dass von außen nicht erkennbar ist, wie der Wille der entscheidenden Person beschaffen ist. Darum wird davon ausgegangen, dass das Entscheidungsergebnis aufgrund des Willens der entscheidenden Person so aussieht, wie es aussieht. Von diesem Grundsatz der autonomen Entscheidung können jedoch Ausnahmen ausgemacht werden, in denen davon ausgegangen werden kann, dass eine Entscheidung nicht den Willen der entscheidenden Person verwirklicht, oder die Willensverwirklichung zumindest beeinträchtigt ist. Diese Ausnahmen können mit Hilfe des *Feinbergschen* Modells identifiziert werden.[685] Der *status quo bias* kann insofern als ein Hindernis dafür verstanden werden, sich so zu verhalten wie der eigene Wille dies eigentlich gebieten würde. Wenn man also eigentlich die Präferenz hätte, aus der Energiegrundversorgung heraus zu wechseln, wird man an der Verwirklichung dieser Präferenz durch den *status quo bias* gehindert. Das scheint naheliegend, da das Verbleiben in der Grundversorgung in keiner Weise vorteilhaft erscheint. Führt man diese Interpretation der Verzerrung

---

[683] Zur Aufteilung der Autonomie in Kompetenz und Authentizität vgl. C. II. 2.

[684] Insoweit erscheint es natürlich bemerkenswert, dass auch von den privat geschlossenen Verträgen der weit überwiegende Anteil (69%) der Haushaltskunden in einer Versorgungsbeziehung mit dem Grundversorger des jeweiligen Netzgebiets stehen (vgl. *Bundesnetzagentur/Bundeskartellamt*, Monitoringbericht 2018, S. 258). Auch dieses Verbleiben beim Grundversorgungsunternehmen kann mit hoher Wahrscheinlichkeit mit einem nachklingenden Effekt des *status quo bias* erklärt werden, darauf soll hier aber nicht weiter eingegangen werden.

[685] Zum *Feinbergschen* Modell der idealen Entscheidung vgl. oben unter C. II. 2. b) bb).

mit den Fallgruppen nach *Feinberg* zusammen, so erscheinen hauptsächlich die dritte und die fünfte Gruppe als mögliche Anknüpfungspunkte.

Die dritte Gruppe von Faktoren, die die Willensverwirklichung beeinträchtigen, besteht aus Fällen subtiler Manipulation. Als Beispiele dafür werden die Beeinflussung der Entscheidung unter dem Einfluss von Hypnose oder im Schlaf angeführt, also in Zuständen fehlenden Bewusstseins. Erfolgt eine Entscheidung unter dem Einfluss derartiger Methoden, so erschwert dieser Einfluss die Verwirklichung des Willens. Es erscheint möglich, dass durch die Nutzung des *status quo bias* ein derartiger, manipulativer Einfluss ausgeübt wird, der zu einem Problem für die Autonomie wird. Dann ist aber nicht die Verzerrung selbst der autonomiebeeinträchtigende, manipulative Einfluss, sondern der mithilfe der Verzerrung ausgeübte Einfluss. Darauf wird bei der Diskussion der Eingriffsqualität nochmal zurückzukommen sein, wenn bewertet werden muss, ob die Interaktion mit dem *status quo bias* einen Eingriff in die Autonomie darstellt. Hier muss aber der Einfluss der Verzerrung an sich sorgfältig von ihrer Ausnutzung für politische Zwecke unterschieden werden. Die Verzerrung selbst, also die menschliche Tendenz, dem *status quo bias* zu erliegen, kann nicht als manipulativer Einfluss angesehen werden. Ein manipulativer Einfluss setzt die Einwirkung von außen voraus, während der *status quo bias* ein innerliches Hindernis konstituiert. Die Verzerrung kann daher nicht unter der dritten Gruppe eingeordnet werden.

Die fünfte Gruppe bei der Willensverwirklichung hinderlicher Faktoren bezeichnet *Feinberg* als verzerrende Entscheidungsumstände. Hier besteht nicht nur begrifflich eine deutliche Nähe zu kognitiven Verzerrungen wie dem *status quo bias*. *Feinberg* führt in dieser Gruppe unter Anderem Emotionen und innere Einflüsse an, die das Individuum bei der Verfolgung seines Willens behindern können. Darunter fasst er neben starken Gefühlen, Müdigkeit oder Schmerzen auch Impulsivität. Impulsives Verhalten wird gemeinhin als vorschnelles Verhalten angesehen, also solches das ohne weitere Überlegung und Erwägung erfolgt.[686] Insofern als der Begriff Ausdruck für Einflüsse des unbedachten Unterbewusstseins ist, kann er für das Verständnis des *status quo bias* nutzbar gemacht werden. Auch dieser entstammt dem Unterbewusstsein und nimmt, ohne selbständig Gegenstand von Überlegungen geworden zu sein, Einfluss auf Entscheidungen. Eine Entscheidung unter dem Einfluss des *status quo bias* beeinträchtigt also, in ähnlicher Weise wie eine impulsive Entscheidung, die Verwirklichung des Willens. Die Beeinträchtigung der Willensverwirklichung kann jedoch nicht direkt mit ihrem Ausschluss gleichgesetzt werden, es bleibt festzustellen, ob der Einfluss des *status quo bias* als so erheblich anzusehen ist, dass die Entscheidung als nicht autonom anzusehen ist. Nur der paradigmatisch autonome, ideale Entscheider verwirklicht seinen Willen in all seinen Entscheidungen komplett. Alle anderen Individuen nähern sich diesem Ideal in ihren Entscheidungen mehr oder weniger an, jede Entscheidung steht unter dem Einfluss des ein oder anderen beeinträchtigenden Faktors. Ob ein beeinträchtigender Faktor die Willensverwirklichung in einer Weise beeinträchtigt, die sie ausschließt, muss nach *Feinberg* unter Berücksichtigung der jeweiligen Entscheidung beurteilt werden. Entscheidende Kriterien sind insoweit die Erheblichkeit der Konsequenzen der konkreten Entscheidung sowie die Widerruflichkeit der Entscheidung und ihrer Konsequenzen. Umso erheblicher die Konsequenzen einer Entscheidung erscheinen und umso schwerer sie widerrufen werden kann, umso höher muss demnach die Schwelle der Willensverwirklichung angesetzt werden.

Für einen erheblichen, die Willensverwirklichung ausschließenden Einfluss spricht, dass der *status quo bias* regelmäßig nicht als Ausdruck einer inneren Einstellung, sondern als Ausdruck der äußeren

---

[686] *Duden Wörterbuch*, Eintrag Impulsiv.

Entscheidungsumstände angesehen werden kann. Aufgrund des *status quo bias* übt der Entscheidungskontext einen starken inhaltlichen Einfluss auf die Entscheidung aus, sodass die Entscheidung weniger durch den Willen der entscheidenden Person, als vielmehr durch die Gestaltung des Entscheidungskontextes geleitet zu werden scheint. Nimmt man allerdings die *Feinbergschen* Kriterien hinzu, so ist festzustellen, dass die durch den *status quo bias* betroffene Entscheidung, beim Grundversorger zu bleiben, leicht widerrufen werden kann. Sie zieht auch keine erheblichen Konsequenzen nach sich, sondern mündet lediglich im Bezug von Elektrizität zu höheren Preisen, als diese sonst am Markt gefunden werden könnten. Abgesehen von den höheren Preisen für Elektrizität hat die Entscheidung keine nennenswerten Konsequenzen für die individuelle Lebensgestaltung. Vor diesem Hintergrund muss die Schwelle der Willensverwirklichung für die Entscheidung, in der Energiegrundversorgung zu verbleiben, niedrig angesetzt werden. Trotz des verzerrenden Einflusses des *status quo bias* ist die Entscheidung daher als willensgetragen und damit als autonom anzusehen.

Die Betroffenen haben sich daher autonom entschieden, das Verbleiben in der Grundversorgung stellt eine ausreichende Verwirklichung ihres Willens dar. Indem die Standardregel der Grundversorgung auf Ökostrom umgestellt wird, wird diese autonome Festlegung verändert. Das betrifft die Autonomie der Entscheidung und damit das allgemeine Persönlichkeitsrecht der entscheidenden Personen.

bb) Die Autonomie der Nichtteilnahme an der Organspende

Von der Einführung der Widerspruchslösung werden all die Personen unmittelbar betroffen, die bislang keine schriftliche Erklärung im Hinblick auf ihre Teilnahmebereitschaft an der Organspende abgegeben haben. Das betrifft nach einer repräsentativen Umfrage etwa sechzig Prozent der potenziellen Organspender.[687] Diese Menschen haben eigenen Angaben nach noch keine Entscheidung zur Organspende dokumentiert und sich zu einem großen Teil auch noch überhaupt nicht entschieden.[688] Die übrigen Personen, die bereits eine Erklärung dokumentiert haben, werden durch die Umstellung der Standardregel nicht betroffen. Auch bei Einführung der Widerspruchslösung bleibt es für sie bei der dokumentierten Erklärung. Für diejenigen, die bislang keine Erklärung abgegeben haben, verändert die Widerspruchslösung die bis dato gültige Regel. Anstatt dass sie mangels Erklärung nicht als Organspender gelten, wird ihre Einwilligung in die Organspende nun vermutet. Um davon sprechen zu können, dass diese Veränderung der Standardregel den Schutzbereich ihres allgemeinen Persönlichkeitsrechts in Form ihrer personalen Autonomie betrifft, müsste ihre Ausgangsentscheidung als autonom bezeichnet werden können. Die Entscheidung, keine Erklärung zu dokumentieren und dadurch bei der Voreinstellung der Nichtteilnahme zu bleiben, müsste also autonom gewesen sein.

Die Menschen, die noch keine Erklärung zur Organspende dokumentiert haben, haben dies nach eigenen Angaben vor allem deshalb noch nicht getan, weil sie ihre persönliche Auseinandersetzung mit dem Thema noch nicht abgeschlossen haben, die Auseinandersetzung mit dem Thema scheuen, sich nicht als Spender geeignet fühlen oder allgemein unentschlossen sind.[689] Sie alle zögern damit, eine Entscheidung zur Organspende ausdrücklich zu dokumentieren und verbleiben aufgrund ihrer Unschlüssigkeit bei der voreingestellten Nichtteilnahme. Sie entscheiden sich somit für die Nichtteilnahme, indem sie sich nicht äußern. Dabei entspricht diese voreingestellte Nichtteilnahme gar nicht unbedingt ihrem tatsächlichen Willen, sie haben möglicherweise eine bestimmte Vorstellung von

---

[687] *Caille-Brillet et al.*, Bericht zur Repräsentativstudie 2018, S. 17.

[688] 42% geben an, noch keine Entscheidung getroffen zu haben, 17% haben eine Entscheidung getroffen, diese aber nicht dokumentiert, 39% haben ihre Entscheidung dokumentiert, 2% machen keine Angabe. Vgl. *Caille-Brillet et al.*, Bericht zur Repräsentativstudie 2018, S. 5, 17.

[689] *Caille-Brillet et al.*, Bericht zur Repräsentativstudie 2018, S. 50 ff.

der Organspende, die sie bislang aber nicht durch ihre Entscheidung verwirklicht haben. Darauf deuten zumindest die hohen Umfragewerte hinsichtlich der grundsätzlichen Bereitschaft zur Organspende und der allgemeinen Einstellung zur Organspende hin. Über siebzig Prozent der Menschen geben an, grundsätzlich bereit dazu zu sein, die eigenen Organe zu spenden, mehr als achtzig Prozent stehen der Organspende positiv gegenüber.[690] Dennoch haben etwa sechzig Prozent keine Entscheidung dokumentiert und sich so für die Voreinstellung entschieden. Diese Menschen zeigen die Auswirkungen des bei ihnen wirkenden *status quo bias*. Sie verbleiben aus unterschiedlichsten Gründen bei der Voreinstellung und treffen so letztlich, entgegen ihrer eigentlichen Motive, eine Entscheidung für die Nichtteilnahme an der Organspende. Diese Auswirkungen des *status quo bias* können als potenziell autonomieausschließendes Hindernis angesehen werden, weil er die Menschen bei ihrer Willensverwirklichung beeinträchtigt.

Ob dem *status quo bias* dieser autonomieausschließende Einfluss zukommt, wird auch hier mit Hilfe des Willensverwirklichungsmodells von *Feinberg* festgestellt. Dabei gilt es zu bedenken, dass an die Autonomie der Entscheidung keine überspannten Erwartungen gestellt werden dürfen. Wie bereits bei der Diskussion des *Feinbergschen* Willensverwirklichungsmodells deutlich geworden ist, leiden nahezu alle Entscheidungen an dem einen oder anderen willensbeeinträchtigenden Mangel, diese Mängel schließen die Autonomie der Entscheidungen aber erst ab einer gewissen Erheblichkeit aus. Auch wenn Menschen sich im Fall der Organspendeentscheidung also unter dem Einfluss des *status quo bias* befinden kann ihre Entscheidung nach *Feinbergs* Modell noch autonom sein. Es ist bereits bei der Diskussion der Stromgrundversorgung entschieden worden, dass der *status quo bias* grundsätzlich als Autonomiebeeinträchtigung im Sinne der fünften Gruppe des *Feinbergschen* Modells anzusehen ist.[691] Allerdings ist konkret zu entscheiden, ob das im Fall der Organspende zu einem völligen Ausschluss der Entscheidungsautonomie führt oder lediglich eine noch zu verkraftende Einschränkung darstellt. Die Entscheidung im konkreten Fall muss eine gewisse Schwelle der Willensverwirklichung erreichen, um als autonom gelten zu können. Wo diese Schwelle liegt, muss nach *Feinberg* unter Berücksichtigung der Kriterien der Erheblichkeit der Entscheidungskonsequenzen, der Widerruflichkeit der Entscheidung selbst sowie der Widerruflichkeit der Entscheidungskonsequenzen im Einzelfall festgelegt werden. Legt man diese Kriterien im Fall der Organspende an, so kann auch für den Organspender eine niedrige Schwelle angesetzt werden. Die Konsequenzen der Entscheidung, kein Organspender zu werden, treten erst nach dem Tod ein. Man spendet dann keine Organe. Die Entscheidung keine schriftlich dokumentierte Erklärung abzugeben kann überdies leicht widerrufen werden, indem einfach die schriftliche Erklärung nachgeholt wird. Auch die Entscheidung darüber, wann eine Entscheidung in Bezug auf ein Thema getroffen werden soll gehört insoweit zur Ausübung der personalen Autonomie des Individuums. Es muss dem Individuum unbenommen bleiben, eine Entscheidung sorgfältig abzuwägen, aufzuschieben oder sich vorübergehend auch gar nicht mit ihr zu beschäftigen – sofern die Entscheidungssituation dies zulässt. Kann eine Entscheidung nur innerhalb eines bestimmten zeitlichen Rahmens getroffen werden oder ist sie sonst unwiderruflich, so müssen höhere Anforderungen an die Autonomie gestellt werden. Im hiesigen Fall der Organspende bedarf es derartiger Anforderungen aber nicht. Die Entscheidung, sich (vorerst) nicht zu äußern, hat insofern leicht widerrufliche Konsequenzen. Die Kriterien des *Feinbergschen* Modells zeigen daher, dass nur geringe Anforderungen an die Willensverwirklichung zu stellen sind. Die Entscheidung, zur Teilnahme an der Organspende keine Erklärung zu dokumentieren ist daher trotz des *status quo bias* als autonom

---

[690] *Caille-Brillet et al.*, Bericht zur Repräsentativstudie 2018, S. 5.
[691] Siehe oben unter D. I. 2. a) aa).

anzusehen. Die Betroffenen haben sich autonom für den Verbleib in der Voreinstellung entschieden. Deshalb betrifft die Einführung der Widerspruchslösung die Autonomie all derer, die bislang zur Organspende noch keine dokumentierte Entscheidung getroffen haben. Der Schutzbereich des allgemeinen Persönlichkeitsrechts dieser Personen ist eröffnet.

b) Die Standardregel als Eingriff in den Schutzbereich

Nachdem festgestellt worden ist, dass die Entscheidung der Betroffenen in beiden Fällen als autonom anzusehen ist, gilt es nun zu analysieren, ob die Standardregeln eine Beeinträchtigung der Autonomie dieser Entscheidungen konstituieren. Dabei wird erneut auf das Willensmodell von *Feinberg* zurückgegriffen, dass eine Enumeration potenziell willensbeeinträchtigender Faktoren bereitstellt, zu denen auch *Nudges* gezählt werden können. Hier wird die bereits zu Anfang der verfassungsrechtlichen Prüfung aufgeworfene Problematik der doppelten Bedeutung des *status quo bias* akut. Er ist als bereits überwundenes Hindernis der Autonomie im Schutzbereich aufgegriffen worden, wird nunmehr aber auch als Vehikel eines potenziellen Eingriffs durch die Standardregel erneut bedeutsam.

aa) Die Beeinträchtigung im Fall der Stromgrundversorgung

Die Umstellung der Standardregel betrifft die Autonomie der Entscheidung der Haushaltskunden, in der Grundversorgung zu bleiben. Allerdings müsste diese Betroffenheit auch eine Beeinträchtigung im grundrechtlichen Sinne darstellen, um eine verfassungsrechtliche Rechtfertigung zu erfordern. Das ist klassischerweise dann der Fall, wenn von staatlicher Seite durch einen rechtsförmigen Vorgang unmittelbar und gezielt in den grundrechtlich geschützten Bereich interveniert wird, wobei die Intervention auch zwangsweise durchsetzbar sein muss.[692] Standardregeln entsprechen diesen Erfordernissen regelmäßig nicht, weil es an der imperativen Durchsetzbarkeit fehlt. Den Betroffenen steht es (nominell) jederzeit offen, sich gegen die Beeinflussung ihrer Entscheidung durch die Standardregel zu entscheiden. Über die fehlende Imperativität hinaus erfüllen Standardregeln jedoch die Merkmale der Eingriffsdefinition. Sie werden regelmäßig durch rechtsförmige Maßnahmen, im Fall der Stromgrundversorgung durch Rechtsverordnung, eingeführt und knüpfen unmittelbar und gezielt an den selbstbestimmten Entscheidungsprozess an. Auch wenn sie, mangels zwangsweiser Durchsetzbarkeit, keine klassischen Eingriffe sind, erscheint es möglich, sie unter Berücksichtigung des modernen, weiteren Eingriffsverständnisses als Eingriffe zu qualifizieren. Danach ist auch eine Maßnahme als Eingriff zu qualifizieren, die zwar nicht den Kriterien des klassischen Begriffs entspricht, deren Wirkung der eines klassischen Eingriffs aber im Wesentlichen gleichkommt.[693] Der moderne Eingriffsbegriff ist insoweit mit einer Erweiterung aller vier Kriterien des klassischen Begriffs verbunden.[694] Er stützt die Prüfung der Eingriffsqualität auf die Wirkungsintensität und nicht nur auf die eher schematische Beurteilung nach Kriterien.[695]

Es erscheint auf den ersten Blick allerdings äußerst fraglich, ob Standardregeln nach dem erweiterten Eingriffsbegriff als Eingriff zu qualifizieren sind. Gegen eine solche Einordnung spricht im vorliegenden Fall zunächst, dass die Entscheidung der betroffenen Kunden, in der Grundversorgung zu verbleiben, auch schon vor der Abänderung des Standards hin zu Ökostrom inhaltlich durch den

---

692 BVerfGE 105, 279 (300).

693 BVerfGE 116, 202 (222).

694 *Dreier*, Vorbemerkungen vor Art. 1 GG, Rn. 125 ff. in: *Dreier*, Grundgesetz.

695 Auch wenn diese Kriterien natürliche Anhaltspunkte dafür sind, dass auch erhebliche Wirkungen erzielt werden. Wenn jemand mit rechtlichen Mitteln gezielt zu einem Verhalten gezwungen wird, dann ist das regelmäßig eine intensive Einflussnahme auf seine Grundrechtsausübung.

Grundversorgungstarif festgelegt worden ist, der bis dato galt. Die Änderung der Voreinstellung ändert lediglich die Art des bezogenen Stroms, an dem Verbleib in der Voreinstellung wird nichts geändert. Letztlich verkörpert die Veränderung des Grundversorgungstarifs so nur die Erkenntnis, dass die Festlegung von Standards, also die Gestaltung der Entscheidungsarchitektur, unvermeidlich ist.[696] Irgendein Grundversorgungstarif muss eben gewählt werden, wenn man Stromgrundversorgung anbieten will. Der Entscheidungskontext hat einen enormen Einfluss auf individuelle Entscheidungen, gerade dadurch, dass er standardmäßig geltende Regeln festlegt. Diese Regeln entfalten in Interaktion mit dem *status quo bias* nun einmal einen stark verhaltensbeeinflussenden Effekt, das lässt sich nicht vermeiden. Die Festlegung eines Standards vor dem Hintergrund dieser Erkenntnis als Eingriff zu bezeichnen kann als widersprüchlich bezeichnet werden, denn zugespitzt wird so die gesamte Umwelt zu einem Eingriff in die personale Autonomie. Die Gestaltung des Entscheidungskontextes, zufällig oder gezielt, hat Einfluss auf menschliches Verhalten, das ist eine der zentralen Lehren der Verhaltenswissenschaften.

Allerdings ist eine Unterscheidung erforderlich, wenn man die Beeinflussung einer Entscheidung durch den Entscheidungskontext bewertet. Zunächst ist einzuwenden, dass einige der Betroffenen ihre Entscheidung durchaus auch im Bewusstsein der geltenden Voreinstellung getroffen haben werden. Ihnen verlangt die Änderung der Voreinstellung nun ihrerseits eine aktive Änderung ihrer Entscheidung ab. Daneben kann das Argument, die Voreinstellung habe ohnehin einen Einfluss auf das Verhalten der Betroffenen, egal wie sie inhaltlich aussieht, nicht die Annahme eines Eingriffs ausschließen. Dass der Entscheidungskontext einen Einfluss auf die Entscheidung haben wird haben die Verhaltenswissenschaften gezeigt. Das bedeutet aber noch nicht, dass die gezielte Nutzung dieser Erkenntnisse durch den Staat per se erlaubt sein muss, nur weil der Kontext ohnehin einen Einfluss auf die Entscheidung gehabt hätte. Es lässt sich zwar nicht ändern, dass eine Entscheidung durch Voreinstellungen beeinflusst wird, die Art und Weise der Beeinflussung kann aber gesteuert werden. Welchen Inhalt eine Voreinstellung erhalten soll, kann der Entscheidungsarchitekt schließlich selbst festlegen. Wenn ein Entscheidungskontext gezielt durch den Staat geformt wird, dann kann diese Formung auch ein Eingriff in die personale Autonomie der davon Betroffenen sein. Nicht die gesamte Umwelt kann so zu einem Eingriff in die Autonomie werden, sondern nur die durch den Staat gezielt gestaltete Umwelt, die ein ganz bestimmtes Entscheidungsergebnis erreichen will. Sie muss dann auch der verfassungsrechtlichen Prüfung unterliegen, ihr darf deshalb nicht von vornherein die Eingriffsqualität abgesprochen werden.

Man kann die Eingriffsqualität der Standardregel im vorliegenden Fall trotzdem ablehnen, zum Beispiel indem man die Unvermeidlichkeit der Entscheidungsbeeinflussung durch den Entscheidungskontext hervorhebt,[697] oder auf die fehlende Imperativität der Standardregel verweist. Schließlich bleibt den Betroffenen immer die Option offen, aus der Elektrizitätsgrundversorgung heraus zu wechseln. Eine solche Bewertung läuft jedoch Gefahr, die verhaltenswissenschaftliche Fundierung der Standardregelsetzung nicht ausreichend zu berücksichtigen. Diese Fundierung führt dazu, dass Standardregeln eben nicht, wie traditionelle Maßnahmen, auf die Beschneidung oder Eröffnung von Wahlmöglichkeiten ausgerichtet sind, sondern auf die Beeinflussung der Selbstbestimmtheit der Entscheidung. Die Maßnahmen, die traditionell als Eingriffe angesehen worden sind, haben entweder

---

[696] *Sunstein/Thaler*, Nudge, S. 237.

[697] So z.B. *Kolbe*, Freiheitsschutz vor staatlicher Gesundheitssteuerung, S. 230 – 233. Die Autorin stuft einzelne Nudges nicht als Eingriffe ein, und nimmt Eingriffsqualität erst beim Zusammenwirken mehrerer *Nudges* an (vgl. S. 237, 392). Sie bedient sich insoweit der Figur des additiven Grundrechtseingriffs.

durch Regelungen oder durch die Verknüpfung von Entscheidungsoptionen mit finanziellen Vorteilen oder Nachteilen auf das letzte Glied des Entscheidungsprozesses, die Auswahl einer Option, einzuwirken versucht. Diese Vorgehensweise war eng verknüpft mit der Vorstellung, dass die auswählenden Personen ökonomisch rational handeln. Die Beeinflussung der mit den Entscheidungsoptionen verbundenen Kosten und Nutzen war vielversprechend, weil Menschen sich davon leiten lassen sollten. Diese Vorstellung liegt letztlich auch dem klassischen Eingriffsbegriff zugrunde. Ein auf die Rationalität der Akteure zugeschnittenes Eingriffsverständnis kann aber nicht die Problematik einfangen, die sich aufgrund des anderen Ansatzpunktes der Standardregelsetzung stellt. Sie knüpft nicht mehr an die Nutzenbewertung der Optionen durch das Individuum an, sondern an die Instabilität der Präferenzen. Menschen, die einer kognitiven Verzerrung unterliegen, lassen sich bei der Auswahl einer Verhaltensoption maßgeblich von dieser Verzerrung leiten. Sie bestimmt wesentlich mit, welche der Optionen vorzugswürdig erscheint und deshalb ausgewählt wird. Sie spielt so eine zentrale Rolle bei der Entscheidung. Um diesen Effekt auszunutzen, knüpfen Standardregeln an den *status quo bias* an. Dessen Wirkung entfaltet sich im Unterbewusstsein der betroffenen Personen, sie entscheiden sich nicht aufgrund von reflektierten Erwägungen für die voreingestellte Option, sondern, weil sie die voreingestellte Option ist. Das kann daran liegen, dass sie die voreingestellte Option nicht verlieren wollen, dass sie vor dem Fällen einer aktiven Entscheidung zurückschrecken oder dass sie sich nicht um eine Entscheidung gekümmert haben. Die Nutzung dieser unterbewussten Wirkung der Verzerrung, am deliberativen Bewusstsein der Betroffenen vorbei, macht Standardregeln zu manipulativen Instrumenten. Sie nehmen den selbst bereits als Problem der Selbstbestimmung identifizierten *status quo bias* auf und kanalisieren dessen Wirkung zu eigenen Zwecken am Bewusstsein der Betroffenen vorbei. Das geschieht im vorliegenden Fall dadurch, dass die Standardregel in dem Bewusstsein gewählt wird, dass die betroffenen Haushaltskunden voraussichtlich in der Grundversorgung verbleiben werden, auch wenn der Standard geändert wird. Daher sind sie klar als Problem für die Entscheidungsautonomie der Menschen im Sinne der dritten Gruppe, subtile Manipulation, des *Feinbergschen* Modells zu identifizieren.[698]

Insofern erscheint es problematisch, dass das hergebrachte rechtswissenschaftliche Eingriffsverständnis in keiner Weise auf die verhaltenspsychologischen Erkenntnisse zugeschnitten ist, die dem *Nudging* zugrunde liegen. *Nudges* beschneiden den Freiheitsraum des Individuums nicht, weil sie einen anderen Ansatzpunkt gefunden haben, um dessen Verhalten zu beeinflussen, seine Autonomie. Sie knüpfen an die interne Selbstbestimmung an, anstatt extern Restriktionen zu verändern. Diese psychologisch motivierte Beeinflussung erweist sich als effektiv, die Anknüpfung an den *status quo bias* zeitigt erhebliche Verhaltenseffekte.[699] Das stellt die Feststellung in Frage, den durch die Umstellung der Standardregel Betroffenen ‚stehe es ja frei', sich entgegen der Beeinflussung zu entscheiden. Tatsächlich unterliegen sie dem *status quo bias*, und eine Entscheidung entgegen der Beeinflussung erscheint unwahrscheinlich. Für diese Menschen kann die Festlegung des Standards daher eine gebotsähnliche Wirkung entfalten.[700] Die Wirkungsintensität wird dadurch noch gesteigert, dass die Standardregel vornehmlich über das menschliche Unterbewusstsein Wirkung erzeugt. Die

---

[698] Zu den Gruppen nach *Feinberg* siehe unter C. II. 2. b) bb), zur Zuordnung der Standardregeln zur dritten Gruppe siehe bereits oben, unter D. II. 2. a) aa).

[699] Siehe die paradigmatischen Beispiele bei *Johnson/Goldstein*, Do Defaults Save Lives?, S. 1338; *Madrian/Shea*, The Power of Suggestion, S. 1149 ff.; *Benartzi/Thaler*, Save More Tomorrow, S. S164 ff.; *Pichert/Katsikopoulos*, Green Defaults, S. 65 f.

[700] Ähnlich *Bubb/Pildes*, How Behavioral Economics Trims Its Sails and Why, S. 1616: "The precommitments of [Behavioral Law and Economics] [...] lead it to ground its recommendations in an illusion of choice, but the recommended policies function as implicit mandates for many individuals."

Betroffenen bemerken den Einfluss der Standardregel auf ihr Verhalten in der Regel nicht. Diese Heimlichkeit der Verhaltensbeeinflussung kann es ihnen erschweren, sich gegen die staatliche Einmischung zur Wehr zu setzen.[701] Ihnen bleibt insofern zwar nominell die Entscheidungsfreiheit erhalten, ihre Entscheidungsautonomie wird durch die unterbewusste, präferenzformende Wirkung der Standardregel aber in Frage gestellt. Aufgrund dieser Eigenschaften kann der Standardregel eine Wirkung bescheinigt werden, die der einer zwangsweisen Regelung im Wesentlichen gleichkommt. Sie ist als Eingriff nach modernem Verständnis zu qualifizieren. Die Veränderung der Standardregel hin zu Ökostrom ist ein Eingriff in die Entscheidungsautonomie und damit in das allgemeine Persönlichkeitsrecht der betroffenen Haushaltskunden.

bb) Die Beeinträchtigung im Fall der Organspende

Durch die Änderung der Zustimmungslösung hin zur Widerspruchslösung wird die Entscheidungsautonomie der betroffenen Personen berührt. Allerdings gilt es auch insoweit festzustellen, ob diese Berührung als Beeinträchtigung im grundrechtlichen Sinne, als Eingriff, qualifiziert werden kann. Der Rahmen ist dabei derselbe wie soeben bei der Besprechung der Standardregel im Bereich der Stromgrundversorgung. Die Standardregel konstituiert keinen klassischen Eingriff in das Grundrecht, weil sie nicht zwangsweise zu einem bestimmten Verhalten anhält. Sie kann aber nach dem modernen Eingriffsverständnis als Eingriff qualifiziert werden, wenn ihre Auswirkungen denen eines klassischen Eingriffes im Wesentlichen gleichkommen.

Daran kann auch hier gezweifelt werden, weil die Standardregel die Auswirkungen der Voreinstellung voraussichtlich nicht intensivieren, sondern lediglich verändern wird. Statt der Nichtteilnahme gilt jetzt eben die Teilnahme als Voreinstellung. Vorher wie nachher wirkt sich die Voreinstellung auf das Entscheidungsverhalten der Betroffenen aus. Dass die Voreinstellung einen Einfluss haben wird, lässt sich durch keine inhaltliche Gestaltung vermeiden. Der Entscheidungskontext wirkt sich auf das Entscheidungsergebnis aus, egal wie er konstruiert wird. Daher könnte es als widersinnig bezeichnet werden, eine Art der Gestaltung als Eingriff in die Autonomie zu bezeichnen, obwohl die vorher gültige Art der Gestaltung die Entscheidung ebenso beeinflusste. Es ist aber bereits im Zusammenhang mit der Stromgrundversorgung darauf hingewiesen worden, dass die Voreinstellung schon deshalb anders bewertet werden muss, weil sie gezielt verändert wird. Der Staat entwirft die Voreinstellung ganz bewusst, weil er ein bestimmtes inhaltliches Ergebnis, die Erhöhung der Einwilligungserklärungen zur Organspende, erreichen will. Das unterscheidet die bewusste Einführung der Standardregel von der ohnehin stattfindenden Entscheidungsbeeinflussung durch den Kontext der Entscheidung. Die Zielgerichtetheit der Maßnahme ist insofern entscheidend. Diese Zielrichtung erhält im vorliegenden Fall besonderes Gewicht, weil die Widerspruchslösung mit allgemeinen Rechtsgrundsätzen in Konflikt steht. Sie legt Schweigen als Zustimmung aus. Im Rechtsverkehr gilt demgegenüber eigentlich der Grundsatz, dass derjenige der schweigt, keine Zustimmung signalisiert. Wer sich nicht äußert, gibt keine Einwilligungserklärung ab. Die Widerspruchslösung fingiert jedoch genau das Gegenteil. Derjenige, der sich nicht äußert, willigt ein. Dadurch verlagert die Widerspruchslösung die Erklärungslast auf die Individuen. Diese haben sich durch ihre Enthaltung bereits für die Nichtteilnahme an der Organspende entschieden. Wenn sie bei dieser Entscheidung bleiben wollen, müssen sie nun aktiv tätig werden.

---

[701] Die Intensität von Grundrechtseingriffen steigt regelmäßig, wenn die Eingriffe heimlich erfolgen, vgl. BVerfGE 120, 274 (325); BVerfGE 125, 260 (337).

All diejenigen, die aufgrund von Unentschlossenheit, Zögerlichkeit und Unwillen von einer dokumentierten Entscheidung zur Organspende bislang Abstand genommen haben, werden durch die Widerspruchslösung nunmehr Organspender. Sie werden zu Organspendern gemacht, indem der Erklärungswert ihres Verhaltens umgekehrt wird. Anstatt ihre fehlende Erklärung als Widerspruch zu interpretieren, gilt sie nun als Einwilligung. Es bleibt den Betroffenen dabei natürlich unbenommen, entgegen dieser Fiktion eine eigene Erklärung zu dokumentieren, um Klarheit zu schaffen. Damit kann bei denjenigen, die eine Entscheidung bislang auch noch nicht dokumentiert haben, allerdings nicht gerechnet werden. Erwartungsgemäß werden die meisten bei der Voreinstellung bleiben und eine endgültige Entscheidung weiter aufschieben. In der Zwischenzeit werden sie durch die Widerspruchslösung so behandelt, als hätten sie in die Organspende eingewilligt. Dass sie weiter mit einer Entscheidung warten werden, ist wesentlich auf den *status quo bias* zurückzuführen. Er verleitet die Menschen unterbewusst zur Beibehaltung der Voreinstellung und führt so dazu, dass die Einwilligungsfiktion greift. Indem die Widerspruchslösung seine Wirkung kanalisiert wird sie zu einem Problem der personalen Autonomie. Über die Vermittlung des Unterbewusstseins wird die Einwilligung derjenigen inhaltlich fingiert, die bislang durch ihre Enthaltung eine Entscheidung zugunsten der Nichtteilnahme, keine Einwilligung, erklärten. Ohne dass die deliberative Reflexion der Betroffenen angesprochen wird, werden sie mithilfe des *status quo bias* zu Organspendern gemacht. Dieser klassische Wirkungsmechanismus von Standardregeln ist manipulativ im Sinne der dritten Gruppe des *Feinbergschen* Modells.[702] Er konstituiert eine Autonomiebeeinträchtigung.

Diese Autonomiebeeinträchtigung durch die Standardregel müsste als Eingriff im verfassungsrechtlichen Sinne qualifiziert werden können, also in ihren Auswirkungen denen einer zwangsweisen Regelung gleichkommen. Davon kann, zumindest quantitativ, wohl ausgegangen werden. Die Widerspruchslösung wird aller Voraussicht eine Vielzahl der Personen zu Organspendern machen, die aufgrund ihres Schweigens bislang nicht als Organspender gelten. Wie bereits im Rahmen des Schutzbereiches angesprochen, betrifft das insgesamt etwa sechzig Prozent aller potenziellen Organspender in Deutschland.[703] Die zu erwartenden Auswirkungen der Widerspruchslösung sind insofern erheblich.[704] Hinzu muss wertend berücksichtigt werden, dass die Einführung der Widerspruchslösung den Betroffenen eine Erklärungslast auferlegt, deren Schweigens nun als Einwilligung fingiert wird. Insgesamt muss die Widerspruchslösung daher als Eingriff in die personale Autonomie und damit in das allgemeine Persönlichkeitsrecht bewertet werden. Sie kommt in ihren Auswirkungen denen eines klassischen Eingriffs im Wesentlichen gleich.

c) Die Rechtfertigung des Eingriffs durch die Standardregeln

Nachdem nun festgestellt worden ist, dass die Standardregeln in beiden Fällen einen Eingriff in die Autonomie der Entscheidungen darstellen, wird zuletzt untersucht, ob dieser Eingriff gerechtfertigt werden kann. Insofern weicht der hiesige Ansatz von dem *Feinbergs* ab, der die Beeinträchtigung autonomer Entscheidungen als hart paternalistisch ablehnt.[705] Hier wird ein rechtlicher Maßstab angelegt, der, im Rückgriff auf die Rechtsprechung des Bundesverfassungsgerichts, Paternalismus nicht per se ausschließt.[706] Eine Rechtfertigung der Beeinflussung ist insofern möglich, wenn das

---

[702] Siehe dazu bereits oben, unter D. II. 2. b) aa) sowie grundlegend C. II. 2. b) bb).

[703] *Caille-Brillet et al.*, Bericht zur Repräsentativstudie 2018, S. 17.

[704] Siehe nur die bereits angesprochenen Werte bei *Johnson/Goldstein*, Do Defaults Save Lives, S. 1338. Länder mit Widerspruchslösung erreichen Einwilligungsraten von nahezu einhundert Prozent, Länder mit Zustimmungslösung maximal fünfundzwanzig Prozent.

[705] *Feinberg*, Harm to Self, S. 5, 23 ff.

[706] Siehe dazu auch bereits C. II. 3. c) cc) (1).

verfolgte Interesse die beeinträchtigten Interessen überwiegen kann und kein milderes Mittel zu seiner Verfolgung ersichtlich ist, kurzum, wenn sie verhältnismäßig ist.

aa) Die Verhältnismäßigkeit der Standardregel in der Energiegrundversorgung

Die Festlegung der Standardregel im Bereich der Energieversorgung ist als Eingriff in das allgemeine Persönlichkeitsrecht qualifiziert worden. Das allgemeine Persönlichkeitsrecht unterliegt der Schrankentrias der allgemeinen Handlungsfreiheit, die als einfacher Gesetzesvorbehalt zu verstehen ist. Es kann also durch oder aufgrund Gesetzes eingeschränkt werden.[707] Demnach ist die Einschränkung des Grundrechts durch die StromGVV grundsätzlich möglich. Allerdings muss, um dem Grundsatz der Wesentlichkeit zu genügen, in der Verordnung den Vorgaben des Art. 80 GG genügt werden, sie muss also insbesondere im Hinblick auf Zweck und Ausmaß den Vorgaben der Ermächtigungsnorm entsprechen, die selbst Zweck und Ausmaß der Verordnungsrechtsetzung hinreichend bestimmt festlegen muss. Dabei muss insbesondere beachtet werden, dass die Ermächtigungsnorm, hier § 39 Abs. 2 EnWG, dezidiert auf die Möglichkeit der Anwendung verhaltensökonomisch inspirierter Rechtsetzung durch das Setzen von Standardregeln hinweisen muss. Das Setzen von Standardregeln ist grundrechtlich relevant und bedarf deswegen der ausdrücklichen parlamentarischen Genehmigung. Insofern bedürfte § 39 Abs. 2 EnWG einer Änderung, um formell verfassungsgemäß in das allgemeine Persönlichkeitsrecht der Haushaltskunden eingreifen zu können.

Grundsätzlich begründet der Eingriff in das allgemeine Persönlichkeitsrecht eine Rechtfertigungspflicht, die vor allem durch die Maßgabe der Verhältnismäßigkeit geprägt ist. Diese gibt vor, dass ein Eingriff nur dann gerechtfertigt werden kann, wenn er einen legitimen Zweck verfolgt, zu dessen Förderung geeignet und erforderlich ist, sowie in angemessener Weise die entgegengesetzten Ziele in einen Ausgleich bringt.[708] Die Verhältnismäßigkeit setzt staatliches, grundrechtsrelevantes Handeln unter einen steten Rechtfertigungszwang.

(1) Der legitime Eingriffszweck

Dieser Rechtfertigungszwang beginnt damit, dass die hier beleuchtete Maßnahme einen legitimen Zweck verfolgen muss. Ziel der Maßnahme ist die Erhöhung der Nutzung erneuerbarer Energien und einhergehend die Reduktion von Treibhausgasen, mit dem langfristigen Ziel einer nachhaltigen Energiepolitik. Dieses Ziel ist als Maßnahme des Umweltschutzes ein Ziel von Verfassungsrang im Sinne des Art. 20a GG.

Neben dem übergeordneten Ziel des Umweltschutzes verfolgt die Maßnahme ebenfalls das Zwischenziel der individuellen Entscheidungsverbesserung. Diese individuelle Verbesserung ist das Mittel, um das Ziel eines verbesserten Umweltschutzes zu erreichen. Der Umweltschutz ist ein Gemeinwohlbelang, der nicht lediglich die durch die Umstellung der Standardregel Betroffenen betrifft, sondern die Gesamtgesellschaft. Diese Umstellung der Standardregel kann daher nicht als paternalistisch im traditionellen Sinn bezeichnet werden, eine solche Bezeichnung würde voraussetzen, dass lediglich die Betroffenen selbst durch das angestrebte Ziel profitierten, also nur sie selbst durch die Maßnahme in Bezug auf Einflussnahme und Ergebnis betroffen wären. Die Maßnahme ist jedoch als paternalistisch nach der hier gewählten Definition zu qualifizieren,[709] da sie individuelle

---

[707] *Lang*, GG Art. 2, Rn. 24 in: *Epping/Hillgruber*, BeckOK Grundgesetz.

[708] *Jarass*, Vorbemerkungen vor Art. 1 GG, Rn. 46 in: *Jarass/Pieroth*, Grundgesetz für die Bundesrepublik Deutschland.

[709] Siehe dazu oben, unter C. II. 1. a).

Entscheidungen als Fehlentscheidungen begreift und diese durch Umstellung der Standardvoreinstellung zu verbessern sucht.

(2) Die Geeignetheit der Maßnahme zur Verfolgung dieses Ziels

Die Änderung der Standardregel im Bereich der Elektrizitätsgrundversorgung sorgt durch die Interaktion mit dem menschlichen *status quo bias* dafür, dass die Menschen, die bei der Voreinstellung verbleiben, automatisch Strom beziehen, der aus erneuerbaren Ressourcen gewonnen wurde. Das schont die Umwelt. Dass die Voreinstellungsänderung geeignet ist, dieses Ziel zu fördern, zeigen verschiedene empirische Studien zur Wirkung von Standardregeln auf das Verhalten von Menschen.[710] Diese empirische Unterfütterung der Wirksamkeit von Maßnahmen ist eine der großen Stärken des in der experimentellen Psychologie und Ökonomik verwurzelten Ansatzes. Weil die Wirkung der Voreinstellungen auf das individuelle Verhalten so gut erforscht ist, lassen sich recht präzise Prognosen im Hinblick auf die Wirksamkeit treffen.

In Bezug auf die Wirksamkeit des Setzens eines Standards im Bereich der nachhaltigen Energienutzung kann insbesondere auf die Studie von *Ebeling* und *Lotz* verwiesen werden,[711] die in einer randomisierten Kontrollstudie die Effektivität des Setzens einer Standardregel beim Abschluss von Energieversorgungsverträgen getestet haben. Zu diesem Zweck arbeiteten sie mit einem großen Energieversorger in Deutschland zusammen, auf dessen Website sie die verfügbaren Versorgungsvertragsoptionen verschieden voreinstellten. In der Behandlungsgruppe erhielten die potenziellen Kunden zwei Vertragsvorschläge die sich jeweils nur darin unterschieden, ob man einen höheren oder geringeren Sockelbetrag für Serviceverfügbarkeit zahlen wollte. Beide Optionen waren dahingehend voreingestellt, dass zu einhundert Prozent grüne Energie, also Ökostrom, bezogen werden sollte.[712] Diese Voreinstellung ließ sich manuell abwählen. In der Kontrollgruppe wurden dieselben Vertragsvorschläge unterbreitet, einzig der Bezug von ausschließlich grüner Energie musste nun manuell angewählt werden, nach Voreinstellung wurde also konventionelle statt grüner Energie geliefert. Die Voreinstellung auf grüne Energie hatte einen erheblichen Effekt auf die Abschlussbereitschaft der Kunden. Während in der Kontrollgruppe nur rund sieben Prozent der Kunden, die einen Vertrag abschlossen, einen grünen Energieversorgungsvertrag auswählten, wählten in der Behandlungsgruppe etwas mehr als neunundsechzig Prozent einen solchen Vertrag.[713] Der Effekt der Voreinstellung war also beinahe eine Verzehnfachung der Versorgungsvertragsabschlüsse mit grüner Energie.

Diese Studie zeigt eindrucksvoll das Wirkungspotenzial des Setzens von Standardregeln zur Beeinflussung von Verhalten. Allerdings ist insofern auch eine gewisse wissenschaftliche Vorsicht anzumahnen. Allein aufgrund dieser Studie kann noch nicht auf die Effektivität des Setzens von Standardregeln im Bereich der Energieversorgung geschlossen werden. Für robuste Rückschlüsse

---

[710] *Johnson/Goldstein*, Do defaults Save Lives, S. 1338 ff.; *Beshears et al.*, The Importance of Default Options for Retirement Saving Outcomes, S. 167 ff.

[711] *Ebeling/Lotz*, Domestic uptake of green energy promoted by opt-out tariffs, S. 868 ff. Die Studie wurde mit einem großen deutschen Energieversorgungsunternehmen durchgeführt, insgesamt 41.952 Haushalte nahmen teil, die Studie erstreckte sich auf viereinhalb Wochen. Von den Haushalten, die einen Vertrag abschlossen, wählten in der Kontrollgruppe 7,2% den Ökostromtarif, in der Behandlungsgruppe 69,1%. Der Anteil von Ökostromverträgen gemessen an Websitebesuchen insgesamt (also inklusive solchen, bei denen ein Vertragsabschluss nicht zustande kam) betrug 0,62% in der Kontroll- und 5,58% in der Behandlungsgruppe.

[712] Das erhöhte den Preis pro kWh um 0,3 ct/kWh, bei durchschnittlichem Verbrauch also um ca. 9€ im Jahr; *Ebeling/Lotz*, Domestic uptake of green energy promoted by opt-out tariffs, S. 872.

[713] *Ebenda*, S. 869.

bedürfte es weiterer Studien, die die Evidenzbasis erhärten.[714] Außerdem behandelt die Studie eine strukturell von der Grundversorgung unterschiedliche Situation. Die Menschen, die die Website des Energieversorgers besuchten, waren auf der Suche nach einem Versorgungsvertrag, Menschen in der Grundversorgung kümmern sich tendenziell nicht um die eigene Energieversorgung.[715] Diese Unterschiede müssen bei der Auswertung der Ergebnisse im Blick behalten werden. Nichtsdestotrotz ist diese Studie ein deutlicher Hinweis auf die Möglichkeiten, die sich für eine Beeinflussung des individuellen Energieverbrauchsverhaltens durch Standardregeln ergeben. Es ist sinnvoll und vielversprechend, Gesetzgebung auf der Basis empirischer Erkenntnisse zu betreiben.[716] Dieses empirische Fundament, das hier in der Forschung zur Wirkung von Standardregeln insgesamt und in der Studie von *Lotz* und *Ebeling* zu Energieversorgungsverträgen im speziellen besteht, weist auf die Geeignetheit der Standardregel für die Förderung erneuerbarer Energien und die Reduktion von Treibhausgasen hin.

(3) Die Erforderlichkeit der Maßnahme im Verhältnis zu anderen Steuerungsinstrumenten

Die Standardregel müsste allerdings auch für die Zielverfolgung erforderlich sein. Das ist der Fall, wenn der Regelungsgeber kein gleich wirksames, aber das Grundrecht weniger beeinträchtigendes Mittel hätte wählen können, um das Ziel zu verfolgen.[717] Hier stellt sich also die Frage, wie der Effekt von alternativen Instrumenten der staatlichen Verhaltensbeeinflussung im Hinblick auf die Zielerreichung sowie die Intensität der Grundrechtsbeeinträchtigung zu bewerten wäre. Es ist bereits aufgezeigt worden, dass alternative verhaltensbeeinflussende Instrumente aufgrund ihrer Wirkungsweise unterschieden werden können. Hier existieren einerseits imperativ wirkende Gebote, sowie die indirekten Instrumente der Setzung monetärer Anreize und der klassischen Informationsbereitstellung zur Wissensvermittlung. Um eine Verhaltensänderung beim Individuum zu bewirken, stehen dem Staat im Wesentlichen diese drei Instrumente zur Verfügung.

(a) Monetäre Anreize

Als Alternative zur Verhaltensbeeinflussung durch die Änderung der Standardregel kommt zunächst die Schaffung von Anreizen,[718] insbesondere finanzieller Anreize, in Betracht. Sie werden zur Förderung nachhaltigen Energieverbrauchs bereits von staatlicher Seite eingesetzt, um energieeffizientes Verhalten generell zu fördern.[719]

Das Setzen finanzieller Anreize knüpft an das Vorstellungsbild eines rational handelnden Individuums an, das seine Handlungsoptionen aufgrund der mit ihnen verbundenen Nutzengewinne vergleicht. Das ist kein besonders realistisches Abbild menschlichen Verhaltens, ist aber mit einer respektvollen Herangehensweise verbunden. Das Individuum wird als fähig angesehen, für sich selbst zu entscheiden. Soll Einfluss auf die Entscheidungen genommen werden, so müssen Argumente für eine

---

[714] Insoweit allerdings vielversprechend *Pichert/Katsikopoulos*, Green Defaults, S. 63 ff.

[715] Dass die Voreinstellung auch auf die Menschen, die einen Energieversorgungsvertrag suchen, einen derartigen Effekt hat, lässt aber den Schluss zu, dass der Effekt bei Menschen, die in der Grundversorgung verharren, umso intensiver ist.

[716] In diesem Sinne auch *van Aaken*, Rational Choice in der Rechtswissenschaft, S. 175.

[717] BVerfGE 90, 145 (172). Mit der Erforderlichkeit von *Nudges* befasst sich dezidiert auch *Schweizer*, Nudging and the Principle of Proportionality, S. 93 ff.

[718] Zur Anreizsetzung aus rechtlicher Sicht insgesamt *Sacksofsky*, § 40 Anreize, Rn. 1 ff.

[719] So zum Beispiel durch Kreditvergabe zu günstigen Konditionen durch die Kreditanstalt für Wiederaufbau (KfW) zum Zwecke des energieeffizienten Sanierens bestehender Immobilien, vgl. https://www.kfw.de/inlandsfoerderung/Privatpersonen/Bestandsimmobilie/F%C3%B6rderprodukte/F%C3%B6rderprodukte-f%C3%BCr-Bestandsimmobilien.html, zuletzt abgerufen am 08.12.2018.

Option und gegen die anderen Optionen geliefert werden. Das geschieht, wenn die Auswahl einer Option mit einem finanziellen Vorteil verbunden wird. Dem Individuum wird ein Argument dafür geliefert, sich für diese Option zu entscheiden. Diese Herangehensweise steht für den Respekt vor der Entscheidungsautonomie des Individuums. Aus diesem Grund ist sie als weniger eingriffsintensiv anzusehen, als das Setzen einer Standardregel, die auf die Ansprache des Unterbewusstseins abzielt.

Im Vergleich zur einfachen Umstellung der bestehenden Standardregel in der Grundversorgung stellen finanzielle Anreize jedoch die erwartbar weniger effektive Option dar. Zunächst lässt sich dies im Hinblick auf die Anzahl der Haushaltskunden sagen, die voraussichtlich in den Ökostromtarif übergehen. Die Umänderung der Standardregel lässt erwarten, dass ein Großteil der derzeitigen Haushaltskunden in der Grundversorgung auch in den Ökostromtarif der Grundversorgung überführt wird. Das Vorliegen des *status quo bias* bewirkt bei ihnen eine Präferenz für die Voreinstellung, unabhängig von deren Inhalt. Dasselbe Ergebnis wird durch finanzielle Anreize voraussichtlich nicht zu erwarten sein, da sie die vorliegende kognitive Verzerrung nicht in gleicher Weise adressieren können. Finanzielle Anreize sprechen die rationalen Entscheidungskapazitäten im Sinne des klassischen ökonomischen Verhaltensmodells an. Es bedürfte wohl eines erheblichen finanziellen Angebots, um überhaupt Verhaltensveränderungen herbeiführen zu können. Die durch einen Wechsel aus der Grundversorgung zu einem anderen Energieversorger zu realisierende Ersparnis von jährlich ca. achtzig Euro erweist sich bislang jedenfalls nicht als ausreichend, um das in der Grundversorgung verbleibende Drittel von Haushaltskunden zum Wechsel zu bewegen.[720] Damit wäre der finanzielle Anreiz wohl nicht nur weniger effektiv im Hinblick auf die Anzahl der Haushaltskunden, die zum Ökostromtarif hin wechseln, er wäre auf staatlicher Seite wohl auch wesentlich kostenintensiver als die Umstellung der Voreinstellung zur Grundversorgung.

Das Setzen finanzieller Anreize scheidet im Vergleich mit der Standardregel daher aus.

(b) Imperative Maßnahmen

Als zweite Alternativmaßnahme, anstelle der standardmäßigen Umstellung der Grundversorgung auf Ökostrom, kommt der Einsatz eines imperativ wirkenden Gebotes in Betracht.

Eine solche Regelung der Grundversorgung durch ein zwangsweises Gebot erscheint aber kaum durchführbar. Sie ist als Alternativmaßnahme bereits schwer zu konstruieren, noch denkbar erscheint die zwangsweise Anordnung des Bezugs von Strom aus der Grundversorgung für alle Bürger, die dann ausschließlich Strom aus nachhaltigen Energiequellen zur Verfügung stellt. Die grundsätzliche Konzeption der Grundversorgung als Auffangbecken für diejenigen, die keinen anderen Versorgungsvertrag abgeschlossen haben, steht einer solchen zwangsweisen Anordnung, in der Grundversorgung in einem Ökostromtarif verbleiben zu müssen, jedoch deutlich entgegen. Ziel der Liberalisierung des Strommarktes ist es schließlich gewesen, einen Markt für die Versorgungsanbieter zu schaffen. Der zwangsweise Eingriff würde dem zuwiderlaufen, und wäre daher auch europarechtlich undurchführbar.[721] Er würde eine Rückkehr in die alte Versorgungssituation vor der Marktöffnung bedeuten, in der staatliche Anbieter die Energieversorgung gewährleisten.

---

[720] *Bundesnetzagentur/Bundeskartellamt*, Monitoringbericht 2018, S. 283 ff., 285.

[721] Die sukzessive erlassenen Richtlinien 96/92/EG; 2003/54/EG und zuletzt 2009/72/EG haben seit 1996 schrittweise die Öffnung und Harmonisierung des Strommarktes vorangetrieben. Die Verstaatlichung der Stromversorgung würde einen klaren Bruch mit diesen europarechtlichen Normen bedeuten, die zuletzt in 2009/72/EG niedergelegt wurden.

Theoretisch denkbar wäre alternativ auch die zwangsweise Durchsetzung von Ökostromtarifen am Markt in dem Sinne, als nur noch Ökostromtarife angeboten werden dürften, den Konsumenten aber Auswahlfreiheit im Hinblick auf diese gewährt wird. Abgesehen davon, dass dies wohl schon an einer fehlenden Verfügbarkeit von ausreichend Strom aus erneuerbaren Energiequellen scheitern würde, wäre eine solche Maßnahme keine wirkliche Alternative zur hier vorgeschlagenen Standardregel, sondern einfach eine andere Regelung. Auch sie würde die marktwirtschaftlichen Prinzipien der Öffnung des Strommarktes aushebeln, ähnlich wie eine zwangsweise Anordnung des Verbleibens in der Grundversorgung bei Ökostrombezug dies täte. Außerdem wäre auch sie erheblichen rechtlichen Umsetzungsschwierigkeiten ausgesetzt, denen hier jedoch nicht nachgegangen werden soll.

Imperative Maßnahmen scheiden im Vergleich zur Standardregel daher aus.

(c) Informationsbereitstellung

Als sonstige Alternativmaßnahme bietet sich die Bereitstellung von Informationen an. Den Haushaltskunden könnte beispielsweise, anstatt ihren *status quo bias* durch die Umstellung der Standardregel auszunutzen, ein Hinweis auf das Bestehen dieser kognitiven Verzerrung gegeben werden, und wie sie durch den Wechsel des Energieanbieters entweder preislich günstigeren oder ökologisch nachhaltigeren Strom beziehen könnten. In diese Richtung wirkt bereits die Mitteilung an die Kunden gem. § 2 Abs. 1 StromGVV, durch die sie in Textform auf die Vertragskonditionen des Grundversorgungsvertrages hingewiesen werden. Allerdings besteht die Mitteilung bislang lediglich darin, den Haushaltskunden den Grundversorgungsvertrag zuzusenden. Bei der Zusendung des Vertrages könnten sie zusätzlich darauf aufmerksam gemacht werden, dass sich das Verbleiben in der Grundversorgung rational nicht ‚lohnt' und dass am Markt bessere Alternativangebote gefunden werden können.

Ein solcher Hinweis kann als Maßnahme angesehen werden, durch die der Versuch unternommen wird, die bestehende kognitive Verzerrung zu „entzerren", eine Maßnahme des sogenannten *Debiasing*. Hier wird versucht, durch den Hinweis auf die Verzerrung einen selbständigen Umgang des Individuums mit der Verzerrung zu erreichen. Leider haben sich derartige Hinweise in empirischen Studien nicht als sonderlich erfolgsversprechend herausgestellt.[722] Vielversprechender haben sich Maßnahmen gezeigt, die durch die Ausnutzung einer anderen Verzerrung die bestehende Verzerrung zu beseitigen versuchen.[723] Um dieser Strategie zu folgen, könnte in der Information an die Haushaltskunden ein Verlustszenario konstruiert werden, dass dezidiert die Einbußen hervorhebt, die durch das Verbleiben in der Grundversorgung entstehen. Damit wird die Verlustaversion der Betroffenen angesprochen, die zum Teil auch für den *status quo bias* verantwortlich gemacht werden kann.[724] Auf diese Weise kann eine kognitive Verzerrung gegen die andere Verzerrung ausgespielt werden, wodurch die Wirkung der ursprünglichen Verzerrung verringert werden kann. Hier stellen sich dann offenkundige Anschlussfragen über das richtige Maß des *Debiasing*, es erscheint leicht

---

[722] *Jolls/Sunstein*, Debiasing through law, S. 210; *Weinstein/Klein*, Resistance of Personal Risk Perceptions to Debiasing Interventions, S. 313 ff., die Schwierigkeiten beim *Debiasing* übermäßigen Optimismus beschreiben.
[723] *Jolls/Sunstein*, Debiasing through law, S. 210. Sie schlagen vor, übermäßigen Optimismus durch Ansprache der Verfügbarkeitsheuristik oder durch Framing von Situationen als Verlustszenarien zu bekämpfen. Dazu auch *Meyerowitz/Chaiken*, The Effect of Message Framing on Breast Self-Examination, S. 505.
[724] *Willis*, When Nudges Fail, S. 1166.

vorstellbar, dass durch die Induktion einer anderen Verzerrung womöglich die erste beseitigt, aber die neue Verzerrung dann handlungsleitend wird.[725]

Das *Debiasing* durch Informationen leidet jedoch, wie die Informationsbereitstellung allgemein, daran, dass Informationen als staatliches Instrument notorisch ineffektiv sind.[726] Menschen nehmen die ihnen dargebrachten Informationen häufig nicht wahr, sodass ein Effekt staatlicher Informationstätigkeit kaum feststellbar ist.[727] Das mag an einer Überflutung mit Informationen liegen, an Desinteresse und Prokrastination, oder an ganz anderen Faktoren.[728] Konstatiert werden muss jedenfalls, dass die Informationsbereitstellung, erfolgt sie nun als rein rationaler Informationsakt, der auf die Überzeugung der Betroffenen ausgerichtet ist, oder als selbständiger *Nudge*, der auf die Nutzung einer anderen kognitiven Verzerrung ausgerichtet ist, erwartbar weniger effektiv Verhalten beeinflussen kann, als dies Standardregeln können. Auch diese sind zwar nicht stets effektiv und die Ansprache des *status quo bias* funktioniert nicht ausnahmslos,[729] es gibt aber viele Beispiele von effektiven Standardregeln, bei denen sie Verhalten erheblich beeinflussen. Die Bereitstellung von Informationen, sei es in der Form des *Debiasing* oder in der Form einfacher Informationen, ist daher keine echte Alternative für das Setzen einer Standardregel im vorliegenden Fall.

(d) Die Einforderung einer Auswahlentscheidung – prompted choice

Als letzte Alternativmaßnahme kommt in Betracht, eine Auswahlentscheidung des Individuums zu forcieren. Dadurch könnte der inhaltlichen Festlegung von Entscheidungen durch Standardregeln entgegengewirkt werden, weil das Individuum selbst aktiv den Entscheidungsinhalt bestimmt.[730] Eine solche forcierte Entscheidung könnte durch eine Kombination von imperativ wirkenden Elementen und Elementen der Informationsbereitstellung erreicht werden. Das Individuum wird auf die fehlende Wirtschaftlichkeit und Nachhaltigkeit der Grundversorgung hingewiesen, ihm wird eine Frist zum Verlassen der Grundversorgung gesetzt und gleichzeitig wird es auf einige alternative, beliebte und geeignetere Energieversorgungsangebote hingewiesen. Dadurch wird das Individuum zu einer eigenständigen Entscheidung angeregt.

Allerdings geht auch dieser Weg nicht über die bloße Anregung hinaus. Es muss auch bei einer solchen Lösung anerkannt werden, dass sie letztlich die Festlegung eines Standards ist und damit eine inhaltliche Festlegung der Entscheidung beinhaltet. Selbst wenn man den Individuen eine Frist zur Entscheidung setzt und sie auf die verfügbaren Alternativen hinweist, bedarf es noch einer Regelung für diejenigen, die sich dennoch nicht zu der Entscheidung verhalten. Der behördliche Brief muss schließlich immer noch gelesen, die Informationen müssen wahrgenommen werden. Welche Regelung gilt für diejenigen, die sich zur Entscheidung trotz der Fristsetzung nicht verhalten? Was passiert nach

---

[725] Diese Gefahr würdigen auch *Jolls/Sunstein*, Debiasing through law, S. 227-231. Die Schwierigkeiten, das Ausmaß der bestehenden Verzerrungen festzustellen, werden umfassend auch bei *Rizzo/Whitman*, The Knowledge Problem of New Paternalism, S. 932-965 beschrieben.

[726] Siehe dazu bereits oben, unter D. I. 3. a) bb).

[727] *Ben-Shahar/Schneider*, More Than You Wanted To Know, S. 54; *Smeddinck*, Regulierung durch "Anstoßen", S. 381.

[728] Einzelheiten bei *Ben-Shahar/Schneider*, More Than You Wanted To Know, S. 55-118. Prägnant *Ebenda*, S. 54: "At the heart of disclosure's failure is that people want and use it too little. Studies numerously testify that people don't notice disclosures, don't read them if they see them, can't understand them if they try to read them, and can't use them if they read them."

[729] *Willis*, When Nudges Fail, S. 1174 ff. spricht von *Slippery Defaults*, wenn Standardregeln entgegen der Erwartungen keine Wirkung entfalten.

[730] Vielversprechende Ergebnisse der aktiven Auswahl gerade relativ zu Standardregeln finden *Hedlin/Sunstein*, Does Active Choosing Promote Green Energy Use, S. 107 ff.

Ablauf der Frist? Eine Möglichkeit wäre hier die Festlegung einer Art Strafvoreinstellung, sodass diejenigen, die sich nicht verhalten, einen noch unwirtschaftlicheren Grundversorgungstarif erhalten, oder ganz aus der Stromversorgung ausgeschlossen werden. Die fehlende Entscheidungsbereitschaft zu bestrafen erscheint jedoch schwer zu rechtfertigen. Wieso sollten Menschen derart zur aktiven Entscheidung bewegt werden, es kann schließlich auch ein legitimes Anliegen sein, sich nicht entscheiden zu wollen, und sich nicht mit einer bestimmten Thematik auseinandersetzen zu wollen. Die Grundversorgung für die Menschen, die derart entscheidungsunwillig sind, noch zu verschlechtern, ist keine angemessene Lösung. Auch der gänzliche Ausschluss aus der Versorgung ist übertrieben und überdies rechtlich undurchsetzbar.[731] Letztlich mündet auch die forcierte Entscheidungslösung darin, dass eine Regelung für diejenigen erforderlich wird, die sich dennoch nicht entscheiden. Diese Regelung läuft, im Bereich der Stromversorgung, auf eine inhaltliche Festlegung der Grundversorgung hinaus. Damit endet auch die forcierte Entscheidungslösung letztlich bei der Festlegung einer Standardregel.

Insgesamt kann konstatiert werden, dass die Veränderung der Standardregel in der Stromgrundversorgung einen erforderlichen Eingriff darstellt. Eine gleichermaßen effektive, weniger eingriffsintensive Maßnahme ist nicht ersichtlich.

(4) Angemessenheit der Maßnahme

Der Eingriff in das Selbstbestimmungsrecht der Haushaltskunden durch die Standardregel müsste zuletzt auch angemessen sein. Die inhaltliche Festlegung der Entscheidung der Haushaltskunden müsste im Lichte des verfolgten Ziels, des Umweltschutzes, eine angemessene Beeinträchtigung sein. Um die Argumente für und gegen die Angemessenheit des Eingriffs würdigen zu können, werden zunächst beide Perspektiven einzeln vorgestellt und anschließend miteinander abgewogen.

(a) Die grundrechtsbeeinträchtigenden Aspekte

Die mögliche Unangemessenheit des Eingriffs ergibt sich vornehmlich aus zwei Gründen. Zum einen in individueller Hinsicht aus den bekannten, normativen Grundproblemen des *Nudging*. Das ist zum einen der paternalistische Ansatz, der sich in der inhaltlichen Vorgabe des richtigen, tugendhaften Verhaltens äußert. Das ist zum anderen der manipulative Wirkungsmechanismus, der dem Einzelnen die inhaltlichen Vorgaben auf eine subtile Weise am Bewusstsein vorbei unterschiebt. Indem der Staat den Grundversorgungstarif auf Ökostrom umstellt, nimmt er inhaltlichen Einfluss auf die Entscheidungen der betroffenen Haushaltskunden, weil diese sich bislang *falsch* verhalten. Sie sollten, um die Umwelt zu schützen, besser ökologisch nachhaltigen Strom verbrauchen. Der Eingriff erfolgt, weil davon ausgegangen wird, dass die Haushaltskunden aufgrund des bestehenden *status quo bias* nicht in der Lage sind, ihr Verhalten selbst zu korrigieren. Dieser *status quo bias* ist der Entscheidungsfehler der Haushaltskunden. Er soll aber nicht beseitigt werden, sondern lediglich für die richtigen Zwecke kanalisiert werden. Es geht also nicht darum, den Betroffenen zu fehlerfreien Entscheidungen zu verhelfen, sondern vielmehr darum, ihren Fehler bewusst zu nutzen. Dann entfaltet die Standardregel nämlich ihre volle Effektivität und das angestrebte Ziel, der Umweltschutz, wird gefördert. Diese effektive Wirkung der Standardregel wird dadurch begünstigt, dass die Betroffenen ja erst einmal gar nicht bemerken, dass sie nun grüne Energie als Standard beziehen. Selbst wenn man sie darauf direkt

[731] Der Art. 3 Abs. 3 der Richtlinie 2009/72/EG fordert eine gesicherte Grundversorgung für die Verbraucher ein, diese Vorgabe würde verletzt. Nicht zuletzt steht einem Entzug der Grundversorgung auch das deutsche Verfassungsrecht entgegen, schließlich stellt die Versorgung mit Strom eine Aufgabe der Daseinsvorsorge dar, vgl. *Theobald/Theobald*, Grundzüge des Energiewirtschaftsrechts, S. 335.

aufmerksam macht, dass der Standard verändert worden ist, wird sich an ihrem Verbleib in der standardmäßigen Grundversorgung wohl nichts ändern.[732] Das lässt sich vor allem damit begründen, dass der *status quo bias* eben einen unterbewussten Einfluss auf das individuelle Verhalten ausübt. Selbst wenn die materielle Veränderung der Voreinstellung wahrgenommen wird, wird nicht reflektiert, dass nach wie vor an der Voreinstellung festgehalten wird. So entfaltet die inhaltliche Festlegung der Entscheidung ihre Wirkung am Bewusstsein der Betroffenen vorbei.

Neben dieser individuellen Sicht kann die Festlegung des Standards aber auch aus einer generellen Perspektive kritisiert werden. Schließlich findet so eine staatliche Festlegung sozialadäquaten Verhaltens statt, Standardregeln fördern gewünschtes Verhalten und bekämpfen unerwünschtes Verhalten, ohne das unerwünschte Verhalten zu illegalisieren. Der Staat nimmt Einfluss auf die gesellschaftliche Moral, eine Aufgabe, die er eigentlich gar nicht auszuüben hat.[733] Diese moralistische Einflussnahme findet dabei in Bereichen des alltäglichen Lebens wie der Wahl des eigenen Stromversorgers statt. Durch die Betonung der geringen Eingriffsintensität des *Nudging* eröffnen dessen Befürworter dem Staat weite Regelungsbereiche, die ihm beim Einsatz traditioneller Rechtsetzungsinstrumente verschlossen wären. Eine zwangsweise Festlegung des Energieversorgers wäre wohl kaum verfassungsrechtlich zulässig. Indem statt eines Gebots eine Standardregel erlassen wird, kann umfassend Einfluss auf das individuelle Verhalten genommen werden. So wird ein perfektionistischer Einfluss auf individuelles Verhalten ausgeübt, der in einer pluralistischen Gesellschaft, die unterschiedliche Lebensentwürfe erlaubt, keinen Platz hat. Dieser Vorwurf findet sich vor allem darin bestätigt, dass der Entscheidungsfehler der Haushaltskunden keinesfalls aufgegriffen worden wäre, wenn er von vornherein zum gewünschten Ergebnis geführt hätte. Hätten die Haushaltskunden unbeweglich in einem grünen Grundversorgungstarif verharrt, so würde dieses Verharren bereitwillig akzeptiert. Ihr Verhalten wäre dann ja bereits *richtig* gewesen. Die individuelle Entscheidungsautonomie, die dem Einzelnen grundsätzlich zusteht, wird so zunehmend verengt. Bei nahezu jeder Entscheidung besteht Verbesserungspotenzial, das durch einen *Nudge* aufgegriffen werden könnte.

(b) Die positiven Aspekte der Standardregel

Dieser Kritik am Setzen von Standardregeln generell und der Standardregel in der Energiegrundversorgung im Speziellen kann entgegengesetzt werden, dass die Standardregel zur Förderung eines überragend wichtigen verfassungsrechtlichen Ziels, des Umweltschutzes, eingesetzt wird. Vor dem Hintergrund des Klimawandels, der erheblich durch den Ausstoß von Kohlendioxid befördert wird, das unter anderem bei der konventionellen Energiegewinnung aus fossilen Brennstoffen freigesetzt wird, ist die Umstellung der Energieversorgung auf nachhaltige Quellen, die mit einem geringeren CO_2 Ausstoß einhergehen, unerlässlich.[734] Indem durch die Standardregel die individuelle Grundversorgung auf Ökostrom umgestellt wird, wird zumindest der CO_2 Ausstoß durch die Grundversorgungskunden verringert. Das stellt einen wichtigen Beitrag zum Kampf gegen den Klimawandel dar. Zum Gesichtspunkt der Effektivität der Verhaltensbeeinflussung ist überdies noch anzumerken, dass die Umstellung der Standardregel zumindest dem Ziel der Strommarktliberalisierung dient, das der Reform des EnWG zugrunde lag, selbst wenn sie sich als ineffizient im Hinblick auf den Umweltschutz erweisen sollte. Selbst wenn alle Kunden den

---

[732] Vgl. *Loewenstein et al.*, Warning: You are about to be nudged, S. 35 ff.
[733] Dazu bereits oben, unter C. II. 1. a).
[734] *IPCC*, Global Warming of 1.5°: Summary for Policymakers, S. 6 ff.

Grundversorgungstarif zugunsten konventioneller Stromtarife verlassen, würde die Ineffektivität der Standardregel das eigentliche Ziel der Energiemarktreform, nämlich Marktliberalisierung, befördern.

Überdies ist es notwendig, rechtlich mit dem Phänomen des *status quo bias* umzugehen. Viele Menschen haben die Tendenz, sich bei ihren Entscheidungen vom Status der Voreinstellung leiten zu lassen, darauf muss eine politische Antwort gefunden werden. Dabei spielt es eine wesentliche Rolle, dass es unvermeidlich ist, irgendeinen Standard der Grundversorgung festzulegen. Egal ob sie auf konventionelle Stromtarife oder grüne Stromtarife eingestellt wird, der jeweilige Grundtarif wird daraufhin von vielen Kunden genutzt. Insofern nutzt die Regelung tatsächlich den Entscheidungsfehler der Betroffenen aus, das lässt sich aber, und das ist entscheidend, auch nicht vermeiden. Es ist nicht ersichtlich, wie der *status quo bias* bei den betroffenen Kunden beseitigt werden könnte. Es sind im Rahmen der Erforderlichkeit insofern Maßnahmen des *Debiasing* angesprochen worden, die aber selbst einen eigenen Entscheidungsfehler produzieren müssten, um potenziell wirksam zu sein. Einfache Hinweise auf das Vorhandensein der Verzerrung vermögen diese offenbar nicht zu beseitigen. Insofern kann der *status quo bias* nur ausgenutzt werden, irgendeine Voreinstellung muss ja gewählt werden. Dann entspricht es den gesellschaftlichen Interessen, mit der Voreinstellung ein Ziel von Verfassungsrang, den Umweltschutz, zu verfolgen.

Die Intensität, mit der die Standardregel die Autonomie ihrer Adressaten beeinträchtigt, ist zudem gering. Den Betroffenen steht es, zumindest nominell, frei, sich einen anderen, eigenen Stromtarif zu suchen. Dass sie aufgrund des *status quo bias* von dieser Möglichkeit voraussichtlich keinen Gebrauch machen werden, ändert nichts an der tatsächlichen Möglichkeit, sich so zu verhalten. Die Verhaltensoption wird keinesfalls völlig entwertet, nur weil Menschen bestimmte Verhaltenstendenzen aufweisen. Die menschliche Psyche und die zugehörigen Entscheidungsprozesse sind nach wie vor zu wenig erforscht, um sichere Aussagen über die verhaltensbeeinflussenden Faktoren machen zu können. Auch der *status quo bias* kann letztlich ja nicht erklärt werden, es können nur Ansatzpunkte gefunden werden, die für sein Bestehen verantwortlich sein könnten. Warum Menschen die Voreinstellung tatsächlich präferieren, lässt sich nicht sicher sagen. Aus diesem Grund ist die Gewährung von Verhaltensfreiheit bei der Gestaltung von Standardregeln in Bezug auf die Eingriffsintensität positiv zu berücksichtigen.

Darüber hinaus kann auch noch ein wertendes Argument für die Umstellung der Standardregel auf Ökostrom gemacht werden. Es kann nicht ausgeschlossen werden, dass die Entscheidung, ob in der Grundversorgung verblieben wird, einfach als unwichtige Entscheidung betrachtet wird. Die Entscheidung darüber, welchen Stromversorgungstarif man wählen möchte, ist eine alltägliche Entscheidung, die zumeist keine besondere Bedeutung für das individuelle Leben entwickelt. Dies könnte auch erklären, weshalb sich die meisten Individuen nicht um die Entscheidung kümmern. Wenn aber der Bereich der Stromversorgung individuell als unwichtig angesehen wird, stellt auch die inhaltliche Festlegung innerhalb dieses Bereichs keine starke Beeinträchtigung dar. Die Menschen, für die Stromversorgung ein wichtiger Bereich ist, können sich außerdem immer noch für den Tarif entscheiden, den sie möchten.

(c) Transparenz

Damit die Menschen von der Möglichkeit, sich für einen anderen als den voreingestellten Tarif zu entscheiden, potenziell Gebrauch machen können, müssen sie auf die Umstellung des Tarifs hingewiesen werden. Insofern müssen, um dem Vorwurf der unbemerkten, manipulativen Verhaltenssteuerung durch die Standardregel zu begegnen, Transparenzmechanismen eingeführt werden. Dabei können inhaltliche Transparenz und prozessuale Transparenz unterschieden werden. Inhaltliche Transparenz bezieht sich auf die sachlich-rechtliche Umgestaltung der Voreinstellung. Prozessuale Transparenz bezieht sich auf den Wirkungsmechanismus der Standardregel, der den *status quo bias* des Unterbewusstseins zum Zwecke der Verhaltenssteuerung einbindet.

Inhaltliche Transparenz wird im Rahmen der Energiegrundversorgung in gewissem Maße schon gewährleistet. Gemäß § 2 Abs. 1 StromGVV ist das grundversorgende Energieunternehmen schließlich verpflichtet, dem Kunden den Abschluss des Versorgungsvertrages in Textform zu bestätigen. Dadurch werden die Kunden bereits konkret-individuell darauf aufmerksam gemacht, dass sie sich in der Grundversorgung befinden und welche Vertragskonditionen für einen Wechsel aus der Grundversorgung heraus gelten. Insofern muss bei der Einführung der Standardregel, die die Grundversorgung auf Ökostrom ändert, lediglich gewährleistet werden, dass auch diese Umstellung bekannt gegeben wird. Darüber müssten die Kunden in der Grundversorgung, neben den auch gewöhnlich mitzuteilenden Vertragskonditionen, informiert werden. Sofern dies in verständlicher Weise geschieht, werden sie transparent über die inhaltliche Einflussnahme auf ihre Entscheidung aufgeklärt. Um die inhaltliche Transparenz der Standardregel zu gewährleisten, wäre also lediglich eine Anpassung der Mitteilung nach § 2 Abs. 1 StromGVV erforderlich.

Prozessuale Transparenz wird durch die Mitteilung nach § 2 Abs. 1 StromGVV hingegen nicht gewährleistet. Ein Hinweis auf die Auswirkungen der voreingestellten Option ist darin nicht enthalten. Prozessuale Transparenz kann den Vorwurf der Manipulation durch *Nudges* entkräften, es ist jedoch nicht eindeutig, ob und in welcher Weise sie zu gewährleisten ist. Man könnte argumentieren, es sei ausreichend, allein über die inhaltliche Umstellung zu informieren. Wem diese nicht passe, der könne ja wechseln. Dann würde jedoch mit keiner Silbe erwähnt, welche Erwägungen die Umstellung der Standardregel eigentlich tragen. Sie wird schließlich gezielt eingeführt, um den *status quo bias* der Kunden auszunutzen. Es erscheint notwendig, den Betroffenen die Möglichkeit einzuräumen, sich über diesen Wirkungsmechanismus zu informieren. Das ergibt sich zum einen aus den verfassungsrechtlichen Geboten der Klarheit und Voraussehbarkeit staatlichen Handelns.[735] Der Staat darf die Motive, die er bei Einführung einer Maßnahme verfolgt, nicht verschleiern. Zum anderen steht dem Individuum aus seinem allgemeinen Persönlichkeitsrecht heraus ein Anspruch zu, über den Wirkungsmechanismus informiert zu werden. Der Staat darf nicht an unterbewusste Mechanismen der menschlichen Psyche anknüpfen, ohne dass die davon Betroffenen die Gelegenheit erhalten, sich darüber zu informieren. Ansonsten kann die Einflussnahme verdächtigt werden, die Bürger bloß noch zum Objekt der Erreichung politisch gewollter Ziele zu machen. Das wäre mit ihrer Würde absolut unvereinbar.[736]

Dieser Pflicht des Staates, über den Wirkungsmechanismus der Standardregel zu informieren, könnte im Anschluss an die Kategorisierung von *Bovens* durch abstrakt-generelle oder konkret-individuelle Maßnahmen Folge geleistet werden.[737] Insoweit stellt sich vor allem die Frage, ob es erforderlich ist, konkret-individuell über den Wirkungsmechanismus zu informieren. Generelle Transparenzvorkehrungen können beispielsweise dadurch getroffen werden, dass in der StromGVV oder in einer separaten Begründung für ihre Änderung durch das Ministerium auf die

---

[735] Siehe dazu bereits oben, unter C. I. 2. b) cc).

[736] Generell zum Verhältnis von *Nudges* und Menschenwürde, allerdings nicht im deutsch-verfassungsrechtlichen Sinne: *Goodwin*, Architecture, Choice Architecture, and Dignity, S. 285 ff.

[737] *Bovens*, The Ethics of Nudge, S. 216. Siehe dazu auch bereits oben, unter C. II. 3. c) cc).

verhaltenswissenschaftliche Fundierung der Maßnahme und ihre Ausrichtung auf unterbewusste Entscheidungsprozesse hingewiesen wird. Hier müsste dann auch die empirische Beweislage im Hinblick auf den bestehenden *status quo bias*, der Einsatz dieser Verzerrung durch das bewusste Setzen der Standardregel, sowie das Ziel, die dadurch angestrebte Erhöhung nachhaltigen Stromverbrauchs in der Grundversorgung, angesprochen werden. Diese generelle Transparenz gewährleistet die Möglichkeit der Bürger, sich über die Wirkungsweise der Standardregel zu informieren. Konkrete Transparenz würde darüber hinaus die Ansprache der individuellen Haushaltskunden erfordern, die auf die Wirkungsweise der Standardregel gezielt hingewiesen werden. Diese Vorgehensweise birgt die Gefahr von psychologischer Reaktanz, die zur Zurückweisung der Standardregel führen würde.[738]

Da die Eingriffsintensität bei der Standardregel im Rahmen der Energieversorgung nicht besonders hoch ist, sollten generelle prozessuale Transparenzvorkehrungen genügen. Es bedarf keiner individuellen Ansprache der betroffenen Haushaltskunden. Die generelle Möglichkeit, sich über den unterbewussten Wirkungsmechanismus der Standardregeln zu informieren, muss aber gewährleistet werden. Das kann beispielweise dadurch geschehen, dass die Verordnung mit einer entsprechenden Begründung versehen wird. Auf die Möglichkeit, sich darüber zu informieren, sollte auch in der konkret-individuellen Mitteilung über die inhaltliche Änderung der Grundversorgung an die Kunden hingewiesen werden.[739] Sofern auch die prozessuale Transparenz der Maßnahme in diesem Sinne gewährleistet wird, gewährt die Umstellung der Standardregel im Rahmen der Grundversorgung hinreichenden Schutz gegen die von ihr ausgehende Manipulation der Entscheidung ihrer Adressaten.

(d) Abwägung und Entscheidung

Wenn die Adressaten der Standardregel, also die Personen, die ihren Strom aus der Energiegrundversorgung beziehen, in der beschriebenen Weise über die inhaltliche Änderung der Standardregel und den Wirkungsmechanismus informiert werden, so werden der paternalistische und der manipulative Einschlag des *Nudging* abgemildert. Durch die Transparenzmaßnahmen werden die von der Standardregel ausgehenden Gefahren einer unterschwelligen, gleichförmigen Verhaltenssteuerung verringert. Die Einführung der Standardregel erscheint, bei Gewährleistung der Transparenz, durchaus angemessen. Es muss irgendein Umgang mit dem *status quo bias* gefunden werden, es scheint, als ob er nicht gänzlich beseitigt werden kann. Auch ein Verharren bei der derzeitigen Voreinstellung wäre letztlich eine bewusste Entscheidung zugunsten der Verhaltensbeeinflussung im Sinne der derzeitigen Regel. Insofern erscheint es sinnvoll, dass eine Standardregel, die ein Ziel von Verfassungsrang verfolgt, gewählt wird. Auch sie macht sich den unterbewussten Einfluss des *status quo bias* zunutze, die Betroffenen werden aber über die Änderung der Voreinstellung informiert und es wird ihnen Gelegenheit gegeben, sich auch über den unterbewussten Wirkungsmechanismus zu informieren. Die Standardregel greift daher mit nur geringer Intensität in ihr Selbstbestimmungsrecht ein.

Mit dem Selbstbestimmungsrecht, der Autonomie, geht außerdem auch Verantwortung einher.[740] Es kann von den Betroffenen verlangt werden, dass sie sich auch selbst aktiv um ihre Entscheidungen

---

[738] Reaktanz bezeichnet im psychologischen Sprachgebrauch eine dem Trotz ähnliche Reaktion, vgl. *Steindl et al.*, Understanding Psychological Reactance, S. 205.
[739] Zum Beispiel durch einen Zusatz wie folgenden: „Wenn Sie mehr über die Hintergründe, Ziele und die Wirkungsweise der Umstellung der Energiegrundversorgung erfahren möchten, finden Sie Informationen auf der Website des Bundesministeriums für Wirtschaft und Technologie unter [...]."
[740] *Fateh-Moghadam/Gutmann*, Governing [through] Autonomy, S. 388 f.

kümmern. Autonome Menschen sind in der Lage, mit Veränderungen ihrer Umwelt umzugehen und auf sie zu reagieren. Natürlich können sie das nur, wenn sie die Veränderungen bemerken, das wird aber durch die Informationsmaßnahmen gewährleistet. Die Standardregel knüpft zwar an unterbewusste Prozesse an, den Betroffenen wird aber die Gelegenheit eröffnet, diesen Wirkungsmechanismus zu entdecken. Ihr Bewusstsein wird insofern geweckt. Folgen sie dieser Möglichkeit der Informationsgewinnung nicht, so müssen sie auch selbst die Konsequenzen dieser Entscheidung tragen. Insgesamt ist die Einführung der Standardregel im Bereich der Energiegrundversorgung deshalb als angemessen anzusehen.

bb) Die Verhältnismäßigkeit der Widerspruchslösung bei der Organspende

Auch der Eingriff in das allgemeine Persönlichkeitsrecht durch die Einführung der Widerspruchslösung kann gerechtfertigt werden, wenn er in verhältnismäßiger Weise erfolgt.

(1) Legitimer Zweck

Durch die Einführung der Widerspruchslösung wird ein legitimer Zweck, die Erhöhung der Anzahl verfügbarer Transplantationsorgane, verfolgt. Zwischenziel auf dem Weg dahin ist die Erhöhung der Anzahl der Einwilligungserklärungen in die Organspende, die zu der Erhöhung der verfügbaren Organe führen soll. Dieses Zwischenziel, die Vermehrung der Einwilligungserklärungen, soll wie bereits bei der Elektrizitätsgrundversorgung erreicht werden, indem die individuellen Entscheidungen zur Organspende paternalistisch beeinflusst werden. Die von den individuellen Entscheidungsträgern bislang aufgrund des *status quo bias* getroffene ‚Fehlentscheidung' der Nichtteilnahme an der Organspende soll durch eine Umstellung des Standards zur ‚korrekten' Entscheidung hin kanalisiert werden. Der sich bislang insofern ‚negativ' auswirkende *status quo bias* soll nunmehr ‚positiv' genutzt werden.

(2) Geeignetheit

Die Widerspruchslösung müsste auch geeignet sein, die Erreichung der beschriebenen Ziele zu fördern. Sie müsste also zunächst die Zahl der Einwilligungen in die Organspende erhöhen können. Deutliches Indiz zugunsten dieser Vermutung ist die empirische Beweislage, die exemplarisch und eindrucksvoll von *Johnson* und *Goldstein* dargestellt wird.[741] Sie zeigen, dass Länder mit Widerspruchslösung weit höhere Raten von Einwilligung in die Organspende aufweisen als Länder mit Zustimmungslösung. Etwa sechzig Prozentpunkte trennen das Land mit der geringsten Einwilligungsrate in der Gruppe der Länder mit Widerspruchslösung (Schweden) von dem Land mit der höchsten Einwilligungsrate in der Gruppe der Länder mit Zustimmungslösung (die Niederlande), ein enormer Unterschied.[742] Als weiteres klares Indiz zugunsten der Einführung einer Widerspruchslösung kann die Erfahrung aus Wales bewertet werden. Hier hat sich die Einwilligungsrate potenzieller Organspender seit Einführung der Widerspruchslösung im Jahr 2015 merklich erhöht, während sie 2014 noch bei 44,4 Prozent lag wuchs sie 2017 auf 64,5 Prozent.[743]

Allerdings ist es in diesem Zusammenhang wichtig, zwischen der Einwilligungsrate einerseits, sowie der tatsächlichen Organspendenrate andererseits zu unterscheiden. Die Einwilligung selbst ist der

---

[741] *Johnson/Goldstein*, Do Defaults Save Lives?, S. 1338 f.; *Johnson/Goldstein*, Decisions by Default, S. 417 ff.; *Johnson/Goldstein*, Defaults and Donation Decisions, S. 1713 ff.

[742] *Johnson/Goldstein*, Do Defaults Save Lives?, S. 1338.

[743] *Young et al.*, Evaluation of the Human Transplantation (Wales) Act, S. 45: "Analysis of consent rates and numbers of eligible families approached indicates that consent has increased markedly in recent years, from a low point of only 44.4% in 2014 to a high of 64.5% in the most recent 12 months."

Anfang des möglichen Organspendenprozesses. Bei ihrem Vorliegen müssen immer noch geeignete Organe durch die behandelnde Klinik identifiziert werden, die Organe müssen fachgerecht entnommen, an die Stiftung Eurotransplant gemeldet und an den bedürftigen Spender weitervermittelt werden. Bezieht man die Organspendenrate mit in die Würdigung, so ergibt sich ein weniger eindeutiges Bild zugunsten der Widerspruchslösung. In Wales etwa hat sich die Erhöhung der Einwilligungen nicht in einer parallelen Erhöhung tatsächlicher Organspenden niedergeschlagen. Seit Einführung der Widerspruchslösung sind dort nur geringfügig mehr Organe gespendet worden, als in einem vergleichbaren Zeitraum vor der Einführung.[744] Bei der Interpretation der Ergebnisse des walisischen Beispiels muss aber auch Vorsicht angemahnt werden. Aufgrund der kurzen Zeitspanne, die zur Zeit der Gesetzesfolgenanalyse seit der Einführung der Widerspruchslösung vergangen war, kann kein verlässliches Urteil über die Effekte derselben gefällt werden, die Effekte könnten erst nach längerer Zeit Wirkung zeigen.[745] Es kann aber konstatiert werden, dass die Einführung der Widerspruchslösung die Organspende in Wales zumindest nicht in kurzer Zeit revolutioniert hat.

In Bezug auf die Organspendenrate ist Spanien das Musterbeispiel, hier sind jährlich 43,3 Menschen pro Millionen Einwohner Organspender, das Land hat die weltweit höchste Zahl von Organspendern überhaupt.[746] Interessanterweise lässt sich diese hohe Organspendenrate aber wohl nicht mit der dort gültigen Widerspruchslösung in Verbindung bringen, sondern mit anderen Faktoren, die die Organspende befördern.[747] Diese Faktoren betreffen die öffentliche Kommunikation des Themas Organspende, die Organisation der Organspende selbst, sowie die Kriterien für die Organentnahme. So ist in Spanien eine zentrale Organisation für die Organspende, die den Spendenprozess koordiniert, gegründet worden, daneben werden in Krankenhäusern hauptamtliche Transplantationskoordinatoren eingesetzt, die potenzielle Organspender identifizieren und Gespräche mit deren Familien führen.[748] Außerdem sind die medizinischen Kriterien ausgeweitet worden, sodass ein größerer Teil von Menschen als Organspender in Betracht kommt.[749] Zusätzlich ist es gelungen, eine generell positive Atmosphäre rund um das Thema Organspende zu schaffen.[750] All diese Faktoren können für die hohe Organspendenrate in Spanien verantwortlich gemacht werden. Die Widerspruchslösung selbst hingegen gilt eher nur auf dem Papier. Sie wird durch das praktisch ausgeübte Zustimmungsverfahren außer Kraft gesetzt. Tatsächlich wird nämlich, in Fällen der vermuteten Einwilligung, die Familie der Verstorbenen wegen der Einwilligung in die Organspende befragt.[751] Das hat insbesondere auch damit zu tun, dass in Spanien überhaupt kein

---

[744] *Young et al.*, Evaluation of the Human Transplantation (Wales) Act, S. 45: "The 21-month periods either side of the Act coming into force show 101 deceased donors prior and 104 deceased donors following implementation. This very small increase is also reflected in comparisons with earlier matched periods of time (to remove any seasonality in the data)."

[745] Insgesamt hat die Studie nur die ersten 21 Monate seit Einführung der neuen Organspenderegeln analysiert, sie weist auch selbst auf die Notwendigkeit fortgesetzter Untersuchungen im Laufe der Zeit hin, vgl. *Young et al.*, Evaluation of the Human Transplantation (Wales) Act, S. 6.

[746] *Matesanz et al.*, How Spain Reached 40 Deceased Organ Donors per Million Population, S. 1447 ff.

[747] *Fabre et al.*, Presumed Consent; *Rodriguez-Arias et al.*, Success factors and ethical challenges of the Spanish Model of organ donation, S. 1109 ff.

[748] 2019 sind auch in Deutschland gesetzgeberische Schritte unternommen worden, um die Organisation der Transplantationsmedizin in den Kliniken zu verbessern, vgl. insoweit das zweite Gesetz zur Änderung des Transplantationsgesetzes – Verbesserung der Zusammenarbeit und der Strukturen bei der Organspende vom 22. März 2019, BGBl. I S. 352 ff.

[749] *Rodriguez-Arias et al.*, Success factors and ethical challenges of the Spanish Model of organ donation, S. 1109; *Matesanz et al.*, How Spain Reached 40 Deceased Organ Donors per Million Population, S. 1447.

[750] *Fabre et al.*, Presumed Consent.

[751] *Ebenda*.

Widerspruchsregister geführt wird, in den der Widerspruch gegen die Organspende eingetragen werden könnte.[752] Faktisch gilt in Spanien also eine Zustimmungslösung, trotzdem hat das Land die höchste Organspendenrate der Welt erreichen können.

Ein direkter Zusammenhang zwischen der Erhöhung der Einwilligungsrate und einer Erhöhung der Organspendenrate kann daher wohl nicht hergestellt werden. Dennoch ist das Vorliegen der Einwilligung ein bedeutsamer Baustein auf dem Weg zu einer erfolgreichen Organspende und kann nicht als vernachlässigbarer Faktor behandelt werden. Zudem lassen sich auch prominente Länderbeispiele finden, in denen eine Widerspruchslösung gilt und die auch eine deutlich höhere Organspendenrate als Deutschland aufweisen. Ein Beispiel dafür ist Österreich.[753] Dort hat die vermutete Einwilligung in die Organspende Bestand, sodass die Organe nach dem Tod entnommen werden können. Österreich hat eine deutlich höhere Organspendenrate als Deutschland, dort spenden jährlich 24,9 Menschen pro Millionen Einwohner ihre Organe, mehr als doppelt so viele wie in Deutschland, wo 10,4 Menschen pro Millionen Einwohner jährlich Organe spenden.[754] In diesem Fall spricht zudem vieles dafür, dass dies mit der Voreinstellung zu erklären ist, nach Einführung der Widerspruchslösung ist die Zahl der Organspenden in Österreich um ein Viertel gestiegen.[755] Die Einwilligung zeigt sich hier als wichtiger Faktor der Organspendenorganisation.

Ein gesicherter Zusammenhang zwischen der Widerspruchlösung und einer Erhöhung der Organspendenzahlen lässt sich nach der Zusammenschau prominenter europäischer Beispiele nicht herstellen.[756] Vielmehr zeigt sich ein widersprüchliches Bild, das Beispiel Spaniens spricht tendenziell eher gegen einen Zusammenhang, das Beispiel Österreichs dafür. Die Erfahrung aus Wales zeigt, dass die Zahl der Einwilligungen durch die Widerspruchslösung erhöht werden kann, damit geht aber nicht notwendigerweise auch eine Erhöhung der Organspenderzahlen einher. Die allgemeinen Erfahrungen mit den Wirkungen von Standardregeln legen demgegenüber die Wirksamkeit der Widerspruchslösung nahe, zumindest in Bezug auf die unmittelbare Erhöhung der Einwilligungen. Sofern diese Einwilligungen dann auch tatsächlich zu Organspenden führen, erscheint die Widerspruchslösung als geeignete Maßnahme, um die Zahl von Organspenden zu erhöhen. Allein wird sie das Problem des Organmangels voraussichtlich aber nicht beheben können.[757]

(3) Erforderlichkeit

Um die Widerspruchslösung auch als erforderliche Regelung bezeichnen zu können, müsste sie sich als am wenigsten eingriffsintensive Maßnahme unter gleich geeigneten Maßnahmen herausstellen. Dabei muss sie mit alternativen Regelungen verglichen werden, die zur Erhöhung der Einwilligungszahlen in die Organspende erlassen werden könnten. Dabei soll auch hier, wie bereits zuvor bei der Diskussion der Stromgrundversorgung, der Vergleich mit den Alternativinstrumenten der imperativen Regelung,

---

[752] *Rodriguez-Arias et al.*, Success factors and ethical challenges of the Spanish Model of organ donation, S. 1110.
[753] Vgl. die §§ 5 bis 9 des Organtransplantationsgesetzes für Österreich.
[754] *IRODaT*, Final Numbers 2017.
[755] *Organ Donation Taskforce*, The potential impact of an opt-out system for organ donation in the UK, S. 22.
[756] So auch *Willis/Quigley*, Opt-out organ donation, S. 60.
[757] Diesen Schluss legen auch *Schulte et al.*, Rückgang der Organspenden in Deutschland, S. 463 ff. nahe. Sie assoziieren den Rückgang der Organspenden in Deutschland mit der mangelhaften Organisation der Organspende in den Kliniken. Würden hier die potenziellen Organspender besser identifiziert, so könnte auch die Zahl der Organspenden ansteigen. Das Problem wird von den Autoren nicht bei der Einwilligungszahl, sondern bei der Identifikation möglicher Spender im Krankenhaus verortet.

der finanziellen Anreizsetzung, der Informationsbereitstellung sowie der Einforderung einer ausdrücklichen Entscheidung gezogen werden.

(a) Anreize

Die Erforderlichkeitsprüfung beginnt mit dem Vergleich der Widerspruchslösung mit dem Setzen von Anreizen, die ebenfalls für eine Erhöhung der Einwilligungszahlen verwendet werden könnten. Dabei kommen einerseits finanzielle Anreize in Betracht, andererseits aber auch Anreize in der Form von Priorisierungen bei eigenem Transplantationsbedarf. Erklärt man sich zur Organspende bereit, so hätte man im Bedarfsfall selbst auch Vorrang bei der Organtransplantation.

(aa) Finanzielle Anreize

Das Setzen finanzieller Anreize würde die Einwilligung in die Organspende mit einem finanziellen Vorteil verknüpfen. Das könnte die Zahlung einer zu bestimmenden Geldsumme sein, möglich wäre aber auch eine Vergünstigung bei der Einkommensbesteuerung oder eine andere steuerliche Vorteilsgewährung. Eine solche Regelung würde, wie die Widerspruchslösung, ebenfalls Einfluss auf die Entscheidung zu nehmen versuchen, sie würde dabei aber die rationalen Kapazitäten der Betroffenen ansprechen und sich nicht auf Mechanismen des Unterbewusstseins verlassen. Insoweit ist sie als weniger eingriffsintensiv anzusehen als die Widerspruchsregelung. Die Ansprache des Bürgers als rational-abwägendes Individuum ist respektvoller als die direkte Nutzung seiner unterbewussten Entscheidungsmechanismen. Ersteres Vorgehen nimmt das Individuum als Entscheidungsträger an, letzteres sieht es eher als Hindernis auf dem Weg zu einem Verhaltensziel.

Allerdings begibt man sich auf problematisches Terrain, wenn man die Organspende mit einem finanziellen Vorteil verknüpft. Schließlich ist die staatlich organisierte Organtransplantation bislang von dem Gedanken geprägt, keinen Organhandel zu erlauben. So wird der Handel mit Organen und Gewebe in den §§ 17 ff. TPG strafbewehrt verboten und die gezielte Lebendorganspende an Personen, zu denen kein besonderes Näheverhältnis besteht, ist nach § 8 Abs. 1 S. 2 TPG untersagt. Diese Maßnahmen dienen dem expliziten Ziel, keinen Markt für Organhandel zu schaffen.[758] Das Anbieten finanzieller Gegenleistungen für die Einwilligung in die Organspende schafft zwar noch keinen solchen Markt für Organe, es ist aber mit dem Kauf von Organen durch den Staat ansatzweise vergleichbar. Dadurch begibt man sich auf moralisch zumindest fragwürdiges Terrain. Hinzu kommt, dass ein solcher finanzieller Anreiz Menschen, die in finanziell prekären Umständen leben, zur Einwilligung in die Organspende bewegen könnte, obwohl ihre Gewissensentscheidung eigentlich der Widerspruch gegen die Organspende wäre. Weil sie auf die finanzielle Unterstützung angewiesen sind, willigen sie in die Organspende ein. Hier wird eine Gewissensentscheidung von Erwägungen geleitet, die eigentlich keine Rolle spielen sollten.

Allerdings muss insoweit auch betont werden, dass es in Deutschland soziale Sicherungssysteme gibt, sodass niemand darauf angewiesen ist, seine Einwilligung in die Organspende zu „verkaufen". Überdies schafft der Staat, wenn er finanzielle Anreize für die Einwilligung in die Organspende setzt, noch lange keinen Markt für Organe. Dadurch dass Individuen mithilfe eines finanziellen Anreizes zur Spende motiviert werden, würde möglicherweise sogar eher die Entstehung eines Marktes für Organe verhindert werden, weil genügend Organe verfügbar werden. Die tatsächliche Organentnahme und Organtransplantation kann zudem erst nach dem Tod der einwilligenden Person erfolgen. Für die konkreten Organe selbst wird keine finanzielle Leistung erbracht. Insofern bestehen erhebliche

[758] *Tag*, TPG § 8, Rn. 31, in: *Joecks/Miebach*, MüKo StGB; BT-Drucksache 13/4355, S. 21.

Unterschiede zum Organhandel. Nichtsdestotrotz ergeben sich bei der finanziellen Anreizsetzung im Bereich der Organspende eigene moralische Problemstellungen, die nicht unbeachtet bleiben können.

Außerdem wird die finanzielle Anreizsetzung voraussichtlich nicht gleichermaßen effektiv wirken wie die Widerspruchslösung. Die Ansprache des Menschen als rationales Individuum ist zwar inhärent respektvoll, sie ist aber auch nicht besonders realistisch. Menschen leiden unter kognitiven Verzerrungen wie dem *status quo bias*, der ihnen eine Entscheidung entgegen der Voreinstellung erschwert. Wie bereits bei der Stromgrundversorgung angesprochen, genügen finanzielle Anreize häufig nicht, um die Verzerrung zu überwinden. Demgegenüber akzeptiert die Widerspruchslösung die Entscheidungsverzerrung und nimmt ihre Wirkung in den eigenen Plan auf. Darauf basiert ihr Reiz und ihr Potenzial, Verhaltensveränderungen herbeizuführen.

Wenn man den Weg der finanziellen Anreize einschlagen wollte, dann müssten erhebliche finanzielle Zuwendungen angeboten werden, um die Menschen zur Einwilligung zu bewegen. Das bringt einerseits moralische Probleme mit sich, wirft andererseits aber auch die Frage auf, ob mit diesem Geld dann nicht eher systemische Veränderungen der Organspende angegangen werden sollten, die sich am Beispiel der spanischen Organisation orientieren könnten.[759] Diese Frage muss letztlich durch die Politik entschieden werden. Vorläufig kann festgehalten werden, dass finanzielle Anreize, sofern diese nicht in erheblichem Umfang angeboten werden, nicht ebenso effektiv wie die Veränderung der Standardregel, d.h. die Einführung der Widerspruchslösung, wirken würden.

(bb) Sonstige Anreize

Als zweite Form der Anreizsetzung kommt in Frage, als eingetragener Organspender auch selbst bei der Organspende vorrangig berücksichtigt zu werden. Wenn man also selbst auf ein Spenderorgan angewiesen ist, erhält man den Vorzug vor anderen Wartenden, die mit gleicher Dringlichkeit ein Spenderorgan benötigen, aber selbst nicht als Organspender eingetragen sind. Alternativ kann eine solche Bevorzugung gewährt werden, wenn das betroffene Individuum bereits selbst Organe im Rahmen der Lebendspende gespendet hat.[760] Durch einen solchen Schritt kann ein Anreiz für die Einwilligung in die Organspende gesetzt werden, ohne dass man in Gefahr gerät, des Organkaufs oder -handels bezichtigt zu werden.

Der Reiz einer solchen Regelung ist kaum von der Hand zu weisen, sie begegnet aber, gerade aus verhaltenswissenschaftlicher Sicht, auch erheblichen Bedenken in Bezug auf ihre Effektivität. Ziel einer solchen Regelung wäre es, Menschen zur Einwilligung in die Organspende zu bewegen. Allerdings ziehen Menschen, wenn sie die Einwilligung in die Organspende erwägen, vermutlich überhaupt nicht in Betracht, dass sie selbst auf Organe angewiesen sein könnten. Die Einschätzung, dass dieser Fall einmal eintreten könnte, ist aller Wahrscheinlichkeit nach dann auch von verschiedenen kognitiven Verzerrungen betroffen, sodass sie einerseits kein Abbild der tatsächlichen Wahrscheinlichkeit, selbst einmal ein Spenderorgan zu benötigen beinhaltet und andererseits diese Wahrscheinlichkeit auch nur untergewichtet in die Abwägung des Für und Wider einbezieht.[761] Das spricht dafür, dass ein derartiger

---

[759] So auch *Gutmann*, Für ein neues Transplantationsgesetz, S. 178. Schritte dahin werden nun unternommen, vgl. das zweite Gesetz zur Änderung des Transplantationsgesetzes – Verbesserung der Zusammenarbeit und der Strukturen bei der Organspende vom 22. März 2019, BGBl. I S. 352 ff.

[760] Eine derartige Privilegierung nach erfolgter Lebendorganspende diskutiert *Gutmann*, Für ein neues Transplantationsgesetz, S. 127 ff.

[761] Verzerrungen, die in diesem Zusammenhang wohl Wirkung entfalten sind die Verfügbarkeitsheuristik, der *present bias*, der *self-serving bias* und der Überoptimismus. Sie sorgen dafür, dass das Individuum die Gefahr, selbst von Organversagen betroffen zu werden, unterschätzt.

Anreiz weit weniger effektiv wäre als man annehmen könnte. Er würde bei realistischer Einschätzung wohl nichts an den Zahlen der Einwilligung in die Organspende verändern. Beide Formen der Anreizsetzung kommen daher aufgrund mangelnder Effektivität nicht als Alternative zur Widerspruchslösung in Betracht.

(b) Imperative Maßnahmen

Als Alternative zur Widerspruchslösung kommen des Weiteren imperativ wirkende Maßnahmen in Betracht. Hier kann an eine Verpflichtung der erwachsenen Bevölkerung, in die Organspende einzuwilligen, gedacht werden. Diese könnte so ausgestaltet werden, dass alle volljährigen Staatsbürger als Organspender gelten, ohne dass sie diese Einwilligung widerrufen könnten. Um den offenkundigen Verstoß einer solchen Regelung gegen die Glaubens- und Gewissensfreiheit des Art. 4 Abs. 1 GG auszuschließen, wäre sie wohl mit einer Härtefallklausel ausgestattet, die Menschen bei zwingenden Gründen aus der Organspende entließe.

Eine solche Regelung wäre wesentlich eingriffsintensiver als die Widerspruchslösung. Sie kann diese im Rahmen der Erforderlichkeitsprüfung daher nicht verdrängen. Die verpflichtende Organspende würde auch kaum dazu beitragen, eine positive Atmosphäre rund um das Thema Organspende zu schaffen, die Akzeptanz der Spende würde in der Bevölkerung leiden. Womöglich auch, weil der „Spende" so der Geschenkcharakter genommen würde. Das Spenderorgan ist dann weniger etwas, das gegeben wird, als vielmehr etwas, das genommen wird.[762] Letztlich kann die Frage, ob durch eine Organspendepflicht mehr Organspenden herbeigeführt werden könnten, diese also eine effektive Maßnahme darstellen würde, dahinstehen. Aufgrund der deutlich höheren Eingriffsintensität kann die Widerspruchslösung durch die Verpflichtung im Rahmen der Organspende nicht verdrängt werden. Dabei wurde die Frage, ob eine Organspendepflicht überhaupt verfassungsrechtlich möglich wäre, noch gar nicht gewürdigt. Hier würden sich womöglich unüberwindbare Probleme auftun, denen allerdings nicht nachgegangen werden soll. Imperative Maßnahmen können keine sinnvolle Alternative zur Widerspruchslösung bieten.

(c) Informationsbereitstellung

Als Alternative zur Widerspruchslösung kommt die Bereitstellung von Informationen, also die Aufklärung der Bevölkerung in Betracht. Im Rahmen der Reform des TPG im Jahr 2012, bei Einführung der derzeit gültigen Entscheidungslösung, war dies der verfolgte Ansatz.[763] Durch die Aufklärung der Bevölkerung sollte die Anzahl gespendeten Organe erhöht werden, da davon ausgegangen wurde, dass informierte Individuen eher in die Organspende einwilligen, was zu mehr Spenderorganen führt. Dieser Ansatz hat zu keiner Erhöhung der Organspendezahlen geführt, vielmehr sind die Spenderzahlen kontinuierlich gesunken. Der Ansatz, die Bevölkerung aufzuklären wäre weit weniger beeinträchtigend als die Widerspruchslösung. Er scheint in Bezug auf das verfolgte Ziel, die Anzahl gespendeter Organe zu erhöhen, aber auch nicht effektiv zu sein.

Informationsbereitstellung könnte, alternativ, auch als *Nudge* konzipiert werden. Hier könnte beispielsweise versucht werden, durch das Anknüpfen an die Verfügbarkeitsheuristik die angenommene Wahrscheinlichkeit, dass man selbst ein Spenderorgan benötigen könnte, zu verstärken. Zu diesem Zweck könnte eine eindrückliche persönliche Geschichte einer Person geschildert werden, die kurzfristig und überraschend auf die Transplantation eines Organes

---

[762] *Organ Donation Taskforce*, The potential impact of an opt-out system for organ donation in the UK, S. 17.
[763] *Tag*, TPG § 4, Rn. 5, in: *Joecks/Miebach*, MüKo StGB.

angewiesen war. Dadurch, dass Menschen so den Eindruck bekommen, die Wahrscheinlichkeit, dass sie selbst auf ein Organ angewiesen sein könnten, sei höher als zuvor angenommen, könnte auch ihre Bereitschaft steigen, sich selbst zur Organspende bereit zu erklären. Dieser Ansatz wäre jedoch sehr experimentell, ob tatsächlich eine Erhöhung der Spenderzahlen bei diesem Vorgehen erreicht werden könnte bleibt fraglich. Ihm haften auch ähnliche Unsicherheiten im Hinblick auf die Effektivität an wie der einfachen Informationsbereitstellung. Das lässt sie als der Widerspruchslösung unterlegene Maßnahmen erscheinen. Informationsbereitstellung kann die Widerspruchslösung daher nicht verdrängen.

(d) Einforderung einer Wahl

Zuletzt muss noch auf die Einforderung einer konkreten Entscheidung als Alternative zur Widerspruchslösung eingegangen werden. Die schon im Rahmen der Informationsbereitstellung erneut angesprochene Entscheidungslösung, die bei der Reform des TPG im Jahr 2012 entwickelt wurde, hat die Einforderung einer konkreten Entscheidung bereits mit aufgenommen. Jeder Bürger sollte, ab dem sechzehnten Lebensjahr, wiederholt mit der Entscheidung zur Organspende konfrontiert werden.[764] Dabei sollte er informiert und aufgefordert werden, den beiliegenden Organspendeausweis auszufüllen. Damit stellt die Entscheidungslösung letztlich eine Kombination aus der Einforderung einer Wahlentscheidung und der Informationsbereitstellung dar. Allerdings wird deutlich, dass eine derartige Herangehensweise, im Vergleich zur Widerspruchslösung, letztlich auch in der Festlegung eines Standards mündet. Die Entscheidungslösung, und die in ihr enthaltene Einforderung einer konkreten Auswahl, impliziert die standardmäßige Nichtteilnahme an der Organspende. Dieser Standard hat dann den vom *status quo bias* ausgelösten Einfluss auf das Entscheidungsverhalten, sodass Einwilligungen tendenziell nicht ausgesprochen werden.

So lässt sich auch der mangelnde Erfolg der Entscheidungslösung erklären, sie hat den bestehenden *status quo bias*, der das Entscheidungsverhalten der Betroffenen maßgeblich beeinflusste, nicht ausreichend berücksichtigt. Das gilt insbesondere, wenn man einbezieht, dass die Verzerrung bei Entscheidungen wie der hier vorliegenden Einwilligungsentscheidung besonders starke Wirkung entfaltet. Die Konsequenzen der Entscheidung liegen in der fernen Zukunft, hier gar nach dem Tod, sodass es keinerlei Möglichkeiten gibt, mit der Entscheidung Erfahrung zu machen. In diesen Fällen ist die Neigung, sich zu einer Entscheidung nicht zu verhalten, besonders hoch.[765] So hat die Entscheidungslösung letztlich auch zu keiner Erhöhung der Organspendezahlen geführt. Nutzt man die menschliche Trägheit mit der Widerspruchslösung hingegen so aus, dass sie als vermutete Einwilligung gilt, dann wird der *status quo bias* hinreichend berücksichtigt. Eine Erhöhung der Organspendezahlen erscheint wahrscheinlich.

Insgesamt ist die Einforderung einer konkreten Wahl, wie im Rahmen der Entscheidungslösung versucht, keine Alternative für die Widerspruchslösung. Sie ist schlicht ineffektiv. Auch eine mögliche Kombination der Einforderung einer konkreten Wahl mit zwangsweise wirkenden Mechanismen vermag als alternative Regelung nicht zu überzeugen. Sie stellt sich als wesentlich eingriffsintensiver dar als die Widerspruchslösung, bei der zwar die Einwilligung vermutet wird, ansonsten jedoch die Freiheit bleibt, zu widersprechen. Zwingt man Menschen zu einer Entscheidung, so wirkt dies als

---

[764] §§ 1 Abs. 1; 2 Abs. 1, 1a TPG.

[765] *Sunstein/Thaler*, Nudge, S. 72.

intensiverer Eingriff in deren Grundrechte, ganz unabhängig von der Frage, wie ein solcher Entscheidungszwang letztlich realisiert werden könnte.

(4) Angemessenheit

Zuletzt müsste die Widerspruchslösung auch einen angemessenen Eingriff in das allgemeine Persönlichkeitsrecht der Betroffenen darstellen. Diese Angemessenheit könnte sich durch Rückgriff auf die Grundrechte der auf ein Transplantationsorgan Angewiesenen ergeben. Hier ist allen voran das Grundrecht auf Leben und körperliche Integrität des Art. 2 Abs. 2 S. 1 GG zu erwähnen, in Bezug auf dessen Wahrung eine staatliche Schutzpflicht besteht. Daraus kann eine staatliche Pflicht abgeleitet werden, den Betroffenen zu einem Spenderorgan zu verhelfen.[766] Nachfolgend gilt es die Frage zu beantworten, ob diese staatliche Verpflichtung zur Hilfe die Einführung einer Widerspruchslösung und die Vorwegnahme der individuellen Spendeentscheidung angemessen rechtfertigen kann.

(a) Die grundrechtsbeeinträchtigenden Aspekte

Die grundrechtsbeeinträchtigenden Aspekte der Widerspruchslösung ergeben sich aus den normativen Grundproblemen, denen sich *Nudges* jedweder Art gegenübersehen. Insofern können zunächst die Aspekte wieder aufgegriffen werden, die bereits bei der Diskussion der Angemessenheit der Standardregel bei der Energiegrundversorgung entfaltet worden sind.[767] Sie betreffen die grundsätzliche Herangehensweise der *Nudges*, zeigen sich aber insbesondere bei der individuellen Entscheidungsbeeinflussung.

Generell wird durch *Nudges* Einfluss auf moralische Gesellschaftsstandards genommen. Sie fördern bestimmte Entscheidungen als sozialadäquat und gewünscht, während andere durch die spezifische Gestaltung der Entscheidungsarchitektur zurückgedrängt werden sollen. So werden alle Bürger zu einem gleichförmigen Verhalten veranlasst, ohne dass die unerwünschten Verhaltensweisen illegalisiert würden. Das geschieht auch deshalb, weil die durch *Nudges* aufgegriffenen Entscheidungen regelmäßig gar nicht zwangsweise geregelt werden könnten. Einen Zwang zur Organspende einzuführen wäre verfassungsrechtlich wohl ausgeschlossen. Deshalb wird die Entscheidung nicht durch zwingende Regelungen, sondern durch (vermeintlich) sanftere Maßnahmen aufgegriffen, die eine weitergehende Beeinflussung individuellen Verhaltens ermöglichen als Ge- und Verbote. Auf diese Weise wird der Raum für die Ausübung der Autonomie in konkreten Entscheidungen verringert, weil auf nahezu jede Entscheidung ein ‚bessernder' Einfluss genommen werden kann.

Neben dieser generell problematischen Herangehensweise der Rechtsetzung durch *Nudges* ist besonders ihr Umgang mit individuellen Entscheidungen problembehaftet. Das zeigt sich auch bei der Widerspruchslösung. Indem sie für all jene, die noch keine Erklärung zur Organspende dokumentiert haben, vorgibt, dass sie jetzt als Organspender gelten, beeinflusst sie deren Entscheidungen paternalistisch. Sie greift zu diesem Zweck manipulativ den *status quo bias* dieser Personen auf und bindet seine Wirkungen für das Ziel, mehr Einwilligungen in die Organspende zu erreichen, ein. Das ist bei der Widerspruchslösung konkret besonders problematisch, weil sie die sonst gültigen Prinzipien für die Wirksamkeit erteilter Einwilligungen umkehrt.[768] Während Einwilligungen grundsätzlich ausdrücklich erfolgen müssen, fingiert die Widerspruchslösung die Einwilligung bei Schweigen der

---

[766] *Spilker*, Postmortale Organspende auf verfassungsrechtlichem Prüfstand, S. 112 ff. Das Bundesverfassungsgericht betont, dass die staatliche Schutzpflicht in Bezug auf das individuelle Leben verlangt, dass der Staat sich „schützend und fördernd" für das individuelle Leben einsetzt, vgl. BVerfGE 39, 1 (42).

[767] Siehe dazu oben, unter D. II. 2. c) aa) (4)

[768] *Tag*, TPG § 4, Rn. 4, in: *Joecks/Miebach*, MüKo StGB.

betroffenen Person. Das ist vor allem bemerkenswert, weil es sich um den klassischen Fall einer Einwilligung in körperliche Eingriffe handelt. Hier gilt eigentlich strikt, dass Eingriffe nur dann zulässig sind, wenn sie mit dem ausdrücklichen Einverständnis der betroffenen Person erfolgen. Die Einwilligung durch Schweigen wird regelmäßig nicht anerkannt, weil Grundlage der Einwilligung die Vorstellung ist, dass die betroffene Person Kenntnis von der Materie hat, in die sie einwilligt. Eine ausdrückliche Erklärung stellt sicher, dass sie nicht in Unkenntnis dessen, dass sie durch Schweigen ihre Einwilligung erklärt, geschwiegen hat. Legt man demgegenüber die Standardregel mit der Widerspruchslösung so fest, dass die Einwilligung im Fall des Schweigens vermutet wird, so kann allein aufgrund der Vermutung die Organentnahme vorgenommen werden. Ein Nachweis, dass in Kenntnis des Erklärungswerts des Schweigens gehandelt wurde, wird nicht verlangt. Die Anwendung einer solchen Vermutung auf lebende Personen, bei denen, wie im Fall der Organspende, eigentlich Gelegenheit zur Einholung einer ausdrücklichen Erklärung bestünde, ist undenkbar. Jede Regelung, die in Bezug auf lebende Personen unterschiedslos eine fingierte Einwilligung in operative körperliche Eingriffe vorsähe, wäre verfassungswidrig.

Die Organentnahme zum Zweck der Organspende erfolgt aber nicht bei lebenden Personen, sondern erst nach deren medizinisch sicher festgestellten, irreversiblen Hirntod.[769] Die Entscheidung, ob nach dem Tod eine Organentnahme stattfinden soll, wird jedoch von lebenden Personen getroffen, die dazu befragt werden könnten und eine ausdrückliche Entscheidung treffen könnten. Die zu treffende Entscheidung bezieht sich dann wiederum lediglich auf den Leichnam, dessen Schutz unter das Niveau des Schutzes für den lebenden Körper deutlich herabsinkt. Das ergibt sich schon daraus, dass die allgemeine Grundrechtsträgerschaft und damit auch die besondere Würdigung des Menschen als Subjekt, mit dem Tod endet. Danach erlischt sein allgemeines Persönlichkeitsrecht und lebt bloß noch als postmortales Persönlichkeitsrecht gem. Art. 1 Abs. 1 GG weiter.[770] Der Grundrechtsschutz nimmt nach dem Tod des Menschen also in dramatischer Weise ab. Es erscheint daher übertrieben, an die Einwilligung in die Entnahme von Organen nach dem Tod dieselben Anforderungen zu stellen wie an die Einwilligung in körperliche Eingriffe zu Lebzeiten, auch wenn die Einwilligung selbst von einem noch lebenden Menschen erklärt werden muss. Es kann nicht von vornherein ausgeschlossen werden, dass eine Einwilligung kraft Vermutung durch die Widerspruchslösung anerkannt werden kann. Es muss jedoch hervorgehoben werden, dass die Widerspruchslösung einen Bruch mit dem Prinzip vollzieht, dass Einwilligungen ausdrücklich erklärt werden müssen.

Daneben tritt im konkreten Fall der Widerspruchslösung ein weiterer problematischer Aspekt. Er resultiert daraus, dass es sich bei der Frage, wie mit dem Körper einer verstorbenen Person umgegangen werden sollte, um eine moralisch aufgeladene Frage handelt. Viele religiöse und spirituelle Rituale befassen sich mit dem Umgang mit toten Menschen, die Rituale haben einen konkret vorgeschriebenen Ablauf, der den Übergang des Menschen aus dem Reich des Lebens in das Reich des Todes erleichtern soll. Zugleich geben diese Rituale der Familie der verstorbenen Person Halt und eröffnen die Möglichkeit, um die verstorbene Person zu trauern. Der Umgang mit dem Tod verstorbener Personen hat erhebliche Bedeutung für die Familie der verstorbenen Person und auch für die verstorbene Person selbst. Die Widerspruchslösung legt genau für diesen Bereich Regeln fest, indem sie die Einwilligung des Verstorbenen in die Organentnahme fingiert. Damit trifft sie in einem besonders sensiblen Gegenstandsbereich Vorkehrungen, der unmittelbar mit dem Schutzbereich der Glaubens- und Gewissensfreiheit des Art. 4 GG zusammenhängt. Diese Nähe zur spezialgrundrechtlich

---

[769] Vgl. § 3 Abs. 2 Nr. 2 TPG. Siehe auch *Tag*, TPG § 3, Rn. 16, in: *Joecks/Miebach*, MüKo StGB.
[770] *Di Fabio*, GG Art. 2 Abs. 1, Rn. 226, in: *Maunz/Dürig*, Grundgesetz; BVerfGE 30, 173 (194).

geschützten Religionsfreiheit gebietet es, einen besonders vorsichtigen Umgang mit dem Setzen von Standardregeln in diesem Bereich zu pflegen.

Insgesamt ergibt sich aus der Zusammenschau der grundrechtsbeeinträchtigenden Aspekte der Widerspruchslösung, dass sie einen intensiven Eingriff in das Selbstbestimmungsrecht ihrer Adressaten konstituiert. Sie legt, entgegen der sonstigen Gepflogenheiten, Schweigen als Einwilligung aus und fingiert so die Einwilligung in die Organentnahme nach dem Tod.

(b) Die schützenswerten Interessen der Organempfänger

Zugunsten der Widerspruchslösung muss berücksichtigt werden, dass ihre Fiktion im Interesse all jener Personen eingreift, die auf den Wartelisten der Stiftung Eurotransplant stehen und auf ein Organ warten. Ihre Wartezeit ist begrenzt, erhalten sie nicht innerhalb einer bestimmten Zeit ein Spenderorgan, sterben sie an Organversagen. Ihr Leben und ihre körperliche Unversehrtheit sind akut gefährdet. Insoweit trifft den Staat eine verfassungsrechtliche Schutzpflicht, die ihn zur Gewährleistung eines Mindestniveaus an Unterstützung anhält.[771] Das verpflichtet ihn dazu, geeignete Mechanismen dafür zu schaffen, dass von Organversagen betroffenen Menschen die Möglichkeit haben, ein Transplantationsorgan zu erhalten. Dieser Schutzpflicht kommt er mit der Widerspruchslösung nach. Die Widerspruchslösung führt, indem sie zumindest die Einwilligungszahlen anhebt, mittelbar zu lebensrettenden Organen. Natürlich müssen neben der Einwilligung auch noch die Organentnahme und die Transplantation erfolgen, um tatsächlich Menschenleben zu retten. Die Widerspruchslösung eröffnet durch die Fiktion der Einwilligungen in vielen Fällen aber überhaupt erst die Gelegenheit, zur Organentnahme und Transplantation zu gelangen. Die Bedeutung der Organtransplantation für diejenigen, die auf ein Spenderorgan angewiesen sind, kann dabei kaum überschätzt werden. Um weiterleben zu können sind sie auf ein Organ angewiesen. Insofern verfolgt die Widerspruchslösung ein überragend wichtiges Ziel von Verfassungsrang, den Schutz des Lebens und der körperlichen Unversehrtheit.

Vor diesem Hintergrund kann auch die Intensität, mit der die Widerspruchslösung in das Selbstbestimmungsrecht der Betroffenen eingreift, noch als moderat bezeichnet werden. Schließlich können sie ja nach wie vor durch eine aktive Entscheidung selbst regeln, ob sie an der Organspende teilnehmen wollen. Dass aufgrund des *status quo bias* nur wenige von dieser Gelegenheit Gebrauch machen werden, entwertet diese nicht vollständig. Durch den *status quo bias* findet schließlich keine vollständige Verhaltenssteuerung statt. Auch wenn er stets erhebliche Verhaltenseffekte zeitigt, finden sich regelmäßig auch Personen, die sich entgegen der Voreinstellung entscheiden.[772] Das zeigt sich nicht zuletzt daran, dass ja auch im Rahmen der derzeit geltenden Entscheidungslösung knapp vierzig Prozent der entscheidungsberechtigten Personen eine schriftliche Erklärung dokumentiert haben.[773] Diese Möglichkeit bleibt auch bei der Einführung der Widerspruchslösung gewährleistet.

Daneben führt die Widerspruchslösung auch zu einer Entlastung der nächsten Angehörigen, die durch den Tod emotional bereits enorm belastet sind. Bislang müssen diese gem. § 4 Abs. 2 TPG für die verstorbene Person über die Zulässigkeit der Organentnahme entscheiden, wenn die verstorbene Person nicht selbst ihren Willen im Hinblick darauf geäußert hat. Dann muss der nächste Angehörige unter Berücksichtigung des mutmaßlichen Willens der verstorbenen Person selbst entscheiden, ob die Organentnahme zulässig sein soll. Da dies in engem zeitlichem Zusammenhang zum Todeseintritt

---

[771] BVerfGE 92, 26 (46).
[772] *Le Grand/New*, Government Paternalism, S. 145.
[773] *Caille-Brillet et al.*, Bericht zur Repräsentativstudie 2018, S. 17.

erfolgen muss, die Organe müssen in noch weiterverwendbarem Zustand entnommen werden, muss der nächste Angehörige diese Entscheidung immer in einer emotionalen Belastungssituation treffen. Diese Notwendigkeit entfällt mit der Widerspruchslösung, weil die Einwilligung der verstorbenen Person fingiert wird.[774]

(c) Transparenz

Die Widerspruchslösung legt das Schweigen ihrer Adressaten als Zustimmung aus und fingiert das Vorliegen einer Einwilligung in die Organspende. Würde sie geräuschlos eingeführt, so würden viele Menschen vollkommen unbemerkt zu Organspendern. Eine solch heimliche Einführung der Widerspruchslösung wäre sicher unzulässig. Sie verstieße nicht zuletzt gegen die Gebote der Klarheit und Voraussehbarkeit staatlichen Handelns.[775] Denjenigen, die durch die Widerspruchslösung zu Organspendern werden, steht das Recht zu, darüber informiert zu werden. Wenn ihr Schweigen durch den Staat gezielt umgedeutet wird, so müssen sie von dieser Umdeutung erfahren. Die Einführung der Widerspruchslösung müsste daher transparent erfolgen. Dabei können einerseits inhaltliche und andererseits prozessuale Transparenz unterschieden werden. Die inhaltliche Transparenz bezieht sich auf die Änderung des geltenden Rechts, namentlich dass durch die Änderung des TPG bei Schweigen nun das Vorliegen einer Einwilligung in die Organspende fingiert wird. Die prozessuale Transparenz bezieht sich auf die Offenlegung des zugrundeliegenden Wirkungsmechanismus der Widerspruchslösung, die die unterbewusste Wirkung des *status quo bias* einbindet.

(aa) Inhaltliche Transparenz

Damit die Widerspruchslösung den von ihr Betroffenen tatsächlich eine Gelegenheit eröffnet, selbst eine Entscheidung über die Organspende zu treffen, müssen die Betroffenen über ihre Einführung informiert werden. Folglich müsste die Widerspruchslösung von transparenten Informationsmaßnahmen flankiert werden, die auf ihre Konsequenzen hinweisen. Das bedeutet vor allem, dass auf die standardmäßige Teilnahme an der Organspende hingewiesen werden muss, die greift, wenn keine ausdrückliche Erklärung zur Organspende dokumentiert wurde. Daneben muss die Information das Bewusstsein wecken, dass die Betroffenen eine Entscheidung treffen können. Es muss deshalb betont werden, dass die Möglichkeit besteht, eine eigene Entscheidung zur Organspende zu treffen, die den eigenen Vorstellungen zur Organspende konkret entspricht. Es wäre auch darauf hinzuweisen, wie eine solche Erklärung idealerweise abgefasst werden kann und wo beispielsweise ein Organspendeausweis zur erleichterten Dokumentation erlangt werden kann.

Diese Informationsmaßnahmen müssten konkret-individuell an jeden potenziellen Organspender ergehen. Es erscheint nicht ausreichend, die Informationen allein durch flächendeckende Informationskampagnen über Rundfunk, Fernsehen oder Plakate zu verbreiten. Wegen der Bedeutung der Widerspruchslösung für die personale Entscheidungsautonomie und die Nähe der Regelung zu Art. 4 Abs. 1 GG muss eine gezielte Ansprache des Individuums mit Hinweis auf die Widerspruchslösung erfolgen, um dessen Kenntnis von der Teilnahme größtmöglich sicherzustellen.[776] Wie genau dieser

[774] Nach dem Entwurf zur Einführung der Widerspruchslösung in Deutschland sollen Angehörige einen ihnen bekannten, der Organentnahme entgegenstehenden Willen der verstorbenen Person geltend machen können, sie sollen aber nicht selbst anhand des mutmaßlichen Willens der Person entscheiden. Vgl. den Entwurf eines Gesetzes zur Regelung der doppelten Widerspruchslösung im Transplantationsgesetz, S. 11, https://www.bundesgesundheitsministerium.de/fileadmin/Dateien/3_Downloads/O/Organspende/Organspende-Widerspruchsloesung_Gruppenantrag_Spahn_et_al.pdf, zuletzt abgerufen am 25.09.2019.

[775] Siehe dazu bereits oben, unter C. I. 2. b).

[776] Derartige individuelle Informationsmaßnahmen sind im aktuellen Gesetzesentwurf zur Widerspruchslösung auch ausdrücklich vorgesehen. Vgl. den Entwurf eines Gesetzes zur Regelung der doppelten

Hinweis ausgestaltet wird, bleibt letztlich aber der Politik überlassen und muss durch das Parlament entschieden werden. Beispielhaft könnte sich an der niederländischen Regelung orientiert werden, hier wird das Individuum erst als Organspender angesehen, nachdem es wiederholt angeschrieben wurde und auf die Briefe, die über die Organspende informieren und eine ausdrückliche Erklärung einfordern, nicht reagiert hat.[777] Dadurch wird gewährleistet, dass der Einzelne hinreichend auf die Konsequenzen der Nichtreaktion hingewiesen worden ist. Durch derartige Informationen wird die Beeinträchtigung der Autonomie, die durch die vermutete Einwilligung erfolgt, abgeschwächt.

(bb) Prozessuale Transparenz

Neben der inhaltlichen Transparenz steht die prozessuale Transparenz. Sie betrifft die Aufklärung über die Wirkungsweise der Widerspruchslösung und ihren bewussten Einsatz. Durch die inhaltliche Transparenz wird den Betroffenen bewusst gemacht, welche konkreten Folgen von der Einwilligungsfiktion der Widerspruchslösung ausgehen. Daneben könnte es erforderlich sein, sie auch auf die Wirkungsmechanismen ihres Unterbewusstseins hinzuweisen, die ihre Entscheidung mitlenken. Sie mögen wissen worin sie einwilligen, aber nicht, warum dieser Inhalt gerade als Voreinstellung präpariert wurde. Ein Hinweis auf die Wirkungsweise durch den Staat würde aufzeigen, dass der Staat durch bewusste Kontextgestaltung eine bestimmte Entscheidung des Individuums herbeiführen will. Auch ein solcher Hinweis könnte konkret-individuell oder abstrakt-generell ergehen.[778]

Eine generelle Transparenzmaßnahme enthielte keine konkrete Ansprache des Individuums auf die Wirkungsweise der Widerspruchslösung. In der inhaltlichen Information über die Organspende würde lediglich auf die standardmäßige Teilnahme an der Organspende und ihre Konsequenzen hingewiesen. In dieser inhaltlichen Information könnte zum Zwecke der generellen prozessualen Transparenz ein zusätzlicher Verweis aufgenommen werden, der auf die Möglichkeit hinweist, sich eingehend über die Widerspruchslösung zu informieren, etwa in der Gesetzesbegründung oder direkt bei einer staatlichen Stelle, beispielsweise dem Bundesgesundheitsministerium. Das würde es ermöglichen, durch eigene Recherche von der Wirkungsweise der Widerspruchslösung zu erfahren.

Allerdings kann in Frage gestellt werden, ob eine derartig allgemein gehaltene Information die prozessuale Transparenz ausreichend gewährleisten würde. Das manipulative Potenzial des *Nudging* ergibt sich letztlich allein aus der Anknüpfung an Entscheidungsfaktoren aus dem Unterbewusstsein. Diese wird das Individuum regelmäßig nicht selbständig entdecken können, es wird nicht realisieren, dass sein Unterbewusstsein es zum Verharren in der Standardvoreinstellung verleitet.[779] Dass diese Tendenz durch den Staat unmerklich ausgenutzt wird, sollte dem Individuum vermittelt werden. Möglicherweise wird jedoch mit der Zeit ein allgemeines Bewusstsein für die Wirkungsweise von Standardregeln geschaffen. Menschen werden in privatrechtlichen Zusammenhängen mehr und mehr mit voreingestellten Zusatzinhalten konfrontiert, die Zusatzbestandteile zu ihrem eigentlich angestrebten Vertrag hinzufügen. Dieses Phänomen wird allerdings, etwa durch den europäischen

Widerspruchslösung, S. 10, https://www.bundesgesundheitsministerium.de/fileadmin/Dateien/3_Downloads/O/Organspende/Organspende-Widerspruchsloesung_Gruppenantrag_Spahn_et_al.pdf, zuletzt abgerufen am 25.09.2019.

[777] Vgl. https://nos.nl/artikel/2131900-nieuwe-orgaandonatiewet-wat-waarom-en-wanneer.html, zuletzt abgerufen am 09.12.2018. Die rechtliche Regelung findet sich in Staatsblad 2018/95.

[778] Hier wird an *Bovens*, The Ethics of Nudge, S. 216, angeknüpft, der konkrete (*token transparency*) und abstrakte (*type transparency*) Transparenzmaßnahmen unterscheidet.

[779] Dazu bereits oben, unter C. II. 1. b).

Gesetzgeber, rechtlich aufgegriffen. Durch die Verbraucherrechterichtlinie wurde die Einführung zusätzlicher Zahlungsverpflichtungen durch Voreinstellungen für unwirksam erklärt.[780] Auch nach der Datenschutzgrundversorgung gelten durch Voreinstellungen erreichte Einwilligungen als unwirksam.[781] Dieses Vorgehen des Gesetzgebers entfernt das Instrument der Standardregel, zumindest für bestimmte Szenarien, aus dem Instrumentarium der privatrechtlichen Unternehmer. Wenn durch das bewusste Setzen von Standardregeln keine wirksamen Verpflichtungen mehr erreicht werden können, dann wird der Einsatz derartiger Voreinstellungen auch kaum mehr vorkommen. Insofern steht dieses Vorgehen des europäischen Gesetzgebers, dass die Wirkung der Standardregeln nachhaltig entkräftet, der Schaffung eines allgemeinen Bewusstseins für die Wirkungsweise von Standardregeln entgegen. Wenn man ihnen im privatrechtlichen Verkehr nicht mehr begegnet, besteht auch keine Gelegenheit, ihre Wirkungsweise kennenzulernen.

Dieses Vorgehen des europäischen Gesetzgebers führt zudem auch zu der paradoxen Situation, dass die eingeholte Einwilligung per Voreinstellung in privatrechtlichen Zusammenhängen für unwirksam erklärt wird, von staatlicher Seite aber gerade zur Erhöhung der Einwilligungszahlen in die Organspende genutzt werden soll. Der Staat nutzt gezielt das Instrument, dessen Nutzung er im Privatrechtsverkehr für unzulässig hält. Es erscheint auf den ersten Blick widersprüchlich, dass die durch Voreinstellung erreichte Einwilligung durch den Unternehmer in datenschutzrechtlichen Zusammenhängen nicht als Einwilligung gelten soll, die Einwilligung kraft Voreinstellung in die Organspende hingegen schon. Die Voraussetzungen für den Einsatz von Standardregeln sind im Privatrechtsverkehr jedoch grundlegend andere als für ihren Einsatz durch den Staat. Im Privatrechtsverkehr droht rasch die Überflutung des Verbrauchers mit Einwilligungen, die voreingestellt als erteilt gelten. Der ubiquitäre Einsatz derartiger Voreinstellungen würde dazu führen, dass die betroffenen Verbraucher regelmäßig gar keine Kenntnis von den zusätzlichen Vertragsbestandteilen haben, in die sie einwilligen.[782] Mangels inhaltlicher Kenntnis der Voreinstellungen kann dann auch keine Einwilligung vorliegen. Wenn der Staat demgegenüber eine Einwilligungsfiktion bei der Regelung der Organspende vornimmt, droht keine derartige Überflutung. Sicher muss auch hier die Gefahr gebannt werden, dass die Einwilligung mangels Kenntnis dessen, worin eingewilligt wird, unwirksam sein könnte, das wird aber durch die Maßnahmen der inhaltlichen Transparenz gewährleistet. Sie ergehen ja gerade, um dem Individuum inhaltliche Kenntnis von der Einwilligungsmaterie zu verschaffen. Insofern besteht auch ein gewichtiger struktureller Unterschied zum Privatrechtsverkehr. Dort hat der Unternehmer regelmäßig kein Interesse an inhaltlichen Transparenzmaßnahmen, die den Inhalt seiner Voreinstellungen offenlegen würden.

Dass der Staat sich eines Instruments bedient, dessen Nutzung im Privatrechtsverkehr untersagt wird, ist insofern nachvollziehbar. Allerdings führt das dazu, dass ein allgemeiner Gewöhnungseffekt an die Wirkungsweise von Standardregeln wohl nicht eintreten wird. Insofern stellt sich weiter die Frage, ob eine generelle Information der Adressaten der Widerspruchslösung ausreichend deren prozessuale Transparenz gewährleisten würde.

[780] Der Verbraucher erhält ein Rückforderungsrecht für in diesem Zusammenhang geleistete Zahlungen, vgl. Art. 22 S. 2 der Verbraucherrechterichtlinie 2011/83/EU.

[781] Verordnung (EU) 2016/679, Erwägungsgrund 32, S. 3: „Stillschweigen, bereits angekreuzte Kästchen oder Untätigkeit der betroffenen Person sollten [...] keine Einwilligung darstellen.".

[782] Die Einwilligung durch Schweigen wird praktisch sonst zur „Legitimationsfiktion", vgl. *Schantz*, Die Datenschutz-Grundverordnung, S. 1845.

Eine konkret-individuelle prozessuale Transparenzmaßnahme würde, wohl gepaart mit der inhaltlichen Aufklärung über die Konsequenzen der Widerspruchslösung auch auf deren gezielten Einsatz als Standardregel hinweisen, die den unterbewussten *status quo bias* einbindet, um die Einwilligungszahlen in die Organspende zu erhöhen. Ein derartig expliziter Hinweis auf die Wirkungsweise der Standardregel birgt die deutliche Gefahr der Reaktanz des Individuums, dass sich womöglich aufgrund der Bevormundung gegen die Organspende entscheidet, obwohl es inhaltlich eigentlich Befürworter derselben ist.[783] So könnte die Effektivität der Maßnahme, das wohl gewichtigste Argument zugunsten ihrer Einführung, entscheidend abgeschwächt werden. Verliert die Widerspruchslösung jedoch ihre Effektivität, so lässt sich ihre Einführung kaum noch rechtfertigen. Es erscheinen dann andere Wege angezeigt, um die Einwilligungszahlen in die Organspende zu erhöhen. Ein konkret-individueller Hinweis könnte insofern mehr schaden als nutzen.[784]

Man kann davon ausgehen, dass sich unter denjenigen, die inhaltlich über die Konsequenzen der Widerspruchslösung unterrichtet werden, zwei Personengruppen befinden. Diejenigen, die sich anhand der Information inhaltlich mit der Entscheidung, Organspender zu werden, auseinandersetzen und diejenigen, bei denen keine inhaltliche Auseinandersetzung mit der Frage stattfindet. Diejenigen, die sich inhaltlich mit der Information auseinandersetzen, reflektieren bereits bewusst über die Entscheidung. Es kann nicht ausgeschlossen werden, dass auch sie aufgrund des *status quo bias* zumindest vorerst bei der Voreinstellung verbleiben, sie sind sich aber der Möglichkeit einer anderen Entscheidung bewusst und könnten diese auch treffen. Der *status quo bias* steuert ihre Entscheidungsgewalt schließlich nicht vollständig.[785] Diesen reflektierenden Personen würde durch die Information über die Wirkungsweise eher nicht weitergeholfen. Sie würde durch die Beschreibung der unterbewussten Wirkungsweise wahrscheinlich vielmehr die bereits angesprochene Reaktanzreaktion auslösen. Dann würde die Entscheidung über die Teilnahme an der Organspende wiederum nicht von inhaltlichen Erwägungen geleitet, sondern von der emotionalen Reaktion. Das sollte vermieden werden. Auf der anderen Seite sind diejenigen, die sich schon mit den inhaltlichen Informationen nicht auseinandersetzen. Sie werden durch die voreingestellte Einwilligung automatisch Organspender, ohne über die Entscheidung zu reflektieren. Bei ihnen fällt es mangels inhaltlicher Kenntnis bereits schwer davon zu sprechen, dass sie wirksam in die Organspende eingewilligt haben. Allerdings kann insoweit geltend gemacht werden, dass mit der Anerkennung ihrer Autonomie auch Verantwortung einhergeht. Es kann von ihnen verlangt werden, dass sie sich auch selbst aktiv um ihre Entscheidungen kümmern. Autonome Menschen sind in der Lage, mit Veränderungen ihrer Umwelt umzugehen und auf sie zu reagieren. Natürlich können sie das nur, wenn sie die Veränderungen bemerken, das wird durch die inhaltlichen Informationen aber gewährleistet. Wenn sie sich selbst dafür entscheiden, diese Informationen zu missachten, kann das wiederum als autonome Entscheidung angesehen werden. Deshalb können sie, trotz der Missachtung der Informationen, als Organspender kraft Fiktion angesehen werden. In jedem Fall würde ihnen durch Hinweise auf die Wirkungsweise der Widerspruchslösung, die sie zu Teilnehmern der Organspende gemacht hat, nicht geholfen werden. Sie würden diese Hinweise, wie auch die inhaltlichen Informationen, wohl ignorieren. Auch für diese

---

[783] *Steindl et al.*, Understanding Psychological Reactance, S. 205. Ähnliche Argumentation auch bei *Bovens*, The Ethics of Nudge, S. 217. *Arad/Rubinstein*, The People's Perspective on Libertarian Paternalistic Policies, S. 315, stellen Reaktanz auf staatlich angeordnete Defaults fest.

[784] Entgegen dieser Vermutung finden *Loewenstein et al.*, Warning: You are about to be nudged, S. 35 ff., keinen Effekt von Hinweisen auf den Wirkungsmechanismus auf das Verhalten der Betroffenen. Anders *Arad/Rubinstein*, The People's Perspective on Libertarian Paternalistic Policies, S. 315.

[785] *Le Grand/New*, Government Paternalism, S. 145.

Gruppe von Individuen scheint die Information über die Wirkungsweise verfehlt, da sie sich bei ihrer Entscheidung ohnehin uninformiert von der Voreinstellung leiten lassen.

In Bezug auf die prozessuale Transparenz kann deshalb konstatiert werden, dass die konkrete Information über die Wirkungsweise, die gemeinsam mit der inhaltlichen Information an die Bürger weitergegeben werden könnte, wohl zwecklos wäre. Bei informierten, reflektierenden Individuen würde eine solche Information eher emotionale Reaktionen hervorrufen, während die uninformierten Individuen die Information über die Wirkungsweise gar nicht wahrnehmen würden. Es bedarf daher lediglich einer generellen prozessualen Transparenzmaßnahme. Sie könnte als Hinweis auf weitergehende Informationsmöglichkeiten mit in der konkret-individuellen inhaltlichen Information über die Konsequenzen der Widerspruchslösung aufgenommen werden. Eine solche Transparenzmaßnahme würde den manipulativen Wirkungsmechanismus der Widerspruchslösung abmildern.

(d) Abwägung und Entscheidung

Wenn die potenziellen Organspender in Deutschland, darunter diejenigen Personen, die durch die Widerspruchslösung ihre fiktive Einwilligung abgeben würden, in der beschriebenen Weise inhaltlich und prozessual über die Widerspruchslösung informiert werden, dann wird der paternalistische und manipulative Einschlag dieses *Nudge* abgemildert. Die Widerspruchslösung trifft für ihre Adressaten eine Entscheidung, der diese selbst nicht ausdrücklich zugestimmt haben. Das geschieht, indem die Wirkung des im Unterbewusstsein veranlagten *status quo bias* ausgenutzt wird. Die Fiktion der Einwilligung als Voreinstellung wird gezielt gesetzt, weil es einen erheblichen Einfluss auf die Entscheidung der Betroffenen hat. Insofern ist es richtig, gerade weil die Einwilligung kraft Fiktion dem deutschen Recht im Grunde fremd ist, von einem paternalistischen und manipulativen Eingriff in die Entscheidungsautonomie der Betroffenen zu sprechen. Dieser Eingriff ist auch von einigem Gewicht, er betrifft mit der posthumen Integrität einen Sachbereich, der spirituell von großer Bedeutung ist. Diese Nähe zum Schutzbereich des Art. 4 Abs. 1 GG macht die Einführung der Widerspruchslösung besonders problematisch.

Diesem Eingriff stehen aber gewichtige Interessen gegenüber. Insbesondere das Interesse der Menschen auf den Wartelisten von Eurotransplant an der Verfügbarkeit von Transplantationsorganen ist von überragender Bedeutung. Die Widerspruchslösung verspricht zumindest die Anzahl der Einwilligungen, als einen Teil des Organspendeverfahrens, zu erhöhen, weil kraft Fiktion mehr Menschen Organspender werden. Ihre Einführung wird dabei von Transparenzmaßnahmen flankiert, die die Betroffenen konkret über die inhaltlichen Auswirkungen der Widerspruchslösung aufklären. Daneben wird ihnen Gelegenheit gegeben, sich auch über die verhaltenswissenschaftlichen Hintergründe der Widerspruchslösung zu informieren. Dadurch wird dem Vorwurf, den Menschen werde paternalistisch und manipulativ eine Entscheidung untergeschoben, entscheidend die Wucht genommen. Durch die Informationsmaßnahmen wird den Betroffenen die Möglichkeit eingeräumt, ein Entscheidungsbewusstsein zu entwickeln und unabhängig vom *status quo bias* eine Entscheidung zu treffen. Ob sie davon Gebrauch machen, liegt dann in ihrer Verantwortung. Die Einführung der Widerspruchslösung würde daher einen angemessenen Eingriff in die personale Autonomie ihrer Adressaten konstituieren. Sie wäre verfassungsrechtlich gerechtfertigt.

3. Zusammenfassung

Die Analyse der Beispiele aus der Energieversorgung und der Organspende hat gezeigt, dass die Einführung von Standardregeln in diesen Sachbereichen einen Eingriff in das allgemeine

Persönlichkeitsrecht konstituiert. Die Einführung der Standardregeln beeinträchtigt ihre Adressaten in ihrer Autonomie. Diese Autonomie haben sie ausgeübt, als sie sich ursprünglich dafür entschieden, bei der Voreinstellung zu verbleiben. Das gilt, obwohl bei dieser ursprünglichen Entscheidung der *status quo bias* Einfluss auf ihre Entscheidung hatte. Dem *status quo bias* kommt insoweit ein für die Willensverwirklichung hinderlicher Einfluss zu, dieser Einfluss geht aber nicht so weit, dass er die Autonomie der Entscheidung, bei der Voreinstellung zu verbleiben, ausschließen könnte. Das ist mithilfe der *Feinbergschen* Autonomiekriterien herausgearbeitet worden. Diese Kriterien sind zum einen die Erheblichkeit der Konsequenzen der konkreten Entscheidung sowie zum anderen die Widerruflichkeit der Entscheidung und ihrer Konsequenzen. Umso erheblicher die Konsequenzen einer Entscheidung erscheinen und umso schwerer sie widerrufen werden kann, umso höher muss demnach die Schwelle der Willensverwirklichung angesetzt werden. Da der Verbleib in der Voreinstellung in den beiden hier analysierten Fällen keine schwerwiegenden Konsequenzen nach sich zieht und jeweils leicht widerruflich ist, ist er als autonom anzusehen. Die Betroffenen sind jederzeit noch in der Lage, die Entscheidung abzuändern. Daher ist auch die Entscheidung (zunächst) in der Voreinstellung zu verbleiben, autonom.

Da die ursprüngliche Entscheidung in der Voreinstellung zu verbleiben als autonom qualifiziert werden konnte, musste die Einführung einer Standardregel, die die Voreinstellung veränderte, als Eingriff in die Autonomie bewertet werden, wenn sie in ihren Wirkungen denen eines klassischen Regelungseingriffs gleichkommt. Das konnte für die Einführung von Standardregeln in beiden Fällen bejaht werden. Die Einführung einer Standardregel lässt erhebliche Verhaltensänderungen erwarten, sodass die Wirkungsintensität als ähnlich hoch anzusehen ist wie die eines klassischen Regelungseingriffs. Das gilt trotz des vordergründig freiheitsschonenden Ansatzes der Standardregeln. Sie beschneiden die Wahlmöglichkeiten der betroffenen Individuen schließlich nicht, sondern legen lediglich die gültige Voreinstellung fest. Dennoch müssen sie als Grundrechtseingriffe qualifiziert werden. Anderenfalls würde der theoretischen und empirischen Fundierung, die dem Einsatz der Standardregeln zugrunde liegt, keine Rechnung getragen werden. Im Rahmen der Bewertung, ob eine Standardregel Eingriffscharakter hat darf nicht vernachlässigt werden, dass ihre Einführung einen empirisch nachweisbaren Einfluss auf das individuelle Verhalten haben wird, obwohl sie die Wahlmöglichkeiten nicht beschneidet. Der Ansatzpunkt der Verhaltensbeeinflussung ist schlicht ein anderer, anstatt die Auswahlmöglichkeiten zu beschneiden beeinflussen sie die Präferenzbildung zugunsten einer bestimmten Option. Dieser Einfluss macht Standardregeln zu Eingriffen, sie beschneiden zwar nicht die verfügbaren Wahlmöglichkeiten, erschweren in Zusammenarbeit mit dem *status quo bias* unterbewusst aber die Auswahl einer anderen Option als der Voreinstellung. Der Einsatz von Standardregeln entfaltet so eine Lenkungswirkung, die der einer zwangsweisen Regelung im Wesentlichen gleichkommt.

Der Annahme eines Eingriffs kann dabei insbesondere nicht mit dem Argument widersprochen werden, Menschen würden Entscheidungen nach deren Wichtigkeit für das eigene Leben aufgreifen. Wenn sie sich also um eine Entscheidung nicht kümmerten, dann liege das daran, dass sie ihnen gleichgültig sei. Dort, wo Menschen bei ihren Entscheidungen durch den *status quo bias* beeinflusst werden, sei ihnen die Entscheidung einfach nicht wichtig. Wenn ihnen die Entscheidung unwichtig sei, dann könne auch die Beeinflussung der Entscheidung durch einen *Nudge* eigentlich kein Problem darstellen. Wäre die Entscheidung wichtig, würde sich der Mensch ja schließlich um sie kümmern.

Dieses Argument ist gefährlich, weil es aus der Perspektive der traditionellen Ökonomik gemacht wird. Es geht davon aus, dass Menschen eine wohlgeordnete Vorstellung ihres Lebens haben und dass sie ihre Aufmerksamkeit auf die für sie relevanten Themen verteilen. Mit der Verhaltensökonomik ist diese Vorstellung jedoch nicht vereinbar. Menschen haben gerade Schwierigkeiten, ihre Aufmerksamkeit derart rational zu verteilen und sich den für sie wichtigen Themen zu widmen. Davon auszugehen, dass die wichtigen Entscheidungen schon selbständig angegangen werden und nur den unwichtigen Entscheidungen keine Aufmerksamkeit geschenkt wird, verkennt diese verhaltenswissenschaftlichen Einsichten. Zwar kann dem Argument nicht völlig die Validität abgesprochen werden, es ist kaum zu erwarten, dass wesentliche Lebensentscheidungen wie die Eheschließung oder der Eintritt in ein Kloster aufgrund einer Standardregel getroffen werden. Allerdings betreffen die allermeisten Entscheidungen im Leben auch nicht derartige Fragen. Viele Entscheidungen würden vom Individuum als wichtig eingestuft, werden aber nicht mit einer entsprechenden Aufmerksamkeit gewürdigt. Ein prominentes Beispiel liefert die Verhaltensökonomik selbst, die Altersvorsorge wird von den meisten Menschen als wichtig angesehen, nur wenige kümmern sich jedoch darum.[786]

Das Argument steht auch in direktem Kontrast zu der verfassungsrechtlichen Vermutung zugunsten der Autonomie des Individuums. Diese besagt einerseits, dass das Individuum in der Lage ist, für sich selbst zu entscheiden. Es besagt darüber hinaus aber auch, dass es unmöglich ist, einzelnen Entscheidungen von außen einen bestimmten Wert zuzuschreiben. Die Vermutung zugunsten der Autonomie bedeutet, dass die Nachdenklichen und Zögerlichen genauso wie diejenigen, die sich ausdrücklich erklärt haben und die, die sich nie um die Entscheidung gekümmert haben, geschützt werden. Die Vermutung dient gerade auch dem Schutz der von außen nicht einsehbaren Gemengelage, die bei den einzelnen Menschen jeweils zur Nicht-Veränderung der Voreinstellung geführt hat. Ob nach reiflicher Reflexion oder völlig unbedacht bei der Voreinstellung verblieben wurde lässt sich nicht feststellen. Es kann deshalb nicht davon ausgegangen werden, dass die fehlende ausdrückliche Erklärung stets Ausdruck von Desinteresse ist. Vielmehr macht gerade die Tatsache die Setzung von Standardregeln problematisch, dass den Betroffenen, die sich mit einer Entscheidung lange beschäftigen oder auch bewusst nicht beschäftigen wollen, eine Erklärungslast auferlegt wird.

Standardregeln müssen mithin in der Regel als Eingriffe in die personale Autonomie angesehen werden. Aus diesem Grund bedürfen sie einer verfassungsrechtlichen Rechtfertigung. Standardregeln sind stets mit dem Potenzial ausgestattet, individuelles Verhalten von den Individuen unbemerkt zu beeinflussen. Indem an den im Unterbewusstsein angesiedelten *status quo bias* angeknüpft wird, wird Einfluss auf die zu fällende Entscheidung genommen, ohne dass dies notwendigerweise bemerkt wird. Diese Lenkungswirkung erhöht die Rechtfertigungslast der Standardregeln. In den begutachteten Beispielsfällen konnte dieser Rechtfertigungslast aber genügt werden. Das lag wesentlich an der Bedeutung der durch die Maßnahmen verfolgten Ziele sowie an der nach wie vor bestehenden Möglichkeit, sich entgegen der Beeinflussung durch die Standardregel zu entscheiden. Der unterbewussten Wirkungsweise der Standardregeln muss durch generelle Transparenzmaßnahmen entgegengewirkt werden, sodass den einzelnen Betroffenen Gelegenheit gegeben wird, sich über die Auswirkungen des *status quo bias* auf ihr Entscheidungsverhalten bewusst zu werden. Wenn diese Transparenz gewährleistet wird, dann stehen die Grundrechte der Maßnahmeadressaten einer Implementierung der hier besprochenen Maßnahmen nicht entgegen.

Allgemein muss bei der verfassungsrechtlichen Rechtfertigung von Standardregeln im Besonderen und *Nudges* ein weiterer Aspekt beachtet werden, der bei der Analyse der hiesig begutachteten

[786] Vgl. nur *Benartzi/Thaler*, Behavioral Economics and the Retirement Savings Crisis, S. 1152 f.

Maßnahmen (noch) keine Rolle spielte. Das Potenzial der *Nudges* zur Verhaltenssteuerung ist dann besonders groß, wenn mehrere Maßnahmen im Zusammenspiel wirken.[787] Es ist damit zu rechnen, dass sie in den unterschiedlichsten Bereichen und Situationen zugleich eingesetzt werden. Der einzelne Bürger wird dann regelrecht von gezielt gesetzten Lenkungsmaßnahmen des Staates „überflutet".[788] Diese Ubiquität der Lenkungseinwirkungen führt dann dazu, dass zumindest die Mehrzahl derselben Einfluss auf die individuelle Entscheidung nehmen. Allein die schiere Anzahl von Lenkungsmaßnahmen wird die bewusste Reflexion jeder einzelnen Einflussnahme unmöglich machen. Dieses Zusammenspiel mehrerer *Nudges* kann bei der verfassungsrechtlichen Prüfung einzelner Maßnahmen nur schwerlich berücksichtigt werden, ist insgesamt aber ein wichtiger Faktor, um die von ihnen ausgehenden Gefahren für die Grundrechtsausübung greifbar zu machen und darf deshalb nicht aus dem Blick geraten.[789]

---

[787] Davor warnt auch *Lübbe-Wolff*, Constitutional Limits to Health-Related Nudging, S. 252 f.

[788] Erst dieses Zusammenspiel mehrerer *Nudges* führt für *Kolbe* überhaupt dazu, dass *Nudges* als Eingriffe qualifiziert werden können. Vgl. *Kolbe*, Freiheitsschutz vor staatlicher Gesundheitssteuerung, S. 237.

[789] In diesem Zusammenhang sei auf BVerfGE 123, 186 (265 f.) verwiesen: „Grundsätzlich ist es möglich, dass verschiedene einzelne, für sich betrachtet geringfügige Eingriffe in grundrechtlich geschützte Bereiche in ihrer Gesamtwirkung zu einer schwerwiegenden Beeinträchtigung führen, die das Maß der rechtsstaatlich hinnehmbaren Eingriffsintensität überschreitet".

E. Schluss

Diese Arbeit hat die verfassungsrechtliche Legitimität des *Nudging* im Verwaltungsrecht untersucht. Ziel der Arbeit war die Beantwortung der Frage, ob *Nudges* mit der personalen Autonomie ihrer Adressaten vereinbar sind. Die Antwort auf diese Frage muss nach den erarbeiteten Erkenntnissen differenziert ausfallen.

Die hiesige grundrechtliche Untersuchung hat einige bedenkliche Eigenschaften des *Nudging* aufgedeckt. Die in der ethischen Diskussion des Konzepts bereits kritisierten Aspekte des Paternalismus und der Manipulation haben sich auch in der rechtlichen Würdigung als problematisch gezeigt. Die inhaltliche Beeinflussung individueller Entscheidungen durch *Nudges* ist paternalistisch, der dabei genutzte Wirkungsmechanismus ist manipulativ. Das macht das Konzept zu einem potenziellen Problem für die personale Autonomie seiner Adressaten. Diese abstrakt identifizierten Probleme haben bei der Untersuchung der konkreten Einzelbeispiele jedoch nicht zur Feststellung der verfassungsrechtlichen Unzulässigkeit der *Nudges* geführt. Die Untersuchung der konkreten Maßnahmen hat gezeigt, dass die untersuchten *Nudges* mit der personalen Autonomie ihrer Adressaten vereinbar sind. *Nudges* können ein überzeugendes und wenig eingriffsintensives Mittel der politischen Gestaltung sein. Sie können auf politisch wünschenswerte Ergebnisse hinwirken, ohne die Betroffenen zu einem bestimmten Verhalten zu zwingen. Das macht sie zu einem attraktiven Instrument staatlicher Rechtsetzung.

I. Zusammenfassung der Erkenntnisse

Um die verfassungsrechtliche Analyse konkreter Maßnahmen im dritten Teil dieser Arbeit vorzunehmen waren mehrere vorbereitende Schritte notwendig. Das Konzept des *Nudging* baut maßgeblich auf Erkenntnissen der Ökonomik und der Psychologie auf. Das ihm gegenübergestellte Konzept personaler Autonomie entstammt der Rechtsphilosophie. Um die Konzepte miteinander in Bezug zu setzen war es erforderlich, sie jeweils zu definieren und rechtlich einzuordnen. Das ist im ersten und zweiten Teil dieser Arbeit getan worden.

1. Nudges und ihre ökonomischen Grundlagen

Im ersten Teil dieser Arbeit ist das *Nudging* definiert worden. Zum Verständnis des Konzeptes war es erforderlich, die ökonomischen Verhaltensannahmen vorzustellen, die der Geburt des Konzeptes zugrunde liegen. Das ist zuvörderst das Verhaltensmodell des *Homo Oeconomicus*. Dessen umfassende Beschreibung des menschlichen Entscheidungsverhaltens als rationale Nutzenmaximierung ist maßgebliche Grundlage der Ökonomik und der ökonomischen Analyse des Rechts. Allerdings ist das Verhaltensmodell selbst in die Kritik geraten, weil es auf unrealistischen, nicht menschlichen Annahmen fußt. Der *Homo Oeconomicus* ist ein Informationsverarbeitungsgenie, der die Informationen aus seiner Umwelt stets korrekt aufnimmt und verarbeitet. Er hat klare Vorstellungen davon, was er erreichen möchte. Er weiß deshalb in jeder Entscheidungssituation, welche Entscheidungsoption er präferiert. Aus den aufgenommenen Informationen gelingt es ihm, die verfügbaren Entscheidungsoptionen herauszufiltern. Daraufhin entscheidet er sich für diejenige Option, die er präferiert. So zieht er aus jeder Entscheidungssituation den maximal möglichen Nutzen. Dabei unterlaufen ihm keine Fehler, er trifft verlässlich stets die nutzenmaximierende Entscheidung.

Der Kritik am *Homo Oeconomicus* ist vielfach dadurch begegnet worden, dass auf seinen Modellcharakter verwiesen wurde. Er diene eben dazu, typisches Verhalten in Entscheidungssituationen zu prognostizieren oder nachzuvollziehen. Konkret-individuelle

L. Böker, *Nudge im Spiegel des allgemeinen Persönlichkeitsrechts*,
Ökonomische Analyse des Rechts | Economic Analysis of Law,
https://doi.org/10.1007/978-3-658-33472-7_5

Entscheidungen lassen sich mit seiner Hilfe nicht erklären. Diese Verteidigung des Modells kann aber nur funktionieren, wenn das typische Entscheidungsverhalten auch verlässlich erklärt werden kann. Sobald das systematisch nicht mehr der Fall ist, verliert das Modell jegliche Erklärungskraft. Hier tritt die Verhaltensökonomik auf den Plan, die mithilfe psychologischer Experimente Szenarien identifiziert hat, in denen das typische Entscheidungsverhalten von Menschen systematisch von den Vorhersagen des *Homo Oeconomicus* abweicht. Diese Szenarien können unter den Oberbegriffen des begrenzten Selbstinteresses, der begrenzten Rationalität und der begrenzten Willenskraft gesammelt werden. Sie zeichnen sich dadurch aus, dass Menschen sich nicht nur für den eigenen Nutzenzuwachs interessieren, die verfügbaren Ressourcen nicht immer optimal für die Verfolgung feststehender Ziele aufwenden und unmittelbar bevorstehenden Konsum überproportional hoch bewerten. Die einzelnen Abweichungen von den Prognosen des *Homo Oeconomicus*, die Menschen in den einzelnen Entscheidungssituationen zeigen, werden als kognitive Verzerrungen bezeichnet. Es handelt sich um Faktoren, die das menschliche Entscheidungsverhalten maßgeblich mitbeeinflussen obwohl die Entscheidung eines *Homo Oeconomicus* von Ihnen nicht beeinflusst werden dürfte. Obwohl dem *Homo Oeconomicus* gleichgültig sein müsste, ob die Entscheidungsoptionen als Gewinn- oder Verlustszenario beschrieben werden, spielt dies eine wichtige Rolle für die tatsächliche Entscheidung. Ebenso müsste gleichgültig sein, welche Entscheidung für den Fall gilt, dass die entscheidungsberechtigte Person sich äußert. Dennoch beeinflusst die Voreinstellung für diese Fälle systematisch den Entscheidungsausgang. Diese, als *Framing, Loss Aversion* und *status quo bias* bekannten Faktoren der menschlichen Entscheidungsfindung werden neben anderen als kognitive Verzerrungen bezeichnet. Verzerrungen deshalb, weil sie Abweichungen vom Verhaltensmodell des *Homo Oeconomicus* darstellen. Dessen Verhaltensmodell ist auch für die Verhaltensökonomik in der Weise bedeutsam, dass sie sich über Abweichungen menschlichen Entscheidungsverhaltens vom klassischen Verhaltensmodell definiert. Ein eigenständiges verhaltensökonomisches Verhaltensmodell als Gegenstück zum *Homo Oeconomicus* hat sich bislang nicht entwickelt.

Die von der Verhaltensökonomik identifizierten Szenarien haben das Modell des *Homo Oeconomicus* erschüttert. Die Erkenntnis, dass Menschen sich im Sinne des Modells irrational verhalten, hat die Frage hervorgebracht, wie auf dieses irrationale Verhalten reagiert werden sollte. Das Konzept des *Nudging* gibt aus rechtswissenschaftlicher Perspektive eine Antwort auf diese Frage. In seiner ursprünglichen Konzeption sollte das *Nudging* Menschen dazu verhelfen, rationale Entscheidungen im Sinne des *Homo Oeconomicus* zu treffen. Ihnen soll dazu verholfen werden, ihre eigenen Präferenzen zu verwirklichen. Das ergibt sich aus dem normativen Konzept des *Libertarian Paternalism*, das dem Einsatz von *Nudges* eine Zielrichtung verleiht. *Nudges* sind insoweit das Umsetzungswerkzeug der Ideale des *Libertarian Paternalism*, sie verändern die Entscheidungsumgebung in einer Weise, die das Individuum zu einer bestimmten Entscheidung verleitet. Dabei setzen sie keinerlei Zwang ein und verzichten auf das Setzen ökonomischer Anreize. Sie sind nicht an den rationalen Modellakteur gerichtet, sondern auf den irrationalen Menschen zugeschnitten. Der *Libertarian Paternalism* formuliert für ihren Einsatz die Vorgabe, dass sie Menschen zu Entscheidungen verhelfen sollen, die diese selbst wollen, ohne sie jedoch dazu zu zwingen. Der zwanglose Anteil verwirklicht den libertären Anteil des Konzeptes, der paternalistische Anteil wird durch die Beeinflussung der individuellen Entscheidungen abgebildet. Dieser paternalistische Anteil scheitert jedoch an dem selbst formulierten Anspruch, den Menschen zu Entscheidungen zu verhelfen, die diese selbst wollen. Sie sollen Entscheidungen treffen die sie, *„as judged by themselves“*,[790] selbst für die richtigen Entscheidungen

[790] *Sunstein/Thaler*, Nudge, S. 5.

halten. Dieser Anspruch scheitert an zwei Problemen. Zum einen kann der Staat als Entwurfsarchitekt eines *Nudge* gar nicht erkennen, welche Entscheidung die Betroffenen selbst wollen. Er kann nur festlegen, welche Entscheidung aus seiner Sicht die beste wäre. Das wird er regelmäßig tun, indem er das tatsächliche Verhalten mit dem idealisierten Modellverhalten des *Homo Oeconomicus* abgleicht. So wird den Menschen aber nicht zu der Entscheidung verholfen, die sie selbst wollen, sondern zu der, die aus Sicht des ökonomischen Verhaltensmodells nutzenmaximierend wäre. Zum anderen wissen Menschen in vielen Situationen selbst gar nicht genau, welche Entscheidung sie präferieren. Sie haben keine feststehenden Präferenzen wie das Modell des *Homo Oeconomicus* annimmt. Daher kann ihnen auch keine Entscheidungshilfe gegeben werden, die ihnen zu den Entscheidungen verhilft, die sie selbst wollen. Damit bricht ein wesentlicher Teil der Zielsetzung des *Libertarian Paternalism* weg. Zurück bleibt lediglich ein Skelett, das aus dem Verzicht auf Zwang beim Einsatz von *Nudges* besteht.

Der Zwangsverzicht war in der ursprünglichen Definition von *Nudges* als Umsetzungswerkzeug des *Libertarian Paternalism* noch enthalten. Ein *Nudge* ist danach *„any aspect of the choice architecture that alters people's behavior in a predictable way without forbidding any options or significantly changing their economic incentives."*[791] Diese Definition von *Nudges* ist aus mehreren Gründen wenig brauchbar. Sie ist viel zu vage. Was sind signifikante Anreize? Welche eingrenzende Funktion hat das Tatbestandsmerkmal der vorhersagbaren Verhaltensbeeinflussung? Darunter kann fast jede staatliche Maßnahme subsumiert werden. Sie ist zudem nicht auf die Besonderheiten zugeschnitten, die den Einsatz von *Nudges* eigentlich auszeichnen. In keiner Weise werden die kognitiven Verzerrungen der Verhaltensökonomik erwähnt, die eigentlich Anlass für die Entwicklung des *Nudging* gewesen sind. Baut man eine Definition von *Nudges* auf diesem charakteristischen Merkmal, der Einbeziehung von kognitiven Verzerrungen, auf, so ergibt sich bereits daraus, dass *Nudges* auf das Setzen von Anreizen und den Einsatz von Zwang verzichten. Sie sind an den irrationalen Menschen gerichtet, nicht an den rationalen Modellakteur. Letzterer würde sich durch Anreize in seiner Entscheidung beeinflussen lassen, für den irrationalen Akteur sind andere Faktoren entscheidend, auf deren Einbindung *Nudges* ausgerichtet sind. Der Einsatz von Zwang würde die Entscheidungssituation von vornherein auflösen, sodass kognitiven Verzerrungen gar kein Raum für Entfaltung bliebe. Dementsprechend könnte auch nicht durch *Nudges* an sie angeknüpft werden. Diese Überlegungen haben dazu geführt, dass *Nudges* am Ende des ersten Teils dieser Arbeit neu definiert wurden. Ergebnis dieser Bemühung war die folgende Definition: Ein *Nudge* ist eine *Veränderung des Entscheidungskontextes*, die erfolgt, weil in einer Situation das Vorliegen von *kognitiven Grenzen, Verzerrungen, Routinen oder Gewohnheiten im individuellen und sozialen Entscheidungsverhalten* erkannt wird, die zur *prognostizierbaren Beeinflussung* individuellen Verhaltens *in den Entscheidungskontext eingebunden* werden.

2. Die rechtliche Einordnung und abstrakte Bewertung von Nudge

Auf Grundlage der entwickelten Definition sind *Nudges* vom *Libertarian Paternalism* gelöst und zum eigenständigen Konzept erhoben worden und zu Beginn des zweiten Teils auf ihre rechtswissenschaftliche Anschlussfähigkeit hin untersucht worden. Dabei ist festgestellt worden, dass der Ansatz der *Nudges*, auf der Grundlage sozialwissenschaftlicher Verhaltensmodelle steuernden Einfluss auf die Bürger zu nehmen, nicht neu ist. Er ist im Rahmen der neuen Verwaltungsrechtswissenschaft der ausgehenden achtziger Jahre des zwanzigsten Jahrhunderts bereits aufgekommen und hat dort zur Entwicklung von Steuerungsmodellen geführt, im Zuge derer das staatliche Handeln im Verwaltungsrecht auch neue Instrumente hinzugewann. Neben die

---

[791] *Sunstein/Thaler*, Nudge, S. 6.

klassische, direkte Steuerung durch konkret-individuelle Regelungen traten indirekte Steuerungsinstrumente wie das Setzen finanzieller Anreize oder das Verbreiten von Informationen. Diese Instrumente sollten auf Grundlage der Annahme rationalen Verhaltens der Bürger eine Selbststeuerung der Gesellschaft ermöglichen. Die Bürger sollten auf die durch die indirekten Steuerungsinstrumente gesetzten Anstöße reagieren und ihr Verhalten adaptieren. In gleicher Weise versuchen *Nudges* Einfluss auf das individuelle Verhalten zu gewinnen. Anders als die bekannten Instrumente indirekter Verhaltenssteuerung setzen sie aber nicht am rationalen Akteur an, sondern legen das anhand der kognitiven Verzerrungen angepasste Verhaltensmodell zugrunde. Sie erweitern das Instrumentarium der indirekten Verhaltenssteuerung durch den Staat. Insoweit sind eindeutige Gemeinsamkeiten zwischen *Nudges*, Anreizen und der Informationsbereitstellung festzustellen.

Charakteristisches Alleinstellungsmerkmal der *Nudges* ist aber der Ansatz, kognitive Verzerrungen in die Verhaltensbeeinflussung einzubinden. Diese Eigenschaft hat in der wissenschaftlichen Rezeption des Konzeptes auch zu Vorwürfen geführt, es sei ein paternalistisches und manipulatives Instrument. Deshalb respektiere es die personale Autonomie der *Nudge*-Adressaten nicht.

Der Vorwurf, *Nudges* seien paternalistisch, hat sich bestätigt. Nicht ohne Grund bezeichneten schon die Konzeptentwickler ihr normatives Konstrukt als *Libertarian Paternalism*. Allerdings fangen klassische Paternalismusdefinitionen den paternalistischen Einschlag von *Nudges* nicht korrekt ein. Sie sind wesentlich von der *Millschen* Vorstellung geprägt, die Paternalismus stets davon abhängig macht, dass allein zu Gunsten des Betroffenen in dessen Freiheit steuernd eingegriffen wird. Das kann für *Nudges* nicht immer gesagt werden, vielfach verfolgen sie neben der individuellen Verbesserung auch Gemeinwohlziele. Das macht sie für die Betroffenen aber nicht weniger bevormundend. Ihre Entscheidung wird schließlich weiterhin beeinflusst. Aus diesem Grund ist in dieser Arbeit der Paternalismusbegriff *Seana Shiffrins* zugrunde gelegt worden. Sie definiert Paternalismus als Ersetzung des Urteils des Betroffenen durch das Urteil des Paternalisten, motiviert durch die Annahme, dass das Urteil des Paternalisten dem des Betroffenen überlegen sei. Diese Urteilsersetzung erfolgt dabei in einem Bereich, den legitimerweise eigentlich der Betroffene selbst beurteilen sollte.[792] Dieser Begriff des Paternalismus fängt die Aspekte ein, die *Nudges* bevormundend machen. Sie werden eingeführt, weil davon ausgegangen wird, dass die Betroffenen aufgrund der kognitiven Verzerrungen selbst kein sachgerechtes Urteil fällen können. Deshalb wird das Urteil der Betroffenen selbst durch das des staatlichen Entscheidungsarchitekten ersetzt. Dabei wird den Betroffenen das Verhalten aber keineswegs verboten, die primäre Entscheidungsbefugnis steht ihnen weiterhin zu. Sie werden lediglich in eine bestimmte Richtung gewiesen.

Dieser Anstoß knüpft an die kognitiven Verzerrungen der Verhaltensökonomik an. Das macht *Nudges* zugleich zu einem manipulativen Instrument. Manipulation zeichnet sich dadurch aus, dass sie rationale Reflexion zu umgehen sucht.[793] Die kognitiven Verzerrungen, an die durch *Nudges* angeknüpft wird, sind im menschlichen Unterbewusstsein, dem System 1 der psychologischen *Dual-Process* Theorien, angesiedelt. Dieses System 1 zeichnet sich dadurch aus, dass es schnell, intuitiv und unterbewusst Reaktionen auf die Umgebung produziert. Es ist ständig aktiv. Ihm gegenüber steht das langsamere System 2, das kontrolliert und bewusst auf einige der durch das System 1 generierten Impressionen reagiert. Es ist jedoch nicht immer aktiv und wird nur im Bedarfsfall aktiviert. Die durch das System 1 generierten Eindrücke bilden die Grundlage für die individuellen Entscheidungen. Die

---

[792] *Shiffrin*, Paternalism, Unconscionability Doctrine, and Accomodation, S. 218.
[793] *Raz*, The Morality of Freedom, S. 377 f.

Eindrücke werden dabei durch kognitive Verzerrungen beeinflusst, hier wirkt es sich etwa aus, wenn das System 1 ein Szenario als Verlustszenario begreift und deshalb als bedrohlich auffasst. Diese Eindrücke des menschlichen Unterbewusstseins werden gezielt durch *Nudges* beeinflusst, wenn sie an die bekannten kognitiven Verzerrungen anknüpfen, um auf ein bestimmtes Entscheidungsergebnis hinzuwirken. Weil die Auswirkungen der kognitiven Verzerrungen nur bis zu einem gewissen Grad der Kontrolle der bewussten Reflexion unterliegen, das System 2 ist schließlich nicht ständig aktiv, umgehen *Nudges* so die Kontrolle der bewussten, rationalen Reflexion. Sie manipulieren die Entscheidung ihrer Adressaten.

Die Aspekte des Paternalismus und der Manipulation machen *Nudges* zu einem Problem für die personale Autonomie ihrer Adressaten. Die personale Autonomie ist ein Synonym für die individuelle Selbstbestimmung. Sie setzt sich in Anknüpfung an *Joel Feinberg* wesentlich aus einem Kompetenz- und einem Authentizitätsaspekt zusammen. Der Kompetenzaspekt bildet die generelle Fähigkeit des Individuums ab, über das eigene Leben zu bestimmen. Er ist von rationalen Grundfähigkeiten abhängig, die bei einem gesunden Erwachsenen vorhanden sind. Der erwachsene Mensch ist dazu befähigt, eigene Lebensentscheidungen zu treffen. Der Authentizitätsaspekt befasst sich mit der Verwirklichung des individuellen Willens in einzelnen Entscheidungen, also der konkreten Ausübung der Autonomiekompetenz. Wird der Wille in einer Entscheidung vollumfänglich verwirklicht, so ist diese Entscheidung vollkommen authentisch. Das gelingt allerdings nur in den wenigsten Fällen, meistens wird die Willensverwirklichung von verschiedenen Faktoren beeinträchtigt, sodass der Wille nur partiell verwirklicht wird. Das kann beispielsweise daran liegen, dass das Individuum durch dritte Personen offen bedrängt oder gezielt manipuliert wird, es kann aber auch auf affektiven Einflüssen aus der Psyche des Individuums selbst beruhen. Als ein solcher affektiver Einfluss aus der Psyche können die kognitiven Verzerrungen der Verhaltensökonomik angesehen werden. Sie behindern das Individuum dann beim Treffen einer vollkommen authentischen Entscheidung. Allerdings ist auch eine nicht vollkommen authentische Entscheidung in der Regel als autonom anzusehen, fast keine Entscheidung genügt dem Ideal, vollkommen willensverwirklichend zu sein. Wann eine Entscheidung aufgrund fehlender Willensverwirklichung nicht mehr als autonom anzusehen ist muss im Einzelfall bestimmt werden. Es ist insoweit angezeigt, eine flexible Grenze der notwendigen Willensverwirklichung festzulegen. Sie wird in Abhängigkeit von den zu erwartenden Konsequenzen der betroffenen Entscheidung und der Umkehrbarkeit der Entscheidung sowie ihrer Konsequenzen festgelegt. Umso gravierender die Konsequenzen und umso weniger widerruflich die Entscheidung, umso höher muss die Grenze der Willensverwirklichung liegen. Auf Grundlage dieses Autonomiemodells wurden konkrete Entscheidungen begutachtet, die durch *Nudges* aufgegriffen werden können.

3. Die konkrete rechtliche Bewertung von Nudge anhand von Beispielen

Die konkrete Prüfung der Vereinbarkeit von *Nudges* mit der personalen Autonomie erfolgte am Maßstab des allgemeinen Persönlichkeitsrechts ihrer Adressaten. Im allgemeinen Persönlichkeitsrecht, das sich aus den Grundrechten der Menschenwürde und der allgemeinen Handlungsfreiheit zusammensetzt, äußert sich der individuelle Gegenpol zum *Nudging*, die personale Autonomie, besonders deutlich. Das allgemeine Persönlichkeitsrecht dient gerade der identitätsstiftenden Selbstverwirklichung ohne fremde Einflussnahme. Genau in diesen Bereich dringen *Nudges* mit ihren Vorschlägen für ein ‚besseres' Leben ein. In der verfassungsrechtlichen Literatur ist der Begriff der personalen Autonomie bislang kaum als konkreter Schutzgehalt eines Grundrechtes diskutiert worden. Autonomie gilt als übergeordnetes Leitprinzip der Verfassung, die insgesamt auf der Anerkennung der Selbstbestimmungsfähigkeit des Menschen aufbaut. Es ist jedoch sinnvoll, der Autonomie einen eigenständigen Kern, die individuelle Willensverwirklichung, zuzuordnen, der auch konkreten grundrechtlichen Schutz erfährt. Auf diese Weise lässt sich das Charakteristikum des *Nudging*, die Interaktion mit kognitiven Verzerrungen des menschlichen Unterbewusstseins, als grundrechtliches Problem identifizieren. Auf den ersten Blick erscheinen *Nudges* zwar als zwanglose Verhaltensempfehlungen, mit Blick auf ihren Einfluss auf die persönliche Willensverwirklichung werfen sie aber grundrechtliche Bedenken auf.

Die konkrete grundrechtliche Untersuchung ist auf *Nudges* aus den Oberkategorien Informationsbereitstellung und Standardregeln bezogen worden, in die sich die meisten *Nudges* einordnen lassen. Sie können entweder als Informationsbereitstellung, die an nahezu jede kognitive Verzerrung anknüpfen kann und ihre Wirkung durch die Art und Weise der Informationspräsentation vermittelt, oder als Standardregeln, die sich durch Anknüpfung an den *status quo bias* und die Veränderung der gültigen Voreinstellung auszeichnen, qualifiziert werden. Gegenstände der konkreten Untersuchung waren die Text-Bild Warnhinweise auf Tabakprodukten, staatliche Informationskampagnen zum Trinkwasserverbrauch, die Widerspruchslösung bei der postmortalen Organspende und die Stromgrundversorgung mit sogenanntem Ökostrom.

Die Untersuchung der Maßnahmen wurde klassisch in drei Schritten vollzogen. Zunächst wurde festgestellt, ob der Schutzbereich des allgemeinen Persönlichkeitsrechts eröffnet ist, dann, ob der *Nudge* einen Eingriff in diesen Schutzbereich konstituiert und zuletzt, ob dieser Eingriff gerechtfertigt werden kann. Im Rahmen des Schutzbereichs war dabei jeweils die Autonomie der zugrundeliegenden Entscheidung zu beurteilen. Nur wenn diese als autonom angesehen werden konnte, war der Schutzbereich eröffnet. Hindernis für die Autonomie der Entscheidung war hier jeweils die kognitive Verzerrung, die auf die Entscheidung einwirkte. Im Fall der Organspende und der Energiegrundversorgung der *status quo bias*, im Fall der Text-Bild Warnhinweise der Überoptimismus. Konnte eine Entscheidung trotz der Auswirkungen der kognitiven Verzerrung als autonom qualifiziert werden, so musste im zweiten Schritt über ihre Eingriffsqualität entschieden werden. Für die Eingriffsqualität eines *Nudge* musste dieser in seinen Auswirkungen denen einer zwangsweisen Regelung im Wesentlichen gleichkommen. Lag ein Eingriff vor, so musste dieser verfassungsrechtlich gerechtfertigt werden und insbesondere verhältnismäßig sein.

Die Fälle der analysierten Informationsmaßnahmen, die Text-Bild Warnhinweise und die Informationen zum Trinkwasserverbrauch, wurden am allgemeinen Persönlichkeitsrecht sowie an der negativen Informationsfreiheit der Adressaten gemessen. Bei der Prüfung des allgemeinen Persönlichkeitsrechts konnten die Entscheidungen der Adressaten als autonom qualifiziert werden. Dem Griff zur Zigarette und dem Verbrauch von Trinkwasser liegt eine autonome Entscheidung zugrunde. Der Schutzbereich des allgemeinen Persönlichkeitsrechts war deshalb eröffnet. Eingriffsqualität konnte den Informationsmaßnahmen hingegen nicht bescheinigt werden. Dazu wäre es erforderlich, dass die Informationsmaßnahmen Auswirkungen auf die Entscheidungen entwickeln, die in ihrem Ausmaß denen einer zwangsweisen Regelung im Wesentlichen gleichkommen. Davon kann aufgrund des zu erwartenden, lediglich geringfügigen Einflusses auf die Entscheidungen der Informationsadressaten nicht gesprochen werden. Die Informationsmaßnahmen bleiben hinter der Schwelle des Grundrechtseingriffs zurück. Sie mussten verfassungsrechtlich nicht gerechtfertigt werden, weil sie gar nicht als verfassungsrechtliche Beeinträchtigung der personalen Autonomie qualifiziert werden konnten.

Für die *Nudges* durch aufbereitete Informationen erschien neben dem allgemeinen Persönlichkeitsrecht auch eine Betroffenheit der negativen Informationsfreiheit ihrer Adressaten möglich. Weil der Staat Informationen mit einer gezielten Lenkungsintention verbreitet, könnten die Adressaten dieser Informationen einen Anspruch darauf geltend machen, nicht mit derart aufbereiteten Informationen behelligt zu werden. In einem demokratischen Rechtsstaat darf der Staat die öffentliche Meinungsbildung nicht durch gezielte Streuung spezifischer Informationen behindern. Sie muss vom Volk ausgehen und darf nicht Produkt staatlicher Tätigkeit sein. Allerdings muss es dem Staat möglich sein, auf gewisse tatsächliche Phänomene hinzuweisen, die gesamtgesellschaftliche Relevanz entfalten. Das setzt aber voraus, dass die Informationen einen sachlichen Tatsachenkern enthalten. Davon konnte in den hier besprochenen Beispielen ausgegangen werden. Sowohl die Text-Bild Warnhinweise als auch die Informationen zum Trinkwasserverbrauch sind im Kern Tatsacheninformationen, die mit Lenkungsintention präsentiert werden. Da allein von der thematischen Auswahl einer staatlich veröffentlichten Information bereits eine Lenkungswirkung ausgeht, kann eine Information vollkommen ohne Lenkungsintention nicht veröffentlicht werden. Der Schutzbereich der negativen Informationsfreiheit ist für staatliche Tatsacheninformationen nicht eröffnet.

Die Fälle der analysierten Standardregeln, der Widerspruchslösung im Bereich der postmortalen Organspende sowie der Energiegrundversorgung mit Ökostrom, wurden allein am allgemeinen Persönlichkeitsrecht gemessen. Bei Ihnen spielt die Wirkung des *status quo bias* eine erhebliche Rolle. Jeweils galt es die Frage zu beantworten, ob die Menschen, die bei der Voreinstellung verblieben waren, bei der Entscheidung für den Verbleib in der Voreinstellung autonom handelten. Im Fall der Organspende betraf dies also all jene, die zur Organspende noch keine Entscheidung dokumentiert haben. Die fehlende Dokumentation einer ausdrücklichen Entscheidung ist letztlich die Entscheidung für die Voreinstellung, die Nichtteilnahme an der Organspende. Die Situation im Fall der Energiegrundversorgung ist ähnlich. Indem keine Entscheidung zugunsten eines anderen Energieversorgers getroffen wird, fällt die Entscheidung zugunsten des Grundversorgers. Dieses Verharren der Menschen in der Voreinstellung lässt sich auf eine Vielzahl verschiedener Motive zurückführen, es ist letztlich aber Ausdruck des bei diesen Personen wirkenden *status quo bias*. Unentschlossenheit, Unsicherheit, Unwissen oder bloß Unwillen, eine Entscheidung zu treffen führt dazu, dass ein großer Teil der Menschen bei den jeweils voreingestellten Optionen verbleibt. Entscheiden sie sich autonom dafür, bei der Voreinstellung zu bleiben? Diese Frage ist mithilfe des *Feinbergschen* Autonomiemodells beantwortet worden. Sie ist in beiden Fällen bejaht worden. Eine autonome Entscheidung hängt von der Verwirklichung des individuellen Willens durch die Entscheidung ab. Der Willen einer Person ist von aussen nicht einsehbar, bei kompetenten Individuen ist im Zweifel davon auszugehen, dass sie ihren Willen verwirklichen. Allerdings kann der *status quo bias* ein Hindernis der Willensverwirklichung sein. Er verleitet Menschen dazu, bei der Voreinstellung zu bleiben, obwohl sie womöglich einen anderen Willen hätten – das lassen zumindest die Umfragen im Fall der Organspende und die Vergleichsangebote im Fall der Energiegrundversorgung vermuten. Dennoch genügt die Willensverwirklichung für eine autonome Entscheidung nach *Feinberg*. Das liegt daran, dass eine niedrige Schwelle angelegt werden kann. Die Entscheidungen sind in ihren Konsequenzen wenig schwerwiegend und können einfach widerrufen werden. Aus der jeweiligen Voreinstellung kann schließlich mit wenig Aufwand herausgewechselt werden. Deshalb genügt eine nur geringfügige Willensverwirklichung, um die Entscheidungen als autonom zu qualifizieren. Vereinfacht gesprochen verwirklicht das Aufschieben der Entscheidung bereits die Autonomie der

Betroffenen. Der Schutzbereich des allgemeinen Persönlichkeitsrechts war daher in beiden Fällen eröffnet.

Der *status quo bias*, der als Autonomiehindernis bereits im Schutzbereich relevant wurde, ist für die grundrechtliche Prüfung der Standardregeln auch zur Beurteilung der Eingriffsqualität des jeweiligen *Nudge* bedeutsam. Er wird durch die zu begutachtenden Maßnahmen, die Widerspruchslösung bei der Organspende und die Änderung der Grundversorgung auf Ökostrom bei der Energieversorgung, in den Wirkungsmechanismus eingebunden. Sie wollen gerade mit seiner Hilfe Verhaltensänderungen bei den Betroffenen erreichen. Auf den ersten Blick erscheint es widersprüchlich, die Entscheidungen im Schutzbereich trotz des *status quo bias* als autonom zu beurteilen, sie bei der Beurteilung der Eingriffsqualität dann aber als Eingriffe zu qualifizieren. Das ist aber geschehen. In beiden Fällen ist die Veränderung der Standardregel als Eingriff in die personale Autonomie der Betroffenen qualifiziert worden. Das liegt zum einen daran, dass diese durchaus auch im Vertrauen auf die bestehende Rechtslage bei der Voreinstellung geblieben sind. Die Veränderung der Voreinstellung zwingt sie daher möglicherweise zum Handeln. Vor allem ist die Eingriffsqualität aber darin begründet, dass die Voreinstellungen gezielt durch den Staat verändert werden, um ein bestimmtes Verhalten zu erreichen. Diese Intentionalität, gepaart mit der erheblichen Wirkung, die von Standardregeln ausgeht, sorgt dafür, dass sie in Art und Wirkung einem klassischen Regelungseingriff im Wesentlichen gleichkommen.

Die Wirkung der Standardregeln liegt dabei gerade nicht darin begründet, dass sie die verfügbaren Wahlmöglichkeiten beschneiden. Anders als durch klassische Eingriffe werden die Auswahloptionen gerade nicht verändert – ein Charakteristikum der indirekten Verhaltenssteuerung. *Nudges* beeinflussen die Auswahl, anders als etwa finanzielle Anreize, aber auch nicht durch die Vergünstigung oder Verteuerung bestimmter Verhaltensweisen. Das Verhalten selbst als Resultat des Entscheidungsprozesses wird nicht beeinflusst. Das geschieht, weil *Nudges* einen anderen Ansatzpunkt gefunden haben, um die Entscheidungen, die dem Verhalten vorgeschaltet sind, zu beeinflussen. Sie nehmen über die kognitiven Verzerrungen des menschlichen Unterbewusstseins bereits Einfluss auf die Präferenzbildung des Individuums. Mithilfe der in einer Situation spezifisch wirkenden kognitiven Verzerrung wird das Individuum dazu bewegt, eine bestimmte Entscheidungsoption als favorisiert zu identifizieren und auszuwählen. Das geschieht bei Standardregeln, ohne dass das Individuum dies notwendigerweise bemerkt. Sein *status quo bias* verleitet es zu einer erheblichen Bevorzugung der voreingestellten Option. Dieser Ansatz der Standardregeln führt dazu, dass sie aus der traditionellen rechtswissenschaftlichen Perspektive zunächst harmlos erscheinen. Sie operieren ohne Zwang und belassen dem Individuum jederzeit das Recht, sich entgegen der voreingestellten Option zu entscheiden. Diese Faktoren senken insgesamt zwar die Eingriffsintensität, sie können aber nicht dazu führen, dass Standardregeln die Eingriffsqualität vollkommen abgesprochen wird. Die Zwanglosigkeit der Beeinflussung findet ihren Grund ja gerade darin, dass die Einflussnahme sich auch so als effektiv erweist. Die verhaltensökonomische Fundierung der *Nudges* würde unterberücksichtigt, ließe man allein die Zwanglosigkeit der Beeinflussung ausreichen, um ihnen die Eingriffsqualität abzusprechen. Im Rahmen eines modernen Eingriffsverständnisses muss neben der Beschneidung von Wahlmöglichkeiten als Eingriff in die Freiheit auch die Beeinflussung der Präferenzbildung als Eingriff in die Autonomie berücksichtigt werden.

Die Standardregeln bedürfen als Eingriffe in das allgemeine Persönlichkeitsrecht ihrer Adressaten der verfassungsrechtlichen Rechtfertigung. Diese ist in beiden Fällen gelungen. Dabei war insbesondere auf die paternalistische, inhaltliche Entscheidungsbeeinflussung sowie auf die manipulative Beeinflussung des Entscheidungsprozesses einzugehen. Letztlich konnten die Standardregeln jedoch als zweckgerichtete, geeignete, erforderliche und angemessene Eingriffe in das allgemeine Persönlichkeitsrecht der Betroffenen qualifiziert werden. Um dem manipulativen Potenzial der Maßnahmen entgegenzuwirken, sind jedoch jeweils Transparenzmechanismen erforderlich, die den Betroffenen die Möglichkeit gewähren, inhaltliche Kenntnis über die Auswirkungen der Standardregeln und Einblick in die prozessuale Art und Weise der Verhaltensbeeinflussung zu gewinnen. Inhaltlich sind dabei konkret-individuelle Informationsmaßnahmen erforderlich, die die Bürger über die Konsequenzen der neuen Standardregeln informieren. Ansonsten sind lediglich generelle Transparenzmechanismen erforderlich. Es ist nicht erforderlich, dass jeder einzelne *Nudge*-Adressat individuell auf den Wirkungsmechanismus der Standardregeln hingewiesen wird. Es sollte nicht betont werden, dass die Maßnahmen auf der Ansprache des menschlichen Unterbewusstseins aufbauen, das würde wohl zu erheblicher Reaktanz bei den Betroffenen führen, sodass das politische Ziel der Maßnahmen unterminiert würde. Allerdings ist erforderlich, dass der Gesetzgeber in seiner Gesetzesbegründung auf die Wirkungsweise der Standardregeln und ihre verhaltenswissenschaftliche Fundierung verweist, die ja gerade Anlass für die Nutzung des Instruments sind.

Insgesamt hat die konkrete grundrechtliche Analyse der beispielhaft gewählten *Nudges* aus dem Bereich der Standardregelsetzung sowie der Informationsbereitstellung gezeigt, dass *Nudges* in verfassungsrechtlich zulässiger Weise durch den Staat eingesetzt werden können. Selbst wenn sie in Form von Standardregeln Grundrechtseingriffe konstituieren, können sie gerechtfertigt werden.

II. Ausblick

Die Aufnahme von *Nudges* als staatlichem Regelungsinstrument führt die Rezeption sozialwissenschaftlicher Ansätze im Verwaltungsrecht konsequent weiter. Während in der Vergangenheit vor allem die Rationalwahltheorie rezipiert wurde, wird durch das *Nudging* nun auf den Erkenntnissen der Verhaltensökonomik aufgebaut. Einen Umgang mit den verhaltensökonomisch erforschten Besonderheiten zu finden ist für die Rechtswissenschaft insgesamt wünschenswert. Sie eröffnen die Gelegenheit, empirisch erforschte Phänomene zur Grundlage von Gesetzgebung zu machen. Dies ist ein Anspruch, der jeder gesetzlichen Regelung vorangehen sollte, der oftmals aber noch ein Desideratum ist. Dass die Verhaltensökonomik nun ins Blickfeld von Rechtswissenschaft und Gesetzgebung gelangt ist, ist ein wesentlicher Verdienst des *Nudge*-Konzepts.

Gleichwohl sollte aus der Prominenz der *Nudges* nun nicht auf die Angemessenheit der Anwendung des Konzeptes in allen Szenarien geschlossen werden, die von der Verhaltensökonomik identifiziert worden sind. Oftmals wird es angemessen und wünschenswert sein, mit einer Kombination von Maßnahmen oder allein mit traditionellen Regelungen auf die Verhaltensphänomene zu reagieren.[794] Insofern steht dem Gesetzgeber eine Einschätzungsprärogative zu,[795] die Auswahl des sachgerechten Rechtsetzungsinstruments ist zuvörderst seine Entscheidung. Wenn der Gesetzgeber sich für einen *Nudge* entscheidet, um seine politischen Ziele zu verfolgen, so werden hohe Ansprüche an das Verhalten der betroffenen Bürger gestellt. Das Erreichen der formulierten Ziele wird von der Mitwirkung der Bürger abhängig gemacht. Damit geht auch eine Verantwortungsverlagerung einher. Dem Bürger wird zwar nicht vorgegeben, wie er sich zu verhalten hat, ob es zu einer Veränderung der

---

[794] So auch das *House of Lords*, Behaviour Change, S. 35.

[795] BVerfGE 77, 84 (106); *Jarass*, Art. 20 GG, Rn. 122 ff., in: *Jarass/Pieroth*, Grundgesetz für die Bundesrepublik Deutschland.

Ausgangssituation kommt wird aber allein von ihm abhängig gemacht. Dabei fördern die *Nudges* durch die Interaktion mit einer unterbewussten kognitiven Verzerrung zwar durchaus ein bestimmtes Entscheidungsergebnis, das Erreichen dieses Ergebnisses ist letztlich aber stets noch von einem entsprechenden Verhalten der Bürger abhängig.

In diesem Zusammenhang kann exemplarisch die Studie von *Agarwal et al.* Herangezogen werden, die die Effektivität aufbereiteter Informationen über Kreditkartengebühren im Rahmen des CARD Act erforscht hat.[796] Zwar haben diese Informationen, im Sinne des *Nudging* auf den *present bias* der Konsumenten ausgerichtet, bereits zu erheblichen Einsparungen für die Konsumenten geführt. Im Vergleich zu den Einsparungen, die durch die zwangsweise Regelung der Gebühren erreicht worden sind, die bei über Kreditkarten gewährten Krediten erhoben werden dürfen, erscheint der Einfluss des *Nudge* aber verschwindend gering. Durch den *Nudge* konnten Konsumenten ca. 57 Millionen Dollar an Kreditkartengebühren sparen,[797] durch die zwangsweise Regelung der Gebühren für Kreditkarten ca. 11,9 Milliarden Dollar.[798] Die zwangsweise Regelung der Gebühren war also gut zweihundertmal so effektiv wie der Informations-*Nudge*. Diese massive Diskrepanz zeigt deutlich, dass *Nudges* keineswegs als der freiheitsschonende Königsweg angesehen werden dürfen, der der klassischen zwangsweisen Regelung stets vorzuziehen ist. Vielmehr bedarf es immer einer sorgfältigen Abwägung, ob in einem konkreten Szenario *Nudges* anderen Instrumenten vorzuziehen sind. In Bereichen, die durch monetäre Preise dominiert werden, werden *Nudges* im Vergleich mit traditionellen Instrumenten regelmäßig nicht vorzugswürdig erscheinen.[799]

Die Studie von *Agarwal et al.* zeigt gleichermaßen, dass die nahezu ausschließliche Ausrichtung von *Nudges* auf das Individuum und dessen Verhalten auch die Gefahr birgt, alternative Regelungsoptionen aus dem Auge zu verlieren. *Nudges* fokussieren den Blick auf das individuelle Verhalten der Bürger als letztes Glied einer Entscheidungskette. Während durch individuelle Verhaltensänderungen zwar das Potenzial besteht, politisch bedeutsame Veränderungen herbeizuführen, darf der Blick nicht ausschließlich auf das individuelle Verhalten verengt werden.[800] Hier besteht die Gefahr, dass der Blick zugleich von anderen Akteuren abgewendet wird, die ebenso zur Lösung des politischen Problems beitragen könnten.[801] In dem konkret besprochenen Beispiel der Standardregel in der Energieversorgung könnte beispielsweise den Energieproduzenten ein anderer Umgang mit irdischen Ressourcen auferlegt werden, um das deklarierte Ziel des Umweltschutzes zu verfolgen.[802] Dann müsste die Entscheidung zugunsten einer ökologisch nachhaltigen Energieversorgung nicht erst durch den Bürger getroffen werden, sie würde bereits durch den vom Energieproduzenten bereitgestellten

[796] *Agarwal et al.*, Regulating Consumer Financial Products, S. 111 ff.
[797] *Ebenda*, S. 114.
[798] *Ebenda*, S. 145.
[799] *House of Lords*, Behaviour Change, S. 21.
[800] Die Entscheidungsarchitekten können selbstverständlich auch selbst kognitiven Verzerrungen unterliegen. Vgl. dazu insgesamt *Schnellenbach/Schubert*, Behavioral Public Choice, S. 1 ff. Speziell für *Nudges* warnt das House of Lords vor einer Verengung des Fokus auf indirekte Steuerungsinstrumente zu Lasten von imperativen Ansätzen. Vgl. *House of Lords*, Behaviour Change, S. 36.
[801] *McCrudden/King*, The Dark Side of Nudging, S. 103: „ In Sunstein's view of the world, however, producers sometimes simply drop out of the picture, and with them the harm that they can cause, leaving only the ostensibly paternalistic relationship between government and consumer to be worried over."
[802] Etwa eine Begrenzung der Kohleverstromung, vgl. *Pfeiffer et al.*, Kohleverstromung und Klimaschutz bis 2030, S. 6.

Strom gewährleistet.[803] In ähnlicher Weise könnte bei der Organspende statt der Einführung der Widerspruchslösung die Organisation der Organspende in den Krankenhäusern reformiert werden. Nicht nur fehlende Einwilligung, sondern auch die Identifikation und Meldung potenzieller Organspender an die Deutsche Stiftung Organtransplantation in den Krankenhäusern scheinen Hemmschuh der Organspende in Deutschland zu sein.[804] Vielfach wird die Gestaltung des zwingenden rechtlichen Rahmens insofern eine deutlich wichtigere Rolle einnehmen als die Beeinflussung individuellen Verhaltens. Dann kann und sollte die Steuerung des Letzteren vernachlässigt werden und der Blick auf die angemessene Ausgestaltung des rechtlichen Rahmens gerichtet werden. Die durch den Einsatz von *Nudges* eröffneten Möglichkeiten dürfen nicht dazu führen, die alternativen, klassischen Optionen der politischen Zielverfolgung aus dem Blick zu verlieren. Ihr Einsatz muss auch weiterhin gleichwertig vom Gesetzgeber berücksichtigt werden.[805]

Die Ausrichtung des *Nudging* weg vom zwingenden Recht und hin zur Beeinflussung individuellen Verhaltens lässt sich vor allem auch politisch erklären. Die politische Landschaft in den USA hat eine wesentliche Rolle bei der Entwicklung der Idee gespielt. *Nudges* sollten eine Brücke zwischen den zwei großen politischen Lagern der Demokraten und Republikaner schlagen und ein für beide Parteien akzeptables Regulierungsinstrument darstellen.[806] Es sollte ein gemeinsames Fundament geschaffen werden, aus dem von beiden Parteien gleichermaßen unterstützte Regeln entstehen können. Das ist teilweise auch gelungen, gerade die an das *Save More Tomorrow*-Programm angelehnte Gesetzgebung ist von Politikern beider Parteien unterstützt worden.[807] Diese Ausrichtung auf politische Annehmbarkeit darf aber nicht dazu verleiten, die Anwendung des Instruments allein mit der Akzeptabilität des Instruments auch für ideologisch-liberale Politiker zu begründen. Die Last politischer Veränderung allein dem Individuum aufzubürden, dessen Verhalten im Sinne der Entscheidungsarchitekten verändert werden soll, wird keine langfristigen Lösungen herbeiführen. Die politische Durchsetzbarkeit von *Nudges* darf den Gesetzgeber nicht davon abhalten, auch unpopulärere Regelungen einzuführen, wenn sie nötig sind. *Nudges* bergen insofern die Gefahr, wegen ihrer vermeintlich geringen Eingriffsintensität zwangsweise wirkenden Regelungen vorgezogen zu werden. Sie könnten insofern als eine Art ‚Trostpflaster' die Einführung eigentlich erforderlicher, imperativer Regelungen, verhindern.[808] Die Schwierigkeit der Aufgabe, tiefgreifende Maßnahmen politisch umzusetzen, darf aber keine Ausrede für ihre Nichteinführung sein.[809]

---

[803] Ein derartiger Zugriff auf die Energieversorger wäre wohl ein schwerwiegender Eingriff in deren Berufsfreiheit und bedürfte einer eigenständigen, sorgfältigen Abwägung. Er soll hier daher nur als skizzenhafte Idee verstanden werden, die illustriert, dass das Verhalten der Bürger nicht notwendigerweise Ansatzpunkt der staatlichen Regulierung sein muss.

[804] Vgl. *Schulte et al.*, Rückgang der Organspenden in Deutschland, S. 468: „Maßgeblicher Erfolgsfaktor zur Steigerung der Organspenden ist ein verbessertes Meldeverhalten der Entnahmekrankenhäuser."

[805] In diese Richtung gehen letztlich die Forderungen von *Willis*, When Nudges Fail, S. 1229; *Bubb/Pildes*, How Behavioral Economics Trims Its Sails and Why, S. 1635, 1659, 1676; *Conly*, Against Autonomy, S. 1; *McCrudden/King*, The Dark Side of Nudging, S. 89 ff.

[806] *Sunstein/Thaler*, Nudge, S. 252 ff.

[807] *Ebenda*, S. 14.

[808] Auf diese Gefahr weisen auch *Hagmann et al.*, Nudging out support for a carbon tax, hin.

[809] Vgl. dazu auch *Bubb/Pildes*, How Behavioral Economics Trims Its Sails and Why, S. 1658. In gleicher Weise kann auch die Forderung von *Conly*, Against Autonomy, S. 45, nach hartem, statt weichem, Paternalismus verstanden werden. Wenn erforderlich, darf auch vor einschneidenderen Maßnahmen nicht zurückgeschreckt werden: „This, then, is indeed a hard option; but it is one we need." Ähnlich, wenn auch mit negativer Konnotation, *White*, The Manipulation of Choice, S. 96: "If one is committed to paternalistic intervention, there remains little reason to favor nudges over more overt methods of paternalism given the coercive nature of both."

Der Einfluss von *Nudges* sollte nicht über- aber auch nicht unterschätzt werden. Situativ bietet das Rechtsetzungskonzept die besten Lösungen für die Erreichung politischer Ziele an. Das Potenzial der *Nudges* ergibt sich direkt aus der Erkenntnis, dass die vermeintlich gleichgültige Ausgestaltung der Entscheidungsarchitektur einen erheblichen Einfluss auf individuelle Entscheidungen hat. So können insbesondere durch Standardregeln Entscheidungsumgebungen vorstrukturiert werden. Das muss nicht unbedingt zur Erreichung eines spezifischen politischen Ziels geschehen, sondern kann und sollte gerade auch zur Vermeidung unerwünschter Ergebnisse eingesetzt werden. Entscheidungsumgebungen sollten zumindest so konstruiert werden, dass offensichtlich negative Folgen ausgeschlossen sind. Darüber hinaus können sie aber auch gezielt zur Erreichung politischer Ziele genutzt werden. Der Einsatz von *Nudges* eröffnet dem Gesetzgeber dabei Spielräume, die ihm sonst nicht offenstanden, allein weil im Rationalwahlmodell davon ausgegangen worden wäre, dass die bloße Gestaltung der Entscheidungsumgebung ohnehin keinen Einfluss auf die Entscheidung haben würde. Auf Grundlage der von der Verhaltensökonomik produzierten, empirischen Erkenntnisse kann der Gesetzgeber so relativ wenig eingriffsintensive Maßnahmen zur Erreichung politischer Ziele ergreifen, die auch über parteipolitische Grenzen hinweg in der Regel auf wenig Widerstand stoßen sollten. Trotz der ihnen eigenen Probleme ist mit den *Nudges* ein attraktives neues Rechtsetzungsinstrument geschaffen worden, mit dessen Hilfe spezifische Problemlagen besonders gut gelöst werden können. Es wird interessant zu beobachten sein, inwieweit es weiter zur Anwendung kommt.

Literaturverzeichnis

Aaron, Henry J. (Hrsg.), Behavioral Dimensions of Retirement Economics, Washington, DC 1999.

Agaku, Israel T./Filippidis, Filippos T./Vardavas, Constantine I., Effectiveness of text versus pictorial health warning labels and predictors of support for plain packaging of tobacco products within the European Union, European addiction research 21, 2015, S. 47–52.

Agarwal, Sumit/Chomsisengphet, Souphala/Mahoney, Neale/Stroebel, Johannes, Regulating Consumer Financial Products, Evidence from Credit Cards, The Quarterly Journal of Economics 130, 2015, S. 111–164.

Alemanno, Alberto, Nudging Smokers, The Behavioural Turn of Tobacco Risk Regulation, European Journal of Risk Regulation 3, 2012, S. 32–42.

Alemanno, Alberto/Sibony, Anne-Lise, Epilogue, The Legitimacy and Practicability of EU Behavioural Policy-Making, in: *Alemanno, Alberto/Sibony, Anne-Lise* (Hrsg.), Nudge and the Law, A European perspective, Oxford, Portland 2015, S. 325–348.

Alemanno, Alberto/Sibony, Anne-Lise (Hrsg.), Nudge and the Law, A European perspective, Oxford, Portland 2015.

Alemanno, Alberto/Spina, Alessandro, Nudging Legally, On the checks and balances of behavioral regulation, International Journal of Constitutional Law 12, 2014, S. 429–456.

Allcott, Hunt, Social norms and energy conservation, Journal of Public Economics 95, 2011, S. 1082–1095.

Allcott, Hunt/Rogers, Todd, The Short-Run and Long-Run Effects of Behavioral Interventions: Experimental Evidence from Energy Conservation, The American Economic Review 104, 2014, S. 3003–3037.

Amann, Melanie/Neubacher, Florian, „Wir sind keine Labormäuse", Paternalismus. Die Bundesregierung will die Bürger mit psychologischen Tricks zu besserem Verhalten anleiten – für den früheren Verfassungsrichter Udo Di Fabio eine kafkaeske Idee., Der Spiegel, 04.04.2015, S. 38–39.

Amodio, David M., Dual Experiences, Multiple Processes, Looking Beyond Dualities for Mechanisms of the Mind, in: *Sherman, Jeffrey W./Gawronski, Bertram/Trope, Yaacov* (Hrsg.), Dual-Process Theories of the Social Mind, New York 2014, S. 560–577.

Andreoni, James, Why Free Ride?, Strategies and Learning in Public Goods Experiments, Journal of Public Economics 37, 1988, S. 291–304.

Anomaly, Jonny, The Manipulation of Choice, Ethics and Libertarian Paternalism Book Review, The Independent Review 18, 2013, S. 301–305.

Antoñanzas, Fernando/Viscusi, W. Kip/Rovira, Joan/Braña, Francisco J./Portillo, Fabiola/Carvalho, Irineu, Smoking Risks in Spain, Part I-Perception of Risks to the Smoker, Journal of Risk and Uncertainty 21, 2000, S. 161–186.

Arad, Ayala/Rubinstein, Ariel, The People's Perspective on Libertarian Paternalistic Policies, Journal of Law & Economics 61, 2018, S. 311–333.

Arneson, Richard J., Mill versus Paternalism, Ethics 90, 1980, S. 470–489.

Arrow, Kenneth J., Risk perception in psychology and economics, Economic Inquiry 20, 1982, S. 1–9.

Ash, Elliot/Chen, Daniel L./Naidu, Suresh, Ideas Have Consequences, The Impact of Law and Economics on American Justice, Working Paper, 2018, S. 1–57.

L. Böker, *Nudge im Spiegel des allgemeinen Persönlichkeitsrechts*,
Ökonomische Analyse des Rechts | Economic Analysis of Law,
https://doi.org/10.1007/978-3-658-33472-7

Ayres, Ian, Regulating Opt-Out, An Economic Theory of Altering Rules, The Yale Law Journal 121, 2012, S. 2032–2116.

Ayres, Ian/Gertner, Robert, Filling Gaps in Incomplete Contracts, An Economic Theory of Default Rules, The Yale Law Journal 99, 1989, S. 87–130.

Ayres, Ian/Raseman, Sophie/Shih, Alice, Evidence from Two Large Field Experiments that Peer Comparison Feedback Can Reduce Residential Energy Usage, Journal of Law, Economics, and Organization 29, 2013, S. 992–1022.

Babcock, Linda/Loewenstein, George/Issacharoff, Samuel/Camerer, Colin, Biased Judgments of Fairness in Bargaining, The American Economic Review 85, 1995, S. 1337–1343.

Babcock, Linda/Wang, Xianghong/Loewenstein, George, Choosing the Wrong Pond, Social Comparisons In Negotiations That Reflect A Self-Serving Bias, The Quarterly Journal of Economics 111, 1996, S. 1–19.

Baker, Lynn A./Emery, Robert E., When Every Relationship Is Above Average, Perceptions and Expectations of Divorce at the Time of Marriage, Law and Human Behavior 17, 1993, S. 439–450.

Baldwin, Robert, From Regulation to Behaviour Change, Giving Nudge the Third Degree, The Modern Law Review 77, 2014, S. 831–857.

Banerjee, Abhijit V., A Simple Model of Herd Behavior, The Quarterly Journal of Economics 107, 1992, S. 797–817.

Bargh, John A./Gollwitzer, Peter M., Environmental control of goal-directed action, Automatic and strategic contingencies between situations and behavior., in: *Melton, Gary B./Garbarino, James* (Hrsg.), The individual, the family, and social good, Personal fulfillment in times of change, Lincoln 1995, S. 71–123.

Baumeister, Roy F./Bargh, John A., Conscious and Unconscious, Toward an Integrative Understanding of Human Mental Life and Action, in: *Sherman, Jeffrey W./Gawronski, Bertram/Trope, Yaacov* (Hrsg.), Dual-Process Theories of the Social Mind, New York 2014, S. 35–49.

Baumgarten, Corinna/Rechenberg, Jörg/Richter, Simone/Chorus, Ingrid/Vigelahn, Lothar/Schmoll, Oliver, Wassersparen in Privathaushalten: sinnvoll, ausgereizt, übertrieben?, Fakten, Hintergründe, Empfehlungen, Dessau September 2014.

Becker, Gary S., Irrational Behavior and Economic Theory, Journal of Political Economy 70, 1962, S. 1–13.

Becker, Gary S., Crime and Punishment, An Economic Approach, Journal of Political Economy 76, 1968, S. 169–217.

Becker, Gary S., The Economic Way of Looking at Behavior, Nobel Lecture, Journal of Political Economy 101, 1993, S. 385–409.

Becker, Gary S., The Economic Approach to Human Behavior, Paperback ed., [Nachdr.], Chicago 2008.

Benartzi, Shlomo/Thaler, Richard H., Save More Tomorrow, Using Behavioral Economics to Increase Employee Saving, Journal of Political Economy 112, 2004, S. 164–187.

Benartzi, Shlomo/Thaler, Richard H., Behavioral Economics and the Retirement Savings Crisis, Science 339, 2013, S. 1152–1153.

Ben-Shahar, Omri/Schneider, Carl, More Than You Wanted To Know, The Failure of Mandated Disclosure, Princeton 2014.

Berlin, Isaiah, Two Concepts of Liberty, in: *Berlin, Isaiah/Hardy, Henry* (Hrsg.), Liberty, Oxford 2002, S. 166–217.

Berlin, Isaiah/Hardy, Henry (Hrsg.), Liberty, Reprinted (with corr.), Oxford 2002.

Bernedo, María/Ferraro, Paul J./Price, Michael, The Persistent Impacts of Norm-Based Messaging and Their Implications for Water Conservation, Journal of Consumer Policy 37, 2014, S. 437–452.

Bernheim, B. Douglas/Rangel, Antonio, Behavioral Public Economics, Welfare and Policy Analysis with Non-Standard Decision-Makers, Cambridge, MA 2005.

Bertrand, Marianne/Morse, Adair, Information Disclosure, Cognitive Biases, and Payday Borrowing, The Journal of Finance 66, 2011, S. 1865–1893.

Beshears, John/Choi, James J./Laibson, David/Madrian, Brigitte C., The Importance of Default Options for Retirement Saving Outcomes, Evidence from the United States, in: *Brown, Jeffrey R./Liebman, Jeffrey B./Wise, David A.* (Hrsg.), Social security policy in a changing environment, Chicago 2009, S. 167–195.

Beshears, John/Choi, James J./Laibson, David/Madrian, Brigitte C./Milkman, Katherine L., The Effect of Providing Peer Information on Retirement Savings Decisions, The Journal of Finance 70, 2015, S. 1161–1201.

Bikhchandani, Sushil/Hirshleifer, David/Welch, Ivo, Learning from the Behavior of Others, Conformity, Fads, and Informational Cascades, Journal of Economic Perspectives 12, 1998, S. 151–170.

Bisin, Alberto/Benhabib, Jess/Jackson, Matthew O. (Hrsg.), Handbook of social economics, Volume 1A, Amsterdam, London, Boston 2011.

Blumenthal-Barby, J. S., Between Reason and Coercion, Ethically Permissible Influence in Health Care and Health Policy Contexts, Kennedy Institute of Ethics Journal 22, 2012, S. 345–366.

Blumenthal-Barby, J. S./Burroughs, Hadley, Seeking better health care outcomes, The ethics of using the "nudge", The American journal of bioethics 12, 2012, S. 1–10.

Bouckaert, Boudewijn/Geest, Gerrit de (Hrsg.), Encyclopedia of Law and Economics, Cheltenham 2000.

Bovens, Luc, The Ethics of Nudge, in: *Grüne-Yanoff, Till/Hansson, Sven Ove* (Hrsg.), Preference change, Approaches from philosophy, economics and psychology, New York 2009, S. 207–219.

Brent, Daniel A./Cook, Joseph H./Olsen, Skylar, Social Comparisons, Household Water Use, and Participation in Utility Conservation Programs, Evidence from Three Randomized Trials, Journal of the Association of Environmental and Resource Economists 2, 2015, S. 597–627.

Britz, Gabriele, Verfassungsrechtlicher Schutz der freien Persönlichkeitsentfaltung, in: *Bumke, Christian/Röthel, Anne* (Hrsg.), Autonomie im Recht, Gegenwartsdebatten über einen rechtlichen Grundbegriff, Tübingen 2017, S. 353–364.

Bröhmer, Jürgen, Transparenz als Verfassungsprinzip, Grundgesetz und Europäische Union, Tübingen 2004.

Brosius-Gersdorf, Frauke, Art. 6 GG, in: *Dreier, Horst* (Hrsg.), Grundgesetz, Kommentar. 3. Aufl., Tübingen 2013.

Brown, Jeffrey R./Kapteyn, Arie/Mitchell, Olivia S., Framing and Claiming, How Information-Framing Affects Expected Social Security Claiming Behavior, The Journal of risk and insurance 83, 2016, S. 139–162.

Brown, Jeffrey R./Liebman, Jeffrey B./Wise, David A. (Hrsg.), Social security policy in a changing environment, Chicago 2009.

Bubb, Ryan/Pildes, Richard H., How Behavioral Economics Trims its Sails and Why, Harvard Law Review 127, 2014, S. 1593–1678.

Bumke, Christian/Röthel, Anne (Hrsg.), Autonomie im Recht, Gegenwartsdebatten über einen rechtlichen Grundbegriff, Tübingen 2017.

Bumke, Christian, Autonomie im Recht, in: *Bumke, Christian/Röthel, Anne* (Hrsg.), Autonomie im Recht, Gegenwartsdebatten über einen rechtlichen Grundbegriff, Tübingen 2017, S. 3–44.

Bundesnetzagentur/Bundeskartellamt, Monitoringbericht 2014, Bonn 14.11.2014.

Bundesnetzagentur/Bundeskartellamt, Monitoringbericht 2015, Bonn 10.11.2015/21.03.2016.

Bundesnetzagentur/Bundeskartellamt, Monitoringbericht 2016, Bonn 30.11.2016.

Bundesnetzagentur/Bundeskartellamt, Monitoringbericht 2017, Bonn 13.12.2017.

Bundesnetzagentur/Bundeskartellamt, Monitoringbericht 2018, Bonn 08.02.2019.

Burke, Mary A./Young, H. Peyton, Social Norms, in: *Bisin, Alberto/Benhabib, Jess/Jackson, Matthew O.* (Hrsg.), Handbook of social economics, Volume 1A, Amsterdam, London, Boston 2011, S. 311–338.

Buss, Sarah/Westlund, Andrea, Personal Autonomy, Stand: 15.02.2018, https://plato.stanford.edu/archives/spr2018/entries/personal-autonomy/ (besucht am 16.05.2019).

Byerly, Hilary/Balmford, Andrew/Ferraro, Paul J./Hammond Wagner, Courtney/Palchak, Elizabeth/Polasky, Stephen/Ricketts, Taylor H./Schwartz, Aaron J./Fisher, Brendan, Nudging pro-environmental behavior, Evidence and opportunities, Frontiers in Ecology and the Environment 16, 2018, S. 159–168.

Caille-Brillet, A.-L./Zimmering, R./Thaiss, H. M., Bericht zur Repräsentativstudie 2018 „Wissen, Einstellung und Verhalten der Allgemeinbevölkerung zur Organ- und Gewebespende", BZgA-Forschungsbericht, Köln 2019.

Calabresi, Guido, About Law and Economics, A Letter to Ronald Dworkin, Hofstra Law Review 8, 1980, S. 553–562.

Camerer, Colin/Issacharoff, Samuel/Loewenstein, George/O'Donoghue, Ted/Rabin, Matthew, Regulation for Conservatives, Behavioral Economics And The Case For Asymmetric Paternalism, University of Pennsylvania Law Review 151, 2003, S. 1211–1254.

Camerer, Colin/Loewenstein, George, Behavioral Economics, Past, Present, Future, in: *Camerer, Colin/Loewenstein, George/Rabin, Matthew* (Hrsg.), Advances in Behavioral Economics, New York 2004, S. 3–51.

Camerer, Colin/Loewenstein, George/Rabin, Matthew (Hrsg.), Advances in Behavioral Economics, New York 2004.

Camerer, Colin/Thaler, Richard H., Anomalies: Ultimatums, Dictators and Manners, Journal of Economic Perspectives 9, 1995, S. 209–219.

Cameron, Lisa A., Raising the Stakes in the Utimatum Game, Experimental Evidence from Indonesia, Economic Inquiry 37, 1999, S. 47–59.

Chaiken, Shelly/Trope, Yaacov (Hrsg.), Dual-process theories in social psychology, New York, NY 1999.

Chamley, Christophe, Rational Herds, Economic models of social learning, Cambridge 2004.

Chartrand, Tanya L./Bargh, John A., The Chameleon Effect, The Perception-Behavior Link and Social Interaction, Journal of Personality and Social Psychology 76, 1999, S. 893–910.

Chetty, Raj/Friedman, John N./Leth-Petersen, Søren/Nielsen, Torben Heien/Olsen, Tore, Active vs. Passive Decisions and Crowd-Out in Retirement Savings Accounts, Evidence from Denmark, The Quarterly Journal of Economics 129, 2014, S. 1141–1219.

Christman, John, Autonomy in Moral and Political Philosophy, Stand: 09.01.2015, https://plato.stanford.edu/archives/spr2018/entries/autonomy-moral/ (besucht am 16.05.2019).

Cialdini, Robert B./Demaine, Linda J./Sagarin, Brad J./Barrett, Daniel W./Rhoads, Kelton/Winter, Patricia L., Managing Social Norms For Persuasive Impact, Social Influence 1, 2006, S. 3–15.

Clapp, John D./McDonnell, Anita Lyn, The relationship of perceptions of alcohol promotion and peer drinking norms to alcohol problems reported by college students, Journal of College Student Development 41, 2000, S. 19–26.

Conly, Sarah, Against Autonomy, Justifying coercive paternalism, Cambridge, UK 2013.

Coons, Christian/Weber, Michael E., Introduction: Paternalism - Issues and Trends, in: *Coons, Christian/Weber, Michael E.* (Hrsg.), Paternalism, Theory and practice, Cambridge 2013, S. 1–24.

Coons, Christian/Weber, Michael E. (Hrsg.), Paternalism, Theory and practice, Cambridge 2013.

Coons, Christian/Weber, Michael E., Manipulation, Investigating the Core Concept and its Moral Status, in: *Coons, Christian/Weber, Michael E.* (Hrsg.), Manipulation, Theory and practice, Oxford 2014, S. 1–16.

Coons, Christian/Weber, Michael E. (Hrsg.), Manipulation, Theory and practice, Oxford 2014.

Cooter, Robert/Ulen, Thomas, Law & economics, 6. ed., Boston, Mass. 2012.

Cornils, Matthias, EMRK Art. 10, in: *Gersdorf, Hubertus/Paal, Boris P.* (Hrsg.), Beck'scher Online-Kommentar Informations- und Medienrecht. 23. Aufl., München 2019.

Cornils, Matthias, GRCh Art. 11, in: *Gersdorf, Hubertus/Paal, Boris P.* (Hrsg.), Beck'scher Online-Kommentar Informations- und Medienrecht. 23. Aufl., München 2019.

Costa, Dora/Kahn, Matthew, Energy Conservation "Nudges" and Environmentalist Ideology, Evidence from a Randomized Residential Electricity Field Experiment, Journal of the European Economic Association 11, 2013, S. 680–702.

Cserne, Péter, Making Sense of Nudge-Scepticism, Three Challenges to EU Law's Learning from Behavioural Sciences, in: *Alemanno, Alberto/Sibony, Anne-Lise* (Hrsg.), Nudge and the Law, A European perspective, Oxford, Portland 2015, S. 279–300.

Darwall, Stephen, The Value of Autonomy and Autonomy of the Will, Ethics 116, 2006, S. 263–284.

Datta, Saugato/Miranda, Juan José/Zoratto, Laura/Calvo-González, Oscar/Darling, Matthew/Lorenzana, Karina, A Behavioral Approach to Water Conservation, Evidence from Costa Rica, World Bank Group Policy Research Working Paper 7283, 2015.

Degenhart, Christoph/Isensee, Josef/Kirchhof, Paul (Hrsg.), Handbuch des Staatsrechts der Bundesrepublik Deutschland, 3., völlig neubearbeitete und erweiterte Auflage, Heidelberg 2007.

DellaVigna, Stefano, Psychology and Economics, Evidence from the Field, Journal of Economic Literature 47, 2009, S. 315–372.

DellaVigna, Stefano/Malmendier, Ulrike, Paying Not to Go to the Gym, The American Economic Review 96, 2006, S. 694–719.

Department for Business Innovation & Skills/Behavioural Insights Team, Better Choices: Better Deals.

Depenheuer, Otto, GG Art. 8, in: *Herzog, Roman/Scholz, Rupert/Herdegen, Matthias u. a.* (Hrsg.), Grundgesetz, Kommentar. 85. Aufl., München 2018.

Deutsche Stiftung Organtransplantation, Jahresbericht 2018, Organspende und Transplantation in Deutschland, Frankfurt am Main 2019.

Di Fabio, Udo, Die Verfassungskontrolle indirekter Umweltpolitik am Beispiel der Verpackungsverordnung, NVwZ - Neue Zeitschrift für Verwaltungsrecht 14, 1995, S. 1-8.

Di Fabio, Udo, GG Art. 2, in: *Herzog, Roman/Scholz, Rupert/Herdegen, Matthias u. a.* (Hrsg.), Grundgesetz, Kommentar. 85. Aufl., München 2018.

Die Drogenbeauftragte der Bundesregierung, Drogen- und Suchtbericht 2018, Berlin Oktober 2018.

Diekmann, Andreas/Voss, Thomas, Die Theorie rationalen Handelns, Stand und Perspektiven, in: *Diekmann, Andreas/Voss, Thomas* (Hrsg.), Rational-choice-Theorie in den Sozialwissenschaften, Anwendungen und Probleme, München 2004, S. 13–29.

Diekmann, Andreas/Voss, Thomas (Hrsg.), Rational-choice-Theorie in den Sozialwissenschaften, Anwendungen und Probleme, München 2004.

Dietlein, Johannes, GG Art. 76, in: *Epping, Volker/Hillgruber, Christian* (Hrsg.), Beck'scher Online-Kommentar Grundgesetz. 40. Aufl., München 2019.

Dolan, P./Hallsworth, M./Halpern, D./King, D./Metcalfe, R./Vlaev, I., Influencing Behaviour, The mindspace way, Journal of Economic Psychology 33, 2012, S. 264–277.

Dreier, Horst, Art. 1 GG, in: *Dreier, Horst* (Hrsg.), Grundgesetz, Kommentar. 3. Aufl., Tübingen 2013.

Dreier, Horst (Hrsg.), Grundgesetz, Kommentar, Bd. 1, 3. Aufl., Tübingen 2013.

Dreier, Horst, Vorbemerkungen vor Art. 1 GG, in: *Dreier, Horst* (Hrsg.), Grundgesetz, Kommentar. 3. Aufl., Tübingen 2013.

Duden Wörterbuch, Eintrag Autonomie, https://www.duden.de/rechtschreibung/Autonomie (besucht am 16.05.2019).

Duden Wörterbuch, Eintrag Impulsiv, https://www.duden.de/rechtschreibung/impulsiv (besucht am 16.05.2019).

Dworkin, Gerald, The Theory and Practice of Autonomy, Transferred to digital print, Cambridge 2008.

Dworkin, Gerald, Paternalism, Stand: 19.06.2016, http://plato.stanford.edu/archives/sum2016/entries/paternalism/ (besucht am 16.05.2019).

Dworkin, Ronald M., Is Wealth a Value?, The Journal of Legal Studies 9, 1980, S. 191–226.

Dworkin, Ronald M., Why Efficiency?, A Response to Professors Calabresi and Posner, Hofstra Law Review 8, 1980, S. 563–590.

Ebeling, Felix/Lotz, Sebastian, Domestic uptake of green energy promoted by opt-out tariffs, Nature Climate change 5, 2015, S. 868–871.

Eidenmüller, Horst, Effizienz als Rechtsprinzip, Möglichkeiten und Grenzen der ökonomischen Analyse des Rechts, 4. Aufl., Tübingen 2015.

Elster, Jon, Sour Grapes, Studies in the subversion of rationality, Cambridge philosophy classics edition, Cambridge 2016.

Engel, Christoph, Dictator Games, A Meta Study, Experimental Economics 14, 2011, S. 583–610.

Epping, Volker/Hillgruber, Christian (Hrsg.), Beck'scher Online-Kommentar Grundgesetz, 40. Aufl., München 2019.

Epstein, Richard A., Behavioral Economics, Human Errors and Market Corrections, The University of Chicago Law Review 73, 2006, S. 111–132.

Esser, Andrea/Kahl, Antje/Kersting, Daniel/Schäfer, Christoph G. W./Weber, Tina (Hrsg.), Die Krise der Organspende, Anspruch, Analyse und Kritik aktueller Aufklärungsbemühungen im Kontext der postmortalen Organspende in Deutschland, Berlin 2018.

Eurotransplant International Foundation, Annual Report 2017, Leiden 2017.

Eurotransplant International Foundation, Waiting list mortality in 2017, by country, by organ, http://statistics.eurotransplant.org/.

Eurotransplant International Foundation, Deceased donors used in Germany, by year, by characteristic, Stand: 22.01.2019, http://statistics.eurotransplant.org/ (besucht am 16.05.2019).

Eurotransplant International Foundation, Organs transplanted in All ET, by year, by donor type, by organ, Stand: 22.01.2019, http://statistics.eurotransplant.org/ (besucht am 16.05.2019).

Fabre, John/Murphy, Paul/Matesanz, Rafael, Presumed Consent, A distraction in the quest for increasing rates of organ donation, BMJ (Clinical research ed.) 341, 2010, c4973.

Faden, Ruth R./Beauchamp, Tom L., A History and Theory of Informed Consent, New York 1986.

Fateh-Moghadam, Bijan, Grenzen des weichen Paternalismus, Blinde Flecken der liberalen Paternalismuskritik, in: *Fateh-Moghadam, Bijan/Sellmaier, Stephan/Vossenkuhl, Wilhelm* (Hrsg.), Grenzen des Paternalismus, Stuttgart 2010, S. 21–47.

Fateh-Moghadam, Bijan/Gutmann, Thomas, Governing [through] Autonomy, The Moral and Legal Limits of "Soft Paternalism", Ethical Theory and Moral Practice 17, 2014, S. 383–397.

Fateh-Moghadam, Bijan/Sellmaier, Stephan/Vossenkuhl, Wilhelm (Hrsg.), Grenzen des Paternalismus, Bd. 3, Stuttgart 2010.

Fehr, Ernst/Fischbacher, Urs, The Nature of Human Altruism, Nature 425, 2003, S. 785–791.

Feinberg, Joel, Harm to Self, in: *Feinberg, Joel* (Hrsg.), The Moral Limits of the Criminal Law. 1. Aufl., New York 1987; 1988; 1989; 1990, S. 1–420.

Feinberg, Joel (Hrsg.), The Moral Limits of the Criminal Law, 1. Aufl., New York 1987; 1988; 1989; 1990.

Ferraro, Paul J./Price, Michael K., Using nonpecuniary strategies to influence behavior, Evidence from a large-scale field experiment, The Review of Economics and Statistics 95, 2013, S. 64–73.

Fong, Geoffrey T./Hammond, David/Hitchman, Sara C., The impact of pictures on the effectiveness of tobacco warnings, Bulletin of the World Health Organization 87, 2009, S. 640–643.

Frankfurt, Harry G., Freedom of the Will and the Concept of a Person, The Journal of Philosophy 68, 1971, S. 5–20.

Franzius, Claudio, Die Herausbildung der Instrumente indirekter Verhaltenssteuerung im Umweltrecht der Bundesrepublik Deutschland, Berlin 2000.

Franzius, Claudio, § 4 Modalitäten und Wirkungsfaktoren der Steuerung durch Recht, in: *Hoffmann-Riem, Wolfgang/Schmidt-Aßmann, Eberhard/Voßkuhle, Andreas* (Hrsg.), Grundlagen des Verwaltungsrechts, Band I Methoden, Maßstäbe, Aufgaben, Organisation. 1. Aufl., München 2006, S. 177–237.

Frederick, Shane/Loewenstein, George/O'Donoghue, Ted, Time Discounting and Time Preference, A Critical Review, Journal of Economic Literature 40, 2002, S. 351–401.

Friedman, Milton, Essays in positive economics, Nachdruck, Chicago 2001.

Friedman, Milton, The Methodology of Positive Economics, in: Essays in positive economics, Chicago 2001, S. 3-16; 30-43.

Fry, John S./Lee, Peter N./Forey, Barbara A./Coombs, Katharine J., How rapidly does the excess risk of lung cancer decline following quitting smoking?, A quantitative review using the negative exponential model, Regulatory toxicology and pharmacology: RTP 67, 2013, S. 13–26.

Gersdorf, Hubertus/Paal, Boris P. (Hrsg.), Beck'scher Online-Kommentar Informations- und Medienrecht, 23. Aufl., München 2019.

Gert, Bernard/Culver, Charles M., Paternalistic Behavior, Philosophy & Public Affairs 6, 1976, S. 45–57.

Gigerenzer, Gerd, Rationality for mortals, How people cope with uncertainty, Oxford, New York 2008.

Gigerenzer, Gerd, On the Supposed Evidence for Libertarian Paternalism, Review of philosophy and psychology 6, 2015, S. 361–383.

Gigerenzer, Gerd/Selten, Reinhard, Rethinking Rationality, in: *Gigerenzer, Gerd./Selten, Reinhard* (Hrsg.), Bounded Rationality, The Adaptive Toolbox, Cambridge, MA, London, UK 2002, S. 1–12.

Gigerenzer, Gerd./Selten, Reinhard (Hrsg.), Bounded Rationality, The Adaptive Toolbox, Cambridge, MA, London, UK 2002.

Gilovich, Thomas/Griffin, Dale/Kahneman, Daniel (Hrsg.), Heuristics and biases, The psychology of intuitive judgment, 7. Aufl., Cambridge 2008.

Glaeser, Edward L., Paternalism and Psychology, The University of Chicago Law Review 73, 2006, S. 133–156.

Goodwin, Morag, Architecture, Choice Architecture, and Dignity, in: *Kemmerer, Alexandra/Möllers, Christoph/Steinbeis, Maximilian u. a.* (Hrsg.), Choice architecture in democracies, Exploring the legitimacy of nudging. 1. Aufl., Baden-Baden, Hart Publishing 2016, S. 285–307.

Gramm, Christof, Rechtsfragen der staatlichen Aids-Aufklärung, Neue Juristische Wochenschrift 42, 1989, S. 2917–2926.

Gramm, Christof, Aufklärung durch staatliche Publikumsinformation, Der Staat 30, 1991, S. 51–80.

Grether, David M./Plott, Charles R., Economic Theory of Choice and the Preference Reversal Phenomenon, The American Economic Review 69, 1979, S. 623–638.

Groß, Franz-Rudolf, Die neuen Netzanschluss- und Grundversorgungsverordnungen im Strom- und Gasbereich, Neue Juristische Wochenschrift 60, 2007, S. 1030–1034.

Grüne-Yanoff, Till, Old Wine in New Casks, Libertarian paternalism still violates liberal principles, Social Choice and Welfare 38, 2012, S. 635–645.

Grüne-Yanoff, Till/Hansson, Sven Ove (Hrsg.), Preference change, Approaches from philosophy, economics and psychology, Bd. 42, New York 2009.

Grzeszick, Bernd, GG Art. 20, in: *Herzog, Roman/Scholz, Rupert/Herdegen, Matthias u. a.* (Hrsg.), Grundgesetz, Kommentar. 85. Aufl., München 2018.

Güth, Werner/Schmittberger, Rolf/Schwarze, Bernd, An Experimental Analysis of Ultimatum Bargaining, Journal of Economic Behavior and Organization 3, 1982, S. 367–388.

Guthrie, Chris/Rachlinski, Jeffrey J./Wistrich, Andrew J., Inside the Judicial Mind, Cornell Law Review 86, 2000, S. 777–830.

Guthrie, Chris/Rachlinski, Jeffrey J./Wistrich, Andrew J., Blinking on the Bench, How Judges Decide Cases, Cornell Law Review 93, 2007, S. 1–43.

Gutmann, Thomas, Für ein neues Transplantationsgesetz, Eine Bestandsaufnahme des Novellierungsbedarfs im Recht der Transplantationsmedizin, Berlin, Heidelberg 2006.

Gutwald, Rebecca, Autonomie, Rationalität und Perfektionismus, Probleme des weichen Paternalismus im Rechtfertigungsmodell der Bounded Rationality, in: *Fateh-Moghadam, Bijan/Sellmaier, Stephan/Vossenkuhl, Wilhelm* (Hrsg.), Grenzen des Paternalismus, Stuttgart 2010, S. 73–93.

Hacker, Philipp, Verhaltensökonomik und Normativität, Die Grenzen des Informationsmodells im Privatrecht und seine Alternativen, Tübingen 2017.

Hacker, Philipp, Nudging and autonomy, a philosophical and legal appraisal, in: *Micklitz, Hans-Wolfgang/Sibony, Anne-Lise/Esposito, Fabrizio* (Hrsg.), Research methods in consumer law, A handbook, Cheltenham, UK, Northampton, MA, USA 2018, S. 77–118.

Häcker, Robert/Schwarz, Volker/Treuer, Wolf-Dieter/Bender, Rolf, Tatsachenfeststellung vor Gericht, Glaubhaftigkeits- und Beweislehre, Vernehmungslehre, 4. Aufl., München 2014.

Hackshaw, Allan/Morris, Joan K./Boniface, Sadie/Tang, Jin-Ling/Milenković, Dušan, Low cigarette consumption and risk of coronary heart disease and stroke, Meta-analysis of 141 cohort studies in 55 study reports, BMJ (Clinical research ed.) 360, 2018, j5855.

Hagmann, David/Ho, Emily H./Loewenstein, George, Nudging out support for a carbon tax, Nature Climate change 95, 2019.

Hallsworth, Michael/List, John A./Metcalfe, Robert D./Vlaev, Ivo, The behavioralist as tax collector, Using natural field experiments to enhance tax compliance, Journal of Public Economics 148, 2017, S. 14–31.

Halpern, David, Inside the nudge unit, How small changes can make a big difference, London 2015.

Hammond, David, Health warning messages on tobacco products, A review, Tobacco control 20, 2011, S. 327–337.

Hanna, Jason, Libertarian Paternalism, Manipulation, and the Shaping of Preferences, Social Theory and Practice 41, 2015, S. 618–643.

Hansen, Pelle Guldborg, The Definition of Nudge and Libertarian Paternalism, Does the Hand fit the Glove?, European Journal of Risk Regulation 7, 2016, S. 1–20.

Hansen, Pelle Guldborg/Jespersen, Andreas Maaløe, Nudge and the Manipulation of Choice, A Framework for the Responsible Use of the Nudge Approach to Behaviour Change in Public Policy, European Journal of Risk Regulation 4, 2013, S. 3–28.

Hausman, Daniel M./Welch, Brynn, Debate: To Nudge or Not to Nudge, The Journal of Political Philosophy 18, 2010, S. 123–136.

Hayek, Friedrich August von, The Use of Knowledge in Society, The American Economic Review 35, 1945, S. 519–530.

Hedlin, Simon/Sunstein, Cass R., Does Active Choosing Promote Green Energy Use?, Experimental Evidence, Ecology Law Quarterly 43, 2016, S. 107–142.

Heinig, Hans Michael, Autonomy vs. Technocracy, Libertarian Paternalism Revisited, in: *Kemmerer, Alexandra/Möllers, Christoph/Steinbeis, Maximilian u. a.* (Hrsg.), Choice architecture in democracies, Exploring the legitimacy of nudging. 1. Aufl., Baden-Baden, Hart Publishing 2016, S. 219–227.

Henrich, Joseph/Boyd, Robert/Bowles, Samuel/Camerer, Colin/Fehr, Ernst/Gintis, Herbert/McElreath, Richard, In Search of Homo Economicus, Behavioral Experiments in 15 Small-Scale Societies, The American Economic Review 91, 2001, S. 73–78.

Henssler, Martin (Hrsg.), Münchener Kommentar zum Bürgerlichen Gesetzbuch, Schuldrecht - Besonderer Teil III/2, Bd. 5/2Bd. , 7. Aufl., München 2017.

Henssler, Martin/Krüger, Wolfgang (Hrsg.), Münchener Kommentar zum Bürgerlichen Gesetzbuch, Schuldrecht - Besonderer Teil II, Bd. 4, 7. Aufl., München 2016.

Hoeffler, Steve/Ariely, Dan, Constructing Stable Preferences, A Look Into Dimensions of Experience and Their Impact on Preference Stability, Journal of Consumer Psychology 8, 1999, S. 113–139.

Hoffmann, Elizabeth/Spitzer, Matthew L., Willingness to Pay vs. Willingness to Accept, Legal and Economic Implications, Washington University Law Review 71, 1993, S. 59–114.

Hoffmann-Riem, Wolfgang/Schmidt-Aßmann, Eberhard/Voßkuhle, Andreas (Hrsg.), Grundlagen des Verwaltungsrechts, Band I Methoden, Maßstäbe, Aufgaben, Organisation, Bd. 1, 1. Aufl., München 2006.

Hoffmann-Riem, Wolfgang/Schmidt-Aßmann, Eberhard/Voßkuhle, Andreas (Hrsg.), Grundlagen des Verwaltungsrechts, Band II Informationsordnung, Verwaltungsverfahren, Handlungsformen, Bd. 2, München 2008.

Horn, Karen, Sklavenhalter der Zukunft, Wenn Verhaltensökonomen und Ökonomisierungskritiker gemeinsame Sache machen, Frankfurter Allgemeine Zeitung, 01.03.2013, S. 14.

House of Lords, Behaviour Change, Report, London, UK 2011.

Ian Ayres and Robert Gertner, Filling Gaps in Incomplete Contracts, An Economic Theory of Default Rules, The Yale Law Journal 99, 1989, S. 87-130.

Intergovernmental Panel on Climate Change (IPCC), Global Warming of 1.5°, Summary for Policymakers.

International Registry In Organ Donation and Transplantation, Final Numbers 2017, Stand: Dezember 2018, http://www.irodat.org (besucht am 16.05.2019).

Jarass, Hans D., Art. 19 GG, in: *Jarass, Hans D./Pieroth, Bodo* (Hrsg.), Grundgesetz für die Bundesrepublik Deutschland. 14. Aufl., München 2016.

Jarass, Hans D., Art. 20 GG, in: *Jarass, Hans D./Pieroth, Bodo* (Hrsg.), Grundgesetz für die Bundesrepublik Deutschland. 14. Aufl., München 2016.

Jarass, Hans D. (Hrsg.), Charta der Grundrechte der Europäischen Union, Unter Einbeziehung der vom EuGH entwickelten Grundrechte, der Grundrechtsregelungen der Verträge und der EMRK: Kommentar, 3. Aufl., München 2016.

Jarass, Hans D., GRCh Art. 7, in: *Jarass, Hans D.* (Hrsg.), Charta der Grundrechte der Europäischen Union, Unter Einbeziehung der vom EuGH entwickelten Grundrechte, der Grundrechtsregelungen der Verträge und der EMRK: Kommentar. 3. Aufl., München 2016.

Jarass, Hans D., Vorbemerkungen vor Art. 1 GG, in: *Jarass, Hans D./Pieroth, Bodo* (Hrsg.), Grundgesetz für die Bundesrepublik Deutschland. 14. Aufl., München 2016.

Jarass, Hans D./Pieroth, Bodo (Hrsg.), Grundgesetz für die Bundesrepublik Deutschland, 14. Aufl., München 2016.

Joecks, Wolfgang/Hardtung, Bernhard, StGB § 223, in: *Sander, Günther M.* (Hrsg.), Münchener Kommentar zum Strafgesetzbuch, §§ 185-262. 3. Aufl., München 2017.

Johnson, Eric J./Goldstein, Daniel G., Do Defaults Save Lives?, Science 302, 2003, S. 1338–1339.

Johnson, Eric J./Goldstein, Daniel G., Defaults and Donation Decisions, Transplantation 78, 2004, S. 1713–1716.

Johnson, Eric J./Goldstein, Daniel G., Decisions by Default, in: *Shafir, Eldar* (Hrsg.), The Behavioral Foundations of Public Policy, Princeton 2013, S. 417–427.

Jolls, Christine/Sunstein, Cass R., Debiasing through Law, The Journal of Legal Studies 35, 2006, S. 199–241.

Jolls, Christine/Sunstein, Cass R./Thaler, Richard H., A Behavioral Approach to Law and Economics, Stanford Law Review 50, 1998, S. 1471–1550.

Joyce, Edward J./Biddle, Gary C., Anchoring and Adjustment in Probabilistic Inference in Auditing, Journal of Accounting Research 19, 1981, S. 120–145.

Kaenzig, Josef/Heinzle, Stefanie Lena/Wüstenhagen, Rolf, Whatever the customer wants, the customer gets?, Exploring the gap between consumer preferences and default electricity products in Germany, Energy Policy 53, 2013, S. 311–322.

Kahneman/Daniel, Thinking, Fast and Slow, New York 2011.

Kahneman, Daniel, A Perspective on Judgment and Choice, Mapping Bounded Rationality, The American psychologist 58, 2003, S. 697–720.

Kahneman, Daniel, Maps of Bounded Rationality, Psychology for Behavioral Economics, The American Economic Review 93, 2003, S. 1449–1475.

Kahneman, Daniel/Frederick, Shane, Representativeness Revisited, Attribute Substitution in Intuitive Judgment, in: *Gilovich, Thomas/Griffin, Dale/Kahneman, Daniel* (Hrsg.), Heuristics and biases, The psychology of intuitive judgment. 7. Aufl., Cambridge 2008, S. 49–81.

Kahneman, Daniel/Knetsch, Jack L./Thaler, Richard H., Experimental Tests of the Endowment Effect and the Coase Theorem, Journal of Political Economy 98, 1990, S. 1325–1348.

Kahneman, Daniel/Slovic, Paul/Tversky, Amos (Hrsg.), Judgment under uncertainty, Heuristics and biases, Reprinted., Cambridge 2001.

Kahneman, Daniel/Tversky, Amos, Judgment under Uncertainty: Heuristics and Biases, Science 185, 1974, S. 1124–1131.

Kahneman, Daniel/Tversky, Amos, Prospect Theory, An Analysis of Decision under Risk, Econometrica 47, 1979, S. 263–292.

Kahneman, Daniel/Tversky, Amos, The Framing of Decisions and the Psychology of Choice, Science 211, 1981, S. 453–458.

Kahneman, Daniel/Tversky, Amos, On the study of statistical intuitions, Cognition 11, 1982, S. 123–141.

Kahneman, Daniel/Tversky, Amos, Judgments Of and By Representativeness, in: *Kahneman, Daniel/Slovic, Paul/Tversky, Amos* (Hrsg.), Judgment under uncertainty, Heuristics and biases, Cambridge 2001, S. 84–98.

Kahneman, Daniel/Tversky, Amos (Hrsg.), Choices, Values, and Frames, 10. printing, Cambridge 2009.

Kahneman, Daniel/Tversky, Amos, Rational Choice and the Framing of Decisions, in: *Kahneman, Daniel/Tversky, Amos* (Hrsg.), Choices, Values, and Frames. 10. Aufl., Cambridge 2009, S. 209–223.

Kamin, Kim A./Rachlinski, Jeffrey J., Ex post =/= ex ante, Determining Liability in Hindsight, Law and Human Behavior 19, 1995, S. 89–104.

Kardes, Frank R./Cronley, Maria L./Cline, Thomas W., Consumer Behavior, Mason, Ohio 2011.

Kelman, Mark, Law and Behavioral Science, Conceptual Overviews, Northwestern University Law Review 97, 2003, S. 1347–1392.

Kelman, Mark, The Heuristics Debate, Oxford, New York, 2011.

Kemmerer, Alexandra/Möllers, Christoph/Steinbeis, Maximilian/Wagner, Gerhard (Hrsg.), Choice architecture in democracies, Exploring the legitimacy of nudging, Bd. 6, 1. Auflage, Baden-Baden, Hart Publishing 2016.

Kingreen, Thorsten/Poscher, Ralf, Grundrechte, Staatsrecht II, 34. Aufl., Heidelberg, Hamburg 2018.

Kirchgässner, Gebhard, Homo Oeconomicus, Das ökonomische Modell individuellen Verhaltens und seine Anwendung in den Wirtschafts- und Sozialwissenschaften, 4., erg. und aktualisierte Aufl., Tübingen 2013.

Kirchgässner, Gebhard, Das ökonomische Verhaltensmodell, Der *Homo Oeconomicus*, Berlin 8./9. Mai 2014.

Kirchhof, Gregor, Nudging, zu den rechtlichen Grenzen informalen Verwaltens, Zeitschrift für Rechtspolitik 49, 2015, S. 136–137.

Kirchhof, Paul, § 99 Mittel staatlichen Handelns, in: *Degenhart, Christoph/Isensee, Josef/Kirchhof, Paul* (Hrsg.), Handbuch des Staatsrechts der Bundesrepublik Deutschland. 3. Aufl., Heidelberg 2007, S. 3–134.

Kirstein, Roland, Law And Economics In Germany, in: *Bouckaert, Boudewijn/Geest, Gerrit* de (Hrsg.), Encyclopedia of Law and Economics, Cheltenham 2000, S. 160–227.

Klees, Andreas, Einführung in das Energiewirtschaftsrecht, Frankfurt am Main 2012.

Kloepfer, Michael, Staatliche Informationen Als Lenkungsmittel, Dargestellt Insbesondere Am Problem Behördlicher Warnungen und Empfehlungen Im Umweltrecht., Berlin/Boston 2017.

Kment, Martin (Hrsg.), Energiewirtschaftsgesetz, 2. Aufl., Baden-Baden 2019.

Knight, Frank H., Risk, Uncertainty and Profit, Mansfield Center, CT 2014.

Koehler, Derek J. (Hrsg.), Blackwell handbook of judgment and decision making, 1. ed., Malden, MA 2007.

Kolbe, Frederike, Freiheitsschutz vor staatlicher Gesundheitssteuerung, Grundrechtliche Grenzen paternalistischen Staatshandelns, Baden-Baden 2017.

König, Klaus/Dose, Nicolai (Hrsg.), Instrumente und Formen staatlichen Handelns, Köln 1993.

Koppernock, Martin, Das Grundrecht auf bioethische Selbstbestimmung, Zur Rekonstruktion des allgemeinen Persönlichkeitsrechts, 1. Aufl., Baden-Baden 1997.

Korobkin, Russell B./Ulen, Thomas S., Law and Behavioral Science: Removing the Rationality Assumption from Law and Economics, California Law Review 88, 2000, S. 1051–1143.

Krosnick, Jon A./Malhotra, Neil/Mo, Cecilia Hyunjung/Bruera, Eduardo F./Chang, LinChiat/Pasek, Josh/Thomas, Randall K., Perceptions of health risks of cigarette smoking, A new measure reveals widespread misunderstanding, PloS one 12, 2017, e0182063.

Kruglanski, Arie W./Klein, Kristen M./Pierro, Antonio/Mannetti, Lucia, The Unimodel Unfolding, in: *Sherman, Jeffrey W./Gawronski, Bertram/Trope, Yaacov* (Hrsg.), Dual-Process Theories of the Social Mind, New York 2014, S. 514–529.

Kube, Hanno, GG Art. 105, in: *Epping, Volker/Hillgruber, Christian* (Hrsg.), Beck'scher Online-Kommentar Grundgesetz. 40. Aufl., München 2019.

Kunreuther, Howard/Pauly, Mark V./McMorrow, Stacey, Insurance and Behavioral Economics, Improving Decisions in the Most Misunderstood Industry, Cambridge 2013.

Lang, Heinrich, GG Art. 2, in: *Epping, Volker/Hillgruber, Christian* (Hrsg.), Beck'scher Online-Kommentar Grundgesetz. 40. Aufl., München 2019.

Latané, Bibb/Darley, John M., Group Inhibition of Bystander Intervention in Emergencies, Journal of Personality and Social Psychology 10, 1968, S. 215–221.

Le Grand, Julian/New, Bill, Government Paternalism, Nanny State or Helpful Friend?, Princeton 2015.

Lee, Peter N./Fry, John S./Forey, Barbara A., Estimating the decline in excess risk of chronic obstructive pulmonary disease following quitting smoking, A systematic review based on the negative exponential model, Regulatory toxicology and pharmacology : RTP 68, 2014, S. 231–239.

Levy, Neil, Autonomy and Addiction, Canadian Journal of Philosophy 36, 2006, S. 427–447.

Lichtenstein, Sarah/Slovic, Paul, The Construction of Preference, An Overview, in: *Slovic, Paul/Lichtenstein, Sarah* (Hrsg.), The Construction of Preference, Cambridge 2006, S. 1–40.

List, John A., Does Market Experience Eliminate Market Anomalies?, The Quarterly Journal of Economics 118, 2003, S. 41–71.

Loewenstein, George/Bryce, Cindy/Hagmann, David/Rajpal, Sachin, Warning: You are about to be nudged, Behavioral Science & Policy 1, 2015, S. 35–42.

Loewenstein, George/Issacharoff, Samuel/Camerer, Colin/Babcock, Linda, Self-Serving Assessments of Fairness and Pretrial Bargaining, The Journal of Legal Studies 22, 1993, S. 135–159.

Lübbe-Wolff, Gertrude, Constitutional Limits to Health-Related Nudging, a Matter of Balancing, in: *Kemmerer, Alexandra/Möllers, Christoph/Steinbeis, Maximilian u. a.* (Hrsg.), Choice architecture in democracies, Exploring the legitimacy of nudging. 1. Aufl., Baden-Baden, Hart Publishing 2016, S. 247–253.

Lüdemann, Jörn, Edukatorisches Staatshandeln, Steuerungstheorie und Verfassungsrecht am Beispiel der staatlichen Förderung von Abfallmoral, 1. Aufl., Baden-Baden 2004.

Lunn, Peter D., Are Consumer Decision-Making Phenomena a Fourth Market Failure?, Journal of Consumer Policy 38, 2015, S. 315–330.

Madrian, Brigitte C./Shea, Dennis F., The Power of Suggestion, Inertia in 401(k) Participation and Savings Behavior, The Quarterly Journal of Economics 116, 2001, S. 1149–1187.

Mankiw, Nicholas Gregory/Taylor, Mark P., Grundzüge der Volkswirtschaftslehre, 5., überarb. und erw. Aufl., Stuttgart 2012.

Mansdörfer, Marco/Miebach, Klaus (Hrsg.), Münchener Kommentar zum Strafgesetzbuch, JGG (Auszug) Nebenstrafrecht I, Bd. 6, 3. Aufl., München, München 2018.

Marwell, Gerald/Ames, Ruth E., Economists Free Ride, Does Anyone Else?, Experiments on the provision of public goods, IV, Journal of Public Economics 15, 1981, S. 295–310.

Matesanz, R./Domínguez-Gil, B./Coll, E./Mahíllo, B./Marazuela, R., How Spain Reached 40 Deceased Organ Donors per Million Population, American Journal of Transplantation 17, 2017, S. 1447–1454.

Mathis, Klaus/Tor, Avishalom (Hrsg.), Nudging, Possibilities, Limitations and Applications in European Law and Economics, Bd. 3, Cham 2016.

Herzog, Roman/Scholz, Rupert/Herdegen, Matthias/Klein, Hans H. (Hrsg.), Grundgesetz, Kommentar, 85. Aufl., München 2018.

Mayr, Erasmus, Grenzen des weichen Paternalismus II, Zwischen Harm-Principle und Unvertretbarkeit, in: *Fateh-Moghadam, Bijan/Sellmaier, Stephan/Vossenkuhl, Wilhelm* (Hrsg.), Grenzen des Paternalismus, Stuttgart 2010, S. 48–72.

McCloskey, Deirdre Nansen, The Applied Theory of Bossing People Around, Richard Thaler's prize isn't noble., Stand: März 2018, https://reason.com/archives/2018/02/11/the-applied-theory-of-bossing (besucht am 16.05.2019).

McCrudden, Christopher/King, Jeff, The Dark Side of Nudging, The Ethics, Political Economy, and Law of Libertarian Paternalism, in: *Kemmerer, Alexandra/Möllers, Christoph/Steinbeis, Maximilian u. a.* (Hrsg.), Choice architecture in democracies, Exploring the legitimacy of nudging. 1. Aufl., Baden-Baden, Hart Publishing 2016, S. 75–139.

McKenzie, Craig R. M./Liersch, Michael J./Finkelstein, Stacey R., Recommendations Implicit in Policy Defaults, Psychological Science 17, 2006, S. 414–420.

McNeil, Barbara J./Pauker, Stephen G./Sox, Harold C./Tversky, Amos, On the Elicitation of Preference for Alternative Therapies, The New England journal of medicine 306, 1982, S. 1259–1262.

Melton, Gary B./Garbarino, James (Hrsg.), The individual, the family, and social good, Personal fulfillment in times of change, Bd. 42, Lincoln 1995.

Meyer-Ladewig, Jens/Nettesheim, Martin, EMRK Artikel 8, in: *Meyer-Ladewig, Jens/Nettesheim, Martin/Raumer, Stefan von* (Hrsg.), EMRK, Europäische Menschenrechtskonvention: Handkommentar. 4. Aufl., Baden-Baden, Wien, Basel 2017.

Meyer-Ladewig, Jens/Nettesheim, Martin/Raumer, Stefan von (Hrsg.), EMRK, Europäische Menschenrechtskonvention: Handkommentar, 4. Aufl., Baden-Baden, Wien, Basel 2017.

Meyerowitz, Beth E./Chaiken, Shelly, The Effect of Message Framing on Breast Self-Examination, Attitudes, Intentions and Behavior, Journal of Personality and Social Psychology 52, 1987, S. 500–510.

Micklitz, Hans-Wolfgang/Sibony, Anne-Lise/Esposito, Fabrizio (Hrsg.), Research methods in consumer law, A handbook, Cheltenham, UK, Northampton, MA, USA 2018.

Mill, John Stuart, On Liberty, and other writings, Cambridge 2005.

Minijob Zentrale, Aktuelle Entwicklungen im Bereich der geringfügigen Beschäftigung, I. Quartal 2016, Essen 2016.

Möller, Kai, Paternalismus und Persönlichkeitsrecht, Berlin 2011.

Munnell, Alicia H./Webb, Anthony/Golub-Sass, Francesca, The National Retirement Risk Index, An Update, Chestnut Hill, Massachussets 2012.

Murswiek, Dietrich, Das Bundesverfassungsgericht und die Dogmatik mittelbarer Grundrechtseingriffe, Zu der Glykol- und der Osho- Entscheidung vom 26. 6. 2002, NVwZ - Neue Zeitschrift für Verwaltungsrecht 22, 2003, S. 1–8.

Neumann, John von/*Morgenstern, Oskar,* Theory of games and economic behavior, 6., paperback printing, Princeton 1990.

Neumann, Robert, Libertärer Paternalismus, Theorie und Empirie staatlicher Entscheidungsarchitektur, Tübingen 2013.

Noggle, Robert, The Ethics of Manipulation, Stand: 30.03.2018, https://plato.stanford.edu/archives/sum2018/entries/ethics-manipulation/ (besucht am 16.05.2019).

Nonnemaker, James/Farrelly, Matthew/Kamyab, Kian/Busey, Andrew/Mann, Nathan, Experimental Study of Graphic Cigarette Warning Labels, Final Results Report, Rockville, Maryland Dezember 2010.

O'Donoghue, Ted/Rabin, Matthew, Doing It Now or Later, The American Economic Review 89, 1999, S. 103–124.

O'Donoghue, Ted/Rabin, Matthew, Procrastination in Preparing for Retirement, in: *Aaron, Henry J.* (Hrsg.), Behavioral Dimensions of Retirement Economics, Washington, DC 1999, S. 125–160.

OECD, Behavioural Insights and Public Policy, Lessons From Around The World, Paris 2017.

Oliver, Adam, From Nudging to Budging, Using Behavioural Economics to Inform Public Sector Policy, Journal of Social Policy 42, 2013, S. 685–700.

Oliver, Adam, Nudging, Shoving, and Budging, Behavioural Economic-Informed Policy, Public Administration 93, 2015, S. 700–714.

Organ Donation Taskforce, The potential impact of an opt-out system for organ donation in the UK, An independent report from the Organ Donation Taskforce, London, UK 2008.

Oullier, Olivier/Cialdini, Robert/Thaler, Richard H./Mullainathan, Sendhil, Improving public health prevention with a nudge, in: *Sauneron, Sarah/Oullier, Olivier* (Hrsg.), Improving public health prevention with behavioural, cognitive and neuroscience 2010, S. 38–46.

Pacces, Alessio/Visscher, Louis, Methodology of Law and Economics, in: *van Klink, Bart/Taekema, Sanne* (Hrsg.), Law and method, Interdisciplinary research into law, Tübingen 2011, S. 85–107.

Papier, Hans-Jürgen/Shirvani, Foroud, GG Art. 14, in: *Herzog, Roman/Scholz, Rupert/Herdegen, Matthias u. a.* (Hrsg.), Grundgesetz, Kommentar. 85. Aufl., München 2018.

Parisi, Francesco, The Language of Law and Economics, Cambridge 2013.

Payne, John W./Bettman, James R., Walking With the Scarecrow, The Information-processing Approach to Decision Research, in: *Koehler, Derek J.* (Hrsg.), Blackwell handbook of judgment and decision making. 1. Aufl., Malden, MA 2007, S. 110–132.

Perez, Oren, Can Experts be Trusted and what can be done about it?, Insights from the Biases and Heuristics Literature, in: *Alemanno, Alberto/Sibony, Anne-Lise* (Hrsg.), Nudge and the Law, A European perspective, Oxford, Portland 2015, S. 115–138.

Pfeiffer, David/Lünenbürger, Benjamin/Klaus, Thomas, Kohleverstromung und Klimaschutz bis 2030, Diskussionsbeitrag des Umweltbundesamts zur Erreichung der Klimaziele in Deutschland, Dessau Oktober 2017.

Pichert, Daniel/Katsikopoulos, Konstantinos V., Green Defaults, Information presentation and pro-environmental behaviour, Journal of Environmental Psychology 28, 2008, S. 63–73.

Pindyck, Robert S./Rubinfeld, Daniel L., Microeconomics, 8. Aufl., Essex, UK 2015.

Posner, Richard A., Utilitarianism, Economics, and Legal Theory, The Journal of Legal Studies 8, 1979, S. 103–140.

Posner, Richard A., Are We One Self or Multiple Selves?, Implications for Law and Public Policy, Legal Theory 3, 1997, S. 23–35.

Posner, Richard A., Rational Choice, Behavioral Economics, and the Law, Stanford Law Review 50, 1997, S. 1551–1576.

Purnhagen, Kai/Reisch, Lucia A., "Nudging Germany"?, Herausforderungen für eine verhaltensbasierte Regulierung in Deutschland, Zeitschrift für Europäisches Privatrecht 24, 2016, S. 629–655.

Rachlinski, Jeffrey J., The Uncertain Psychological Case for Paternalism, Northwestern University Law Review 97, 2003, S. 1165–1225.

Randow, Gero von/*Ulrich, Bernd,* Lässt sich der Mensch ändern?, Die Zeit 2018, 09.05.2018, S. 3.

Rasbach, Winfried, § 36 EnWG, in: *Kment, Martin* (Hrsg.), Energiewirtschaftsgesetz. 2. Aufl., Baden-Baden 2019.

Rawls, John, A Theory of Justice, Revised Edition, Cambridge, MA 1971, 1999.

Raz, Joseph, The Morality of Freedom, Oxford, New York 1986.

Rebonato, Riccardo, Taking Liberties, A critical examination of *Libertarian Paternalism*, Basingstoke, Hampshire 2012.

Rebonato, Riccardo, A Critical Assessment of Libertarian Paternalism, Journal of Consumer Policy 37, 2014, S. 357–396.

Reimer, Franz, § 9 Das Parlamentsgesetz als Steuerungsmittel und Kontrollmaßstab, in: *Hoffmann-Riem, Wolfgang/Schmidt-Aßmann, Eberhard/Voßkuhle, Andreas* (Hrsg.), Grundlagen des Verwaltungsrechts, Band I Methoden, Maßstäbe, Aufgaben, Organisation. 1. Aufl., München 2006, S. 585–676.

Reisch, Lucia A./Sandrini, Julia, Nudging in der Verbraucherpolitik, Ansätze verhaltensbasierter Regulierung, 1. Auflage, Baden-Baden 2015.

Rizzo, Mario J./Whitman, Douglas Glen, The Knowledge Problem of New Paternalism, BYU Law Review 2009, 2009, S. 905–968.

Rodriguez-Arias, David/Wright, Linda/Paredes, David, Success factors and ethical challenges of the Spanish Model of organ donation, Lancet 376, 2010, S. 1109–1112.

Roxin, Claus, Strafrecht Allgemeiner Teil Band II, Besondere Erscheinungsformen der Straftat, München 2003.

Säcker, Franz-Jürgen, Einleitung zu Band I, in: *Schubert, Claudia* (Hrsg.), Münchener Kommentar zum Bürgerlichen Gesetzbuch, Allgemeiner Teil. 8. Aufl., München 2018.

Sacksofsky, Ute, § 40 Anreize, in: *Hoffmann-Riem, Wolfgang/Schmidt-Aßmann, Eberhard/Voßkuhle, Andreas* (Hrsg.), Grundlagen des Verwaltungsrechts, Band II Informationsordnung, Verwaltungsverfahren, Handlungsformen, München 2008, S. 1577–1637.

Saghai, Yashar, Salvaging the Concept of Nudge, Journal of medical ethics 39, 2013, S. 487–493.

Saghai, Yashar, The concept of nudge and its moral significance, A reply to Ashcroft, Bovens, Dworkin, Welch and Wertheimer, Journal of medical ethics 39, 2013, S. 499–501.

Samuelson, Paul A., A Note on Measurement of Utility, The Review of Economic Studies 4, 1937, S. 155–161.

Samuelson, Paul A., A Note on the Pure Theory of Consumer's Behaviour, Economica 5, 1938, S. 61–71.

Samuelson, Paul A., Consumption Theory in Terms of Revealed Preference, Economica 15, 1948, S. 243–253.

Samuelson, William/Zeckhauser, Richard, Status Quo Bias in Decision Making, Journal of Risk and Uncertainty 1, 1988, S. 7–59.

Sander, Günther M. (Hrsg.), Münchener Kommentar zum Strafgesetzbuch, §§ 185-262, Bd. 4, 3. Aufl., München 2017.

Sauneron, Sarah/Oullier, Olivier (Hrsg.), Improving public health prevention with behavioural, cognitive and neuroscience 2010.

Savage, Leonard J., The Foundations of Statistics, 2., rev. ed. = Dover ed., 1. publ, New York NY 1972.

Scanlon, Thomas, What We Owe to Each Other, [Nachdr.], Cambridge, Mass. 2000.

Schäfer, Frank, BGB § 662, in: *Henssler, Martin* (Hrsg.), Münchener Kommentar zum Bürgerlichen Gesetzbuch, Schuldrecht - Besonderer Teil III/2. 7. Aufl., München 2017.

Schäfer, Hans-Bernd/Ott, Claus, Lehrbuch der ökonomischen Analyse des Zivilrechts, 4., überarb. Aufl., Berlin 2005.

Schantz, Peter, Die Datenschutz-Grundverordnung, Beginn einer neuen Zeitrechnung im Datenschutzrecht, Neue Juristische Wochenschrift 69, 2016, S. 1841–1848.

Schlag, Pierre, Nudge, Choice Architecture, and Libertarian Paternalism, Michigan Law Review 108, 2010, S. 913–924.

Schnellenbach, Jan/Schubert, Christian, Behavioral Public Choice, A Survey, Freiburger Diskussionspapiere zur Ordnungsökonomik 14/03, 2014, S. 1–45.

Schoenbaum, Michael, Do Smokers Understand the Mortality Effects of Smoking?, Evidence from the Health and Retirement Survey, American Journal of Public Health 87, 1997, S. 755–759.

Schubert, Claudia (Hrsg.), Münchener Kommentar zum Bürgerlichen Gesetzbuch, Allgemeiner Teil, Bd. 1, 8. Aufl., München 2018.

Schulte, Kevin/Borzikowsky, Christoph/Rahmel, Axel/Kolibay, Felix/Polze, Nina/Fränkel, Patrick/Mikle, Susanne/Alders, Benedikt/Kunzendorf, Ulrich/Feldkamp, Thorsten, Rückgang der Organspenden in Deutschland, Eine bundesweite Sekundärdatenanalyse aller vollstationären Behandlungsfälle, Deutsches Arzteblatt international 113, 2018, S. 463–468.

Schultz, Wesley P./Nolan, Jessica M./Cialdini, Robert B./Goldstein, Noah J./Griskevicius, Vladas, The Constructive, Destructive, and Reconstructive Power of Social Norms, Psychological Science 18, 2007, S. 429–434.

Schulze-Fielitz, Helmut, Art. 5 I, II GG, in: *Dreier, Horst* (Hrsg.), Grundgesetz, Kommentar. 3. Aufl., Tübingen 2013.

Schulze-Fielitz, Helmut, Art. 8 GG, in: *Dreier, Horst* (Hrsg.), Grundgesetz, Kommentar. 3. Aufl., Tübingen 2013.

Schuppert, Gunnar Folke, Nudging: Neither a Novelty, nor a Promising Lead, Unless in Context, in: *Kemmerer, Alexandra/Möllers, Christoph/Steinbeis, Maximilian u. a.* (Hrsg.), Choice architecture in democracies, Exploring the legitimacy of nudging. 1. Aufl., Baden-Baden, Hart Publishing 2016, S. 333–337.

Schweizer, Mark, Nudging and the Principle of Proportionality, Obliged to Nudge?, in: *Mathis, Klaus/Tor, Avishalom* (Hrsg.), Nudging, Possibilities, Limitations and Applications in European Law and Economics, Cham 2016, S. 93–119.

Seckelmann, Margrit/Lamping, Wolfram, Verhaltensökonomischer Experimentalismus im Politik-Labor, Rechtliche Rahmenbedingungen und Folgerungen für die Evaluationsforschung, Die Öffentliche Verwaltung 69, 2016, S. 189–200.

Selinger, Evan/Whyte, Kyle, Is There a Right Way to Nudge?, The Practice and Ethics of Choice Architecture, Sociology Compass 5, 2011, S. 923–935.

Sen, Amartya, Personal Utilities and Public Judgements, Or What's Wrong With Welfare Economics, The Economic Journal 89, 1979, S. 537–558.

Sen, Amartya, The Idea of Justice, Cambridge, MA 2009.

Shafir, Eldar (Hrsg.), The Behavioral Foundations of Public Policy, Princeton 2013.

Shafir, Eldar/Simonson, Itamar/Tversky, Amos, Reason-based choice, Cognition 49, 1993, S. 11–36.

Sherman, Jeffrey W./Gawronski, Bertram/Trope, Yaacov (Hrsg.), Dual-Process Theories of the Social Mind, New York 2014.

Shiffrin, Seana V., Paternalism, Unconscionability Doctrine, and Accommodation, Philosophy & Public Affairs 29, 2000, S. 205–250.

Simon, Herbert A., A Behavioral Model of Rational Choice, The Quarterly Journal of Economics 69, 1955, S. 99–118.

Simon, Herbert A., Rational choice and the Structure of the Environment, Psychological Review 63, 1956, S. 129–138.

Simonson, Itamar, Will I like a "medium" pillow?, Another look at constructed and inherent preferences, Journal of Consumer Psychology 18, 2008, S. 155–169.

Sloan, Frank A./Smith, Vincent Kerry/Taylor, Donald H., The Smoking Puzzle, Information, risk perception, and choice, Cambridge, Mass. 2003.

Slonim, Robert/Roth, Alvin E., Learning in High Stakes Ultimatum Games, An Experiment in the Slovak Republic, Econometrica 66, 1998, S. 569–596.

Slovic, Paul, Do adolescent smokers know the risks?, Duke Law Journal 47, 1998, S. 1133–1141.

Slovic, Paul, The perception of risk, 1. publ, London u.a. 2000.

Slovic, Paul/Lichtenstein, Sarah, Preference Reversals: A Broader Perspective, The American Economic Review 73, 1983, S. 596–605.

Slovic, Paul/Lichtenstein, Sarah (Hrsg.), The Construction of Preference, Cambridge 2006.

Smeddinck, Ulrich, Regulierung durch "Anstossen", Nachhaltiger Konsum durch gemeinwohlverträgliche Gestaltung von Entscheidungssituationen?, Die Verwaltung 44, 2011, S. 375–395.

Social and Behavioral Sciences Team, Annual Report 2015, September 2015.

Social and Behavioral Sciences Team, Annual Report 2016, September 2016.

Spilker, Bettina, Postmortale Organspende auf verfassungsrechtlichem Prüfstand, Zeitschrift für Rechtspolitik 47, 2014, S. 112–115.

Stanovich, Keith E., Dual-Process Theory and the Great Rationality Debate, in: *Stanovich, Keith E.* (Hrsg.), Rationality and the reflective mind, Oxford u.a. 2011, S. 3-29.

Stanovich, Keith E. (Hrsg.), Rationality and the reflective mind, Oxford u.a. 2011.

Stanovich, Keith E./West, Richard F., Individual differences in reasoning, Implications for the rationality debate?, Behavioral and Brain Sciences 23, 2000, S. 645–726.

Stanovich, Keith E./West, Richard F., Intelligence as a Predictor of Performance on Heuristics and Biases Tasks, in: *Stanovich, Keith E.* (Hrsg.), Rationality and the reflective mind, Oxford u.a. 2011, S. 121–155.

Steinbeis, Maximilian, "Nudging" kommt nach Deutschland, Stand: 27.08.2014, http://verfassungsblog.de/nudging-kommt-nach-deutschland/. (besucht am 16.05.2019).

Steindl, Christina/Jonas, Eva/Sittenthaler, Sandra/Traut-Mattausch, Eva/Greenberg, Jeff, Understanding Psychological Reactance, New Developments and Findings, Zeitschrift fur Psychologie 223, 2015, S. 205–214.

Stigler, George J., The Economics of Information, Journal of Political Economy 69, 1961, S. 213–225.

Stigler, George J., Information in the Labor Market, Journal of Political Economy 70, 1962, S. 94–105.

Stolleis, Michael, § 2 Entwicklungsstufen der Verwaltungsrechtswissenschaft, in: *Hoffmann-Riem, Wolfgang/Schmidt-Aßmann, Eberhard/Voßkuhle, Andreas* (Hrsg.), Grundlagen des

Verwaltungsrechts, Band I Methoden, Maßstäbe, Aufgaben, Organisation. 1. Aufl., München 2006, S. 63–119.

Strotz, Robert H., Myopia and Inconsistency in Dynamic Utility Maximization, The Review of Economic Studies 23, 1955, S. 165–180.

Sugden, Robert, On Nudging, A Review of Nudge: Improving Decisions About Health, Wealth and Happiness by Richard H. Thaler and Cass R. Sunstein, International Journal of the Economics of Business 16, 2009, S. 365–373.

Sugden, Robert, Do people really want to be nudged towards healthy lifestyles?, Int Rev Econ 64, 2017, S. 113–123.

Sunstein, Cass R., "Better Off, As Judged By Themselves", A Comment on Evaluating Nudges, International Review of Economics 65, 2018, S. 1–9.

Sunstein, Cass R., Empirically Informed Regulation, The University of Chicago Law Review 78, 2011, 1349-1429.

Sunstein, Cass R., The Storrs Lectures, Behavioral Economics and Paternalism, The Yale Law Journal 122, 2013, S. 1826–1899.

Sunstein, Cass R., Nudging: A very short guide, Journal of Consumer Policy 37, 2014, S. 583–588.

Sunstein, Cass R., Foreword, The Ethics of Nudging, in: *Alemanno, Alberto/Sibony, Anne-Lise* (Hrsg.), Nudge and the Law, A European perspective, Oxford, Portland 2015, S. v-xviii.

Sunstein, Cass R., Nudging and Choice Architecture, Ethical Considerations, Yale Journal on Regulation Forthcoming, 2015, S. 1–50.

Sunstein, Cass R., The Ethics of Nudging, Yale Journal on Regulation 32, 2015, S. 413–450.

Sunstein, Cass R., Why Nudge?, The Politics of Libertarian Paternalism, paperback, New Haven 2015.

Sunstein, Cass R., The Ethics of Influence, Government in the Age of Behavioral Science, New York 2016.

Sunstein, Cass R., Nudges that fail, Behavioural Public Policy 1, 2017, S. 4–25.

Sunstein, Cass R./Reisch, Lucia A., Green by Default, KYKLOS 66, 2013, S. 398–402.

Sunstein, Cass R./Reisch, Lucia A., Automatically Green, Behavioral Economics and Environmental Protection, The Harvard environmental law review 38, 2014, S. 127–157.

Sunstein, Cass R./Thaler, Richard H., Libertarian Paternalism, The American Economic Review 93, 2003, S. 175–179.

Sunstein, Cass R./Thaler, Richard H., Libertarian Paternalism is not an oxymoron, The University of Chicago Law Review 70, 2003, S. 1159–1202.

Sunstein, Cass R./Thaler, Richard H., Nudge, Improving decisions about health, wealth, and happiness, New Haven and London 2010.

Svenson, Ola, Are We All Less Risky and More Skillful Than Our Fellow Drivers?, Acta Psychologica 47, 1981, S. 143–148.

Tag, Brigitte, TPG § 3, in: *Mansdörfer, Marco/Miebach, Klaus* (Hrsg.), Münchener Kommentar zum Strafgesetzbuch, JGG (Auszug) Nebenstrafrecht I. 3. Aufl., München, München 2018.

Tag, Brigitte, TPG § 4, in: *Mansdörfer, Marco/Miebach, Klaus* (Hrsg.), Münchener Kommentar zum Strafgesetzbuch, JGG (Auszug) Nebenstrafrecht I. 3. Aufl., München, München 2018.

Tag, Brigitte, TPG § 8, in: *Mansdörfer, Marco/Miebach, Klaus* (Hrsg.), Münchener Kommentar zum Strafgesetzbuch, JGG (Auszug) Nebenstrafrecht I. 3. Aufl., München, München 2018.

Thaler, Richard H., Toward a Positive Theory of Consumer Choice, Journal of Economic Behavior and Organization 1, 1980, S. 39–60.

Thaler, Richard H., Some Empirical Evidence on Dynamic Inconsistency, Economics Letters 8, 1981, S. 201–207.

Thaler, Richard H., Anomalies: The Ultimatum Game, Journal of Economic Perspectives 2, 1988, S. 195–206.

Thaler, Richard H., The Winner's Curse, Paradoxes and Anomalies of Economic Life, 1. Aufl., New York NY u.a. 1992.

Thaler, Richard H./Shefrin, Hersh M., An Economic Theory of Self-Control, Journal of Political Economy 89, 1981, S. 392–406.

Executive Order 13563 / Improving Regulation and Regulatory Review, Federal Register 76 (18.01.2011), S. 3821.

Executive Order 13707 / Using Behavioral Science Insights to Better Serve the American People, Federal Register 80 (15.09.2015), S. 56365.

Theobald, Christian/Nill-Theobald, Christiane, Grundzüge des Energiewirtschaftsrechts, Die Liberalisierung der Strom- und Gaswirtschaft, 3. Auflage, München 2013.

Tietzel, Manfred, Die Rationalitätsannahme in den Wirtschaftswissenschaften, Der *Homo Oeconomicus* und seine Verwandten, Jahrbuch für Sozialwissenschaft 32, 1981, S. 115–138.

Tor, Avishalom, The Methodology of the Behavioral Analysis of Law, Haifa Law Review 4, 2008, S. 237–327.

Tor, Avishalom, The Critical and Problematic Role of Bounded Rationality in Nudging, in: *Mathis, Klaus/Tor, Avishalom* (Hrsg.), Nudging, Possibilities, Limitations and Applications in European Law and Economics, Cham 2016, S. 3–10.

Tversky, Amos/Kahneman, Daniel, Extensional vs. Intuitive Reasoning, Psychological Review 90, 1983, S. 293–315.

Tversky, Amos/Shafir, Eldar, Choice under Conflict, The Dynamics of Deferred Decision, Psychological Science 3, 1992, S. 358–361.

Überwachungskommission gem. § 11 Abs. 3 S. 4 TPG und Prüfungskommission gem. § 12 Abs. 5 S. 4 TPG, Bericht 2012/2013, Berlin 2013.

Ulen, Thomas, Rational Choice and the Economic Analysis of Law, Law & Social Inquiry 19, 1994, S. 487–522.

Ulen, Thomas, Rational Choice Theory in Law and Economics, in: *Bouckaert, Boudewijn/Geest, Gerrit* de (Hrsg.), Encyclopedia of Law and Economics, Cheltenham 2000, S. 790–818.

van Aaken, Anne, "Rational Choice" in der Rechtswissenschaft, Zum Stellenwert der ökonomischen Theorie im Recht, 1. Aufl., Baden-Baden 2003.

van Aaken, Anne, Judge the Nudge, In Search of the Legal Limits of Paternalistic Nudging in the EU, in: *Alemanno, Alberto/Sibony, Anne-Lise* (Hrsg.), Nudge and the Law, A European perspective, Oxford, Portland 2015, S. 83–112.

van Aaken, Anne, Constitutional Limits to Paternalistic Nudging, A Proportionality Assessment, in: *Kemmerer, Alexandra/Möllers, Christoph/Steinbeis, Maximilian u. a.* (Hrsg.), Choice architecture in democracies, Exploring the legitimacy of nudging. 1. Aufl., Baden-Baden, Hart Publishing 2016, S. 161–195.

van Klink, Bart/Taekema, Sanne (Hrsg.), Law and method, Interdisciplinary research into law, Bd. 4, Tübingen 2011.

VanDeVeer, Donald, Paternalistic intervention, The moral bounds on benevolence, Princeton, NJ 1986.

Viscusi, W. Kip, Do smokers underestimate risks?, The Journal of Political Economy 98, 1990, S. 1253–1269.

Volkmann, Uwe, Darf der Staat seine Bürger erziehen?, [Vortrag gehalten am 9.11.2011], Baden-Baden.

Voßkuhle, Andreas, § 1 Neue Verwaltungsrechtswissenschaft, in: *Hoffmann-Riem, Wolfgang/Schmidt-Aßmann, Eberhard/Voßkuhle, Andreas* (Hrsg.), Grundlagen des Verwaltungsrechts, Band I Methoden, Maßstäbe, Aufgaben, Organisation. 1. Aufl., München 2006, S. 1–61.

Wagner, Gerhard, BGB § 630d, in: *Henssler, Martin/Krüger, Wolfgang* (Hrsg.), Münchener Kommentar zum Bürgerlichen Gesetzbuch, Schuldrecht - Besonderer Teil II. 7. Aufl., München 2016.

Weber, Franziska/Schäfer, Hans-Bernd, "Nudging", Ein Spross der Verhaltensökonomie, Überlegungen zum Liberalen Paternalismus auf gesetzgeberischer Ebene, Der Staat 56, 2017, S. 561–592.

Weber-Grellet, Heinrich, Lenkungssteuern im Rechtssystem, Neue Juristische Wochenschrift 54, 2001, S. 3657–3728.

Weinstein, Neil D./Marcus, Stephen E./Moser, Richard P., Smokers' unrealistic optimism about their risk, Tobacco control 14, 2005, S. 55–59.

Weinstein, Neil D., Unrealistic Optimism About Future Life Events, Journal of Personality and Social Psychology 39, 1980, S. 806–820.

Weinstein, Neil D., Accuracy of smokers' risk perceptions, Annals of behavioral medicine: a publication of the Society of Behavioral Medicine 20, 1998, S. 135–140.

Weinstein, Neil D./Klein, William M., Resistance of Personal Risk Perceptions to Debiasing Interventions, Health Psychology 14, 1995, S. 132–140.

Weltbank, Mind, society, and behavior, World Development Report 2015, Washington, D.C 2015.

White, Mark D., The Manipulation of Choice, Ethics and Libertarian Paternalism, New York 2013.

Wieland, Joachim, Art. 12 GG, in: *Dreier, Horst* (Hrsg.), Grundgesetz, Kommentar. 3. Aufl., Tübingen 2013.

Wilkinson, Martin, Nudging and Manipulation, Political Studies 61, 2013, S. 341–355.

Willis, Brian H./Quigley, Muireann, Opt-out organ donation, On evidence and public policy, Journal of the Royal Society of Medicine 107, 2014, S. 56–60.

Willis, Lauren E., When Nudges Fail, Slippery Defaults, The University of Chicago Law Review 80, 2013, S. 1155–1229.

Wolff, Johanna, Eine Annäherung an das Nudge-Konzept nach Richard H. Thaler und Cass R. Sunstein aus rechtswissenschaftlicher Sicht, RW 6, 2015, S. 194–222.

Wood, Allen W., Coercion, Manipulation, Exploitation, in: *Coons, Christian/Weber, Michael E.* (Hrsg.), Manipulation, Theory and practice, Oxford 2014, S. 17–51.

Wood, Andrew/Downer, Kate/Amantani, Louise/Gooders, Chloe, Automatic enrolment: Qualitative research with employers staging in 2014, London, UK January 2015.

Wood, Andrew/Downer, Kate/Körbitz, Christoph/Amantani, Louise, Automatic enrolment: Qualitative research with large employers, London, UK October 2013.

Wright, Joshua D./Ginsburg, Douglas H., Behavioral Law and Economics, Its Origins, Fatal Flaws, and Implications for Liberty, Northwestern University Law Review 106, 2012, S. 1033–1090.

Yeung, Karen, Nudge as Fudge, The Modern Law Review 75, 2012, S. 122–148.

Young, Viv/McHugh, Sarah/Glendinning, Richard/Carr-Hill, Roy, Evaluation of the Human Transplantation (Wales) Act, Impact Evaluation Report, Cardiff 2017.

Zywicki, Todd J., Do Americans Really Save Too Little And Should We Nudge Them To Save More?, The Ethics of Nudging Retirement Savings, Georgetown Journal of Law & Public Policy 87, 2016, S. 877–920.